Die Not der Zeit hat die meisten deutschen Sammlungen von staats- und sozialwissenschaftlichen Abhandlungen zum Erliegen gebracht. Den Fachzeitschriften fehlt der Raum für größere Untersuchungen. In der Erkenntnis, daß nur eine Zusammenfassung der Kräfte Abhilfe schaffen könne, haben deshalb die sozialwissenschaftlichen Forscher Deutschlands die Herausgabe einer gemeinschaftlichen Sammlung beschlossen und eine Arbeitsgemeinschaft begründet, welche die sorgfältige Auslese der zu veröffentlichenden Abhandlungen sicherstellt. In dankenswerter Weise hat der Verlag Walter de Gruyter & Co. auf jeden Gewinn aus den »Sozialwissenschaftlichen Forschungen« verzichtet und leistet die Notgemeinschaft der deutschen Wissenschaft Zuschüsse zu den Herstellungskosten.

Mit wenigen Ausnahmen sind alle Lehrer der Staats- und Sozialwissenschaften an den deutschen Universitäten, landwirtschaftlichen, technischen und Handelshochschulen und eine Anzahl Privatgelehrter der Arbeitsgemeinschaft beigetreten. Sie gliedert sich ebenso wie die »Sozialwissenschaftlichen Forschungen« bis auf weiteres in 5 Abteilungen. Der von den Fachgenossen gewählte Abteilungsvorsteher oder sein Stellvertreter entscheidet über die Annahme der eingereichten Arbeiten und trägt die Verantwortung als Herausgeber. Die Abteilungen und ihre Vorsteher sind die folgenden:

I. Allgemeine Nationalökonomie (mit Einschluß des Bevölkerungswesens), Soziologie, allgemeine Sozialpolitik, allgemeine Probleme der Statistik, der Wirtschaftsgeschichte und -geographie.

Professor **Diehl**-Freiburg,
„ **Alfred Weber**-Heidelberg,
„ **v. Zwiedineck-Südenhorst**-München.

II. Agrar- und Siedlungswesen (auch Forstwesen, Jagd, Fischerei) mit Einschluß der nationalökonomischen Probleme der landwirtschaftlichen Betriebslehre.

Professor **Sering**-Berlin,
„ **Gerlach**-Königsberg,
Dr. **Keup**-Berlin.

III. Gewerbe (Bergbau, Industrie, Handwerk) mit Einschluß der gewerblichen Sozialpolitik.

Professor **Herkner**-Berlin,
„ **Adolf Weber**-München,
„ **Heyde**-Berlin und Rostock.

IV. Handel und Verkehr, Bank- und Börsenwesen, Versicherungswesen, auswärtige Wirtschaftspolitik.

Professor **Eckert**-Köln,
„ **Prion**-Köln,
„ **Erwin v. Beckerath**-Kiel.

V. Finanzwissenschaft.

Professor **v. Eheberg**-Erlangen,
„ **Terhalle**-Hamburg,
Landesfinanzamtspräsident **Dr. Schwarz**-Magdeburg.

Berlin und Breslau im Oktober 1922.

Das Präsidium der sozialwissenschaftlichen Arbeitsgemeinschaft

Sering. Herkner. Hesse.

Sozialwissenschaftliche Forschungen

Herausgegeben von der

Sozialwissenschaftlichen Arbeitsgemeinschaft

Abteilung II — Heft 2

Berlin und Leipzig

Walter de Gruyter & Co.

vormals G. J. Göschen'sche Verlagshandlung — J. Guttentag, Verlagsbuchhandlung
Georg Reimer — Karl J. Trübner — Veit & Comp.

1925

Volkswirtschaftliche Theorie der landwirtschaftlichen Preissteigerungen in Deutschland von 1895–1913

Eine Studie über die Beziehungen zwischen Agrarwirtschaft und Industriewirtschaft

von

Dr. Folkert Wilken

Berlin und Leipzig

Walter de Gruyter & Co.

vormals G. J. Göschen'sche Verlagshandlung — J. Guttentag, Verlagsbuchhandlung
Georg Reimer — Karl J. Trübner — Veit & Comp.

1925

Angenommen auf Antrag von Professor W. Lotz durch den Abteilungsvorsteher Professor M. Sering

Druck von Walter de Gruyter & Co., Berlin W. 10.

Vorwort.

Die hiermit zur Veröffentlichung gelangende Bearbeitung eines Wirtschaftsproblems der Vorkriegszeit darf Aktualität für die Gegenwart aus folgenden Gründen beanspruchen.

Die kapitalistische Wirtschaftsentwicklung vor dem Kriege drängte zu einer nationalen Arbeitsteilung in der Richtung einer einseitigen Alternative von Agrarstaat oder Industriestaat. Für viele Länder aber, und dazu gehörte insbesondere Deutschland, brachte es die historische Entwicklung und die außenpolitische Lage mit sich, auf eine möglichst unabhängige landwirtschaftliche Versorgung bedacht zu sein. Und damit entstand innerhalb der deutschen Volkswirtschaft ein ähnliches Arbeits- und Konkurrenzverhältnis, wie es zum Teil auch zwischen Agrar- und überwiegenden Industriestaaten zu bestehen pflegt. Die internationale wirtschaftliche Auseinandersetzung dieser Art spielte sich zwischen der Agrarwirtschaft und der Industriewirtschaft ab, wie die beiden großen Wirtschaftskomplexe, die hier einander gegenüberstehen, auf den folgenden Blättern genannt werden. Die Auseinandersetzung zwischen ihnen in der Epoche des Hochkapitalismus leitet, wie es uns erscheinen will, einen geschichtlichen Entwicklungsschritt ein, der zur Zeit noch garnicht zu übersehen ist. Nur soviel offenbart die Nachkriegszeit, daß die einstmaligen Agrarstaaten auf das eifrigste ihre Industrialisierung betreiben. Und dieses Eindringen des Kapitalismus in die Agrarwirtschaft aus Antrieben, die in der Agrarwirtschaft zum Teil selber liegen, zeigte sich in aller Deutlichkeit schon vor dem Kriege. Ja noch mehr, es trat eine ganz eigenartige Bewegung des Kapitals zwischen diesen beiden Wirtschaftskomplexen hervor. Die theoretische Durchdringung der Gesetzmäßigkeiten in den Beziehungen zwischen der innervolkswirtschaftlichen Agrarwirtschaft und Industriewirtschaft am Beispiele eines typischen Wirtschaftsverlaufes der Vorkriegszeit darf deshalb auch in heutiger Zeit auf Beachtung hoffen. Das Grundsätzliche des Themas tritt in ein Stadium immer größerer Aktualität, und die Methodologie seiner Behandlung liegt überhaupt jenseits der Zeitlichkeit des zugrunde gelegten Materials.

Die durch die liebenswürdige Befürwortung durch Herrn Geheimrat Professor Dr. W. Lotz in München — dessen unmittelbarer wissenschaftlicher Unterstützung sich der Verfasser erfreuen durfte — und des Herrn Geheimrat Professor Dr. Max Sering in Berlin ermöglichte Drucklegung der vorliegenden Arbeit konnte trotz noch hinzukommender privater Unterstützung nicht in ihrer ursprünglichen Ausdehnung erfolgen. Im Text sowohl als ganz besonders in dem angehängten Tabellenmaterial mußten erhebliche Kürzungen vorgenommen werden. Wenn somit eine Reihe statistischer Belege und Beweise nicht mitgeteilt werden konnte — unter ihnen solche, die der Verfasser selbständig bearbeitete —, so sollte es dem Leser doch wenigstens deutlich gemacht werden, daß sie erbracht wurden. Zu diesem Zwecke sind die ausgefallenen Tabellen im Inhaltsverzeichnis wieder aufgeführt worden, jedoch mit einem entsprechenden Vermerk versehen. Im Anhang selber ist die Nummernfolge demnach des öfteren durchbrochen.

Folkert Wilken.

Inhaltsverzeichnis.

(NB. Die Anmerkungen wurden jeweils an das Kapitelende gesetzt, mit Ausnahme des zweiten Kapitels, wo sie hinter jedem Abschnitte desselben zu finden sind.)

Erstes Kapitel.

Wesen und Ziele der Untersuchung.

Teuerung und Preissteigerung gehören zu den brennendsten Gegenwartsfragen. Zweifellos liegen für die gewaltige Warenteuerung von heute und ihr unaufhaltsames Fortschreiten vielfach andere Gründe vor, als für den milderen, aber ebenso großzügigen Preissteigerungsvorgang in den beiden Jahrzehnten vor dem Kriege. Schon ein Blick auf die Gestaltung des Geldwesens lehrt uns das. Aber die allgemeinen Gesetzmäßigkeiten sind auch heute noch keine anderen geworden, worüber das einseitige Hervortreten der inflationistischen Wirkungen der Papierwirtschaft nicht hinwegtäuschen kann. Deswegen ist es auch für die Gegenwart nicht belanglos, daß das ältere Preissteigerungsproblem vor dem Kriege nicht zu einer allgemein überzeugenden Lösung gebracht worden ist. Dies zeigt sich ebenso in der Uneinigkeit der verschiedenen wissenschaftlichen Theorien in dieser Frage, wie in dem Kampfe der einander gegenseitig die Teuerung vorwerfenden Interessentengruppen. Genau wie die Zeit vor dem Kriege, so verlangt auch die mit Kriegsende über das deutsche Wirtschaftsleben hereingebrochene Preisrevolution größten Stils Abhilfsmaßnahmen. In den Streit kann die Wissenschaft nur mit geistigen Mitteln eingreifen. Zu ihnen gehört auch die Beschäftigung mit den gleichen noch ungelösten Problemen der Preissteigerungen in der Vergangenheit.

Wir wollen im folgenden die agrarischen Preissteigerungen vor dem Kriege untersuchen.

Die Erkenntnis des Wesens der landwirtschaftlichen Preisbildung kann ihre Ziele aber durchaus erreichen, wenn sie sich gewisse Beschränkungen in Ansehung ihres Untersuchungsgegenstandes auferlegt. Die organische Einheit der Landwirtschaft erlaubt es von einem einzigen ihrer Zweige zu den gemeinsamen Wurzeln des Ganzen vorzudringen. Das will heißen, daß man die agrarischen Preisprobleme auch dann grundsätzlich und erschöpfend erörtern kann, wenn man statt des Ganzen ein hinreichend großes und vor allem charakteristisches Stück der landwirtschaftlichen Teuerungsvorgänge vor dem Kriege herausgreift und allseitig zu erklären versucht. Zu diesem Zwecke bietet sich die Preissteigerung der viehwirtschaftlichen Produkte als ein besonders lehrreiches und bedeutsames Musterbeispiel dar, und sie kann deshalb zum Ausgangspunkt einer grundsätzlichen Teuerungsbetrachtung werden, die viel weiter reicht, als das Wort vermuten läßt. Denn die Viehwirtschaft ist ein „integrierender Bestandteil“ des landwirtschaftlichen Betriebes und von der Preisentwicklung und den Preisvoraussetzungen der übrigen landwirtschaftlichen Produktion nicht zu trennen. Ferner ist der an die Viehwirtschaft anknüpfende sozialwirtschaftliche Zirkulationsprozeß mit dem Viehverkauf und Viehpreis weder abgeschlossen, noch repräsentiert letzterer die landwirtschaftlich einzige Nutzungsform der Viehwerte. Die lange Strecke des Absatzes und der Zwischenhandelsglieder steht in einem nicht lösbaren Preiszusammenhang mit allen vorgängigen Gliedern, wie diese umgekehrt auch wieder von den ihnen nachfolgenden abhängen. Der landwirtschaftliche Preisbildungsprozeß muß deshalb in fast allen Fällen, schon um aller Probleme habhaft zu werden, auf dem ganzen Wege vom Produzenten bis zum Konsumenten verfolgt werden.

Es wird aber in der Arbeit selber immer eine innerliche Einheit dadurch angestrebt, daß vorwiegend die Probleme der Agrarwirtschaft und ihrer Preisbildung in den Mittelpunkt gerückt werden. Wo die Zirkulation eines bestimmten landwirtschaftlichen Produktes also jeden Zusammenhang mit der Landwirtschaft verliert und selbständig in den Kreislauf der Industriewirtschaft eintritt, verfolgen wir seine Preisbildung nicht weiter. Aus diesem Grunde erfahren z. B. die Untersuchungen im Gebiete des Handels mit viehwirtschaftlichen Produkten hier und da Beschränkungen. Es wird verzichtet auf die Erörterung der Preisbildung im Wollhandel und des weiteren Ganges der Wolle bis zum Konsumenten; ferner wird beim Verkauf der Rindshaut durch den Fleischer halt gemacht und nicht mehr den weiteren Preisschicksalen der aus ihr verfertigten Produkte nachgegangen. Diese Fragen würden in die Preisfunktionen der Industriewirtschaft einmünden, ein Gebiet, das man nicht nebenbei behandeln kann, weshalb es nie anders als vergleichsweise herangezogen wurde. Es wird sich zeigen, daß trotz dieser und anderer Einschränkungen ein Wirtschaftskomplex zur Darstellung gelangt, dessen Einheitlichkeit größer ist, als diese vorläufigen Umschreibungen vermuten lassen.

Im übrigen haben wir uns von dem Gedanken leiten lassen, daß der in Betracht genommene Preissteigerungsvorgang wesentlich in seinen großen Bewegungen, sozusagen in seinem säkularen Zuge, das Hauptinteresse beansprucht; in den kleineren mehrjährigen Kurvaturen aber auch nicht unbeachtet bleiben darf, jedoch in den jährlichen Schwankungen nur ein vorübergehendes Interesse beanspruchen und in den monatlichen, wöchentlichen, täglichen und schließlich stündlichen Marktpreiswandlungen überhaupt außer Betracht bleiben kann.

I.
Die Tatsachen der Preissteigerung vor dem Kriege.

Die zwei Jahrzehnte vor Ausbruch des Krieges gewährten das Bild einer internationalen Preissteigerung fast aller Waren, Lebenskosten und Löhne [1]). Bestandteile dieser internationalen Preisbewegungen sind die nationalen Preiskurven, und innerhalb dieser nehmen wieder die einzelnen Warenpreise ihren individuellen Verlauf. Der Gedanke der Gesamtabhängigkeit und der übergreifenden allgemeinen Ursachen drängt sich wie von selbst auf. Kann man überhaupt eine individuelle Preiskurve aus dem Gesamtniveau herauslösen und gesondert erklären? Diese Frage läßt sich im Voraus nicht eindeutig beantworten. Da sie jedoch dauernd offen bleibt, hat die isolierende Beschäftigung mit einer ausgewählten Preissteigerungskurve sich auf alle Möglichkeiten der Verflechtung mit fremden Preissteigerungen einzustellen. Das gilt noch mehr für den Zusammenhang der nationalen Volkswirtschaft, als der internationalen weltwirtschaftlichen Abhängigkeiten, die offener und einfacher miteinander verknüpft sind. Wir stellen deshalb vor allem das Viehteuerungsproblem in das Ganze der nationalen Preisbewegung in Deutschland; und die zusammengefaßte statistische Darstellung beider nehmen wir zum Ausgangspunkt, sowohl um einen allgemeinen Überblick über die Preisbewegung in Deutschland überhaupt zu haben, als auch um die große Gemeinsamkeit in den Einzelpreisbewegungen genügend hervorzuheben.

Wenn man an die Darstellung der allgemeinen Preissteigerung in Deutschland herangeht, so macht man zunächst die überraschende Entdeckung, daß zwar die Ziffern der Reichsstatistik die Preissteigerung mit aller wünschenswerten Deutlichkeit hervortreten lassen, daß aber die Ziffern des Hamburger Großhandels eher das Gegenteil ergeben. Prof. J. Conrad, der in seinen Jahrbüchern laufend 40 Artikel des Hamburger Großhandels verfolgt hat, ist seinerzeit in den Verhandlungen der Fleischenquete 1912/13 aufgetreten und hat den Klagen über Teuerung seine Ziffern entgegengehalten und betont, daß das allgemeine Preisniveau in neuerer Zeit, abgesehen von den letzten drei Jahren, sich nicht geändert habe. Eine Ausnahme sei nur für die Fleischpreise zu konstatieren [2]). Die Ziffern für Hamburg lauten für 6 große Warengruppen folgendermaßen (Index: 1874/80 = 100):

1881/90	1891/00	1901/5	1906/10	1906
77,43	68,44	67,93	71,31	70,55

1907	1908	1909	1910	1911	1912
76,42	70,10	68,52	70,79	76,04	79,38

Die Ziffern der Reichsstatistik zeigen dagegen folgende Werte (1879/83 = 100)

1884/8	1889/93	1894/8	1899/03	1904/8
102,05	96,95	80,52	91,33	97,27

1909/13	1909	1910	1911	1912	1913
103,14	91	94	103	115	112

Die Hamburger Ziffern geben also eine völlig regellose Preiskurve wieder, die Berliner eine einheitlich gerichtete[3]). Eine Betrachtung der in beiden Statistiken herangezogenen Waren löst das Rätsel. Zwar sind in beiden Statistiken keine nach der konsumtiven Bedeutung gewogene Indexziffern gegeben worden. Aber die Auswahl der Waren bei der Reichsstatistik macht die Wägung der Ziffern deshalb überflüssig, weil nur wirklich allgemein bedeutsame Handelsgüter herangezogen wurden, deren geringe Wertigkeitsunterschiede bei der großen Zahl der berücksichtigten Gegenstände keine statistische Trübung mehr hervorrufen können. Anders bei der Hamburger Statistik, wo z. B. das gelinde Anziehen der Kohlenpreise durch das rapide Fallen der Schweineborsten gleich um ein mehrfaches überwogen wird. Ferner dominiert in der Hamburger Statistik ganz ungebührlich jene Warengruppe, die entgegen der allgemeinen Tendenz in der Preissteigerungsperiode vor 1914 großenteils einen Preisfall erlitten hat, nämlich die Kolonialwaren. Von den 19 Warenarten, die die 6 Statistischen Gruppen ausmachen, sind allein über die Hälfte, nämlich 10, kolonialer Herkunft. Diese Statistik erfüllt nicht die Anforderungen, die man an eine allseitige Repräsentation des nationalen Preisstandes stellen darf. Wir bedienen uns deshalb der Reichsstatistik, um die Hebung des allgemeinen Preisstandes im einzelnen und im ganzen zu erkennen. Es ist das in der Anlage X geschehen, auf deren besondere methodische Grundlagen hiermit ausdrücklich hingewiesen sei. (Siehe im Anhang.)

Sie zeigt, daß die tierischen Erzeugnisse von allen Warengruppen die größte Preissteigerung aufweisen, die ländlichen Bodenprodukte die geringste. Der Tiefpunkt der Gesamtkurve kommt in das Jahr 1896 zu liegen, der Höhepunkt in das Jahr 1912, für tierische Erzeugnisse in das Jahr 1913.

Um die Steigerung der Vieh- und Fleischpreise einer genaueren Betrachtung unterziehen zu können, ist für sie eine Sonderaufstellung in der Anlage IX gegeben worden, die ihren Anfang mit dem Jahre 1881 nimmt. Verfolgen wir die Gesamtindexziffern für die vier Viehgattungen, so finden wir den größten Tiefstand in den Jahren 1887/8 und den Höchststand in den Jahren 1912/3. Zwischen diesen beiden Punkten nimmt die Preiskurve einen keineswegs gleichmäßigen Verlauf. Mit Ausnahme der ungewöhnlichen Jahre 1890/1 hebt sich das Niveau in den 90 er Jahren bis einschließlich 1896 nur auf eine Höhe, die noch unter dem Beginne der 80 er Jahre bleibt. In dem Gesamtverlauf der Kurve stellt sie aber eine Art zweiten Tiefpunkt dar, von dem aus erst eigentlich die ununterbrochene Preissteigerung ausgeht. Sie vollzieht sich in einer Entwicklung von drei Etappen, die nach der Verschiedenartigkeit ihrer Steigerungsintensität sich voneinander abheben:

I.	Steigerungsetappe	1897/03,	7 Jahre;	19	Steigerungseinheiten
II.	"	1905/06,	2 "	27	"
III.	"	1909/13,	5 "	29	"

Die erste Etappe umfaßt gerade soviele Jahre, wie die beiden letzten zusammengenommen. Aber die letzte Hälfte der Preissteigerungsperiode hat für alle Viehgattungen zusammen eine dreifache Beschleunigung gegenüber der früheren Hälfte erfahren. So liegen die Verhältnisse, wenn man sie rein äußerlich betrachtet.

II.

Grundsätzliches zur Erklärung von Preissteigerungen.

Wir wollen nicht in eine umfassende Erörterung der Prinzipien der Teuerungstheorie eintreten, sondern nur die leitenden Gesichtspunkte hinstellen, die angewandt wurden. Alles weitere wird sich im Laufe der Untersuchungen ergeben.

Der in Geld ausgedrückte Preis ist der Regulator der gesamten Tauschmöglichkeiten einer Tauschgemeinschaft. Er bewirkt die Verteilung des Sozialproduktes in einem bestimmten Mengenverhältnis. Die Sammelbegriffe dieser Tauschmöglichkeiten sind Angebot und Nachfrage, und wesentlich das egoistische Interesse auf beiden Seiten wirkt dahin, hier eine Äquivalenz in dem Sinne zu schaffen, daß ein Mehr oder Minder auf der einen Seite sich in Änderungen der Austauschverhältnisse kundgibt. Werden die Waren über das einem bestimmten Tauschverhältnis-Preis zugrunde liegende Mengenverhältnis von Angebot und Nachfrage vermehrt, so erwacht die Tendenz, für dasselbe Geld mehr Ware zu fordern. Dasselbe tritt auf der Geldseite ein, wenn die Einkommen sich vermehren. Bei Verminderung auf beiden Seiten das umgekehrte, ganz im Sinne des rein quantitätstheoretisch gedachten Angleichungsstrebens, das hiermit an die Spitze aller Tauschregulierungen gesetzt wird. Aber dieses quantitative Angleichungsstreben ist schon von jeher als das grundlegende Regulativ zwischen Angebot und Nachfrage angesehen worden. Das weitere Problem liegt dann aber in dem, wie der quantitative Angleichungsprozeß sich im einzelnen und gegen widerstrebende Elemente gesetzmäßig durchsetzt. Zu solcher Erkenntnis sind die auf beiden Seiten wirksamen Faktoren heranzuziehen, sowohl die privatwirtschaftlichen, sog. subjektiven Antriebe, wie die objektiven Tatsachen, an denen sie sich orientieren.

Die subjektiven Faktoren erschöpfen sich einerseits in der Orientierung nach dem ökonomischen Prinzip. Dieses verlangt für das Angebot, daß die Tauschergebnisse zu einem Überschuß über die Kosten führen. Dieser Überschuß bildet, betriebswirtschaftlich gesehen, die Rentabilität, die in Prozenten des Kapitalwertes der eingesetzten Produktionselemente ausgedrückt zu werden pflegt. — Auf Seiten der Nachfrage greift eine andersartige Orientierung Platz. Für sie wird der Tauschakt zu einer Auseinandersetzung zwischen ihrer Kaufkraft = Einkommen und der Skala der Lebensbedürfnisse, die nach den Graden der Brauchbarkeit oder Affektion abgestuft sind und nach dem Schema der Grenznutzenbewertung ihre Befriedigung suchen. — Diesen subjektiven Orientierungen von Angebot und Nachfrage liegen immer die objektiven Mengenverhältnisse der produzierten und bedurften Güter, sowie die der Einkommen zugrunde.

Aber die subjektive Orientierung in einer sozialen Tauschwirtschaft erstreckt sich auch noch nach einer anderen Seite, wobei erst recht eigentlich die objektiven Mengenverhältnisse auf der Angebots- und Nachfrageseite zu ihrer tauschwirtschaftlichen Verwirklichung gelangen. Es ist der Konkurrenzgedanke, der den Blick der Tauschbeteiligten immer auf die allgemeine Tauschlage lenkt, sowohl auf die Größe des Mitangebots, wie auf den Umfang der kaufkräftigen Nachfrage, soweit der Anbieterstandpunkt in Frage kommt; auf die Größe der gleichzeitigen Mitnachfrage und auf den Umfang und Verkaufszwang des Angebots, soweit der Nachfragestandpunkt in Frage kommt. Aus diesen Verhältnissen erwächst der Preisbildung das im Rahmen von Monopol und Überfluß schwankende Gesetz der Konkurrenz. Das Monopol- und Konkurrenzprinzip (wobei das Monopol nur als Grenzfall der Konkurrenz zu beurteilen ist) bildet das s u b j e k t i v e Gegenstück der auf Seiten von Angebot und Nachfrage anzutreffenden objektiven Mengenverhältnisse der Personen und Sachen.

In diesen Gedankengängen ist alles das ausgesprochen, was bereits in der berühmten Hermannschen Preistheorie gesagt worden ist. Sind auch die einzelnen Preisbestimmungsgründe derselben in der Folgezeit vielfach präziser gefaßt worden, so sind trotz der Vertiefung der Einzelheiten wesentlich neue Gesichtspunkte nicht zu ihr hinzugekommen. Der besondere systematische Mangel der Hermannschen Preistheorie dürfte nur darin erblickt werden, daß sie unter den auf Seiten des Angebots und der Nachfrage wirksamen Faktoren nicht die interne Konkurrenz der Anbieter und Nachfragenden als vierten Faktor der Preisbildung aufführt. Dieses von den Klassikern für die Marktpreisbildung als besonders erheblich erachteten Preisbestimmungsgrundes tut Hermann stets nur im Rahmen der übrigen Erwähnung, während streng gedacht nebeneinander gestellt werden müßten:

auf Seiten des Angebots:

1. Die Kosten,
2. Die Geldwertschätzung,
3. Die Konkurrenz der Nachfrager,
4. Die Konkurrenz der Anbieter selbst;

auf Seiten der Nachfrage:

1. Der Gebrauchswert der begehrten Güter,
2. Die eigene Zahlungsfähigkeit,
3. Die Konkurrenz der Anbieter,
4. Die Konkurrenz der Nachfrager untereinander.

Die Konkurrenz der Anbieter ist offenbar nicht nur für die Preisorientierung der Nachfragenden bedeutsam, sondern auch für die der Anbieter selber, was nicht übersehen werden darf. Dasselbe gilt entsprechend für die Konkurrenz der Nachfragenden.

Die in diesen zweimal vier Preisbestimmungsgründen liegenden Änderungsmöglichkeiten, die zu Preissteigerungen führen müssen, sind die folgenden:

1. Steigerung der Kosten,
2. Mindere Geldwertschätzung,
3. Die wachsende Konkurrenz der Nachfragenden, nebst dem verstärkenden Moment einer steigenden Zahlungsfähigkeit derselben,
4. Das Zurückbleiben des Angebots bei abgeschwächter Konkurrenz desselben.

Diese 4 Preissteigerungsfaktoren wirken sich nach dem Charakter der Güter in den verschiedensten Formen und Zusammenstellungen aus. Besondere Verhältnisse ergeben sich aus dem Zusammenhang der Vermehrbarkeit des Angebots mit den Produktionskosten. Diese Verhältnisse wurden von Neumann (siehe Schönbergs Handbuch) untersucht und führten zu dem Gravitationsgesetz der Rentenpreise und der Konkurrenzpreise, zweier Begriffe, deren wir uns im folgenden öfter bedienen werden. Das Gravitationsgesetz der Rentenpreise tritt in Kraft, wenn es sich um nicht beliebig vermehrbare Güter handelt, in welchem Falle die teuerste, für die Versorgung noch in Anspruch zu nehmende Produktionsstätte den einheitlichen Marktpreis reguliert. Sind die Güter im Überfluß auf dem Markte, so gravitiert der Preis infolge der Konkurrenz nach dem billigsten Angebot, das für die Versorgung noch nötig ist, dem dann die teurer produzierenden Anbieter sich fügen müssen.

In dieser Weise wird durch den Rentenpreis die wirtschaftliche Überlegenheit der Angebotsseite dargetan, während der Konkurrenzpreis von der wirtschaftlichen Überlegenheit der Nachfrageseite Zeugnis ablegt. Im ersten Falle steht für die Nachfragenden die Versorgung, im anderen Falle für die Anbietenden der Absatz auf dem Spiele, woraus sich jeweils ihre Unterlegenheit in der Marktbeherrschung ergeben muß.

Als oberstes Einteilungsprinzip wird also Angebot und Nachfrage die Darstellung und Erklärung der viehwirtschaftlichen Preissteigerungen beherrschen. Was nach der Theorie der Preissteigerungen a priori bereits als sicheres Ergebnis feststeht, nämlich die Bedingtheit der Viehteuerung durch ein verhältnismäßig quantitativ herabgemindertes Angebot oder durch eine nach Zahl und Kaufkraft gewachsene Nachfrage, bzw. durch die Auseinandersetzung zwischen beiden, das gilt es in den Einzelheiten seiner speziellen subjektiven und objektiven Bestimmungsgründe zu verfolgen.

Doch erfordert die Natur der hier zu behandelnden Gegenstände einige Zerlegungen. Es wurde bereits bemerkt, daß von den viehwirtschaftlichen Produkten nur ein engerer, landwirtschaftlich zusammengehörender Komplex in Betracht gezogen werden soll. Die viehwirtschaftlichen Nutzungen zerfallen in zwei Klassen, die vom landwirtschaftlichen Standpunkte wichtig sind. Die Viehhaltung dient einerseits dem landwirtschaftlichen Eigenbedarf, andererseits der Beschickung des Marktes. Die Viehproduktion als Marktproduktion liefert 1. Güter für den definitiven Konsum, wie Fleisch, Milch und deren Erzeugnisse, 2. Güter für den reproduktiven Konsum, wie Häute, Wolle u. a. m. Es könnte scheinen, als ob die landwirtschaftliche Milchverarbeitung in die zweite Klasse gehören würde. Aber wir rechnen die Belieferung von landwirtschaftlichen Nebengewerben durch die Landwirtschaft nicht zum Marktverkehr in dem besonderen Sinne der Austauschorganisation zwischen Agrar- und Industriewirtschaft. Die getroffene Unterscheidung der beiden Marktgütergruppen hat also den vornehmlichen Sinn, alles was noch als Rohstoff der industriewirtschaftlichen Weiterverarbeitung dient und in die bei ihr herrschende Preisbildung eingeht, auszuschalten. Die Preissteigerung als speziell landwirtschaftliches Problem ist es, worauf es uns ankommt. Das übrige soll nur anhangsweise und soweit die landwirtschaftlichen Verhältnisse dabei mitsprechen, behandelt werden.

Im Mittelpunkte unserer Untersuchungen stehen demnach die Preisprobleme für Fleisch und Milch. Sie können nach der Seite ihrer Angebotsfrequenz nur aus dem Ganzen der landwirtschaftlichen Produktion verstanden werden; nach der Seite der Marktpreisbewertung aber lassen sie sich nur durch eine isolierende Betrachtung der Absatzformen und schließlich der Wandlungen in den Bedürfnissen und der Kaufkraft der Konsumtion erklären. Auf diese Weise ergibt sich die in den folgenden Kapiteln durchgeführte Gliederung in drei Abschnitte.

Anmerkungen zu Seite 9—16.

[1]) Zur Darstellung der internationalen Preissteigerungen vergl. F. Eulenburg, „Die Preissteigerung des letzten Jahrzehnts", Leipzig 1912, und C. Tyszka, „Löhne und Lebenskosten in Westeuropa im 19. Jahrh." usw., München und Leipzig 1914. Ferner St. Bauer und Irv. Fisher, „Preissteigerung und Reallohnpolitik" Annalen f. Sozialpol. u. Gesetzgeb. 1912, S. 393.

[2]) Fleischenquete, 1912/3, Verhandlungen der Gesamtkommission und die Sachverständigengutachten, S. 3 ff.

[3]) Die Zahlen sind den Betrachtungen Conrads zur Entwicklung des Preisniveaus entnommen. Vgl. Conr. Jahrb. 1914, I. S. 794 ff. In beiden Aufstellungen sind die Vieh- und Fleischpreise unberücksichtigt geblieben.

[4]) Aus dem in Anmerkung 1 genannten Werke.

Zweites Kapitel.

Das Angebot und seine Bestimmungsgründe.

Das Angebot von Vieh und sein Mengenproblem kann unter zwei Gesichtspunkte gebracht werden, deren erster mehr die objektiven Faktoren in den Mittelpunkt rückt, während der andere sich auf den Standpunkt der privatwirtschaftlichen Antriebe stellt. Beide Betrachtungsweisen schließen sich nicht aus, denn es sind gerade die objektiven Faktoren, welche der privatwirtschaftlichen Wirtschaftsweise als Richtlinien dienen.

Wir beginnen mit dem objektiven Gesichtspunkt und suchen ihm entsprechend die objektiven Grundlagen der viehwirtschaftlichen Produktion und ihrer Angebotsfrequenz in der Teuerungsperiode soweit als möglich zu verstehen.

Diese Aufgabe läßt sich in drei Unterabteilungen auflösen. Zunächst wird es sich darum handeln, die Tatsachen der wahren Angebotsgestaltung herauszuheben. — Ihr wird die Erörterung ihrer ursächlich objektiven sachlich-technischen Grenzen nachfolgen, der sich als dritter Abschnitt die Untersuchung der ursächlich objektiven wirtschaftlichen Grenzen angliedern wird.

I.

Die Entwicklung der viehwirtschaftlichen Angebotsfrequenz.

Die roheste Form, in der das Angebot von Vieh vorgestellt werden kann, ist die Vergegenwärtigung der Ziffern der Viehhaltung, die einfache Bestandsaufnahme. St. Bauer[1]) schildert den europäischen Zustand in dieser Weise. Setzen wir die Bevölkerung um 1900 = 100, so wäre sie im Jahre 1910 auf 113,2 gewachsen, setzen wir den Viehstand jeder Art um 1900 = 100, so betrug er im Jahre 1910 : 104,4 für Rinder, 95 für Schafe, 112,9 für

Schweine. In diesen Ziffern, die offiziellen Quellen vom Sommer 1911 entnommen sind[2]), fehlten noch die Angaben des Viehstandes für Österreich, Rumänien, Serbien, Portugal; aber sie haben seither dasselbe Bild geboten. Von dem Zurückbleiben des Viehstapels hinter jenem der Bevölkerung waren nur Dänemark, Holland und die Schweiz verschont geblieben. „In den letzten zwei Jahren, so bemerkt Bauer, haben Futternot, Seuche und gesteigerte Nachfrage auch diese Reserven Europas zum größten Teil zum Versiegen gebracht". Um 1910 bekundete sich das europäische Defizit darin, daß um 1900 1000 Europäer von europäischen Viehbeständen 315 Rinder hätten verbrauchen können, um 1910 nurmehr 290. — Mit solchen Zahlen veranschaulicht Bauer die Lage der europäischen Viehversorgung im Verhältnis zur Bevölkerung. Es läßt sich gewiß nicht leugnen, daß der Viehbestand irgendwie die Frequenz des Angebotes berührt und auch zum Ausdruck bringt; aber das reale Gebot, wie es nun wirklich auftritt, wird noch durch eine Reihe anderer Faktoren mitbestimmt, die erst eine genaue Vorstellung von der wahren Lage geben.

Zunächst wäre gegen die Art der genannten Beweisführung einzuwenden, daß die Angebotsverhältnisse sich weltwirtschaftlich regeln können, wenn der Weltmarkt von anderer Seite hinreichend versorgt wird. Das ist ein Grund, warum die europäischen Ziffern uns für die Preissteigerung nichts sagen können. Die Bestandsaufnahmen für ein einzelnes Land spiegeln z. B. im Falle Englands, das die Hälfte seines viehwirtschaftlichen Bedarfs frei einführt, überhaupt nicht die Frequenz des Angebots daselbst wieder; wohl aber im Falle Deutschlands, das sich durch ein noch zu besprechendes handelspolitisches und veterinär-polizeiliches System gegen die ausländische Konkurrenz monopolistisch absperrte[3]). In einer solchen Lage erlangt der Viehstand des Landes natürlich eine entscheidende Bedeutung für die Angebotsfrequenz.

Weiterhin ist aus den Bestandsziffern durchaus nicht die tatsächliche, ja selbst die mögliche Angebotsmenge herauszulesen, weil in dem Viehangebot nicht ausgedrückt wird, für welche Nutzungen es verwandt wird. Lebendnutzung und Schlachtnutzung üben einen entgegengesetzten Zug auf das Viehangebot bzw. den Viehstand aus. Die Lebendnutzung entzieht das Vieh der Schlachtverwendung und umgekehrt. Es ist deshalb einer reinen Viehbestandsaufnahme an einem bestimmten Tage überhaupt nichts brauchbares zu entnehmen, was speziell die Versorgung mit Fleisch oder mit Lebendnutzungen betrifft. Der Viehbestand als Ganzes, mag er durch die Stichtagzählung noch so gut repräsentiert sein, bietet nichts weiter dar als ein potentielles Angebot zweier diametral sich entgegenarbeitender Nutzungsformen. Es gilt dies besonders für Rindvieh und Schafe, bei denen die Verwertung der Milch bzw. Wolle die der Fleischnutzung entgegenwirkenden Tendenzen ausübt. Das Schwein dagegen dient wesentlich nur der Fleischversorgung, und die Bestandaufnahme erlaubt hier schon sicherere Rückschlüsse auf jene. In Ansehung aber der für die Fleischversorgung so wichtigen Gewichtsziffern versagt die Statistik völlig, was sich noch zeigen wird.

Da die Viehbestandziffern da, wo Lebendnutzungen die Schlachtnutzung durchkreuzen, keine Anhaltspunkte geben, müssen weitere Bestimmungen für die Beurteilung der Angebotsfrequenz der einzelnen Nutzungen herangezogen werden. Für diesen Zweck ist eine gesonderte Betrachtung für jede Nutzungsart einzuschlagen. An die Spitze stellen wir die Fleischversorgung, der alle Viehgattungen dienen. Darauf soll die Milchversorgung betrachtet werden. Das Wollangebot deutscher Provenienz fällt jedoch aus der Untersuchung aus, da es belanglos für die heimische Nachfrage ist, die sich vorwiegend durch den Weltmarkt eindeckt, welcher auch die Preise bildet.

a) Die Statistik der Fleischversorgung.

Wenn die einfache Bestandsaufnahme des Viehs über die absolute Menge des Fleischangebots aus den genannten Gründen keinerlei Aufschluß geben kann, so vermag doch eine Reihenfolge solcher Bestandsaufnahmen über die mutmaßliche Entwicklung des im Viehstapel ruhenden potentiellen Fleischangebots zu unterrichten. Nur muß der Vereinheitlichung der Fehlerquellen und dem Gesetz der Großen Zahl Rechnung getragen werden. Die Bestandsaufnahmen müssen oft und immer zum gleichen Termin erfolgen. Letzteres hängt mit der Zucht und den monatlichen Nachfrageschwankungen zusammen. Eine Bestandsaufnahme, die in die Zeiten der Geburten fällt, von denen erfahrungsgemäß bald ein Teil eingeht oder geschlachtet wird, muß ungewöhnlich höhere Ziffern zeigen als eine Bestandsaufnahme vor diesem Termin. Eine den genannten Anforderungen entsprechende Viehzählungstabelle kann jedoch einen gewissen symptomatischen Wert für die Beurteilung der abstrakten Änderungen haben.

In der Tabelle XVIII sind die entsprechenden Ziffern mitgeteilt und durch Vergleich mit der Bevölkerungsfrequenz in ihrer Bedeutung für das Angebot näher charakterisiert worden. Es sind dort die Ziffern für das ganze Reich wie für Preußen aufgeführt worden, wobei sich eine parallele Entwicklung zeigt, die aber in Preußen günstiger verläuft. Jedenfalls ergibt sich, daß von 1883 bis 1913 in beiden Gebieten der Viehbestand im Verhältnis zur Bevölkerung abgenommen hat. Für 1883—1912 würde diese Abnahme noch stärker erscheinen. Leider aber liegen nicht für alle Jahre Viehzählungen vor, sodaß der Wert der Tabellen schon dadurch sehr beeinträchtigt wird. Prinzipielle Bedenken ergeben sich aber von anderer Seite.

Die Viehzählungen an einem Stichtag sind den Volkszählungen nicht unähnlich. Die Veränderungen durch Geburt und Tod erfassen sie nicht. Gerade dieses Spiel der Zu- und Abgänge des Verbrauchs und des Ersatzes durch die Zucht, welches die dauernde Produktivität der Viehbewirtschaftung umfaßt, kann in einer bestimmt terminierten Viehbestandsaufnahme nicht hervortreten [4]). Ein Stück Rindvieh, das nur zu Schlachtzwecken gezüchtet wird, hat mit keiner langen Lebensdauer zu rechnen. Eine sich verkürzende mittlere Lebensdauer des Viehbestandes, die sog. Umtriebsziffer, ist immer ein Zeichen größeren Fleischangebots, wie im anderen Falle das Anzeichen einer Bevorzugung der Lebendnutzung vorläge. Eine Milchkuh läßt man so alt werden, bis sie ausgemolken ist, worüber 9 Jahre hingehen können. Die Nutzungsarten des Viehs haben also einen entgegengesetzten Einfluß auf die Umtriebsziffern. Wo die Umtriebsziffer zur Ergänzung der Bestandsziffern benutzt wird, bleibt das zu beachten [5]).

Ein weiterer für die Fleischversorgung wichtiger Punkt, der in einer Viehbestandsaufnahme nicht zur Geltung kommt, ist das Gewicht der Tiere. Umtriebsziffern und Gewichtsziffern müssen unter allen Umständen zur Beurteilung des Fleischangebots herangezogen werden.

Am schwierigsten liegen die Verhältnisse bei den Umtriebsziffern und hier speziell für den Rindviehbestand. Die Sachlage in der Teuerungszeit versteht man nur aus der Vorgeschichte. Bis zu den 60er Jahren diente die Rindviehhaltung hauptsächlich den Zwecken des landwirtschaftlichen Betriebes. Seitdem aber setzte eine bedeutende einseitige Steigerung der Rindfleischpreise ein, die bis zu den 80er Jahren dauerte. Diese war zunächst begleitet von einer entsprechenden Beschleunigung des Umsatzes. In das Ende der 70er Jahre aber fällt die Erfindung der Milchschleuder. Sie gab den Anlaß zu einer gewaltigen Ausdehnung des Molkereiwesens im Laufe der 80er Jahre. Die Zeit bis 1892 läßt keine Beschleunigung des Umsatzes gegenüber 1873 mehr erkennen. Die gewaltige Erhöhung der Fleischpreise seit kurz vor der Jahrhundertwende hat die Umtriebszeiten beim Rindvieh wieder verkürzt. Aber die Erhöhung der Geburtenzahl von Kälbern im Jahre 1907 gegenüber 1900 in Verbindung mit der Steigerung der Kälberschlachtungen läßt wieder den Einfluß einer räumlichen Ausdehnung der Milcherzeugung gegenüber der Mast erkennen. Diesem immerwährenden Kampfe zwischen Lebend- und Schlachtnutzung beim Rindvieh werden wir später noch eine grundsätzliche Betrachtung widmen. Hier soll der Hinweis auf ihn nur zum ersten Verständnis der von Eßlen [6]) errechneten Umtriebsziffern und Schlachtverhältniszahlen dienen. Die Schlachtverhältniszahl setzt die Zahl der geschlachteten Tiere zum Viehbestand an einem Normalzählungstage in ein prozentuales Verhältnis. Steigt der Viehbestand trotz der Abgänge durch Krankheiten, Unglücksfälle und Schlachtungen, so ist ein Teil der Zucht in späterem Alter geschlachtet worden, wesentlich aus Gründen anderweitiger Nutzungsverwendung (Abmilchung). Wenn die Schlachtverhältniszahlen steigen und die Viehbestandsziffern gleichfalls, so kann man erschließen, daß die Zucht in einem die Schlachtung übertreffenden Maßstabe ausgedehnt worden ist; sie hat die Abgänge durch Unglücksfälle usw. überkompensiert und zeigt die Viehzucht in einer aufsteigenden Entwicklung. In der folgenden Tabelle fügen wir den Schlachtverhältniszahlen Eßlens [6]) für Rindvieh die jeweiligen Bestandsziffern [7]) hinzu, desgleichen die nach seiner Methode errechneten Zahlen von 1912:

Jahr	Schlachtverh.-Zahlen Kälber [8])	Jungvieh	ausgew. Vieh	Bestandsentwicklung in 1000 Stück Kälber	Jungvieh [9])	ausgew. Vieh	insgesamt
1873	46,0	29,3	15,6	1469,6	3666,0	10641,1	15776,7
1892	44,6	27,8	15,8	1865,4	4180,4	11510,0	17555,8
1900	33,6	35,0	17,7	2033,8	5053,5	11852,4	18939,7
1907	40,8	35,5	19,8	8199,9		12430,6	20630,5
1912	41,0	36,0	20,6	7957,5		12224,5	20182,0

Für Schweine und Schafe gilt folgende ebenso berechnete und ergänzte Tabelle:

Schlachtverhältniszahlen	1875	1892	1900	1904 [10])	1907	1912
Für Schweine	95,0	—	102,9	110,4	100,4	109,1
„ Schafe	24,7	38,1	40,0	38,7	36,5	—

So stagniert also auch die Schlachtverhältniszahl der Schweine, obschon sich die Zucht vermehrt hat. Bei den Schafen dagegen ging beides zurück.

Aus den vorstehenden Tabellen lassen sich mehrere allgemeine Schlüsse auf die Gestaltung der Fleischversorgung im deutschen Reich ziehen. Die mitgeteilten Schlachtverhältniszahlen können in eine prozentuale Beziehung gesetzt werden, die die Schnelligkeitsgrade des Umsatzes im Schlachtviehverkehr wiedergibt. Für die Fleischversorgung liegt hier ein entscheidendes Problem. Nicht die jeweils absolute Höhe des Viehstapels, sondern sein Regenerationskoeffizient gibt den Maßstab für die Schlachtungsmöglichkeiten ab. Wenn sich zeigen läßt, daß bei gleichbleibendem Viehbestande die Schlachtungen steigen, so ist damit gesagt, daß die Aufzucht und Entwicklung der Tiere zur Schlachtreife eine Beschleunigung erfahren hat. Hat sich der durchschnittliche Bestand noch gehoben, so ist das bei steigender Schlachtverhältnisziffer ein weiterer Ausdruck einer sich bessernden Produktionslage.

Das Jahr 1892 fällt in den Beginn der betrachteten Teuerungsperiode und steht deshalb im Mittelpunkt der obigen Tabellen.

Beim Rindvieh zeigt sich nun, daß mit 1873 verglichen die Schlachtverhältnisziffer bei Kälbern und Jungvieh zurückgegangen ist um 3% bzw. um 5,1%, beim ausgewachsenen Vieh blieb sie sich annähernd gleich. In der Folgezeit ist die Kälber-Schlachtverhältnisziffer in dem Verhältnis wieder gesunken, wie die vom Jungvieh und ausgewachsenen Vieh gestiegen ist, denn je mehr von dem älteren Vieh im Laufe eines Jahres geschlachtet wurde, desto weniger Kälber konnten geschlachtet, desto mehr mußten aufgezogen werden. Die größte Beschleunigung des Umsatzes fiel aber in den Zeitraum von 1892—1900. Die Schlachtverhältnisziffern beim Rindvieh zeigen gerade in diesem Zeitraum die entscheidende Zunahme, welche vor allem in Betracht zu ziehen ist, wenn man die zur Bevölkerung relativ stagnierende Zunahme der Bestände berücksichtigt. Eine Anzahl Schlachtverhältnisziffern sind auch von Gläsel für das Königreich Sachsen errechnet worden, die beim Rindvieh (ausschließlich Kälber) mit dem Jahre 1900 zur relativen Stagnation führen. Die Zahlen lauten [11]):

I. 1893/95 : 25,8%	II. 1904 : 34,3	III. 1910 : 37,7
1897 : 31%	1906 : 33,3	1911 : 38,8
1900 : 33,6%	1907 : 32,2	1912 : 36,6

Die Periode ab 1907/10 zeigt wieder eine Zunahme, die aber mit der in den 90er Jahren weder an Dauer noch Stärke zu vergleichen ist. Im übrigen leiden sowohl diese wie die Eßlenschen Schlachtverhältnisziffern unter dem Mangel, daß sie für größere als einzelne Jahresabschnitte errechnet worden sind. Ein schlechtes Futterjahr wie 1911 überschwemmt in der Regel den Markt mit Vieh, was sich im folgenden Jahre dann wieder durch verminderten Auftrieb ausgleicht.

Nach dem bisher Gesagten läßt sich bereits erkennen, wie seit Beginn des neuen Jahrhunderts das Angebot der Nachfrage gegenüber schwierig geworden ist. Dieser Eindruck verstärkt sich noch bei Betrachtung der Gewichtsziffern. Was hat eine Beschleunigung des Umtriebs für einen Wert, wenn sie nicht von einer Beschleunigung der Mast begleitet wird, ohne welche ein beschleunigter Auftrieb nur durch ungenügend gemästetes Vieh befriedigt werden kann. Über die Frage der Gewichtszunahme des Schlachtviehs während der fraglichen Periode ist viel gestritten worden, und in der Fleischenquete wurden noch die widersprechendsten Behauptungen aufgestellt [12]).

Die Schwierigkeiten, welche der statistischen Darstellung von Gewichtsziffern begegnen, bedürfen keiner Erwähnung. In der folgenden Tabelle sind die Eßlenschen Zahlen für 1880 und 1903/5 mitgeteilt [13]). Die letzteren wurden nach den statistischen Jahrbüchern deutscher Städte gefunden. Es betrug das durchschnittliche Schlachtgewicht in kg: bei

	Ochsen u. Stieren	Kühen u. Färsen	Rindvieh zus.	Kälbern	Schweinen	Schafen
1880	275	175	189	25	75	18
1903/5	303	217	340	40	70	22
Zunahme	10,2%	24%	29%	60%	5,3%	17,7%

Die uns aber vornehmlich beschäftigende Frage der Gewichtsänderung im ersten Jahrzehnt des neuen Jahrhunderts wird durch obige Tabelle nicht beantwortet. Wir haben zu diesem Zwecke eine Schlachtgewichtsfeststellung für 1912 unter einer Wahrscheinlichkeitsvoraussetzung angestellt [14]). Nach ihr ergibt sich, daß die gewogenen Durchschnitte Eßlens von 1903/5 auch für 1912 gelten würden. Einzuwenden gegen die Verallgemeinerung der Zahlen von 1912 wäre jedoch der dürre futterarme Sommer von 1911, der die Vermutung von ungenügend ausgemästetem Vieh nahelegt, weniger bei Schweinen als bei Großvieh [15]); ja, daß vielmehr eine fallende Tendenz der Gewichtsverhältnisse bestand, anstatt einer Stagnation, zeigen die von Gläsel mitgeteilten Ziffern für Sachsen. Es betrug das Gewicht bei

	Rindern			Schweinen	
1873/83	240			93	
1883/95	255			99	+ 11% (1873/83–1900)
1897	280	+ 10% (1883/95–1904)	+ 14% (1873/83–1904)	100	
1900	275			103	
1904	280			97	
1906	282			97	
1910	276		— 2,5% (1906–1912)	92	— 5% (1904–1912)
1911	274			92	
1912	273			92	

Inwieweit die Ziffern für Sachsen, das die höchsten Gewichtsziffern bei allen Viehgattungen im Vergleich mit anderen Landesteilen aufweist [16]), zu verallgemeinern sind, kann man nicht sagen.

Wesentlich bleibt, daß die Gewichtsziffern von Jahr zu Jahr schwanken und daß seit Beginn des neuen Jahrhunderts zum mindesten ein den früheren Jahren entsprechender Gewichtsfortschritt nicht mehr festzustellen ist. Schon Eßlen weist darauf hin, daß die Mehrzahl der Städte für die Hauptgattungen des Rindviehs einen deutlichen Gewichtsrückgang zeigt. Zu demselben Ergebnis kommen einige statistische Untersuchungen Silbergleits für die Jahre 1908—10 [17]). Die Qualität des Großviehs zeigt in dieser Zeit eine rückläufige Bewegung, desgleichen eine Abnahme des Schlachtgewichtes. Dieses ist bei den Schafen konstant geblieben, während es bei den Schweinen eine kleine Zunahme erfahren hat [18]). Doch geben alle diese Ziffern kein allgemeines Bild von den Entwicklungstendenzen der ganzen Epoche. In anderem Zusammenhange werden wir auf genauere Erkenntnisse nach dieser Richtung stoßen.

Zum Schlusse dieser ersten Orientierungen sei noch auf die Fleischkonsumtionszahlen in Anlage XIX hingewiesen, die deutlich den Zustand der Stagnation wiederspiegeln und die obigen Schlüsse bestätigen.

Überblicken wir nochmals die bisherigen Feststellungen und fassen sie zusammen, so zerlegt sich der ganze Zeitraum in zwei Abschnitte, deren erster ein Bild aufsteigender Erzeugungsentwicklung bei fallenden und im letzten Stadium bis 1900/3 sanft ansteigenden Preisen bietet, deren zweiter aber einen Zustand der wachsenden Stagnation mit ungewöhnlichen Preissteigerungen wiederspiegelt, die in zwei Etappen verlaufen, von denen die erste 1906, die zweite 1913 endet, wie das bereits festgestellt wurde.

Im einzelnen bemerken wir für die Gattung Rindvieh, daß die absoluten Bestandszunahmen bis 1907 dauern. Von da ab tritt eine absolute Frequenzabnahme bis 1912 ein. Relativ zur Bevölkerungsvermehrung lassen sich nur verhältnismäßige Zunahmen für den Zeitraum 1883/92 und 1904/7 feststellen. Letzteren ging jedoch eine schwere Dezimierung um den doppelten Betrag der Zunahme voraus. Die auf die Bevölkerung bezogene Minderentwicklung in den 90er Jahren war geringfügig. Ihre 12% — eine an sich schon sehr zweifelhafte Ziffer (Tab. XVIII) — werden mehr als aufgewogen durch die Zunahme der Schlachtverhältnisziffer um etwa 5—7% und um eine Zunahme der Gewichtsziffer um 29—30%. Vom Jahre 1900 ab tritt die Stagnation ein, sowohl in den Umtriebsziffern wie Gewichtsziffern, welche trotz geringer Schwankungen sich auf der gleichen Linie halten, sodaß in Verbindung mit der steigend hinter der Bevölkerungsvermehrung zurückbleibenden Neuaufzucht ein relativ zurückgehendes Angebot von Rindfleisch die Folge sein mußte, was auch durch die seit 1904 veröffentlichten Stückzahlen der Fleischbeschau bestätigt wird [19]).

Der Verlauf der Schweineerzeugung ist ein anderer gewesen. Absolut und relativ zur Bevölkerung hat er im Rahmen großer Schwankungen stets nach Oben geführt. Die 80er und 90er Jahre zeigen das stärkste Wachstum, das weniger durch die geringfügige Gewichtszunahme von ca. 5%, als durch die Steigerung der Umtriebsziffern bemerkenswert ist, wennschon deren Schwankungen nicht übersehen werden dürfen. Das erste Jahrzehnt des neuen Jahrhunderts hat die Schweinezucht weiter über das Maß der Bevölkerungszunahme wachsen lassen, obgleich die Umtriebsziffer nicht mehr als vergrößert nachzuweisen ist und das Durchschnittsgewicht in der absteigenden Linie geschwankt zu haben scheint.

Bei den Schafen endlich bleibt die ungünstige Lagerung der statistischen Erhebung, die die Geburt und die Verwertung der Lämmer nicht miterfaßt, angesichts des starken Rückgangs der

Bestandsziffern zu beachten. In den 90er Jahren erfuhren sowohl Gewicht wie Umtrieb eine Steigerung mittlerer Höhe, die sich dann später auch dem allgemeinen Rückgange anschlossen.

Aus all diesen rein formalen und durch keinerlei Begründung verlebendigten Angebotssachverhalten der Fleischversorgung läßt sich immerhin ein erster Eindruck über die allgemeinen Zustände gewinnen. Es kann selbst bei der Unsicherheit der Ziffern die Überzeugung nicht abgewiesen werden, daß die Angebotsgestaltung in der ganzen Preissteigerungsperiode in zwei verschiedenen Lagen sich befand, die sich wie Aufwärtsentwicklung zu Stagnation verhalten. Als das Resultat der Entwicklung von 1892—1900 gibt Eßlen eine Vermehrung der Fleischversorgung um 52½% an oder auf den Kopf gerechnet von 32,5 auf 43,4 kg. Diese letztere Ziffer bleibt nur um ein geringes unter der für das folgende Jahrzehnt geltenden, nach Eßlenscher Methode errechneten Konsumtionsziffer: 45,1 kg pro Kopf und Jahr. Die seit 1902 nicht verstummten Teuerungsdebatten über Fleisch und dessen steigende Preise zeigen, daß das stagnierende Angebot einer unbefriedigten Nachfrage gegenüberstand und dauernd die Kräfte des unbefriedigten latenten Bedarfs mobilisiert hat.

b) Die Statistik der Milchversorgung.

Die Milchversorgung ist jene Lebendnutzung des Rindviehs, die einer Verwertung zu Schlachtzwecken eine sehr bedeutende Konkurrenz machen kann. Der Wert der deutschen Milcherzeugung übertraf vor dem Kriege den Wert der gesamten Brotgetreideproduktion. Nach den Ermittlungen des D. L. R. wurde im Jahre 1906 der Wert der ersteren auf 2642 Mill. Mark geschätzt gegenüber nur 2253 Mill. Mark der Erträge von Roggen und Weizen. Diese Einnahmequelle wirkte auf über 50% des Großviehbestandes der Fleischversorgung entgegen, indem sie sowohl die Lebensdauer der Tiere hinauszögerte, als auch auf deren Fleischqualität keine Rücksicht nahm. Obgleich die abgemolkene Kuh vor ihrer Ablieferung an den Schlächter noch gemästet wurde, stand ihr Fleisch wegen Alter und Qualitätsmängel niedriger im Preise. Die Anlage XVIII c zeigt das Anwachsen der Milchkuhbestände und den Umfang des Teiles der Rindviehzucht, der auf lange Jahre der Fleischversorgung entzogen bleibt. Insofern bildet diese Tabelle eine weitere Ergänzung zu dem im vorigen Abschnitt über die Fleischversorgungstatsachen Gesagten. Aus jener Tabelle [20]) geht hervor, daß die Zahl der Kühe sich absolut dauernd vermehrt hat, im Verhältnis zur Bevölkerung dauernd abgenommen hat, im Verhältnis zum Gesamtgroßviehbestand bis 1907 auch fortlaufend heruntergegangen ist, um sich von 1912 an wieder über den Stand von 1907 zu heben, jedoch ohne die Verhältnisziffer von 1904 wieder zu erreichen. Im Vergleich zum ausgewachsenen Großvieh, d. i.

dem über zwei Jahre alten, haben die Kühe sich prozentual ein wenig vermehrt. Aus dieser Vermehrung in Verbindung mit der prozentualen Abnahme gegenüber dem Gesamtbestande resultiert die überwiegende Zunahme der Jungviehbestände, die den Hauptteil der regelmäßigen Schlachtware bestreiten. Immerhin nimmt der Bestand an erwachsenen Kühen — also ungerechnet die unter dem Jungvieh sich befindenden werdende Kühe — bereits über die Hälfte des gesamten Großviehbestandes ein, ein Zeichen für die gewaltige Beanspruchung des Rindviehbestandes für die Milchwirtschaft.

Wie bei der Fleischversorgung, so geben auch für die Versorgung mit Milch und milchwirtschaftlichen Produkten die reinen Bestandsziffern keinen Anhaltspunkt für die Beurteilung der Angebotsfrequenz. Vielmehr spielt die Milchergiebigkeit des einzelnen Tieres eine ähnliche Rolle, wie die Gewichtsverhältnisse des Schlachtviehs. Hier ist aber ein Punkt, an den allgemeine Statistiken nicht gelangt sind. Die Milchergiebigkeit der Kühe schwankt in den Extremen um ca. 1000%, durchschnittlich um ca. 300% (Anl. XXIII)[21]), Die Milchergiebigkeit der Kühe ist statistisch viel schwerer zu erfassen, als das Gewicht des Viehs. Letzteres bedarf einmaliger Wägung, erstere einer über das ganze Jahr sich erstreckenden täglichen Messung, wie sie nur der einzelne Landwirt oder ein kontrollierter Betrieb vornehmen kann. Die Betriebe, die die Milchergiebigkeit der Viehhaltung einer genauen Kontrolle unterwerfen oder unterwerfen lassen, sind meistens Musterbetriebe, die bewußt auf eine Erhöhung des Rohertrages hinarbeiten. Ihre Ergebnisse sind deshalb für den Durchschnitt nicht immer zu verallgemeinern. Von der Steigerung der Milchproduktion kontrollierter Betriebe legt Anlage XXIII Zeugnis ab. Eine über die kontrollierten Betriebe hinausgehende allgemeine Steigerung der Milchleistung darf jedoch schon deshalb vermutet werden, weil das Milchangebot einer steigenden Nachfrage gegenüber niemals in Rückstand gekommen ist, wovon noch zu sprechen sein wird.

Während nun aber die Frischmilchversorgung des Reiches ganz aus der inländischen Produktion bestritten werden konnte — abgesehen von einem belanglosen Grenzverkehr und spekulativer Einfuhr bei Milchkriegen—, ja eine Schaffung immer neuer Absatzgelegenheiten, wie gemeinnütziger Milchausschänke, Werkausschänke zwecks Hebung des Konsums noch zuließ, sah sich die Butternachfrage auf Zufuhren aus dem Auslande in wachsendem Maße angewiesen. Die Zahlen sind in Tabelle VI wiedergegeben. Der Butter- bzw. Rahmeinfuhr standen nicht jene größtenteils unüberwindlichen Hindernisse entgegen wie der Vieh- und Fleischeinfuhr. Die Preisbildung steht deshalb hier nicht unter den beherrschenden Einflüssen der inländischen Angebotsfrequenz. Das gibt bei den folgenden Untersuchungen, da sie durch verschiedene

Marktypen hindurchführen, Gelegenheit zu preistheoretischen Vergleichen. Der Frischmilchabsatz spielt sich auf einem lokalen Marktareal ab, das sich um ein städtisches Verbrauchszentrum lagert und sich die Produktionsstätten im Rahmen eines bestimmten Umkreises zuordnet. Der Buttermarkt dagegen hat seinen Schwerpunkt in den internationalen Marktverhältnissen, während die Vieh- und Fleischpreisbildung unter einer Marktausdehnung von vorwiegend nationaler Spannung steht.

Mit Ausnahme der Butter ist die viehwirtschaftliche Versorgung Deutschlands ein Problem der inländischen Produktion gewesen. Das System der Grenzsperren, Einfuhrerschwerungen, Zollbelastungen hat sie künstlich dazu gemacht. Die Preisbildung ist deshalb zunächst nur aus der inländischen Lagerung von Angebot und Nachfrage zu verstehen und ist von jener merkantilistisch selbst genügsamen Einfuhrabwehr als indirekte Verursachung nicht zu trennen. Die künstliche Enge des Angebots hat besonders die Viehmärkte hoch entwickelt. Die großen Zentralmärkte von Berlin, Hamburg, München, Cöln dienen nicht nur zur Versorgung dieser Städte, sondern sind Vieheinkaufsplätze für weite Bezirke geworden. Die Unsicherheit der Anhaltspunkte in der Viehpreisbildung macht für alle lokalen Märkte die Notierungen der großen Märkte zu maßgeblichen Preisbildungsgrundlagen, welche durch lokale Tendenzen wohl umgemodelt, aber nicht aufgehoben werden können.

Aber konnte die Produktion des Inlandes den gestiegenen Marktansprüchen genügen? Das ist jetzt die Frage, die nach den gegebenen natürlich-technischen und wirtschaftlichen Vorbedingungen beantwortet sein will.

Anmerkungen zu Seite 17 bis 27.

1) St. Bauer, „Der intern. Charakter der Preissteigerung", Jahrb. Österr. Volkswirte, Wien 1912, S. 43. Ferner St. Bauer u. Irv. Fischer, „Preissteigerung u. Reallohnpolitik", Annalen f. Soz. Pol. u. Ges. geb., Berlin 1912, S. 393—430, spez. S. 399 ff.

2) Inst. intern. d'agricult., Rome, Bulletin de Statistique Agricole Febr. 1911, S. 23.

3) Die Fleischversorgung Deutschlands vorm Kriege befand sich in einem außergewöhnlichen Zustand. Die sanitäts- u. veterinär-polizeilichen Vorschriften hatten in Verbindung mit der Zollpolitik eine nach u. nach fast vollständige Absperrung gegen alle Arten von Einfuhrmöglichkeiten geschaffen. Die verschiedenen Entwicklungsstadien dieser Einfuhrsperrung sind in der Tabelle XIV kurz zusammengestellt worden.

4) So hob z. B. v. Wangenheim in der Fleischenquete, Bd. Zusammenstellung der Sachverständigen-Gutachten, S. 5, den fundamentalen Mangel der Schafstatistik als Beurteilungsgrundlage für die Fleischversorgung hervor, da diese Statistik zu Weihnachten aufgenommen wird, wo der größte Teil der Produktion an fetten Lämmern bereits wieder geschlachtet ist. Diese Lämmer werden im Januar oder Februar geboren. So kommt der größte Teil der Erzeugung von Schlachttieren in der Viehzählung nicht zur Geltung.

[5]) Rothe läßt sich, indem er die Ziffern des deutschen Viehbestandes mit einer nach steigendem Lebendgewicht multipliziert, auf Grund einer bis zum Jahre 1907 geführten Tabelle zu folgenden optimistischen Bemerkungen verleiten („Die Fleischversorgung der Großstädte", M. Gladbach 1912) S. 11: „In Deutschland stieg das im lebenden Rindviehstapel enthaltene Rindfleischangebot von 2 773 284 t im Jahre 1883 auf 4 234 680 t im Jahre 1909, also um 52,7%. In derselben Zeit steigt die preußische Bevölkerungsziffer nur um 42,4%." Zu solchen unhaltbaren Ergebnissen gelangt man, wenn man das Problem der Fleischversorgung von den Problemen der übrigen Viehnutzungen trennt. Es ist mit Rücksicht auf letztere einfach unmöglich, den vorhandenen Viehstapel als ein potentielles Fleischangebot anzusetzen. Wenn eine Kuh durch 7 Jahre der Milcherzeugung gefüttert wird und bei jeder Viehzählung am 1. Dez. wieder in die Tab. eingeht, so ist sie nicht einem Schwein vergleichbar, welches nach 9 Mon. geschlachtet und durch einen neuen Züchtungsschub ersetzt wird. Die eine Kuh spielt aber in der Tabelle durch 7 Jahre dieselbe Rolle wie 9 Schweine. Letztere haben dem Fleischverbrauch gedient, erstere nicht.

[6]) I. B. Eßlen, „Die Fleischversorgung des deutschen Reiches", Stuttgart 1912; ferner „Die Entwicklung von Fleischerzeugung und Fleischverbrauch auf dem Gebiete des heutigen deutschen Reichs seit dem Anfange des 18. Jahrh. und ihr gegenwärtiger Stand". Conr. Jahrb. 1912, S. 705—769.

[7]) Wegen des Wechsels in der statistischen Gruppierung der Bestände an Jungvieh und Kälbern seit 1904 müssen die Ziffern von diesem Jahre an in eins zusammengezogen werden.

[8]) Von der Gesamtzahl der in einem Jahr geborenen Kälber die Schlachtungspreise.

[9]) Das 1—2 Jahre alte Jungvieh hat um 3,6%, d. i. 116 687 Stück zugenommen. Viertelj. Hefte z. St. des D. R. 1914, Ergh. I, S. 16.

[10]) Vom Jahre 1904 an handelt es sich um Zahlen, die der direkten Beobachtung entstammen; die vor dem sind errechnet nach einem Verfahren von Lichtenfelt. (Der Verbrauch von Fleisch im D. R., Landw. Jahrb. 1897, Bd. 26). Es zeigt sich dabei eine überraschende Übereinstimmung zwischen den beobachteten und errechneten Zahlen, wenn man die Rechnungsformel auch für die Zeit seit 1904 anwendet. Vgl. Eßlen, a. a. O., Conr. Jahrb. 1912, I, S. 723 f., 725. Die Zahlen verstehen sich unter Berücksichtigung der Einfuhr.

[11]) E. I. Gläsel, „Die Entwicklung der Preise landw. Produkte und Prod.-Mittel während der letzten 50 Jahre", Berlin 1917, S. 51 ff.

[12]) So behauptet in der Fleischenquete a. a. O. S. 28 Frh. v. Cetto eine Zunahme des Lebend- u. Schlachtgewichtes, während Marx S. 39 dieses nicht nur leugnet, sondern von einem Rückgang des Gewichtes wissen will.

[13]) Die Ziffern Eßlens für die Bestimmung des Fleischverbrauchs stellen eine Korrektur der reichsstat. benutzten Gewichtszahlen dar. Im St. Jahrb. deutscher Städte werden von Zeit zu Zeit von einer Reihe Schlachthöfe die in den einzelnen Städten ermittelten Gewichtszahlen der Schlachttiere veröffentlicht. Diese Zahlen leiden an sich darunter, daß ihnen viel zu wenig faktische Wägungen als Grundlage dienen. Schwerer aber fällt die Methode ihrer Benutzung ins Gewicht. Das Reichsgesundheitsamt hat seit 1907 aus den mitgeteilten Gewichtsangaben den ungewogenen arithmetischen Durchschnitt gezogen und diesen als Durchschnittsgewicht verallgemeinert, wobei die Berliner Schlachtungen mit über 100 000 Stück die gleiche Bedeutung erlangten wie ca. 2000 Schlachtungen einer kleinen Provinzstadt.

[14]) Wir gingen davon aus, daß der vom Reichsgesundheitsamt veröffentlichte arithmetische Gewichtsdurchschnitt der von den verschiedenen Märkten berichteten Schlachtgewichte in einem bestimmten Verhältnis zu den nach Schlachtungen gewogenen Durchschnittsziffern, wie sie Eßlen berechnet, stehen müsse. Die von uns für 1912 gezogenen arithmetischen Gewichtsdurchschnitte für etwa 80 Schlachtviehmärkte (nach dem St. Jahrb. deutsch. Städte Bd. XXI, 1916, S. 765 f.) ergaben dabei eine fast völlige Übereinstimmung mit den 1907

aufgestellten Ziffern des Reichsgesundheitsamtes: die Schlachtgewichte sind:

für	Ochsen	Stiere	Jungvieh	Kühe	Kälber	Schweine
nach d. arithm. Mittel des R.-Ges.-amtes 1907	330 kg	310	185	240	40	85
nach d. arithm. Mittel für 1912	328	315	187	247	42	83

An dieser Tabelle ist die Übereinstimmung der Gewichtsziffern überraschend.

[15]) „Der zweite Rundgang der landw. Wanderausstellungen in Deutschl. 1899—1910“ Arb. der D. L. G. Heft 176, S. 74: „Die auf der ganzen Linie erzielte Vermehrung des Gewichtes der Rinder erhöhte zugleich die Leistungsfähigkeit der deutschen Zucht.“ S. 102: „Wird in Betracht gezogen, daß durch Verbesserung der Zucht das Durchschnittsgewicht der Schweine in diesem Zeitabschnitt und bis zum Jahre 1910 erheblich zugenommen hat, so wird daraus ersichtlich, daß die deutsche Schweinezucht ihrer Aufgabe mit Erfolg nachgekommen ist“. Das Gegenteil wird berichtet in „Die Bedeutung des Schweines für die Fleischversorgung“ von M. Herter und G. Wilsdorf Arb. der D. L. G. Heft 270, 1914, S. 99: „In Beurteilung der Mastviehschauungen von 1901/10 ergeben die Zahlen, daß von einer dauernd und regelm. Steigerung der Gewichte gleichaltriger Schlachtschweine und einem zunehmenden Tageszuwachs weder bei den einzelnen Rassen, noch der Gesamtheit irgendwie die Rede sein kann“. Doch Zunahme der Frühreife. S. 111.

[16]) Ballod, Grdr. d. Statistik, Berlin 1913, S. 122: Rinder 449 kg Lebendgewicht bei einem Reichsdurchschnitt von 468 kg; Schweine 130 : 119.

[17]) H. Silbergleit, „Statistische Beiträge zur Frage der Lebensmittelversorgung in deutschen Großstädten“, Berlin 1912.

[18]) Bei Ochsen von 334,1 kg auf 329,3; bei Stieren u. Bullen von 327,4 auf 324,9; bei Kühen von 243,9 auf 236,7; dgl. bei Schweinen von 79,5 auf 81,6 (Silbergleit, S. 7).

[19]) Feststellungen des kaiserl. st. Amtes u. des kaiserl. Gesundheitsamtes Die Hausschlachtungen werden nicht regelmäßig mit einbezogen.

[20]) Siehe Anhang! Nach Steinbrück entfielen auf 1000 Einwohner an Kühen in

	1885	1905	Abnahme
Preußen	186	160	26 = 14%
Bayern	299	263	36 = 12%
D. Reich	195	169	26 = 13%

(Conr. Jahrbuch, 39. Bd. S. 362 ff.).

[21]) Die ostfriesische Kuh „Alpha“ hat es bis auf 11 000 l im Jahr gebracht, wo 4000 l bereits als hohe Leistung gelten, 2000—2500 ein mittleres Erträgnis darstellen u. 1000—1500 l schlechte Ergiebigkeit bedeuten. Im übr. vgl. den II. Abschn. des 2. Kap.

II.

Die natürlich-technischen Grundlagen der viehwirtschaftlichen Angebotsfrequenz, Intensitätslage und Rohertragsentwicklung in der Zeit von 1890—1913.

Die landwirtschaftlichen Wirtschaftssysteme lassen sich unterscheiden in solche mit überwiegender Viehwirtschaft und solche mit überwiegendem Feldfruchtbau. Für die Wahl eines bestimmten Wirtschaftssystems erwiesen sich drei Faktoren als richtunggebend:

1. die objektiven-natürlich-technischen Möglichkeiten,
2. die wirtschaftlichen Möglichkeiten,
3. die historisch-traditionalen Bedingungen in beiden.

Wenn wir die Verhältnisse in Deutschland in der Teuerungsperiode seit 1890 nach diesen drei Richtungen studieren wollen, so zerlegen wir die Betrachtung zweckmäßig in zwei getrennte Abschnitte. Einmal suchen wir ganz im allgemeinen für die deutsche Landwirtschaft festzustellen, was sie von dem Optimum der Bewirtschaftung, speziell der Viehbewirtschaftung noch trennte: andererseits suchen wir dann den historischen Verlauf der zu diesem Ergebnis zusammenwirkenden Ursachen zu erkennen. Die Fragen lassen sich von einem doppelten Gesichtspunkt aus stellen und beantworten. Wir fragen einmal, ob das technisch erreichbare Höchstmaß der landwirtschaftlichen Produktion in der Teuerungszeit auch tatsächlich erreicht worden war. Dann aber auch, inwieweit das erreichbare wirtschaftliche Optimum verwirklicht worden war.

Solche Untersuchungen können des näheren auch durch das Problem der Intensivierung umschrieben werden. Der technische Stand einer landwirtschaftlichen Produktion drückt sich dann aus in dem Grade der technischen Intensivierung durch Anwendung von mechanischen Kräften, wie Maschinen und Dünger auf dem Boden, sowie der Arbeitsintensität und der Anwendung menschlicher Energie in der Landwirtschaft. Zu den technischen Faktoren darf man auch die Verwendung von Kapital im Sinne von vorgetaner Arbeit rechnen, unbeschadet der geldwirtschaftlichen Benennung desselben. Die wirtschaftliche Betrachtung dagegen zeichnet sich durch den Gesichtspunkt der privatwirtschaftlichen Rentabilität aus, unter dem die Preise, die Kosten und die Wirtschaftssysteme beurteilt werden.

Dieser Gegensatz der natürlich-technischen Möglichkeiten und der wirtschaftlichen Faktoren läßt sich auch in der Alternative von Rohertrag und Reinertrag fassen. Das Verhältnis beider zueinander kann einerseits proportional sein, so daß höheren Roherträgen auch höhere Reinerträge entsprechen, anderseits auch zwiespältig, indem eine über eine gewisse optimale Grenze ausgedehnte Steigerung der Roherträge zu absolut oder prozentual fallenden Reinerträgen führt. Diese Gegenüberstellung von Rohertrag und Reinertrag läßt sich letzten Endes auf die Verschiedenheit des volkswirtschaftlichen und privatwirtschaftlichen Standpunktes zurückführen. Die Wirtschaftsepoche, in der wir leben, befriedigt die Lebensbedürfnisse der Nation im Prinzip durch das Mittel der Privatwirtschaft. Der privatwirtschaftliche Gesichtspunkt hat somit den Vorrang vor dem volkswirtschaftlichen, dem nur nach dem Grundsatz der privatwirtschaftlichen Rentabilität entsprochen wird. Die volkswirtschaftliche Einstellung zielt auf ein Maximum von Roherträgen ab, die privatwirtschaftliche auf ein Maximum von Reinerträgen; mit dieser Tatsache der vorwiegend privatwirtschaftlich-tauschwirtschaftlichen Wirtschaftsführung haben wir grundsätzlich zu rechnen, wenn wir auf dem Gebiete der Roherträge Teuerungsursachen suchen. Wenn sich z. B. zeigen läßt, daß Rohertragssteigerungen aus irgend welchen Gründen möglich gewesen wären, ohne daß die privatwirtschaftliche Rentabilität Schaden gelitten hätte, so wird man solche verpaßten Möglichkeiten unter die Teuerungsursachen buchen müssen, eben weil es realisierbare Möglichkeiten gewesen sind. Unsinnig dagegen wäre es, der deutschen Landwirtschaft versäumte Möglichkeiten der Produktionssteigerung nachzurechnen, die mit der privatwirtschaftlichen Rechnung nie in Einklang hätten gebracht werden können.

Wenn wir nun zunächst das Problem der Rohertragsleistungen der deutschen Viehwirtschaft vor dem Kriege angeben, so sind es 4 Faktoren, die hier zusammenwirken: 1. das Vieh, 2. der betriebstechnische Standort des Viehs, 3. die Arbeit mit dem Vieh, 4. die Zucht und Fütterung des Viehs.

In der modernen Landwirtschaft ist das Vieh ein Kapital. Man hat sich daran gewöhnt, vom Intensitätsstandpunkt aus, die Viehwirtschaft als vorwiegend kapitalintensiv zu kennzeichnen. Es wäre aber durchaus verkehrt, diese Charakteristik schlagwortmäßig und allgemein zu verwenden. Es ist unter allen Umständen gewiß, daß eine Viehwirtschaft, die in Gebieten allgemein intensiver Landwirtschaft betrieben wird, d. i. Betrieben, die alle verfügbare Fläche auf das höchste auszunutzen gezwungen sind, selbstverständlich nur intensiv betrieben werden kann. In Ländern, wo das Vieh auf freien Grasböden in Herden frei weidet, da hat es keinen bestimmten Marktwert und stellt kein Kapital im eigentlichen Sinne vor. Weder werden alle seine Nutzbarkeiten verwendet, noch kapitalistisch ausgerechnet und als Viehkapital zusammengefaßt. Die alten Kulturländer dagegen, die ohne freie okkupatorische Weiden aus ihren Böden das Letzte herauszuziehen suchen müssen, sind im grundsätzlichen Zustande landwirtschaftlicher Knappheit, besonders was die Viehproduktion und ihre Landansprüche betrifft. Der Besitz an Vieh ist deshalb eine Angelegenheit des Einsatzkapitals in erster Linie geworden. Durch das hohe Einsatzkapital, das im Viehbestand liegt, wird ein schwerwiegendes Risiko geschaffen, das durch Preisstürze, Seuchen und Ernteausfälle bedingt wird. Kapitalkraft allein vermag solchen Verlusten zu begegnen.

Was den betriebstechnischen Standort des Viehs betrifft, so gesellt sich unter den modernen landwirtschaftlichen Verhältnissen zu dem kapitalintensiven Faktor des Viehbestandes selber noch ein weiterer kapitalistischer Faktor hinzu. In Länder extensiver Viehzucht mit Überfluß an Steppen und Weiden spielt das Standortsproplem des Viehs keine Rolle. In Herden vereinigt lebt es sich selbst überlassen im Zustande der individuellen Nahrungssuche. Mit fortschreitender Intensivierung des Landbaues wird dieser Zustand zu einem landwirtschaftlich geregelten. Wir beobachten diesen Übergang in der Landwirtschaft der Vereinigten Staaten. Dort herrschte bis in die 90 er Jahre hinein die extensive Viehzucht, bis der vordringende Maisbau dazu zwang, das Vieh in Ställen zu lokalisieren. Mit diesem Augenblicke setzte auch in den Vereinigten Staaten die Viehteuerung ein, denn die Unterbringung in Ställen führt eine kapitalintensive, der Verzinsung bedürftige Komponente in die Viehhaltung, die die Produkte verteuert. Bei planmäßiger Landwirtschaft ist für die Viehzucht stets ein Stück Gebäudekapital einzusetzen. Die Rentabilität dreht sich dabei um die Verzinsung, die das in die Neuerrichtung von Ställen investierte Kapital erfordert [1]). Das Standortsproblem des Viehs differenziert sich weiterhin nach den Gattungen und nach den Futteransprüchen. Alle Züchtungslehren sind sich zwar darin einig, daß Auslauf und Weidegang unerläßliche Voraussetzungen hygienischer Haustierzucht sind, aber es erfordert Kapital, diesen Voraussetzungen zu entsprechen.

Eine Sonderstellung nimmt der Arbeitsbedarf beim Vieh ein. Wenn man die Quantität der für die Viehzucht erforderlichen Arbeit an dem für andere landwirtschaftliche Produktionen, wie Körnerbau und besonders Rübenbau erforderlichen Arbeitsaufwande mißt, so erscheint die Viehzucht relativ arbeitsextensiv. Nach Waterstradts [2]) typischen Berechnungen erfordert ein 26% Rübenbau im vorwiegenden Fruchtwechsel mit Getreide und Hackfrüchten insgesamt 10 035 Männerarbeitstage; ein schwächerer 16 % Rübenbau 8467; ein Futterbau-Fruchtwechsel 5603 und die vorwiegende Weidewirtschaft 3966 Männerarbeitstage. Dabei werden im ersten Falle 100 Kühe und 50 Stück Jungvieh gehalten, im zweiten 80 Kühe und 50 Stück Jungvieh, im dritten 160 Kühe und 100 Stück Jungvieh und ebensoviel im vierten. Das Bild der relativen Arbeitsextensität der Viehwirtschaft ändert sich aber, wenn man auf die Qualität der erforderlichen Arbeit hinsieht.

Das Vieh repräsentiert im Rahmen intensiver Landwirtschaftsgebiete nicht nur ein hochwertiges Stück Betriebskapital, sondern es ist dem landwirtschaftlichen Boden selber vergleichbar. Wie dieser ist es in seinen Leistungen zu steigern, d. h. zu intensivieren und unterliegt auch ebenso einem Gesetze des abnehmenden Ertrages. Die „Intensivierung“ der Viehzucht ist in erster Linie eine Angelegenheit von Qualitätsarbeit, die sich in rationeller Wartung, Pflege und Fütterung betätigt und nach den mannigfaltigen Zielen der Züchtung die verschiedensten Anforderungen stellt. Solche speziellen Züchtungszwecke betreffen die Schnellwüchsigkeit, die Herauszüchtung besonderer Leistungen, die Milchergiebigkeit, Fleisch- oder Fettansatz, Futterausnützung, Rassenkreuzungen u. dgl. m. Ein unbegabter Landwirt wird an der Viehzucht deshalb leicht scheitern, wennschon er Körner- und Hackfruchtbau nach traditionellem Schema rentabel gestalten kann. Waterstradt sagt von der Viehwirtschaft a. a. O. S. 239 f.: „Soll die Nutzviehhaltung rentabel sein, so darf das ihr zufließende Maß von Kapital, Sorgfalt und Intelligenz nicht gering sein — es muß wahrscheinlich größer sein, als das für den Ackerbau nötige".

Als vierten Faktor der Viehwirtschaft nannten wir den Futterbau. An dieser Stelle nimmt nun die Viehwirtschaft aktiven Anteil an der dem Anbau gewidmeten landwirtschaftlichen Fläche. Alle Probleme der Anbausteigerung und Rohertragssteigerung der Feldfrüchte gelangen somit auch in das Problem der Viehhaltung. Man hat hier den selbständigen Futterbau von den bei anderen Gelegenheiten herausspringenden Futterabfällen zu scheiden. Das Gras der Weiden, Wiesen, die Futterrüben, Gerste und Hafer sind selbständige Futtergewächse; Gras, Klee, Luzerne usw. treten als Nebenbau im Fruchtwechsel auf: Rübenschnitzel, Schlempe, Melasse und Kleie sind Abfallprodukte landwirtschaftlicher Nebengewerbe. Viehhaltung und eigene Futtergewinnung stehen im engsten Zusammenhange. Denn die Rentabilitätsbedingungen sind bei der Viehzucht oft dermaßen fein, daß Futterzukauf die Rentabilität aufhebt, wovon noch des näheren zu sprechen sein wird. Es hängt deshalb die Ausdehnung der Viehzucht unmittelbar von der Steigerung der Futtererträge in der Heimat ab. Diese Steigerung der Futtererträge ist wieder abhängig einerseits von der Ausdehnung der Futterbauflächen und andererseits von der Intensivierung der Bebauung. Auf diese Weise gelangt das Problem der intensiven Landwirtschaft zum vierten Male in den Kreis der Viehproduktion.

Im folgenden haben wir unter den vorstehend entwickelten Gesichtspunkten die z. Z. der Viehteuerung in Deutschland gegebenen Verhältnisse der Landwirtschaft zu prüfen, um die etwa in ihnen liegenden Antriebe zur Preissteigerung zu finden. Wir stehen vor der Tatsache einer teilweise absoluten, teilweise relativen Frequenzabnahme des Viehstandes und es steht zu erwarten, daß ein solch gewichtiger und unaufhaltsam hervorgetretener Entwicklungsgang auch in den technisch-natürlichen Grundlagen der deutschen Landwirtschaft tiefgehend bedingt gewesen sein muß. Leider sehen wir uns in diesem Betrachte jedoch einer Erkenntnislage gegenüber, der Waterstradt im Vorwort zu seiner Wirtschaftslehre des Landbaues mit den Worten Ausdruck verleiht (S. 7): „Es muß aber betont werden, daß es nach wie vor eine bedauerliche und große Lücke in unserer Erkenntnis bedeutet, daß wir so erschreckend wenig über die Verhältnisse der bäuerlichen Betriebe in Deutschland wissen". Mit dieser Tatsache müssen wir also rechnen, aber das, was wir wissen, gibt uns immerhin doch einige interessante Gesichtspunkte zum Verständnis der großen Viehteuerungsperiode vor dem Kriege. Vorläufig schalten wir, wie gesagt, noch den Rentabilitätsgesichtspunkt aus, und suchen nur zu ermitteln, ob die sachlichen Produktionsbedingungen der Viehhaltung in Deutschland bis zum idealen Optimum des Rohertrages ausgenutzt waren: im Hinblick auf die Kapitalintensität, Zuchtentwicklung, die qualitative Arbeitsintensität und den Futterbau.

a) Die Kapitalintensität der Viehwirtschaft.

Welche Bedeutung das Betriebskapital für die Vermehrung der Erzeugung in der Landwirtschaft besitzt, geht aus den Schlußbemerkungen Ballods zu seinem Aufsatz über die „Produktivität der Landwirtschaft" (S. d. V. f. S., Bd. 132, S. 463) hervor, wo es heißt: „Eine Steigerung der Produktion in Deutschland bis zur durchschnittlich doppelten (!) Höhe der jetzigen Erträge ist lediglich eine Kapitalbeschaffungsfrage. Höhere Preise, wie sie durch die Zollerhöhung 1906 zutage getreten sind, haben in erster Linie die Bedeutung des Stimulationsmittels, des Anreizes zur höheren Produktion, z. T. freilich auch die weniger erwünschte Wirkung eines bloßen Hochgehens der Grundrente". — In diesen letzten Worten ist nun ausgesprochen, daß es nicht nur auf das Vorhandensein genügender Kapitalien ankommt, sondern wesentlich darauf, ob ein produktiver Gebrauch von ihnen gemacht wird. Hier lassen sich nur sehr summarische Feststellungen machen, wie wir denn überhaupt die folgenden Bemerkungen über die Kapitalbefruchtung der Viehwirtschaft als durchaus vorläufige aufgefaßt wissen möchten, da eine vollkommene Würdigung der kapitalistischen Voraussetzungen der deutschen Landwirtschaft erst später möglich sein wird.

Als die Hauptvoraussetzung der Kapitalintensität der Viehwirtschaft wird grundsätzlich das aus der Produktion akkumulierte Eigenkapital des Landwirtes zu gelten haben. Ist eine solche Akkumulation garnicht oder nur ungenügend möglich, wie es in der Tat für die deutsche Landwirtschaft nachweisbar ist (Abschn. IV dieses Kap.), so muß die Ausnutzung des der Landwirtschaft zur Verfügung stehenden Kredits darunter leiden, besonders dann, wenn er in hohem Maße für Anlagezwecke erforderlich ist, wo doch mit Ausnahme der Errichtung von Standgelegenheiten und Ställen die Kapitaläquivalente der Viehwirtschaft betriebsförmigen und umlaufenden Charakter besitzen. Nach Conrad, Agrarstatistik (Grundriß, IV, 2, I, 1913, S. 148) rühren aus dem Gesamtbetrage der Schulden in Preußen: 43% aus Kaufgeldresten, 41,4% aus Erbabfindungen, 5% aus Gebäudekosten, und nur 2,6% aus Meliorationen und Kapitalvermehrung. Ohne uns an diese Zahlen zu klammern, muß auf die Unproduktivität des landwirtschaftlichen Kreditbedürfnisses hingewiesen werden. Hat doch selbst der Bearbeiter der Erhebung über die ländliche Verschuldung in Preußen im Jahre 1902, F. Kühnert den durchaus nicht selbstverständlichen Schluß aus dem Material ziehen müssen, daß „sich für alle Besitzgruppen der selbständigen Landwirte im Hauptberufe in Preußen die Regel aufstellen läßt, daß je geringer die Verschuldung, desto besser auch die wirtschaftliche Leistungsfähigkeit ist" („Die ländliche Verschuldung in Preußen", Berlin 1905—08; Band II, 1906, S. LI). Dieses Resultat hängt mit dem der Verschuldungshöhe parallel laufenden schlechten Einkommenszustande zusammen. Die schlechte Einkommenslage der deutschen Landwirtschaft reicht sogar noch erheblich weiter als die Belastung mit übermäßigen Schulden, wovon noch ausführlicher zu sprechen sein wird. Aber ihr enger Zusammenhang mit der ansteigenden Verschuldung legt Zeugnis von der Unproduktivität der letzteren ab.

Wie allgemein bekannt ist, und wie später noch genauer dargelegt werden wird, ist die Rindviehhaltung in der Hauptsache an die bäuerlichen Betriebe gebunden, die Schafhaltung an die Großbetriebe und die Schweinehaltung an die bäuerlichen und die ganz kleinen Betriebe. Was die Kapitalkraft dieser verschiedenen Betriebsgrößen betrifft, so lassen sich nur einige allgemeine Richtlinien in dieser Frage geben. Die ganz kleinen Betriebe, vielfach Arbeitern, kleinen Köttern und Pächtern gehörig, sind kapitallos. Ihre Unfähigkeit, einen Ernteausfall durch Futterzukauf zu überdauern, wird immer als eine hauptsächlichste Ursache der Schwankungen der Schweinehaltung, des Schweineangebots und der Schweinepreise angegeben. Der mit der Kapitallosigkeit verbundene Zwang zu verkaufen, wenn Mißernten bevorstehen, schafft jene Regellosigkeit des Angebots auf den Schweinemärkten, die die Preiskurven widerspiegeln. Denn jedem so entstandenen Überangebot folgt mit Notwendigkeit eine mangelhafte Beschickung des Marktes nach, da die kleinen Züchter sich ihrer Bestände entblößt haben und erst langsam wieder Mut zur Aufzucht fassen. Diese kleinen Tiermäster und Bauernbetriebe ohne Kapitalkraft, technische Hilfsmittel und Produktionsorganisation haben auch, da sie wenig Sicherheiten, persönliche wie sachliche, zu bieten haben, kaum Anteil an den Kreditorganisationen der Landwirtschaft. Bedenkt man aber, daß $^2/_3$ der gesamten Versorgung des Schweinemarktes in ihren Händen liegt, so treffen wir bereits hier auf einen schwachen Punkt der deutschen Fleischversorgung.

Was nun die bäuerliche Zucht und die reinen Mastanstalten betrifft, so steht ihnen zwar die glänzende Organisation des landwirtschaftlichen Kredits zur Verfügung, aber wir sagten bereits, daß alles auf die Verwendung des Kredits ankommt, und daß die eigene wirtschaftliche Stärke den Ausschlag für die Kapitalkraft gibt. Zwar weisen diese Betriebsgrößen des klein- und mittelbäuerlichen Umfanges in Preußen die größte Zahl schuldenfreier

Betriebe auf (41,4 bzw. 31,8%, a. a. O. Teil III, 1908, S. LII), aber sie sind in ihren Einkommen durchweg schlecht gestellt. Der Bearbeiter Kühnert sagt von den kleinbäuerlichen Betrieben, daß sich in ihnen, „wie auch vielfach in den anderen Besitzklassen, ein sehr großer Teil selbst der garnicht oder nur mäßig verschuldeten Landwirte mit einem verhältnismäßig geringfügigen, noch nicht einmal einer angemessenen Entlohnung ihrer persönlichen Arbeit entsprechenden Einkommen begnügen" (a. a. O. Teil II, S. LII). Von den mittelbäuerlichen Betrieben heißt es, „daß sie in dem weitaus größten Teile des Staatsgebietes noch überwiegend kein Einkommen von mehr als 900 Mark beziehen, so daß insoweit ihre wirtschaftliche Leistungsfähigkeit in besonders unerfreulichem Lichte erscheint" (S. LIII). Von den großbäuerlichen Betrieben sind 79% verschuldet. Ihr Einkommen schwankt bei den garnicht oder schwach verschuldeten zwischen 1500—3000 Mark, bei den hochverschuldeten zwischen 900—1500 Mark im Durchschnitt. Mit solchen Einkommen können natürlich die für eine wirksame Ausdehnung der Viehhaltung erforderlichen Kapitalien nicht erspart und akkumuliert werden.

Angesichts dieser Verhältnisse im Jahre 1902, welches in die Mitte der von uns betrachteten Periode fällt, ist nun aber doch der Entwicklung des landwirtschaftlichen Genossenschaftswesens für die Zwecke des ländlichen Personalkredits zu gedenken [3]). Allgemein gab es landwirtschaftliche Kreditgenossenschaften in Deutschland überhaupt 1890: 1729; 1901: 10 487; 1913: 17 256 [4]). Dabei sind es Ostpreußen, Westpreußen, Brandenburg, Pommern, Posen, Sachsen, Mecklenburg und einige kleine thüringische Staaten, bei denen in bezug auf die landwirtschaftlich benutzte Fläche das Genossenschaftswesen am weitesten zurückgeblieben war, und zwar in Ostpreußen und Mecklenburg in mehr als dem 4 fachen des Reichsdurchschnitts. Der Osten stand also in Ansehung der Befruchtung mit Personalkredit ebensoviel schlechter da als der Westen, wie er diesen in der Verschuldung und mangelhaften Einkommensbildung übertraf (s. u. S. 17). Für das Verständnis der unterdurchschnittlichen Viehbesetzung im Osten (s. u. § e) bildet dieser Umstand einen wichtigen Erklärungsgrund.

Diese wenigen Bemerkungen über die Kapitalverhältnisse der deutschen Landwirtschaft zeigen, daß ihre mangelnde ursprüngliche Kapitalkraft auch durch das erst in der Entwicklung begriffene Genossenschaftswesen für ländlichen Kredit nicht ersetzt werden konnte, um ein Maximum an Roherträgen in der Viehwirtschaft, soweit diese eine Frage des Kapitals sind, also wesentlich in Ansehung der Frequenz der Haltung, zu erzielen. Es fehlte sowohl das Eigenkapital wie die Kreditwürdigkeit bei den einen so großen Teil der Versorgung deckenden Kleinstbetrieben einerseits, andrerseits fiel die Hauptentwicklung des ländlichen Personalkreditwesens für die bäuerlichen Betriebe erst in die Preissteigerungsperiode. Aber die mangelhafte Kapitalbildung, richtiger Kapitalakkumulation erstreckte sich auf alle Betriebsgrößen, wie später dargelegt werden wird. Im Verein mit der unproduktiven Verschuldung mußte die mangelhafte Einkommensbildung die landwirtschaftliche Kapitalkraft für Betriebszwecke untergraben.

b) Die Zuchtentwicklung der Viehwirtschaft.

Die Zucht des Viehs zerfällt in mehrere Phasen, die privatwirtschaftlich in drei Betriebsstadien getrennt sein können. Die erste Etappe betrifft die Erzeugung des Nachwuchses durch Leitung, zweckmäßige Paarung und Aufzucht des neugeborenen Tieres. Bei der Aufzucht entstehen die Probleme, auf möglichst schnelle und ökonomische Weise ein bestimmtes Zuchtziel zu erreichen. Mit der Eignung des Tieres für die bezweckte Aufgabe tritt seine Haltung in ein neues Stadium ein, falls nicht Schlachtung das Ziel war. Dieser ganze Werdegang der Viehhaltung kann in einem einzigen Betriebe ablaufen. Zerlegt er sich jedoch in privatwirtschaftlicher Arbeitsteilung in ebensoviele Sonderbetriebe, so bietet das den Anlaß zu speziellen Einflüssen auf die Preisbildung. Wir unterscheiden dann reine Zuchtbetriebe von Aufzuchtbetrieben und Viehnutzungsbetrieben. Reine Zuchtbetriebe finden sich häufig in Gegenden extensiver Viehwirtschaft, die ihr Magervieh an futterbauende Distrikte liefern [5]). Diese betreiben die Aufzucht unter dem Gesichtspunkt der Fettmast, der Fleischmast, oder Milchwirtschaft. Ihre Abnehmer brauchen aber noch nicht die Konsumenten zu sein, sondern, wenn die Aufzuchtbetriebe die von ihnen erzielten Zuchtleistungen so nicht ausnutzen, so gibt es Betriebe, die das Vieh nur zwecks sofortiger und dauernder Verwertung seiner bereits entwickelten Leistungsfähigkeit beziehen und halten. Ein bekanntes Beispiel dieser Betriebsart sind die reinen Abmelkwirtschaften, die sich in und um den Städten herausgebildet haben und in ihrer reinen Form nur frischmilchende oder hochtragende Kühe, deren Kalb sofort verkauft wird, einstellen.

Diese dreifache Arbeitsteilung in der Viehwirtschaft hat ihre doppelte Seite. Einmal ermöglicht sie eine Erweiterung des Viehbestandes, indem auch solche Betriebe Vieh einstellen, die es garnicht oder nur unvollkommen tun würden, wenn sie sich mit dem Risiko und der Arbeit der Zucht befassen müßten. Andererseits bringt die Wanderung des Viehs durch mehrere selbständige Hände eine notwendige Verteuerung mit sich. Es wird deshalb schließlich zu einer Preisfrage, ob und in welchem Maße das beschriebene System der berufsteiligen Viehwirtschaft durchgeführt werden kann. In Deutschland haben sehr starke Tendenzen zu dieser Art landwirtschaftlicher Berufsteilung bestanden, die aber durch Mangel und ungenügende (!) viehwirtschaftliche Preissteigerungen schließlich nicht mehr zu ausgiebigster Entwicklung kommen konnten.

Das Einstellen und Fettmachen nicht selbst gezüchteten Magerviehs wurde im ganzen Reich unter den verschiedensten Formen betrieben und ist auch in der Fleischenquete öfter zur Sprache gekommen. So bedurften die schleswig-holsteinischen Fettweiden alljährlich der Besetzung mit 15 000 Stück Magervieh, das z. T. aus Dänemark eingeführt werden mußte [6]). Aber auch sonst überall in Deutschland ist das selbständige Geschäft des Fettmachens von Magervieh heimisch. Die Viehhändler haben ihre leitende Hand dabei im Spiele. In dem sogenannten Avanzegeschäft liefert der Händler dem Mäster Tiere auf Gewichtszunahme, ohne daß der Landwirt sie fest kaufte [7]). Dieses Avanzegeschäft ist aber für den Landwirt vielfach ein notwendiges Übel gewesen, da er sonst nicht genügend Magervieh bekommen konnte. Der Sachverständige Dr. Attinger aus der süddeutschen Gruppe in der Fleischenquete berichtet, daß die Landwirte auf den Magervieh liefernden Händler angewiesen seien, der die Notlage und den Viehmangel zu Überpreisen ausnutze.

Aus den weiteren Vernehmungen geht hervor, daß das Avancegeschäft und die Magerviehkalamität sich über ganz Deutschland erstreckt haben, und daß das magere Vieh im Jahre 1912 fast doppelt so teuer gewesen ist wie 15 Jahre vorher. Wir folgern daraus, daß die Neigung zur Viehhaltung im Sinne von Aufzucht fremden Viehs größer war als die Möglichkeit sie zu befriedigen. Dieser Zustand kann nur die Folge einer mangelnden Produktion von Magervieh sein [7a]), die nach dem Grundgesetz von Angebot und Nachfrage preissteigernd wirken muß. Das führt auf die Zustände der reinen Zuchtbetriebe.

Ebenso wie die Probleme der Aufzuchtbetriebe führen die Probleme der Viehnutzungsbetriebe schließlich zu den Fragen der Zuchtverhältnisse selber. Es kommen hier besonders die reinen Abmelkwirtschaften in Betracht, die sich schließlich nicht mehr halten konnten, wenn sie nicht einen gemischten Betrieb einführten und sich nebenbei die Aufzucht angelegen sein ließen. Ohne das aber mußten sie die abgemolkene Kuh mit 150 Mark Verlust wieder verkaufen [8]). Daß abgemolkenes Vieh so schlecht bezahlt wurde, darf nicht einem Überangebot solchen Fleisches zugeschrieben werden, sondern entspringt dem Widerstande des Publikums gegen seinen Genuß.

Es ist dem Gebahren der reinen Abmelkwirtschaften immer wieder der Vorwurf der Zuchtfeindlichkeit gemacht worden [9]). Abschwächend hat gewirkt, daß die reinen Abmelkbetriebe sich schließlich nur sehr schwer halten konnten und fortschreitend in Verbindung mit der Zucht selber eine sichere Existenzgrundlage suchen mußten [10]). Es ist als eine Art Selbstheilungsprozeß zu betrachten, daß die Abmelkwirtschaften in ihrer reinen Form sich meistens nicht auf die Dauer rentierten und gemischten Betrieb einführen mußten. — Schließlich ist aber der Gesichtspunkt der Berufsteilung für die Beurteilung dieser Betriebe nicht außer Acht zu lassen. An einen reinen Viehnutzungsbetrieb sind züchterische Anforderungen eigentlich nicht zu stellen, besonders dann nicht, wenn die Landwirtschaft den nur für sie lösbaren züchterischen Aufgaben sich in genügendem Maße widmet und sich selber von der Form des reinen Milchbetriebes freihält [11]). Das aber hat sie nicht in wünschenswertem Maße getan, einmal unter dem Einfluß der Städte, andrerseits unter dem Einfluß der Molkereien.

Den Molkereien sind vielfach zuchtzerstörerische Wirkungen zugeschrieben worden. Der Stärkegrad dieser Einflüsse und ihre Reichweite läßt sich ebenfalls schwer bestimmen, da auch hier genau wie bei den Abmelkwirtschaften viele Gegentendenzen zur Geltung kamen. — Die Vorliebe der Bauern für die Milchverwertung, die ihnen stets bares Geld ins Haus bringt, stellt in Verbindung mit den hohen Milchansprüchen der Molkereien einen starken Antrieb dar, die Milch der Aufzucht und den Kälbern zu entziehen und diese in einem unreifen Zustande der Schlachtung zu übergeben [12]). Weiter wurde in der Fleischenquete besonders das Molkereiwesen des Algäus und der große Kälberverzehr Münchens Gegenstand einer abfälligen Beurteilung. Die Sachverständigen v. Borscht und v. Cetto wiesen auf die der Zucht gefährlichen Tendenzen hin, daß in Verbindung mit den Münchner Konsumtionsgewohnheiten die Molkereien und ihre großen Milchansprüche zur Ursache überreichlicher Kälberabschlachtung und Aufzuchtvernachläßigung werden [13]). Daß dieser Vorwurf gegen die Molkereien berechtigt war, konnte durch die von Eßlen für das ganze Reich errechneten Schlachtverhältniszahlen für Kälber belegt werden. Während die jährlichen Kälberschlachtungen von 1892—1900 um 24,7% zurückgingen, nahmen sie von 1900—07 um 21,4% zu [14]). Diese Zunahme dürfte seitdem eher größer als kleiner geworden sein, da keins der Momente, die sie bewirkten, seit 1907 ausfiel, sondern in der steigenden Verknappung der Rindviehbestände bei steigender Nachfrage der Antrieb zum Abstoßen der Kälber zwecks Wahrnehmung der hohen Preise für Fleisch und Milch in verstärktem Maße wirksam war. Speziell in München liegen die Fleischverzehrverhältnisse einseitig.

Man hat für diese starken Schlachteingriffe in die Zucht und Aufzucht, wie gesagt, das Molkereiwesen verantwortlich gemacht. Abgesehen von der aus diesem Zusammenhange nicht trennbaren Mitwirkung der Konsumbedürfnisse ist der zuchtzerstörerische Einfluß des Molkereiwesens nur stellenweise und vorübergehend zu denken. Das Molkereiwesen würde durch ein solches Verhalten die Wurzeln seines eigenen wirtschaftlichen Daseins angreifen, und es muß deshalb aus dem Interesse seiner Aufgaben heraus schließlich auch bewußt die Antriebe erzeugen, die dem Raubbau am Viehbestande entgegenwirken. Es ist genügend bekannt, daß gutgeleitete Molkereien sich die mit dem ländlichen Genossenschaftswesen so eng verbundenen Erziehungspflichten durch tätigen Einfluß auf die qualitative und quantitative Entwicklung der Viehbestände der Genossen angelegen sein lassen. Wennschon der Konkurrenzkampf einzelne Molkereien zum Raubbau getrieben hat und auch dauernd dazu verleitet [15]), so kann ein solches an seinem inneren Widerspruch alsbald scheiterndes Vorgehen nicht unter die erheblichen Teuerungsursachen gestellt werden. Die tieferen Gründe liegen beim Verhältnis der Bauern zur Viehzucht selber. Ehe wir davon sprechen, sei noch erwähnt, daß eine Entfremdung von der Viehzucht auch durch andere landwirtschaftliche Nebengewerbe bewirkt wird, aber mit wirklich betriebstechnischer Notwendigkeit. Es sind hier zu nennen die Zuckerrübenwirtschaften und die Brennereiwirtschaften. Der bisweilen nicht übermäßig geringe Viehbesatz [16]) in ihnen ist zu einem erheblichen Teile dem Arbeitsvieh zuzurechnen. Insoweit sind diese Betriebe Viehnutzungsbetriebe. Was bei der Brennerei und Zuckerfabrikation an Futterstoffen abfällt, wird teils dem eigenen Viehbestande verfüttert, teils an Mästereien abgegeben. Das ist ganz in der Ordnung. Ein zuchtmindernder Einfluß entsteht erst auf indirekte Weise, nämlich durch den organisierten Zwang auf die umliegenden Landwirte, ihren Betrieb den Zwecken des Nebengewerbes anzupassen, d. h. Rüben und Kartoffeln zu bauen. In einem Vortrage über die Viehschwäche der Provinz Sachsen führt Ökonomierat Hösch die kapitalistisch organisierte Zuckerfabrikation als Hauptursache für die mangelnden tierzüchterischen Neigungen der Landwirte an [17]). Genaueres in anderem Zusammenhang. Da jedoch der Zuckerrübenbau und die Zuckerfabrikation, desgl. die Branntweinbrennerei nur in cinigen Teilen des Reichs, vorzugsweise im Osten zu Hause sind, so können auch die geschilderten Einflüsse nur lokaler Natur sein. Da ferner die Notwendigkeit dieser Gewerbe nicht zu bestreiten ist, so liegt es schließlich auch bei den Landwirten, wenn sie von der Tierzucht abrücken, um dem Gewerbe zu dienen. Die tieferen Gründe für diesen Zustand wird man also in den persönlichen und sachlichen Grundlagen des derzeitigen landwirtschaftlichen Betriebes suchen müssen, nicht nur bei außenstehenden und hinzutretenden Einflüssen.

Das technische Problem der Viehzüchtung zielt auf die schnellste und wirtschaftlichste Erreichung des Zuchtzweckes ab. Bei der Fleischproduktion bedeutet das Erzeugung schnellwüchsiger Rassen bei bester Futterverwertung. Bei der Milchproduktion handelt es sich um Erzielung höchster Milchergiebigkeit mit höchstem Fettgehalt bei gleichfalls bester Futterausnutzung.

Die Erfahrung aller Theoretiker und Praktiker hat nun gezeigt, daß eine Zucht auf einseitige Leistungen zur Schwächung der zum Leben und zur Fortpflanzung dienenden Kräfte führt [18]). Das Problem der Zucht wird damit in die Richtung eines idealen Ausgleichs entwickelter Spezialleistungen beim Vieh gedrängt. Wir haben für die Zwecke unserer Arbeit nicht nötig, das Zuchtproblem weitläufig zu erörtern. Wir begnügen uns mit der nicht unwesentlichen Feststellung, daß betreffs der Fleischproduktion in der Teuerungsepoche ab 1890/95 die Zeit der Veredelung der Rassen vorüber und die Grenze der Verbesserung erreicht war. Das gilt besonders für Schweine [19]). Beim Rindvieh sieht die Veredelung sich vor zwei Aufgaben gestellt, da es sich ebensosehr um die Milch- wie die Fleischproduktion handelt. Mit der Lösung dieser Aufgaben wurde schon im Beginn des 19. Jh, angefangen. So fand die von uns betrachtete Zeit auch hier schon die Hauptaufgaben getan. Es bietet natürlich Schwierigkeiten, das Gesetz des abnehmenden Ertrages in diesen Zusammenhang einzuführen, da die vieljährige Kontrolle der Ertragsergebnisse einer Zucht schwierig, umständlich und nicht in ihren Ergebnissen verallgemeinerungsfähig ist. Das gilt besonders beim Rindvieh. Die neuere Zeit hat sich auch immer mehr die Verfeinerung der Zuchten angelegen sein lassen, aber sie ließ sich dabei mangels handgreiflicher sachlicher Fortschritte von dem Gesichtspunkt leiten, daß eine schöne Außengestalt ein Spiegelbild der inneren Leistungsfähigkeit sein müsse. Der Schwerpunkt des Zuchtideals war damit vorwiegend in das Exterieur [20]) verlegt worden und hat seinen Ausdruck in dem oft gerügten, für die wirtschaftlichen Leistungen fast ganz belanglosen ästhetischen Formalismus nach den offiziellen Anforderungen der Zuchtregister gefunden [21]). Ein solcher Zustand der Veräußerlichung pflegt in der Regel dann einzutreten, wenn die Auffassung um sich greift, daß in der Sache selbst nichts rechtes mehr zu tun bleibt. Die früheren Landrassen der deutschen Rindviehzucht waren im Laufe des verflossenen Jahrhunderts durch Kreuzung mit fremden, insbesondere englischen Schlägen in der zweckmäßigsten Weise veredelt worden. Die Züchtung hatte auf diese Weise zunächst ihre Aufgabe auf jener idealen mittleren Linie gelöst, wo die Erhaltung und Widerstandsfähigkeit der Rasse mit den verschiedenen Nutzungszwecken in einem Optimum ihrer harmonischen Ergänzung stehen.

Woran es jedoch in der Teuerungszeit immer noch fehlte, war einerseits die Verdrängung der unrationellen Landschläge aus den kleinbäuerlichen und Parzellenwirtschaften durch die neuen Zuchten [22]), andrerseits die den Fortschritten der wissenschaftlichen Erkenntnis nicht entsprechend ausgebildete Kontrolle der Futterverwertung des Viehs [23]). Eine solche Kontrolle wird besonders wichtig für die Größe und Schnelligkeit der Gewichtszunahme im Verhältnis zur Futtergabe, wenn es sich um die Schlachtverwertung handelt. Wir stellten in der Einleitung zu diesem Kapitel fest, daß der anfänglichen Gewichtszunahme in den 90 er Jahren später Rückschläge folgten, während Frühreife und Umtriebszahl dauernd zunahmen. Letzteres ist eine unmittelbare Folge der Fortschritte in der Fütterungslehre [24]). Der Schnellwüchsigkeit der Tiere hat aber, wie wir sahen, später vielfach eine Gewichtsabnahme entsprochen. Das hat bei Rindern und Schweinen eine ganz verschiedene Bedeutung. Aereboe [25]) stellt es geradezu als Gesetz hin, daß bei fortschreitender volkswirtschaftlicher Entwicklung das durchschnittliche Lebendgewicht der Schweine im Gegensatz zu den Rindern und Schafen nicht zusondern abnimmt. „Das Schwein verliert seine Bedeutung als einseitiger Fettträger immer mehr und wird Fleischtier". Näheres davon im Kapitel über die Konsumtion. Wenn jedoch Gewichtsabnahmen beim Rindvieh in letzter Zeit festgestellt werden konnten, so lag das nicht an speziellen Anforderungen der Konsumtion, sondern an der Angebotsstagnation infolge mangelnder Nachzucht (seit 1907 sogar ein Rückgang!), die dann wiederum zu vorzeitigen Abschlachtungen trieb.

Man erhält vom Zustande der deutschen Fleischproduktion u. E. den Gesamteindruck, daß zwar quantitative und qualitative Verbesserungen in der Preissteigerungsperiode nachweisbar sind, daß sie aber weder den Fortschrittsgrad der Vorzeit zeigen, in die die Rassenveredelungen fielen, noch daß die inzwischen gemachten Errungenschaften der Fütterungslehre Allgemeingut geworden wären. Aber selbst wo sie benutzt wurden und intensivste Zucht in reinen Mastanstalten um sich griff, hat sich gezeigt, daß der wirtschaftliche Erfolg dem gesteigerten Aufwande nicht wesentlich vorauseilte. Von diesen reinen auf scharfer Kalkulation aufgebauten Mastbetrieben sagt Gerlach, daß sie den Kostenpreis zur Geltung brächten und dabei der Preisentwicklung nach oben einen festen Charakter verliehen [26]).

Das alles liegt nun günstiger auf dem Gebiete der Milcherzeugung, wo die Leistungskontrolle einfacher ist und sich in der letzten Zeit auch von Dänemark nach Deutschland ausgebreitet hat [27]). Hinzu kommen die erzieherischen Wirkungen der Molkereien. Hübner bemerkt, daß bis zur Einführung der Milchkontrollvereine schwer Zahlen über die Milcherträge zu haben gewesen seien, daß aber die genauen Aufzeichnungen der Vereine für

1910/11 einen Durchschnittsertrag von 2874,4 l,
1911/12 „ „ „ 3271,1 l

pro Kuh ergeben hätten [28]).

Ähnlich äußert sich Arnoldi über das Gebiet um Königsberg, wo bereits seit 1882 eine holländische Herdbuchgesellschaft besteht [29]). Über die durchschnittlichen Bauernbetriebe wird seit jeher wegen ihrer züchterischen Bequemlichkeit Klage geführt. Doch die Molkereien und Milchverwertungsgenossenschaften und der durch sie bei den Produzenten erregte kapitalistisch rechnende Geist hat zur Sorgfalt in der Zuchtwahl und Fütterung vieles beigetragen, so daß sich ein Gesetz der steigenden Erträge bei der Milchproduktion als kompensatorisches Stück gegen die sonstigen Preissteigerungsantriebe wohl durchsetzen konnte (vgl. Anlagen Nr. XXII—XXIV).

Zusammenfassend darf über die Zuchtentwicklung bemerkt werden, daß sie nicht jene durchschlagende Bedeutung in der Preissteigerungszeit gehabt hat, die zu einer Revolutionierung der Roherträge hätte führen können, wodurch allein starke Preissteigerungsursachen ausgeglichen werden können. Das Gesetz des zunehmenden Ertrags war zwar weder bei der Fleischproduktion noch Milchproduktion dem des abnehmenden Ertrages gewichen, indes bei der ersteren hatte es sowohl im Verhältnis zum Aufwande, wie zur Bevölkerung seinen Schritt verlangsamt. Aber die Frequenz des Angebots hängt nicht nur von den Qualitäten des Einzeltieres ab, sondern auch von der Frequenz der Haltung. Das führt uns zum dritten und dann zum vierten Intensitätsfaktor der Viehzucht.

c) Die Arbeit mit dem Vieh.

Der Schwerpunkt der Arbeit mit dem Vieh liegt in ihrer Qualität; ihr subjektives Problem aber nicht nur in der Fähigkeit, sondern vor allem in der Neigung sie zu verrichten.

Ist schon der Umgang mit der tierisch organischen Materie schwieriger als mit der stabileren pflanzlichen, so stellt gerade die intensiv betriebene Viehzucht in der Vielseitigkeit ihrer Nutzungen und der damit zusammenhängenden verwickelten Kalkulationen und Kostenzurechnungen Anforderungen, die vielfach die gewerblichen Rentabilitätsrechnungen übertreffen. Solange die Viehhaltung das berühmte notwendige Übel zur Stallmistgewinnung darstellt, also extensiv und sorglos betrieben wird, wird sie auch vom Problem der intelligenten Arbeit nicht beschwert. Aber heutzutage bilden die Düngerabfälle nur mehr einen kleinen Aktivposten in der Gesamtrechnung, die sich in die Produktion für den Markt und für den eigenen produktiven und konsumtiven Betrieb spaltet.

Es bedeutet einen grundlegenden Unterschied, ob die internen Bedürfnisse der Landwirtschaft selber oder die Marktanforderungen die Orientierung der Viehhaltung abgeben. Man kann behaupten, daß die Viehzucht solange keine allgemein intensive Bewirtschaftung erfährt, als nicht die Produktion für den Markt und das

Gewinnstreben den überwiegenden Antrieb für die Haltung gegenüber den internen Betriebsbedürfnissen abgeben, die meistens auf die Viehhaltung als notwendiges Übel eingestellt sind. Ursprünglich besteht also, wie diese Ausdrucksweise besagt, wenig Neigung, sich mit der Viehhaltung abzugeben. Erst der in den Preisgeboten liegende Anreiz bildet die selbstverständliche Voraussetzung für die Ausdehnung der Viehhaltung über den eigenen Bedarf. Es fragt sich nur, ob er die eigenartigen Widerstände, welchen die Arbeit mit dem Vieh begegnet, immer zu besiegen imstande ist. Wir werden diesem Problem jetzt nachgehen, welches in seinem Prinzip schließlich in der Alternative von zwei Arten landwirtschaftlicher Betriebssysteme gipfelt.

Wir stehen in Anbetracht der volkswirtschaftlichen Notwendigkeit, daß die deutsche Landwirtschaft Vieh für den Markt produzieren mußte, vor einigen historisch-soziologischen Tatsachen, die eine Reihe nicht unerheblicher Widerstände gegen die Erfüllung jener volkswirtschaftlichen Ansprüche bewirkt haben dürften. Jene Tatsachen betreffen einmal das Verhältnis des deutschen Landwirts zu seinem Besitz und dessen Betriebsweise, andrerseits seine seelische Struktur im Verhältnis zu der sozialen Gemeinschaft und ihren volkswirtschaftlichen Ansprüchen.

Brinkmann sagt in seiner Ökonomik des landwirtschaftlichen Betriebes [30]): „Der Landwirt kann sich weit eher als der Handels- und Gewerbetreibende einer rein rechnungsmäßigen Auffassung seines Berufes widersetzen, ohne gleich befürchten zu müssen, von der Konkurrenz erdrückt zu werden. Weite Kreise der landwirtschaftlichen Bevölkerung betrachten darum auch heute noch ihren Besitz nicht als eine bloße Rentenquelle, sondern begnügen sich mehr oder weniger damit, aus ihm die Mittel zur üblichen Lebenshaltung, zum sogenannten standesgemäßen Unterhalt zu gewinnen. Die Idee der Nahrung ist noch nicht überall den Prinzipien des Kontors (Sombart) gewichen; und auch sonst durchkreuzen die Freude am angestammten Besitz, Traditionen, Sport und auch sonstige außerwirtschaftliche Rücksichten und überkommene Auffassungen von Beruf und Arbeit nicht selten die rein geschäftliche Kalkulation in der Landwirtschaft treibenden Bevölkerung. Umsomehr gilt dies natürlich wieder, je mehr Reste der Vergangenheit in einem Lande, in einer Gegend oder bei einer Bevölkerungsklasse im Wege stehen. Man wird nicht behaupten können, daß der Besitz eines westfälischen Bauern und die Pachtung eines englischen Farmers von ihren Besitzern unter gleichem Gesichtswinkel bewertet würden. Hier ein kalter rücksichtsloser Geschäftsstandpunkt, dort eine enge Verknüpfung persönlicher Färbung zwischen Boden und Bodenbebauer." Dies sind Tatsachen von großer Tragweite, da sie das Prinzip der rationellen Landwirtschaft an der Wurzel erschüttern und den produktionssteigernden Antrieb steigender Preise illusorisch machen. Das geistreiche Wort von Dupont de Nemours: ce qu'on a appelé la cherté, c'est l'unique remède de la cherté! wird hier zuschanden. Es handelt sich zwar hier um Dinge, deren Einfluß keine Statistik zahlenmäßig herauszubringen vermag, die aber von mancher Seite her die Bestätigung ihrer Tatsächlichkeit erhalten können.

Der deutsche Bauernstand hat größtenteils die Geschichte einer schweren Unterdrückung hinter sich, deren jahrhundertelanger Einfluß zu tiefgehenden seelischen Anpassungen, zu persönlicher Isolierung und zu einer sozialen Entfremdung zum Volksganzen geführt hat, deren Spuren in wenigen Generationen nicht verwischbar sind. Der dauernd vergewaltigte Fronbauer schleppt seine instinktiven egozentrischen Lebenssicherungen auch dann noch weiter, nachdem die Zeiten ihrer Notwendigkeit längst vorbei sind. Die Literatur hat uns diese Typen geschildert [31]), die alltägliche sprichwörtliche Beurteilung des Bauernstandes hat seine schwachen Seiten herausgefühlt und in übertreibenden Aussprüchen festgenagelt. Alle solche Charakterologien des deutschen Bauernstandes, die weder an jeder Stelle verallgemeinert, noch in ihrer Typik übersehen werden dürfen, treffen immer wieder das selbstgenügsam abgeschlossene und die übertrieben sich sichernde Vorsicht gegen neue Wege und Betriebsänderungen, mit einem Wort: die traditionelle Seelenstimmung der Leibeigenschaft. Es ist nicht zu leugnen, daß dieser traditionellen Seelenstimmung und ihren Folgen in neuester Zeit stark entgegengearbeitet worden ist durch die wissenschaftliche Ausbildung der jungen Landwirte in den verschiedensten Formen. Aber das geschah erst „während" der Epoche der Viehteuerung, und auch diese Ausbildung war nach Bemerkungen Waterstradts, Attingers u. v. a. [32]) entscheidend einseitig auf den Ackerbau beschränkt, „da weite Kreise in Theorie und Praxis die wirtschaftliche Bedeutung der Nutzviehhaltung unterschätzen". So Waterstradt. Attinger sagt: „Nicht zum Vorteil gereicht auch der Umstand, daß die studierten Elemente der Landwirtschaft von der Tierzucht oft nicht viel wissen wollen. Diese betrachten die Viehzucht auch heute noch als notwendiges Übel, rechnen nach ihrem System, was der Rinder- und Schweinestall einbringt, belasten diesen mit Dingen, die ihn garnicht berühren. Solche Landwirte verlieren das Interesse an der Viehzucht, sie schwärmen für viehlose und viehschwache Wirtschaft". Diese Unterschätzung der Nutzviehhaltung hängt nun aber aufs engste mit der eben genannten Gebundenheit an die Tradition zusammen. Denn es ist vor allem anderen das überkommene Wirtschaftssystem, dessen zweckmäßige Umgestaltung dem traditionellen Geiste die größten Schwierigkeiten bereitet. Wir können bestimmte für die Gestaltung der Viehhaltung äußerst belangreiche Einseitigkeiten in der Wahl der Wirtschaftssysteme in Deutschland nicht restlos verstehen, wenn wir jene traditionelle Seelenstimmung nicht mit unter die entscheidenden Ursachen aufnehmen. Das wird sich im weiteren Verlaufe immer mehr zeigen.

Es ist aber mit der Rede von den seelisch-traditionellen Hemmungen einer rationellen Ausnutzung der landwirtschaftlichen Möglichkeiten keineswegs eine leichte Verallgemeinerung zu treiben. Vor allem sind es die Gebiete der Hochzucht, wie Schleswig, Holstein, Oldenburg, Ostfriesland usw., wo die Initiative des landwirtschaftlichen Betriebes vielfach von den genannten Fesseln frei sich entfaltet hat, was übrigens auch aus der milder verlaufenen Agrargeschichte gerade dieser Gebiete verständlich wird. Zum anderen ist die Arbeit mit dem Vieh nicht nur auf die Eigentümer, Pächter und Betriebsleiter beschränkt, sondern speziell der gelernten ländlichen Arbeiterschaft, dem Gesinde, den Knechten und Mägden anvertraut. Diese aber sind es, die den Weg zur Abwanderung in die Stadt vornehmlich beschritten haben und durch Wanderarbeiter nicht ersetzbar sind, 1. weil diese nur saisonweise zu haben sind, 2. weil sie ungelernt sind, und 3. weil sie in kleinen Mengen schwer zu haben sind. Aus diesen Gründen erleidet die bäuerliche Viehhaltung z. T. eine durch nichts auszugleichende Einschränkung infolge der allgemeinen Landflucht[33]).

Nach einer Statistik von Prof. Weber wohnten von 1000 Personen im Alter

von 0—15	Jahren in den Landgemeinden:	379
von 20—30	,, ,, ,, ,,	143
von 30—40	,, ,, ,, ,,	122
von üb. 60	,, ,, ,, ,,	83
von 0—15	Jahren in den Stadtgemeinden:	313
von 20—30	,, ,, ,, ,,	210
von 30—40	,, ,, ,, ,,	149
von üb. 60	,, ,, ,, ,,	57

Die Arbeitsfähigsten verlassen also das Land, die Alten und Kinder bleiben da. Damit droht aber der intensive Fortschritt in der Landwirtschaft vernichtet zu werden, und die Einstellung von Vieh muß in den mittleren Wirtschaften wegen der Arbeiterkalamität beschränkt werden, was sehr vielfach vorgekommen ist[35]).

d) Futterbau und intensive Viehwirtschaft.

Der vierte Punkt der Intensivierung der Viehwirtschaft betrifft die Futterbeschaffung (nicht zu verwechseln mit dem Züchtungsproblem der Futterverwertung). Die Futterbeschaffung bildet den Kernpunkt der Landansprüche des Viehs. Durch diese Landansprüche ist das Nutzvieh in den Gesamtkreislauf der Landwirtschaft hineinverwoben (integriert). Wie es Dünger und Arbeitskraft liefert, so führt es die marktlosen Erzeugnisse und Abfälle der Wirtschaft einer sonst vielfach unmöglichen Verwertung zu. Aber die Einsicht, daß die Viehwirtschaft aus dem Ganzen der landwirtschaftlichen Betriebsführung nicht ablösbar ist, begründet sich heute noch viel mehr durch die Anforderungen des Marktes. Die Grenzen, welche dem Eindringen der Viehzucht in das Getriebe des selbständigen Ackerbaues gesteckt sind, liegen einerseits in den Ansprüchen des Ackerbaues selber, andrerseits in den selbständigen Erfordernissen der Viehzucht, letztlich in der beide Momente umfassenden Organisation der jeweils verwirklichten landwirtschaftlichen Betriebssysteme.

Wir machen die Beobachtung, daß die Verteilung der Viehdichte in Deutschland außerordentlich verschieden ist. Beim Rindvieh finden wir, daß der ganze Teil Deutschlands, welcher östlich einer idealen Linie, die von der Ostgrenze Schleswig-Holsteins bis zur Ostgrenze Bayerns gezogen wird, liegt, unterdurchschnittlich besetzt ist — mit Ausnahme des Kgr. Sachsen und der Prov. Schlesien. Bei der Schweinehaltung fällt der unterdurchschnittlich besetzte Teil noch weit größer aus. Er umfaßt das ganze Reich mit Ausnahme der nordwestlichen Ecke, bestehend aus Oldenburg, Hannover und dem oberen Teil der Rheinlande. Am schwächsten besetzt sind Bayern und die ganze östliche Hälfte jenseits der idealen Linie von Schleswig-Holstein bis zum Königreich Sachsen. Über diese Sachlage unterrichten vorzüglich zwei schematische Karten, die vom kaiserl. stat. Amte ausgearbeitet wurden und auch in der Sammelschrift: „Die deutsche Landwirtschaft", Berlin, 1913, S. 202/3 veröffentlicht wurden.

Diese Ungleichmäßigkeit in der Verteilung der Viehbestände, vor allem die Unentwickeltheit der ganzen Viehhaltung im östlichen Deutschland, bedarf der Erklärung, denn die Frequenzminderung des Angebots, die sie verkörpert, rückt sie in den Bereich der Teuerungsursachen. Es handelt sich um gleichsam negative Teuerungsursachen nach Art der Unterlassungsdelikte. Die Erklärungen für diesen Zustand liegen, abgesehen von den bereits genannten Vorurteilen gegen die Viehhaltung, an der Futterwirtschaft als solcher und an dem mit ihr konkurrierenden sonstigen Feldfruchtbau. Nur mit der Futterwirtschaft als solcher haben wir es im Augenblick zu tun.

Die Anbaustatistiken, auf deren Wiedergabe verzichtet wird, lassen erkennen, wie Roggen, Hafer und Zuckerrüben dauernd im Anbau bevorzugt wurden. Der auch wahrzunehmenden Vermehrung des Futterrübenbaues steht eine relative Stagnation bzw. Abnahme des sonstigen Futterbaues gegenüber. Die Anbaufläche von Wiesenheu ist stationär geblieben, die von Klee nach anfänglicher Steigerung in den 90 er Jahren und darüber hinaus bis 1913 wieder dem alten Stande angenähert worden. Dieselbe Kurve beobachten wir für die sonstigen Futterpflanzen. Der Anbau von Gerste hat geschwankt, aber nicht im ganzen nach oben. Bei dieser Betrachtung der Anbauflächen ist jedoch die bei allen Fruchtarten aufsteigende Entwicklung der Ernteerträge nicht zu übersehen, die das gelinde Anwachsen der viehwirtschaftlichen Produktion verständlich machen. Für letzteres sind aber auch noch die Einfuhrmengen von Kraftfutter heranzuziehen, die jedoch nicht als Initiativfaktoren für eine Ausdehnung der Viehhaltung mißverstanden werden dürfen, soweit die Landwirtschaft in Frage kommt. Nur die reinen Mastbetriebe bauen einseitig auf dem Futterzukauf auf. In der Landwirtschaft spielen die gekauften Kraftfuttermittel in der Regel die Rolle des Zufutters zum selbstgewonnenen Futter, nach dem sich Umfang und Rentabilität der eigenen Viehhaltung wesentlich richtet [36]).

Waterstradt äußerte im Jahre 1912 (Wirtschaftslehre S. 168): „Es ist einleuchtend, daß die höchstmögliche Rentabilität aus der Nutzviehhaltung nur dann erreichbar ist, wenn der Umfang bzw. die Größe des Bestandes bis zu derjenigen Grenze ausgedehnt wird, die gerade nach Maßgabe der verfügbaren selbstgewonnenen Futtermittel, die durch Nutzviehhaltung ausgenutzt werden müssen, noch möglich ist. Andrerseits wird die Grenze mitbestimmt durch die Marktlage und vorhandene Baulichkeiten, ausschlaggebend aber sollte doch, richtige Zucht und konsequente Leitung vorausgesetzt, das verfügbare Futter sein. Jedenfalls wird aber auch die Rentabilität sinken müssen in dem Moment, wo nach Maßgabe des verfügbaren Futters der Umfang über die oben angegebene Grenze hinaus ausgedehnt wird und dann durch unverhältnismäßig starken Kraftfutterzukauf die Ausnutzung herabgedrückt werden muß".

„Wenn es also gelingen würde, alle diejenigen Betriebe, die nach Maßgabe des verfügbaren Futters in der Lage wären, ihre Viehbestände zu vergrößern, zu derartigen Maßregeln anzuregen, sei es daß dies durch höhere Erträge aus dem Futterbau, sei es daß es durch bessere Ausnutzung der verfügbaren Futtermengen erreicht würde, so würden dadurch wahrscheinlich schon unsere gesamten Viehbestände noch eine wesentliche Vergrößerung erfahren können, und es würde gleichzeitig eine erheblich bessere Ausnutzung der Futterflächen an sich gegeben sein, somit also auch deren Rentabilität steigen" [37]).

Eine Bestätigung dieses Gedankenganges liefert die Beobachtung, daß die Intensivierung des Futterbaues im allgemeinen nicht mit der Sorgfalt und Dringlichkeit in Deutschland erfolgt ist wie die der übrigen Anbaugewächse, insbesondere Rüben, Getreide und Hackfrüchte. Die offenbare Bevorzugung des Anbaues der letzteren ist ein Anzeichen dafür, daß eine Neigung bestand, die Viehwirtschaft als selbständigen landwirtschaftlichen Hauptproduktionszweig in die zweite Linie zu rücken. Es ist ganz besonders irreführend, wenn von landwirtschaftlicher Seite immer erklärt worden ist, daß die deutsche Landwirtschaft 95% des Fleischverbrauchs produziere. Einmal ist Fleischverbrauch nicht gleich Fleischbedarf; ferner muß der große Teil der Futtermittel, der vom Ausland bezogen wird, von der viehwirtschaftlichen Produktivität der heimischen Landwirtschaft abgezogen werden. Es ergibt sich, wenn man die Einfuhr ausländischer Futterstoffe in Schweinefleisch umrechnet, ein Manko von 376,3 Mill. kg, d. i. gleich 5 kg oder 10% des vermutlichen Fleischverzehrs pro Kopf und Jahr. Dieselben Prozentziffern gelten für Milch, Butter und Käse [38]).

Rein vom Anbaustandpunkte aus betrachtet, nimmt sich der Futterbau relativ extensiv aus im Vergleich mit Getreide und Rübenbau. Es wäre jedoch verkehrt, aus den oft geringeren Graden seiner Intensivierbarkeit zu folgern, daß er nicht auch der Möglichkeit fortgesetzter Ertragssteigerung durch technische, arbeits- und kapitalförmige Aufwendungen überall zugänglich wäre. Gerade in diesem Betrachte müssen wir erkennen, daß in der Teuerungsepoche nicht das Mögliche geleistet war, um der Viehzucht von dieser Seite aus ein Optimum der betriebswirtschaftlichen Existenzbedingungen zu schaffen.

Zuerst mag an die 1 und ¼ Mill. ha Öd- und Unland in Deutschland erinnert werden, die noch kultur- und meliorationsfähig sind und der Heuproduktion zugänglich gemacht eine jährliche Mehrproduktion an Vieh von knapp 1 Mill. dz Fleisch hätten liefern können, nach anderen Berechnungen gar 4,88 Mill. dz, die für ein Mehr von 10,85 Mill. Menschen ausreichen würden [39]).

Größere Bedeutung als die langwierigen Meliorationen von Ödland besitzen nach Ansicht der Fachleute die vielen, von der Landwirtschaft im allgemeinen nicht wahrgenommenen Möglichkeiten zur intensiven Steigerung der Futtererträge. Diese Frage ist aufs engste verknüpft mit dem Problem der Viehzucht als intensiver Landwirtschaft. Wir haben uns mit ihr in Hinblick auf die späteren wirtschaftlichen Erörterungen schon jetzt eingehender zu beschäftigen. Hat man doch die mangelhafte Vieherzeugung der übermäßigen Ausdehnung des Getreide- und Rübenbaues zur Last gelegt, wobei man aber diesen Zustand nach dem Gesetz der Thünenschen Zonen als natürlich zu rechtfertigen suchte, indem man die Viehzucht wie auch v. Thünen als extensiven Landbetrieb hinstellte, der zur Hinausverlegung aus den Zonen des intensiven Feldfruchtbaues gedrängt wird. Für die spätere Kritik solcher Ansichten, die die Intensität der Viehwirtschaft nur nach dem apriori als extensiv behaupteten Futterbau beurteilen, haben wir uns an dieser Stelle die Grundlagen zu verschaffen.

Weiss errechnet in der schon wiederholt genannten Schrift folgende zwanglose Vermehrbarkeit der Fleischproduktion durch Rationalisierung des Futterbaues:

a) der Wiesen	um	220	Mill. kg Fleisch
b) der Weiden	„	85	„ „ „
c) des Öd- u. Unlandes	„	95	„ „ „
d) der Brache	„	75	„ „ „
e) des Futterbaues	„	210	„ „ „
f) durch Konservierung.	„	100	„ „ „
Summa		785	Mill. kg.

Er bespricht aus einer großen Praxis heraus eingehend die Verfahren der Intensivierung der Fruchterzeugung und zeigt vor allem, daß gerade die Weide keine extensive Bewirtschaftungsweise darstellt, sondern im Rahmen ihrer Kulturmöglichkeiten Ertragsspielräume von 32—123 dz pro ha zuläßt. Sie können guten Wiesen an Ertrag gleichgebracht werden, gründliche Meliorationen und Düngung vorausgesetzt. Für diese Frage verdienen auch besonders die Studien von Falke Erwähnung [40]), die zu erweisen suchen, wie fast überall der Acker in gute Weiden verwandelt werden kann. „Was den Kostenpunkt anbetrifft, so trägt die Weide unbedingt den Sieg davon“ (nach Aussage eines Betriebsleiters). „Es ist eine Verminderung der Intensität des Wirtschaftsbetriebes im allgemeinen durch die Einrichtung von Weiden in keiner Weise zu erwarten, vor allen Dingen aber dann nicht, wenn man im Gegensatz zu dem früheren Verfahren die Weiden auch intensiv bewirtschaftet.“ „Mit einer intensiven Weidewirtschaft wäre die Grundlage für eine allseitige Erweiterung der Viehhaltung und Viehzucht in unserem deutschen Vaterlande gewonnen [41]), so daß die deutsche Landwirtschaft die weitgehendsten Anforderungen, welche an ihre Tierproduktion herantreten, zu erfüllen vermag.“ Das konnte sie aber nicht, weil jener ideale Zustand unverwirklicht blieb [43]). Vor allem hätten erst einmal die 500 000 ha gebrauchten Bodens [42]) durch Niederlegung zu Dauerweiden der Futtererzeugung dienstbar gemacht werden können und noch viele Teile der unrationell mit Roggen, Hafer und Zuckerrüben bebauten Flächen.

So erscheint denn die Viehwirtschaft auch vom Standpunkt des Futterbaues nicht als ein notwendig extensiver landwirtschaftlicher Betriebszweig. Als Ganzes aber muß sie, rationell betrieben, sogar als ein hochintensives System landwirtschaftlicher Bodennutzung gelten, in welcher Form sie sogar geeignet ist, dem Körnerbau den Vorrang abzugewinnen, wie einige Länder gezeigt haben, von denen Eßlen sagt [44]): „Die Rückkehr zur vorwiegenden Getreidewirtschaft würde sowohl für die belgische und niederländische, wie die dänische Landwirtschaft das Aufgeben eines intensiveren Wirtschaftssystems zugunsten eines weniger intensiven bedeuten.“

Wir stehen am Ende unserer Betrachtungen über die Intensität der Viehwirtschaft. Jeden ihrer vier Faktoren haben wir in enger Bezugnahme auf die deutschen Verhältnisse behandelt. Doch ist das nur im allgemeinen geschehen. Um eine genauere Vorstellung von der wahren Sachlage der heimischen viehwirtschaftlichen Versorgung zu erhalten, wird es notwendig, das Gesagte noch durch eine speziellere Nutzanwendung auf die einzelnen oft sehr verschiedenen Gebietsteile Deutschlands zu vertiefen. Wovon bisher überhaupt noch nicht die Rede war, ist die Betriebsgröße der Landgüter, deren Verschiedenheit in der Regel auch mit einer Verschiedenheit des Betriebssystems eng verbunden ist. was notwendig wieder einen Einfluß auf die Frequenz der Viehhaltung haben muß. In Ansehung alles dessen liegen die Verhältnisse im Reich nicht gleich, und zur Ergänzung der bisherigen Feststellungen ziehen wir das für die Beurteilung der speziellen Zustände Erreichbare noch kurz heran.

e) Die Frequenz der Viehhaltung nach Landesteilen.

Wir erwähnten bereits oben, daß der Osten Deutschlands an Viehdichte hinter dem Westen zurückstehe, was mit den Anbauverhältnissen und Betriebsgrößen auf das engste zusammenhängt. Mancherlei Aufschlüsse darüber gibt die landwirtschaftliche Betriebsstatistik von 1907 [45]). Nach ihr verhält sich die Getreideanbaufläche zur Futterfläche wie 100 : 63,6. Der Getreidebau umfaßt überall mit Ausnahme von Hamburg mehr als die Hälfte des Ackerlandes. Bei Futterpflanzen blieben unter dem Reichsdurchschnitte die gesamten östlichen Provinzen Deutschlands von Ostpreußen bis zur Prov. Sachsen nebst Mecklenburg, Braunschweig und einigen thüringischen Staaten. Ackerweide und Brache überwiegen in Ostpreußen, Pommern, Mecklenburg, Schleswig-Holstein und auch Bayern. Die Anbauvoraussetzungen für die Viehzucht liegen also im Osten Deutschlands durchweg ungünstiger. Das hängt nun aufs engste mit den Betriebsgrößen der landwirtschaftlichen Güter daselbst zusammen.

Größenklassen	Von 100 ha landw. benutzter Fläche betr. das mit Futterpfl. bestellte Ackerland ha	die Wiesen u. reichen Weiden ha	die gesamte Futterfläche ha	Auf 100 ha Getreidefläche treffen ... ha Futterfläche
unter 0,5 ha	2,3	8,3	10,6	65,7
„ 0,5—2 ha	5,9	21,5	27,4	77,8
„ 2—5 ha	7,9	25,5	33,4	78,9
„ 5—20 ha	8,1	24,2	32,3	67,9
„ 20—100 ha	7,7	21,6	29,3	60,7
über 100 ha	9,5	15,6	25,1	52,8
„ 200 ha	9,5	15,1	24,6	52,0
zusammen	8,1	21,4	29,5	63,6

Die Ackerweide und Brache steigen mit wachsendem Betriebsumfange bis zur Größenklasse der großbäuerlichen Betriebe. Der Anbau von Futterpflanzen überwiegt prozentual in den Großbetrieben, jedoch stehen sie im Rahmen der Gesamtfutterfläche am schlechtesten da, wie vorstehende Tabelle zeigt. Was den Getreidebau betrifft, so entfallen auf 100 ha Ackerland (d. i. die landwirtschaftliche Fläche ohne Wiesen und Weiden!):

64,0 ha auf die mittelbäuerlichen Betriebe (5—20 ha)
62,5 „ „ „ großbäuerlichen „ (20—100 ha)
60,3 „ „ den Reichsdurchschnitt,
59,6 „ „ die kleinbäuerl. Betr. (2—5 ha); sie überwiegen im Kartoffelbau,
56,8 „ „ „ Großbetr.; sie überragen im Zuckerrüben- und Futterbau,
49,4 „ „ „ Parzellenbetriebe.

Alle diese Tatsachen stehen in engster Beziehung zur Verteilung des Viehbesatzes in den verschiedenen Landesteilen. Zwei Fragen erheben sich: 1. die nach dem Verhältnis des Viehstandes zur Betriebsgröße; 2. die nach der Verteilung der Betriebsgrößen in Deutschland.

Über diese Fragen gibt uns das Studium der Anlagen III und IIIa Auskunft. Sie sind nach der landwirtschaftlichen Betriebsstatistik von 1907 verfertigt, wobei das Reich in sechs fast gleich große Teile zerlegt wurde, die von der reichsstatistischen Einteilung sehr erheblich abweichen. Es konnten aber nun auch räumlich gleichwertige Vergleiche gezogen werden. Die Ziffern für die Schafe wurden weggelassen, da dieser Betriebszweig zur Bedeutungslosigkeit herabgesunken ist. Bezeichnenderweise ist dem sonst viehschwächsten Großbetriebe der Hauptanteil an der Schafzucht verblieben. Bei einem Reichsdurchschnitt von 28 Stück pro 100 ha 1907 steht der Großbetrieb mit 62 Schafen pro 100 ha als einzige Betriebsgröße über dem Durchschnitt. Alle übrigen Betriebsgrößen bleiben vielfach bis zur Hälfte darunter. Daneben ist ein absoluter Rückgang seit 1895 um nicht weniger als 10,7 Stück im Reichsdurchschnitt und 16,8 Stück bei den Großbetrieben festzustellen. Näheres siehe am Ende dieses Abschnittes im Anhang über die Verhältnisse der Schafzucht in Deutschland mit ihren Folgen.

Aus der Tabelle IIIa im Zusammenhange mit III erkennen wir folgendes:

1. daß mit der einzigen Ausnahme von Rindvieh in Mitteldeutschland die über dem Gebietsdurchschnitt stehende Besetzung mit Rindvieh und Schweinen auf die Betriebe bis zu 20 ha entfällt. Beim Rindvieh finden wir wieder überall mit Ausnahme Nordostdeutschlands die größte Besetzung in den Betrieben von

2—5 ha, den sog. kleinbäuerlichen Betrieben; mit Schweinen sind in ausnahmsloser und geradezu erdrückender Überlegenheit die Parzellenbetriebe am dichtesten besetzt. In diesen Betrieben ist mit Ausnahme von Nordostdeutschland, wo der Parzellenbesitz den dichtesten Rindviehbestand aufweist, die Haltung von Rindvieh gegen 1895 zurückgegangen. Im übrigen zeigt sich bei zunehmender Betriebsgröße ein abnehmender Bestand an Rindern und Schweinen. Der bäuerliche Besitz bis 100 ha umfaßt 88,3% der gesamten Rinderbestände und 92,6% aller Schweine. Um auf diesen Maßstab zu kommen, müßte der Großgrundbesitz seine Rinderbestände um 112½% und die Schweine um 253% vermehren. Mit Rücksicht auf die Milchwirtschaft darf nicht unerwähnt bleiben, daß die Anteile der Kuhhaltung am Rindviehbestande nach den verschiedenen Größenklassen wechseln, und zwar betragen die Kühe in der Größenklasse

	unter 2 ha	78,0%	des gehaltenen Rindviehs
von	2— 5 „	64,4%	„ „ „
„	5— 10 „	54,5%	„ „ „
„	10— 20 „	47,2%	„ „ „
„	20— 50 „	34,6%	„ „ „
„	50—100 „	43,2%	„ „ „
„	über 100 „	43,3%	„ „ „

Die Tendenz zur Milcherzeugung wirkt also am stärksten in den kleinsten Betrieben und bleibt überdurchschnittlich in den kleinbäuerlichen und Mittelbetrieben bis 10 ha.

2. Vergleicht man die einzelnen Gebiete Deutschlands in bezug auf die Stärke der Viehhaltung miteinander und mit dem Betriebsdurchschnitt, so finden wir laut Tab. III bei den Schweinen die Hälfte des Reichsgebietes, beim Rindvieh ein Drittel unterdurchschnittlich besetzt. An diesem Unterdurchschnitt ist das östliche Deutschland (Nordost- u. Mitteldeutschland) beidemal beteiligt. Bei einigen Gebieten, wie Ost- und Westpreußen, ist die aufblühende Pferdezucht mit in Rechnung zu ziehen, die mit 17,1 bzw. 14,1 pro 100 ha der landwirtschaftlich benutzten Fläche über den Reichsdurchschnitt von 11,0 steht.

Es ist nun interessant zu erfahren, daß die im allgemeinen am stärksten besetzte Größenklasse, die Betriebe unter 2 ha, von 1895—1907 zwar um die Zahl von 142 142 zugenommen, ihre landwirtschaftliche Fläche aber sich um 77 133 ha vermindert hat. Aus der Tabelle ist jedoch eine ungewöhnliche Vermehrung des Viehbestandes in dieser Größenklasse ersichtlich. Die am stärksten besetzten Gebietsteile mit Parzellen sind das Rheinland, Westfalen, Hannover und die Prov. Sachsen. Diese weist deshalb auch, wie in Tabelle III vermerkt, einen überdurchschnittlichen

Schweinebestand von 75 Stück pro ha auf, der durch die übrigen Gebiete Mitteldeutschlands aber wieder unter den Durchschnitt gedrückt wird.

Der großbäuerliche Besitz von 20—100 ha hat seit 1895 um 19 576 Betriebe und 547 734 ha abgenommen. An dieser Abnahme sind vor allem beteiligt Schlesien, Hannover, Nord- und Südbayern [46]). Großbetriebe (100 ha und darüber) finden sich nach der Statistik, ganz gemäß den vorstehenden Ableitungen, hauptsächlich in den sechs östlichen Provinzen, ferner sehr bedeutend in Mecklenburg [47]). Doch haben diese Betriebe über 100 ha seit 1895 um 1495 und 776 783 ha abgenommen, wovon allein 424 832 ha auf Posen, Westpreußen und Pommern entfallen. 1907 aber war immer noch mehr als $^1/_5$ der gesamten landw. ben. Fläche dem Großbesitz zugehörig, annähernd $^1/_3$ den Betrieben über 50 ha. Die kleineren und mittleren Betriebe, der Zahl nach 95% von allen, beanspruchten nur knapp ½ der landwirtschaftlichen Fläche. Aber aus der Abnahme der Großbetriebe dürfte es sich mit erklären, daß der Rindviehbestand sich in Nordostdeutschland um ca. 10 Stück pro 100 ha gehoben hat, während er sich in Mittel- und Südostdeutschland nur um 6,8 bzw. 7,5 heben konnte. Vom Westen werden diese Zunahmeziffern natürlich noch übertroffen.

Die großen Differenzen der Viehhaltung in den verschiedenen Betriebsgrößen ziehen das volkswirtschaftliche Problem von Großbetrieb und Kleinbetrieb in die Betrachtungen über die Viehteuerung. Die Überlegenheit des Kleinbetriebs über den Großbetrieb tritt besonders deutlich zutage in der Viehhaltung. Die höheren Ertrags- und Kapitalwerte des Kleinbetriebs werden in erster Linie durch den höheren Anteil des Gebäudekapitals, in zweiter Linie durch den der Nutzviehbestände herbeigeführt [48]). Stumpfe kommt in seinen Untersuchungen über den Größ-, Mittel- und Kleinbetrieb zu der speziellen Schätzung, daß der größte Teil des Mehrwertes der bäuerlichen Wirtschaft gegenüber dem Großbetriebe, ungefähr 50—90 Mark pro ¼ ha, auf das produktive Nutzviehkapital entfällt [49]). Zu einem ähnlichen Ergebnis gelangt Skalweit [50]): bei intensiven Rübenwirtschaften trifft ein Stück Vieh auf 2—4 ha, in den Marschen auf ½ ha; der Kapitalwert des ha beträgt dort 100—250 Mark, hier 4—500 Mark.

Die Gründe für die erhöhte Viehbesetzung der kleineren Betriebe liegen in dem arbeitsqualitativen Intensitätsfaktor, in der Sorgfalt der Futtergewinnung und seiner Konservierung und in der Sorgfalt bei der Viehpflege [51]). Der bereits erwähnte Mangel an Kapital führt jedoch zu den bekannten Schwankungen in der Haltung und zu einer nicht immer idealen Ausnutzung der vorhandenen Möglichkeiten.

Die vergleichende Betrachtung der Viehbesetzung in den verschiedenen Teilen Deutschlands hat uns die Verschiedenheiten erkennen lassen, denen sie unterliegt. Vom volkswirtschaftlichen Standpunkte stehen wir nach allem vor folgenden Tatsachen in der landwirtschaftlichen Situation Deutschlands zur Zeit der großen Viehteuerung:

1. Der Kleinbetrieb und der bäuerliche Betrieb sind die Träger der Viehhaltung, wodurch auch die Viehbesetzung in den verschiedenen Landesteilen von den daselbst herrschenden Betriebsgrößen entscheidend abhängig wird.

2. In Deutschland wechselt die Viehbesetzung außerordentlich; Gebieten mit hoher Besetzung stehen solche mit Unterbesetzung gegenüber. Besonders der Osten verharrt im Rückstande gegenüber dem Westen. Was Rindvieh betrifft, steht Süddeutschland am weitesten über dem Durchschnitt. In diesem Lande konnte sogar von einer Überbesetzung der Ställe gesprochen werden [52]). Dasselbe kann für den Osten Deutschlands in bezug auf Schweine gelten. Die Schweinezucht steht hier vielfach im Zeichen des Berliner Marktes und unterliegt den bereits erwähnten Produktionsschwankungen, die zu einem geradezu regelmäßigen Pendelschlag von Unter- und Übersetzung daselbst führt [53]). Durch das Extrem der zeitweiligen Viehüberbesetzung kommt der Kleinbetrieb in einen noch schärferen Gegensatz zum Großbetriebe, und das legt Zeugnis ab von einer möglichen und bisweilen auch eingetretenen ungesunden Verteilung der Viehbestände [54]).

3. Der Großbetrieb erreicht auf seinem passendsten Produktionsgebiete [55]), dem Getreidebau, mit 56,8% nicht einmal die 60,3% des Anbaus der mittel- und großbäuerlichen Betriebe. Wenn er etwa durch Einschränkung des Zuckerrübenbaues den überschießenden Anbauteil der letzteren übernehmen könnte, so hätte er sie zu einer Erweiterung der für sie passenden Viehwirtschaft freimachen können.

Die Frage erhebt sich nun, was dieser idealen Entwicklung der landwirtschaftlichen Produktion entgegengestanden hat, und damit lenkt sich die Betrachtung nun auch auf das privatwirtschaftliche Agens der ganzen Betriebsverhältnisse. Zwar volkswirtschaftlich leistet der Kleinbetrieb für die Viehwirtschaft weitaus am meisten, aber privatwirtschaftlich betrachtet, gibt es keine unbedingte Überlegenheit des Groß- oder Mittel- oder Kleinbetriebes. Diese Überlegenheit wechselt vielmehr je nach den natürlichen und besonders nach den persönlichen Verhältnissen von Fall zu Fall [56]). Ehe wir uns jedoch diesen Fragen zuwenden, ist noch einiges weitere über die natürlichen Einflüsse der viehwirtschaftlichen Angebotsfrequenz zu sagen, und zwar anhangsweise zu diesem Abschnitt einiges über die Schicksale der deutschen Schafzucht und ihre Bedeutung für die Viehteuerung; und in einem besonderen Abschnitte einiges über die preisbildenden Einflüsse der über die deutsche Landwirtschaft in Gestalt von Mißernten und Seuchen hereingebrochenen Risiken ihrer Viehhaltung.

Anhang: Die Schafzucht in Deutschland.

Das Zurückgehen der Schafzucht scheint äußerlich aufs engste mit dem Übergange von der Woll- zur Fleischerzeugung zusammenzuhängen. Solange das Schaf der Wolle wegen gezüchtet wird, ist seine Haltung einfach und ganz durch extensiven Betrieb auf mageren Stoppelweiden zu betreiben. Denn wenn auch kein Fleisch, setzt das Schaf doch immer reichlich Wolle an. Die Fleischproduktion würde nun die Schafhaltung auf reiche Weiden verweisen. Da aber das Rindfleisch im allgemeinen bevorzugt ist, so wird der größte Teil der reichen Weiden und Wiesen für die Großviehzucht benutzt. Die steigenden Ansprüche an das Angebot zwingen aber zur Intensivierung, die durch Meliorationen immer mehr magere Weiden in reiche verwandelt und so systematisch der Schafzucht den Boden entzieht. Schlagend bringt diesen Gedanken Mathus in seinem Aufsatz über die belgische Wollindustrie (S. d. V. f. S. Bd. 144 „Unters. üb. d. Preisbildg. gewerbl. Erzeugn.“ S. 10) zum Ausdruck: es heißt dort mit Bezug auf den belgischen Schafbestand, der, in derselben Lage wie der deutsche, sich seit 1866 von 658000 auf 120000 im Jahre 1910 vermindert hat: cette diminuation constante de notre cheptel ovin doit être attribuée à la pratique de la culture intensive, suivie de plus en plus par nos agriculteurs, culture d'ailleurs favorisée par l'emploi judicieux d'engrais chimiques permettant de récolter des céréales (avoine principalement), des fourrages etc. sur des terres pauvres, autrefois incultes ou banales, sur lesquelles croissait une herbe fine et maigre formant la pâture principale du mouton. Ähnliche Gründe zitiert Weiß (a. a. O, S. 121) nach Ökonomierat Oldenburg, welcher die Verkoppelung mit der Ablösung der Weidegerechtsame, die intensivere Kultur und die Verminderung der Stoppelweiden, sowie die Aufforstung der Heiden und sonstigen Flächen geringen Bodens für die Abnahme der Schafhaltung verantwortlich macht. Außerdem weist er noch auf die uns bereits bekannten Gründe der gesunkenen Nachfrage nach Schaffleisch und die Konkurrenz des Auslandes in bezug auf die Wollproduktion hin.

Waterstradt [57]) schiebt den übermäßigen Rückgang der Schafhaltung im Anschluß an Brödermann auf die übermäßige Ausdehnung des Milchviehbetriebes in Verbindung mit fehlerhafter und ungenauer Buchführung. „Die meisten Landwirte kommen über eine Geldrechnung überhaupt gar nicht hinaus, und da ist es eine unbestreitbare Tatsache, daß in der Geldrechnung die Einnahmen aus der Milchkuhherde größer erscheinen, als aus der Schäferei [58]). Aber in dem Augenblick, als wir auch den Naturalien volle Aufmerksamkeit schenken, ändert sich das Bild.“ Mit Bezug auf

Schlesien: „Es war bis vor kurzem ein allgemein als gültig angesehener Satz, daß das Schaf nur ein Produkt extensiver Bodenkultur sein könne. Erst in allerneuester Zeit beginnt man zu erkennen, daß dies nicht unbedingt richtig zu sein braucht. Vielleicht wäre manche Einseitigkeit in der Entwicklung der Betriebsformen in der Landwirtschaft vermieden worden, insbesondere wäre nicht so grundstürzend bei der Beseitigung der Schafhaltung vorgegangen worden, wenn diese Erkenntnis früher aufgedämmert wäre." „Es ist zu beachten, daß es sich bei den durch Schafe zu verwertenden Erzeugnissen häufig um solche handelt, die an sich nur durch Schafe ausgenutzt werden können (absolutes Schaffutter). Falls diese Erwägungen auf Grund objektiver und wirtschaftlich richtig gewonnener Buchführungsunterlagen durchgeführt werden, werden wahrscheinlich viele Landwirte zu dem Ergebnis gelangen, daß in manchen Nutzungsrichtungen der Schafhaltung eine wertvolle Ergänzung ihrer Nutzviehzweige zu suchen ist." Diese Gedanken werden vollauf bestätigt und belegt durch die neueren Arbeiten der D. L. G. im Heft 292 [59]) und 293 [60]). Es würde zu weit führen, auf Einzelheiten einzugehen. Nach vorurteilsloser Prüfung kann folgendes behauptet werden.

Es wäre nur eine Frage des erweckten Verständnisses und der Organisation gewesen, daß die bäuerlichen Betriebe die regelmäßige Schafhaltung als integrierenden Bestandteil intensiver Landkultur, verbunden mit den Organisationsformen genossenschaftlichen und vereinsmäßigen Weidebetriebs im Deutschland der Teuerungsepoche allgemein betrieben hätten, ohne Einschränkung des übrigen Nutzviehbestandes. Der Rückgang und die Vernachlässigung haben gerade bei der Sperrung der Grenzen als ein Teuerungsfaktor ersten Ranges zu gelten. Die Frequenzlücken einer Viehgattung, die, was die Fleischnutzung betrifft, die anderen im vollen Umfange zu ersetzen geeignet ist, was schon aus der Gleichmäßigkeit der Steigung und absoluten Höhe der Schaffleischpreise hervorgeht, müssen als Teuerungsursachen negativer Art wohl berücksichtigt werden. Hinsichtlich der Beziehung der Schafhaltung zum Groß- und Kleinbetrieb gibt, wie gesagt, nichts einen solch schlagenden Beweis der hervorgehobenen Mängel als die Tatsache, daß hier der Großbetrieb in der Haltungsfrequenz an der Spitze steht. In dieser Betriebsform ist die Schafhaltung nur als historischer Überrest zu verstehen, der, wie es ja auch der Fall war, dauernd seiner völligen Beseitigung entgegensteuerte. Die scheinbaren Vorzüge des Großbetriebs für die extensive Schafhaltung entspringen nur den Kompensationsversuchen seiner Nachteile. Eine Schafhaltung auf solchen Voraussetzungen wird nie ein Glied rationeller und intensiver Landwirtschaft sein können, was erst in dem Augenblick geschieht, wo sie als integrierender Bestandteil im Rahmen der bäuerlichen Betriebsweise in sie eingeht.

f) Die Risiken der Viehhaltung.

Im Rahmen der landwirtschaftlichen Produktion nehmen die Risiken eine Sonderstellung ein. Auch die industrielle Produktion kennt Risiken. Aber diese sind vorwiegend Konjunktur- und Absatzprobleme, nicht aber steht der Produktionsprozeß selber unter dermaßen irrationalen Einflüssen, wie das biologische Geschehen der landwirtschaftlichen Tiererzeugung. Diese kann von zwei Seiten tiefe Frequenzstörungen erfahren: durch den Ausfall der Futtermittelernten und durch das Auftreten von Seuchen. Sie bilden vor jedem anderen Grunde die unmittelbaren Unterlagen für die Marktpreisbildung. „Der Ausfall der Futtermittelernte ist ein durchaus zuverlässiges Signal für die künftige Gestaltung der Vieh- und Fleischpreise" (Rothe, a. a. O. S. 83). Oder: „den natürlichen und stärksten preisbildenden Faktor bilden die mit den Ernteausfällen wechselnden Futterverhältnisse" (Gerlich, a. a. O. S. 94). Der von einer schlechten Futterernte ausgehende Einfluß auf den Markt ist immer derselbe. Ein großer Teil der den Markt versorgenden Landwirte ist nicht kapitalkräftig genug, insbesondere nicht die kleinen Mäster, um durch teueren Futterzukauf ihren Viehbestand durchzuhalten. Die Märkte werden infolgedessen überschickt mit vielfach unterwertigem und unausgemästetem Vieh. Die Preise gehen herab, und Verluste treten ein. Das folgende Jahr bringt dann den Rückschlag. Ein dezimierter Viehbestand bildet die Grundlage, und die Landwirtschaft ist mit seiner Ergänzung beschäftigt. Das Angebot ist unzulänglich, die Preise steigen. Dieser typische Prozeß prägt sich bei der Schweinezucht noch auffälliger aus als beim Rindvieh, da das Schwein nur dem Fleischverzehr dient und bis zur Schlachtreife einen wesentlich kürzeren Zeitraum benötigt, nur eine Reihe von Monaten, während die Nachzucht von Rindvieh Jahre erfordert.

Gehen wir nun den historischen Verlauf im einzelnen durch, so finden wir bereits in den 80er Jahren, nämlich 1887/8, einen sich über das ganze Reich erstreckenden Tiefstand der Viehpreise (vgl. Tab. IX). Mit schlechten oder überreichlichen Ernten ist dieser Preisstand nun nicht zu begründen, er trifft mit dem allgemeinen Tiefstand der Preise für landwirtschaftliche Produkte in dieser Zeit zusammen und hat weitere Gründe. Jedoch die schlechten Ernten von 1888/89 können den hohen Preisstand für Rinder und Schweine im Jahre 1890 wohl erklären. Die hohe Futterergiebigkeit dieses Jahres aber verlangte Verwertung in vermehrter Nachzucht, wozu noch die hohen Preise besonderes antrieben. Damit war ein Grundstein zu vermehrtem Angebot in den Folgejahren gelegt, welches den Preis dann auch wieder drückte [61]). Die Futterernte des Jahres 1893 war sehr schlecht, besonders in Heu. Die Rindviehpreise erreichen ihren tiefsten Stand während des ganzen

Jahrzehnts. Für die Schweinepreise bedeuten dagegen die Jahre 1892/3 einen Höhepunkt, der jedoch durch die Ernten nicht schematisch erklärt werden kann. Gerlich sagt (a. a. O. S. 94f.): „Aber das folgende Jahr (1893) brachte wieder so spärliche Erträge an Getreide, Rauhfutter und Hackfrüchten, daß die Viehpreise im Jahre 1893 auf eine bisher nicht erreichte Höhe stiegen.“ Dieser Satz Gerlichs, der sich auf die Schweinepreise bezieht, ist nicht ohne weiteres verständlich. Schlechte Ernten sollten Abstoßen der Bestände und Preisdruck erwarten lassen. Daß letzterer nicht eintrat, wird in dem auch von Gerlich zitierten Bericht über den Vieh- und Schlachthof 1892/3 folgendermaßen begründet: „Unlust war die dauernde, selten unterbrochene Tendenz des Marktes. Teures Magervieh, ungünstige Preisverhältnisse für gut gemästetes Vieh, sobald dasselbe reichlich angeboten wurde; schwankendes Kaufbedürfnis, welches häufig große Marktüberstände(!) zur Folge hatte, sinkende Kaufkraft des gewerblichen Mittel- und Arbeiterstandes.“ Damit sind also bereits eine Reihe allgemeiner Preistendenzen namhaft gemacht, die sich zu den Ernteeinflüssen hinzugesellen, aus denen allein alles verstehen zu wollen ein Unding wäre. Der Anteil der schlechten Ernteausfälle 1893 an den hohen Schweinepreisen läßt sich allenfalls auf dem Umwege über die Psychologie des kleinen Mästers in Rechnung stellen, der bei den fortgesetzten unzulänglichen Ernten und Preisen die Nachzucht noch nicht wieder aufzunehmen wagte. Das ist besonders für 1892 der wahrscheinliche Fall. 1893 begann er die Mast aber mit ziemlicher Aussicht auf Erfolg wieder zu betreiben, aber er konnte den Markt noch nicht wieder beschicken. Erst 1894 trat er mit einem stärkeren Angebot wieder hervor und leitete damit eine Periode tiefer Preise für Schweine ein, die aber wiederum auch nicht ohne den sehr niedrigen Stand des Getreides am Weltmarkt und die durch den ermäßigten Zolltarif geschaffene Ausnutzbarkeit desselben möglich gewesen sein dürfte. Auch die Rindviehzucht konnte in dieser Zeit aufblühen. Da diese jedoch zu ihrer Ergänzung länger braucht, als ein dezimierter Schweinebestand, so besteht ein ganz glaubhafter Zusammenhang zwischen dem 2 Jahre früher einsetzenden Preisfall für Schweine und dem erst 1896 nachfolgenden für Großvieh. — Die Mißernte von 1896 in Amerika und ein Ausfall in der heimischen Kartoffelernte kann den anormalen Tiefsprung des Schweinepreises in diesem Jahre vielleicht verständlich machen. In den Jahren 1897/8 finden wir wieder das charakteristische Doppeljahr eines Preishochstandes für Schweine. Gerlich (a. a. O. S. 95) sagt vom Jahre 1898: „Da die Ernteaussichten keine günstigeren waren, setzte eine Preissteigerung frühzeitig ein und nahm einen solchen Umfang an, daß bei der Überhandnahme von Zufuhren wenig ausgemästeter Schweine die Fleischversorgung der Bevölkerung darunter zu leiden begann.“ Nun aber zeigt die Statistik, daß die Ernte an Heu, Klee und Kartoffeln im Jahre 1898 eine gute war, wie auch für sämtliche Getreidesorten. Will man also die Ernten zur Erklärung heranziehen, so können es nur die verspekulierten Aussichten auf ihren mutmaßlichen Ertrag gewesen sein, die zunächst die Preise hinauftrieben, wodurch dann wieder ein überstürztes Angebot veranlaßt wurde, welches infolge der Unreife der Tiere nichts für eine Preissenkung ausrichtete. Der große Preisfall 1899 macht aber auch diese Erklärung wenig wahrscheinlich. Im dritten Kapitel werden wir die Leitlinien der Viehmarktpreisbildung genauer studieren. Jetzt möchten wir nur hervorheben, daß, wie schon zu Beginn der 90er Jahre, so auch am Ende derselben die Preisbildung für Vieh und ihre alleinige oder vorwiegende Erklärung aus den Ernteumständen niemals als schlüssig angesehen werden darf.

Dieser Satz gilt auch für die Folgezeit. Die Preishausse für Schweine 1901/2 und 1905/6, für Rindvieh 1903/4 und 1905/7 steht allerdings in einem offenbaren recht engen Zusammenhange mit den Ernteausfällen der Vorjahre [62]), aber sie wird durchaus nicht durch sie allein erklärt. Die neue Zollära mit ihren weitreichenden Folgen spielt hier entscheidend mit herein, wovon später. — Das Jahr 1909 bringt eine große Mißernte, ausgenommen in Kartoffeln. Es leitet die das bisherige Maß überbietende Preissteigerung bis zum Schlusse der Periode ein. Da der Schweinebestand bereits 1907/8 abgestoßen war, so konnte nicht jener außerordentliche Preisfall beim Rindvieh ein Gegenstück in den Schweinepreisen erhalten. Diese schematische Erklärung durch die Ernteeinflüsse läßt sich jedoch auch wieder erschüttern. Denn es zeigt sich, daß 1909 trotz der schlechten Ernte das Rindviehangebot auf dem Berliner Markte um 22445 Stück, das für Kälber um 13782 Stück zurückging [63]) und die Preise sehr tief standen, während bei den Schweinen das Angebot um 48856 Stück zunahm, und die Preise doch sehr hoch standen. Gerlich will hier eine Konsumtionsverschiebung vom Rind- zum Schweinefleisch annehmen, so daß der Ausfall der Nachfrage beim Rindvieh den Preis nicht heben und die zusätzliche Nachfrage bei den Schweinen den Preis hier wiederum nicht senken konnte. Jedenfalls bleibt die schematische Reaktion des Marktes auf die Ernten diesmal aus. Wenn im übrigen die Spekulation die schlechten Ernteaussichten von 1909 vorwegnahm und in Preissteigerungen diskontierte, so kann der erhöhte Auftrieb in Schweinen nicht nur als eine Notaktion der Landwirte und Züchter, sondern ebenso als ein Initiativakt der Händler gelten zwecks Ausnutzung der hohen Preise. Die Ernte spielt dann aber nur sehr bedingt eine preisbildende Rolle. Es ist die Auffassung von ihren Möglichkeiten, bevor sie noch real wurden, durch den spekulativen Handel. — Im Jahre 1910 blieben die Schweinepreise auf der Höhe, doch mit Tendenz nach unten. Die Seuche hatte die Viehbestände ergriffen und erreichte 1911 einen nicht dagewesenen Umfang. Dazu kam die Dürre dieses Jahres mit Mißernten allerwärts. Rindvieh stieg ungewöhnlich; Schweine wurden abgestoßen und sanken für ein Jahr noch einmal tief. Das Jahr 1912/3 sah dann ein ansteigendes und nie dagewesenes Preisniveau bei rückgängigem Auftrieb von Rindern und Schweinen angesichts guter Ernten. —

Vorstehender Abriß vom Zusammenhang der Ernteaussichten und Seuchenzufälle mit der Preisbildung wird den Bestand vieler und wirksamer Einflüsse jener Risiken dargetan haben. Aber es ist auch nicht zu leugnen, daß jener Zusammenhang durchaus nicht die unwandelbare Klarheit aufweist, die einem eindeutigen Ursachenverhältnis entspringt. Die Darstellung des Verlaufes, der die Beziehungen wo immer nur möglich herauszuarbeiten versuchte, hat doch fast an jeder Stelle den Anschein erwecken können, als ob den Dingen bis zu einem gewissen Grade Gewalt angetan würde, wenn man einseitig auf die Ernten abstellt. Vor allem wird die Kontinuität der Steigerung, die jeden späteren Tiefpunkt oder Hochpunkt den früheren überragen läßt, durch Ernte- und Seuchenzufälle in keinem Betrachte erklärt. Den Ernteergebnissen ist bestenfalls nur ein Einfluß auf die jährlichen, mitunter vielleicht auch mehrjährigen Schwankungen einzuräumen. Aber selbst in dieser Hinsicht ist das Entsprechungsverhältnis nicht von jener Genauigkeit, die nicht noch den Rückschluß auf weitere temporäre Spezialeinwirkungen nötig machte. Von diesen werden im Laufe der Arbeit noch mehrere hervorzuheben sein. Ihnen allen aber ist gemein, daß das Maß ihres jeweiligen Einflusses im Zusammenhange mit gleichgerichteten oder gegengerichteten Wirkungsfaktoren nicht bestimmbar ist. Im Rahmen der Gesamtpreissteigerung büßen sie oft ganz oder teilweise ihre Bedeutung ein.

Als besonders auffällig verdient die eigentümliche zweijährige Abwechslung von Hoch- und Tiefstand bei den Schweinepreisen Erwähnung. Nicht für alle Jahre zutreffend erscheint die von Gerlich gegebene Erklärung (a. a. O. S. 99): daß sich auf Grund der von zwei zu zwei Jahren mit Bestimmtheit sich wiederholenden Wandlungen einer hoch- und niedergehenden Konjunktur der Schluß ziehen läßt, daß die Futterernten den bestimmenden Einfluß auf den Viehhandel ausüben. Es läßt sich gewiß der große Einfluß der Ernten nicht leugnen, aber der periodische doppeljährige Auf- und Niedergang in den Schweinepreisen läßt sich aus ihnen nicht völlig verstehen. Wenn eine ähnliche Symmetrie zwischen guten und schlechten Ernteausfällen vorherrschte, könnte man leichter zu einer derartigen Annahme gedrängt werden. Wir glauben, daß eine Erklärung für jene noch nirgends eingehend untersuchte Erscheinung z. T. in folgenden Erwägungen gefunden werden kann.

Zunächst zeigt sich ein vollkommenes Nebeneinander und Entsprechungsverhältnis von den Auftriebsziffern und der Preisgestaltung. Da das Schwein anderweitigen Nutzungen nicht dient, so ist der Zwang zur Schlachtung nach beendeter Mast sehr groß, da von einem bestimmten Zeitpunkt an das Gesetz des abnehmenden Betrages pro zugesetzter Fütterungseinheit sich geltend macht. Nun aber liegt $^2/_3$ der Schweinemast in den Händen von Kleinbesitzern, die mangels irgendwelcher Kapitalkraft und aller technischen Hilfsmittel bar, wesentlich auf die regelmäßige Futterquelle aus Küche, Feld und Garten sich stützen. „Stark wechselnd und in ungleicher Menge vorhanden sind in den verschiedenen Jahren die für die Schweinefütterung überschießenden Kartoffeln und Rüben. Trotzdem bei den kleinen Leuten von einer rationellen Fütterung nur in den seltensten Fällen gesprochen werden kann, so wird sich ihre Produktion von 6—10 Zentnern jährlich doch billiger stellen, als da, wo die Schweinehaltung gewerbsmäßig betrieben wird. Die menschliche Arbeitskraft und der Betriebsaufwand kommen für sie nicht in Betracht, und das Futter braucht nur mit der Hälfte des Wertes in Rechnung gestellt zu werden. In ungünstigen Futterjahren wird ihnen dieser Vorteil jedoch zum Verhängnis, denn zu einem ausgleichenden Futterzukauf fehlen sowohl die Betriebsmittel wie die wirtschaftliche Organisation. Sind die Futtermittel knapp, so wird nicht nur die Mast, sondern auch die Zucht beim Kleinbesitzer eingeschränkt. Ist dann im nächsten Jahre vielleicht der Futterertrag günstiger, so sind die Ferkel knapp und bedingen hohe Preise. Dadurch wird die Züchtung wieder reichlich Gewinn versprechend, stark ausgedehnt. Die frisch aufgezogenen Säue werden zwar schon im Alter von 8—9 Monaten zeugungsfähig, ehe aber von ihnen Ferkel geboren werden, und diese zu Faselschweinen heranwachsen und darauf schlachtreif gemacht werden, vergeht doch Jahr und Tag, so daß die stark wechselnde Produktivität dieser Klasse mit den zwei fetten und zwei mageren Jahren eine wohlbegründete Erklärung findet.“ Das sind die Worte Gerlichs (a. a. O. S. 22). Sie zeigen uns, daß die Kleinbesitzer, wenn sie sich ihrer Bestände aus Futtermangel entledigt haben, zwei Jahre gebrauchen, um wieder in Gang zu kommen. Dies jedoch nur unter der Voraussetzung einer guten Ernte. Es müßte demnach aus der Statistik zu entnehmen sein, daß das 2. Jahr einer Auftriebsbaisse = Preishausse mit einer der Schweinezucht günstigen Ernte, speziell an Kartoffeln, ausgezeichnet wäre. Das ist nun in der Tat meistens so gewesen. Die fraglichen Jahre sind: 1890, 1893, 1898, 1902, 1906, 1910, 1913.

Schwierigkeiten entstehen nun aber bei der Erklärung der zweijährigen Periodizität der Auftriebshausse-Preisbaisse auf dem Schweinemarkt. Das letzte Jahr der Auftriebsbaisse war, wie wir eben sahen, der großen Nachzucht gewidmet, welche die Auftriebshausse des nächsten Jahres erzeugt. Warum dauert diese aber noch ein Jahr an? Wenn das erste Jahr derselben im Zeichen einer Mißernte steht, so ist das kaum denkbar. Aus der Tab. IX ersehen wir nun tätsächlich, daß die beiden einzigen Jahre einer beginnenden Preisbaisse: 1891 und 1911, die mit einer Mißernte zusammentreffen, auch kein zweites Jahr der Preisbaisse mehr anschließen. Weiter aber müssen wir erwarten, daß vom Erntestandpunkt eine Preisbaisse von zwei Jahren im letzten Jahre auch mit einer Mißernte zusammentrifft, um in die Hausse umschlagen zu können. Dieser Fall aber ist nur einmal, 1904, vorgekommen. Hier bedarf es der Einführung eines weiteren Gesichtspunktes. Die Schweinezucht, wie die Viehhaltung überhaupt, richtet sich nicht nur nach den Ernten, sondern wesentlich nach den Preisen. Damit gehen dann aber alle allgemeinen und besonderen Preisbestimmungsgründe der Viehwirtschaft auch in die Ursachen der temporären Auftriebsfrequenzen und die speziell von ihnen ausgehenden Preiseinflüsse ein. Solange der Preis aussichtslos erscheint, stellt der Kleinbesitzer kein Tier zur Mast mehr auf. Wird der Preis lohnend, so produziert er ohne Besinnung im Übermaß. Findet er im ersten Jahre der Preisbaisse noch seine Rechnung, und findet dies Jahr auch noch eine gute Ernte vor, so dehnt er die Produktion noch weiter aus, und im nächsten Jahre treten dann die Erscheinungen auf, wie man sie von der Mißernte kennt. Der Preis wird jetzt so weit geworfen, daß die Zucht nicht mehr lohnt und einer Absatzpanik Platz macht, die noch retten möchte, was möglich ist. Und wirklich finden wir stets da, wo das erste Jahr der Baisse von einer besonders guten Ernte begleitet war, wie 1895, 1903, den Preis im darauffolgenden Jahre noch tiefer sinken, während sonst in diesem Jahre bereits das Anziehen der Preise einsetzt. Im übrigen ist das zweite Jahr der Baisse wohl zu einem nicht geringen Teil aus der seelischen Struktur des Kleinbesitzes zu verstehen. Hat er beim Verkauf seiner Jahresarbeit einen Verlust erlitten, so besteht für ihn ein starker seelischer Zwang, das Verlorene wieder hereinzubringen, ganz nach Analogie eines Spielers, der bei großen Verlusten das Spiel nicht abbricht, sondern mit erhöhtem Einsatz fortsetzt. So schreitet der Kleinbesitzer, gestärkt durch die Hoffnung auf bessere Preise, zu einem neuen Versuch, und selbst bei mittelmäßiger Ernte besteht dann die Möglichkeit, daß von den kleinen Züchtern nochmals ein solches Angebot ausgeht, das in Vereinigung mit den gleichfalls zum Verkauf gezwungenen größeren Mästern die Preise noch ein Jahr tief hält. Nach zweimaligem Schaden wird aber der kleine Lieferant klug und wartet jetzt bis zur wirklichen Hausse, die er alsdann in der oben geschilderten Weise nutzt und zerstört. Als preisregulierend bleibt die Zucht, der das übrige Drittel des Angebots bestreitenden größeren Landwirtschaft und Mastanstalten bestehen, die ihre Schweinehaltung auf dem Preisdurchschnitt basieren. Daß ihnen die Preisregulierung aber so wenig gelingt, zeigt, wie sehr sie mit den gleichen Schwierigkeiten zu kämpfen haben wie der Kleinzüchter.

Der außerordentlich tief in die jährliche Preisgestaltung eingreifende Einfluß der Ernteausfälle liegt klar zutage; durch Aufzeigung seiner Grenzen haben wir die bei Praktikern häufig zu findende Überschätzung desselben — infolge seiner Handgreiflichkeit — abzuschwächen. Denn dem großen Zuge der Preisbewegung, um die es sich hier handelt, können Erntezufälle nichts anhaben, wennschon sie ihn doch jeweils in der Verwirklichung erheblich zu fördern vermögen, wobei sie im Bewußtsein des Marktes nur als Hauptvorwand für die aktuelle Durchsetzung von Preiserhöhungen gelten, die aus ganz anderen Notwendigkeiten erwachsen. Aber auch für sich genommen rechtfertigen natürlich die Ernteausfälle zu ihrem Teil Preissteigerungen, denn der Landwirt hat die Rentabilität seines Landgutes im Falle einer Mißernte mit einem geringeren Bestand an Marktware zu bestreiten. Und so hängt er ganz von den Preisen ab.

Indem also ein großes Abhängigkeitsverhältnis von Ernte, Auftrieb und Marktpreisen in allen Formen besteht, verschärft sich das Risiko des Viehhalters besonders durch die seinem Einfluß entzogenen Preisschwankungen überhaupt. Der Landwirt steht dem Markte fern. Bei der völligen Unorganisiertheit des Angebotes fehlt ihm jede direkte Möglichkeit, den Gang der Preisbildung auf dem Viehmarkte zu bestimmen oder seine Produktion berechenbar zu machen. Der Ruf nach stabilen Preisen ist deshalb immer wieder während der Fleischenquete erklungen. Das Hazardspiel der Schweinemast besonders soll es gewesen sein, das vielen den Mut an der Sache genommen hat. Ernteschwankungen und Preisschwankungen tragen ein großes Risiko in die Viehzüchtung, das um so höher zu veranschlagen ist, als es sich um das hochwertigste Produkt landwirtschaftlicher Veredelungskunst handelt, bei dem die Einbußen pro Gewichtseinheit tiefer gehen als sonstwo.

Fassen wir nun die bisherigen Ergebnisse der geschilderten betriebstechnischen Entwicklung der deutschen Viehproduktion zusammen, so erwecken sie trotz aller stagnierenden Momente nicht den Eindruck, als ob in ihr das Naturgesetz vom abnehmenden Ertrage zur unvermeidlichen Geltung gelangt wäre, vielmehr entsteht die Vermutung, daß die Entwicklung selbst angesichts des Mangels natürlicher Widerstände nicht genügend im Rahmen des Möglichen fortgeschritten sei. Gewiß ist die deutsche Viehzucht in den Problemen der Rassenwahl, der Fütterung, der

Zucht auf Leistung, ferner wohl auch des Feldfutterbaues in den fortgeschrittenen Betrieben mit genügender Kapitalkraft ausreichend gefördert worden; aber für den Durchschnitt wird doch gesagt werden müssen, daß eine zögernde Haltung die Ausnutzung der vorhandenen Möglichkeiten verlangsamt hat, insbesondere die Intensivierung des Futterbaues. Schließlich ist als schwerwiegender Umstand die traditionelle Seelenstimmung gegenüber Neuerungen, die traditionelle Anbauweise und die in den Betriebsgrößen sich darstellende überkommene Agrarverfassung als ein zurückstauendes Element gegenüber den Entwicklungserfordernissen in Betracht zu ziehen. Dies und die mangelnde Einsicht in die Rentabilität der einzelnen landwirtschaftlichen Betriebszweige haben nicht nur der Viehzucht als Ganzes die Entwicklung beschnitten, sondern bei der Schafzucht zu einem katastrophalen Rückgang geführt. Der Macht all dieser frequenzmindernden Einflüsse auf die Viehhaltung und ihres mittelbaren Verhältnisses zu den Preissteigerungen wird man sich nicht entziehen können. Aber doch ist ihr Ursachenverhältnis zu den Preissteigerungen eben nur mittelbar. Dazwischen steht die privatwirtschaftliche Initiative der Beteiligten, die sich an den objektiven Gegebenheiten orientiert und auch in sie eingreift. Alle bisherigen Ergebnisse verlangen in dieser Weise unter den wirtschaftlichen Gesichtspunkt gebracht zu werden. Die Aufgabe ist eine doppelte. Einmal handelt es sich um die Wirtschaftsgeschichte der Viehwirtschaft in Konkurrenz mit den übrigen landwirtschaftlichen Betriebssystemen in der Teuerungsepoche, daran anschließend um die Analyse der Produktionskosten und der landwirtschaftlichen Rentabilität.

Anmerkungen zu Seite 29 bis 65.

[1]) Vgl. Forster, „Fleischnot und intensive Landwirtschaft" Landw. Jahrb. d. Kgr. Bayern 1911, S. 784: anschauliche privatwirtschaftliche Erwägungen, die dartun, wie die Kosten eines neu zu bauenden Stalles von der Ausdehnung der Viehzucht abhalten. — Ferner Attinger, „Zur Frage der Fleischversorgung in Bayern", Landw. Jahrb. für Bayern 1912, S. 780: „Wenn man die Unkosten für Stallbauten in verschiedenen Wirtschaften sich näher ansieht, so findet man häufig, daß auf das Stück Vieh eine so große Summe und eine so hohe Verzinsung trifft, daß eine Rente von vornherein ausgeschlossen ist".

[2]) F. Waterstradt, „Die Wirtschaftslehre des Landbaues", Stuttgart 1912, S. 123—129, 214. Ders.: „Die Rentabilität der Wirtschaftssysteme nach Joh. H. v. Thünens Isoliertem Staat und in unserer Zeit". Berlin, Paul Parey, 1909.

[3]) Über die Möglichkeit, landwrtschaftlichen Kredit durch Verpfändung zu sichern, vergleiche man H. v. Johnston, „Der Betriebskredit des größeren Grundbesitzes in Deutschland", Tüb. staatsw. Abh. Stuttgart 1911, S. 29—48.

[4]) Hdwst. Rabe, „Landwirtschaftliches Genossenschaftswesen".

[5]) So lieferten die großen Weidebezirke und Steppen im Westen der Ver. St., die nur von großen Viehherden begangen wurden, den Farmern im Maisgürtel das Magervieh zur Aufzucht. Das dauerte bis zur Umwandlung des Weidelandes in Ackerland. (M. Augstin, „Die Entwicklung der Landwirtschaft in den Ver. St. von Nordamerika usw." S. d. V. f. S. 1914, S. 111 ff., 130, 75.)

[6]) Diesem Zustande hat allerdings eine erhöhte Pflege der Hochzucht in Verbindung mit dem Ackerbau entgegengewirkt. Breyholz, „Stand und Entw. d. Landwirtschaft in Schl.-Holst.", Jahrb. der D. L. G. 1910.

[7]) Fleischenquete, Sachverständigengutacht. üb. d. Einstellung v. Magervieh.

[7a]) Attinger, „Zur Frage der Fleischversorgung usw." a. a. O. S. 779 ff.: „Eine nicht unbedenkliche Erscheinung, speziell in der bayrischen Rinderzucht, ist der Rückgang der Jungviehaufzucht. Die Zuname der Abmelkwirtschaften und viehlosen Wirtschaften, die steigende Verwendung landwirtschaftlichen Grund und Bodens zu anderen, der Viehproduktion nicht dienenden Zwecken, sei es zur Aufforstung, zur Bebauung mit Landhäusern, zu industriellen Anlagen und dergl. führt naturgemäß zur Einschränkung der Viehzucht, besonders der Aufzucht. Auch hier könnte der größere Grundbesitz durch Anlage ausgedehnter Weiden eine gesunde und billige Gelegenheit zur Jungviehaufzucht schaffen und der Dienstbotennot wirksam begegnen. Denn der Weidebetrieb erfordert wenig Personal."

[8]) Vgl. die ges. Abh. z. Preisbldg. milchw. Erzeugn. in d. S. d. V. f. S., Bd. 140, 1912—14; insbesondere Karlsruhe, Leipzig, Königsberg.

[9]) I. Weiß, „Grundfragen unserer Fleischversorgung". M.-Gladbach 1913. Ferner in der Fleischenquete.

[10]) Schöne, in der Monographie über die Milchversorgung v. Leipzig, S. d. V. f. S. Bd. 140, I, S. 100 f.: „Die Abmelkwirtschaften sind wegen der gestiegenen Milchviehpreise von der reinen Milchwirtschaft abgekommen und haben Wiederbelegen der besten Milchkühe, also gemischten Betrieb, eingeführt". In der Untersuchung von Arnoldi über Königsberg, ebenda S. 520, wird dasselbe hervorgehoben. 50% der Abmelkwirtschaften betreiben Züchtung.

[11]) H. auf dem Thie, „Die Rentabilität der Abmelkwirtschaft", Jena 1913, S. 70: „Die volkswirtschaftliche Bedeutung der Abmelkwirtschaften besteht darin, daß sie eine Art Arbeitsteilung auf dem Gebiete der Rindviehhaltung schaffen, wodurch der Rinderbestand eines Landes zu höherer Leistungsfähigkeit gebracht wird. Die Aufzucht bleibt vor allem solchen Gegenden vorbehalten, die sich im besonderen dazu eignen." Ferner Wüstendörfer, „Die Abmelkwirtschaft" in Landw. Jahrbücher, Berlin 1913, Bd. 44.

[12]) Attinger, a. a. O. S. 779 f. „Wie sehr könnte die Landwirtschaft dem Mangel an Vieh steuern und auf der anderen Seite die Fleischmenge vergrößern, wenn sie sich entschließen würde, ihre Kälber erst in einem späteren Alter zur Schlachtung zu verkaufen, etwa mit 6—8 Wochen. In Ungarn sind in diesem Sinne sogar gesetzliche Vorschriften erlassen worden."

[13]) Das war auch sonst bekannt, und der Fleischer pflegte an dieser Stelle die ihm gemachten Vorwürfe wegen Verteuerung abzuwälzen. Vgl. J. Würz, „Viehnot und Fleischnot". München 1910.

[14]) Eßlen, Fleischversorgung, a. a. O. S. 245.

[15]) Verhdl. des 29. dtsch. Genossensch.-Tages 1913, abgedruckt im Jahrb. des Reichsverb. dtsch. landw. Gen. S. 86 ff., S. 115: Die von Berg vorgelegten Leitsätze erhalten den Zusatz: „Bei der weiteren Ausdehnung des genossenschaftlichen Milchabsatzes muß die Weiterentwicklung der Viehzucht gebührend berücksichtigt und ihrer Einschränkung nach Möglichkeit entgegengewirkt werden." Doch wird ausdrücklich von Berg betont, daß diese Wirkung der Molkereien nicht allgemein ist.

[16]) Langenbeck, „Märkische Brennereiwirtschaften", Heft 118, Arb. der D. L. G.

[17]) Hösch, „Welche Maßnahmen sind der praktischen Landwirtschaft zur Hebung der Vieh- und Fleischproduktion zu empfehlen", Halle 1913, Arb. d. Landw.-Kammer d. Prov. Sachsen, Heft 26, S. 29—35. Ferner P. Gutknecht, „Die Börde", Arb. der D. L. G., Heft 130.

[18]) Vgl. Eßlen, der diese Fragen unter Heranziehung der maßgebenden Literatur behandelt, a. a. O. S. 63 ff.

[19]) Eßlen, a. a. O. S. 69: „Man kann behaupten, daß die deutsche Schweinezucht die Grenzen einer zweckmäßigen Veredelung bereits erreicht habe." Dann B. Wölbling, „Der erste Rundgang der landwirtschaftlichen Wanderausstellungen in Deutschland", Arb. der D. L. G. Heft 42, S. 188 ff.: „Auch die weiteren Ausstellungen zeigten immer mehr, wie große Unterschiede zwischen dem Zustande der Schweinezucht Ende der 80er Jahre und Ende der 90er zu verzeichnen sind. Bemerkenswerterweise lauten die Berichte von den letzten beiden Ausstellungen ... weniger günstig. Bei aller Anerkennung äußert sich der Berichterstatter des letzten Jahres sogar dahin, daß bei manchen Zuchten die Ausgeglichenheit nachgelassen habe" (Jahrb. d. D. L. G. 1898 S. 243/5). Vgl. auch die zusammenfassende geographische Einzelschilderung, von Dr. Werner in „Der Betrieb der deutschen Landwirtschaft", Berlin 1900, S. 48 ff.

[20]) Waterstradt, „Wirtschaftslehre" S. 166.

[21]) Pott, „Der Formalismus in der landwirtschaftlichen Tierzucht". Stuttgart 1899. Eßlen, a. a. O. S. 71—75.

[22]) Wölbling, a. a. O. S. 182/3; Jahrb. der D. L. G. 1887, S. 27/28, die alten deutschen Gebirgs- und Höhenzuchten werden von den Sachverständigen als dauernd mit allen Fehlern behaftet nachgewiesen. Die Fortschritte sind selbst auf den Ausstellungen Ende der 90er Jahre nicht endgültig.

[23]) Die Steigerung des Milchertrages ist vorwiegend eine Aufgabe rationeller Fütterung in Ansehung der Qualität und Quantität des Futters. Nach den Kellnerschen Fütterungsnormen sind hier erst in neuester Zeit die rationellen Gesichtspunkte gewonnen worden. Kellner. „Die Ernährung der landwirtschaftlichen Nutztiere". Berlin, 7. Aufl. 1917.

[24]) B. Skalweit, „Die ökonomischen Grenzen der Intensivierung der Landwirtschaft", Berlin 1909, S. 52. gibt dafür Beispiele.

[25]) Aereboe, „Allgemeine landwirtschaftliche Betriebslehre", Berlin 1917, S. 363.

[26]) H. Gerlich, „Die Preisbildung usw.", a. a. O. S. 83/4.

[27]) Doch erst in jüngster Zeit, weshalb ihre Bedeutung noch gering ist.

[28]) Hübner, „Die Milchversorgung und Molkereiindustrie in Westpreußen", München 1915, S. 94 f. S. d. V. f. S. Bd. 140, I.

[29]) Arnoldi, „Die Milchversorgung der Stadt Königsberg", ebenda S. 347 ff.

[30]) Th. Brinkmann, „Die Ökonomik des landwirtschaftlichen Betriebes", Grdr. d. Sozialökonomik, II, S. 61.

[31]) Es sei z. B. an die kulturhistorische Erzählung: Der Büttnerbauer, von Wilh. von Polenz erinnert.

[32]) Attinger, a. a. O. S. 781; Waterstradt, „Wirtschaftslehre", S. 165.

[33]) Die Verhältnisse der Landflucht sind vielfach behandelt worden. Die kurzen treffendenSätze in der vom Stat. Amte 1913 unter dem Titel „Die deutsche Landwirtschaft" veröffentlichten Hauptergebnisse der Reichsstatistik mögen hier eine Stelle finden. S. 78: „Der Gesindedienst in der Landwirtschaft hat unter den jungen Leuten an Beliebtheit verloren. Die Beschaffung von landwirtschaftlichem Gesinde ist vielleicht noch schwieriger als an manchen Orten die der häuslichen Dienstboten. Wiewohl die Zahl der Knechte sich seit der Berufszählung von 1895 noch stärker vermehrt hat (um 360 558), als die der Mägde (um 25216), wird vielfach noch stärker über den Mangel an Mägden geklagt." Wie Hoesch (a. a. O.) bemerkt, wird das Melken immer mehr als schmutzige Arbeit von den Mägden abgelehnt.

[34]) Ad. Weber, „Die Großstadt und ihre Probleme", 1. Auflage, Leipzig.

[35]) A. Rieger, „Die Landflucht und ihre Bekämpfung", Berlin 1914, S. 26.

[36]) Forster (siehe Anm. 1). Für die Futtereinfuhr vgl. Anlage V.

[37]) Die betriebstechnische Irrationalität, die sich in dem Mangel einer richtigen Abstimmung von Futterflächen und Viehhaltung kundtut, geht auch aus der monographischen Behandlung der Betriebsverhältnisse der Provinz Schlesien hervor, deren Ergebnisse sicherlich verallgemeinerungsfähig sind. Die Verfasser (Sagawe, Tuckermann, Waterstradt; Arb. der D. L. G., Berlin 1913,

S. 58 f.) bemerken an Hand einer statistischen Aufstellung: „Es ist also eine Beziehung zwischen Ausnutzung des Futterbaues durch den Nutzviehbestand, der Zunahme und dem Reinertrag des Nutzviehs deutlich erkennbar. Insbesondere ist der geringe Nutzviehbesatz bei Oberschlesien mit seinem den Futterbau begünstigenden Boden und Klima und der außerordentlich guten wirtschaftlichen Lage für den Absatz tierischer Erzeugnisse besonders auffällig und läßt den Schluß berechtigt erscheinen, daß hier eine Verstärkung des Nutzviehbestandes auch eine erheblich bessere Ausnutzung der Futterflächen und eine Erhöhung des Roh- und Reinertrages dürfte erwarten lassen."

[38]) Nach Prof. F. Wohltmann, „Deutschlands Einfuhr und Bedarf landwirtschaftlicher Stoffe aus dem Ausland", Jahrb. der D. L. G. (Anhang); und Prof. Lichtenfelt, „Die Geschichte der Ernährung" Berlin 1913, S. 209.

[39]) Von Eßlen berechnet (a. a. O. S. 91) nach einer Denkschrift des Vereins zur Förderung der Moorkultur im Deutschen Reich. Die vorher im Text genannte Angabe stammt von Weiß (a. a. O.).

[40]) F. Falke, „Die Dauerweiden", Hannover 1911, S. 72 ff.; ferner „Anlage und Betrieb der Dauerweiden" in „Neuere Erf. auf dem Gebiete des landw. Betriebswesens", Berlin 1910, S. 363 ff. Sehr eingehende Behandlung dieser Probleme durch K. Schneider, „Die Weidewirtschaft in ihrer Beziehung zum modernen intensiven Ackerbau", Arb. der Landw.-Kammer der Prov. Sachsen, Heft 30, S. 33 ff. Vgl. Conrad, „Agrarstatistik", 1913, S. 124 und die Tab. S. 180. Ferner Weiß, a. a. O. Kap. VI.

[41]) H. Lichtenfelt, „Volksernährung und Teuerung", Stuttgart 1912, S. 11, wo es heißt: „Jedenfalls ist mir ein Fall bekannt, daß ca. 300 m über dem Meere, am Südabhang des Thüringer Waldes, ein Ackergut jetzt in der Umwandlung zum Weidegut begriffen ist. Hier ergab eine vorsichtige Berechnung eine höhere Rentabilität, bei Umwandlung zu Wiese und Weide überhaupt erst eine Rentabilität, die bislang durch Feldfruchtbau und geringere Viehhaltung ausgeblieben war. Ähnliche Verhältnisse liegen auf dem das ganze Mitteldeutschland von der Eifel bis zum Riesengebirge durchquerenden Gebirgszuge vor. Sie gewähren zur Hebung unserer Viehzucht ein erfreuliches Mittel." Siehe ferner Gotth. Weitz, „Schlesische Weidewirtschaft", Archiv für exakte Wirtschaftsforschung, 12. Jahrg., 1913, S. 210: „Es liegt also in dieser Hinsicht nirgends in Schlesien ein Bedenken gegen die Anlage von Dauerweiden vor." Vgl. auch Köppen, „Weidewirtschaft und intensive Hackfruchtw. usw.", Jahrb. der D. L. G. 1912, S. 657, S. 646: „Der Fortschritt vom extensiven zum intensiven Weidebetrieb ist es also, welcher es uns ermöglicht, die alten Weidegebiete produktiver zu gestalten und neue Gebiete der intensiven Dauerweide zu erschließen, ohne gegen die natürl. Bedingungen verstoßen zu müssen. Bei dem heutigen Stande der Technik können wir sagen, es lassen sich produktive Dauerweiden anlegen auf fast allen Bodenarten vom leichten Sande bis zum schweren Tonboden, selbst dort, wo die Niederschlagsmengen in den 5 Weidemonaten nur 300 mm betragen. Sicherlich wächst dort, wo Weizen und Zuckerrübe gedeiht, auch eine gute Dauerweide." Siehe auch Anm. 7 a und 37.

[42]) A. Schnider, „Der Einfluß der klimatischen Lage auf den Landwirtschaftsbetrieb in Deutschland", Berlin 1912, S. 16: „Im rauhen Nordosten Deutschlands umfaßt die Brachfläche durchschnittlich 12½% des Acker- und Gartenlandes, im milden Südwesten sind kaum Spuren einer Brache zu finden."

[43]) Wie in einzelnen Teilen Deutschlands die Rückständigkeit bis in die letzte Zeit 1913 angedauert hat, mögen einige Sätze von Dr. M. Pirzer (Betriebsverhältnisse im bayerischen Walde, Arb. der D. L. G., Heft 246, 1913) Zeugnis ablegen. Er berichtet S. 55 von den Wiesen: „Bei der Pflege der Wiesen fehlt es an der Düngung; künstliche Düngemittel werden auf Wiesen nicht oder nur selten angewandt. Ebensowenig findet Kalkung der Wiesen statt. Der Gebrauch der Wiesenegge ist den Bewohnern des bayr. Waldes großenteils noch fremd. Bei der Heuwerbung wird sehr oft noch der Fehler gemacht, daß man mit dem Mähen solange wartet, bis das Gras ganz gelbbraun geworden ist. Zum Lobe

Waldlerbauern muß aber festgestellt werden, daß die Mehrzahl derselben durch fortgesetzte Belehrung das Vorurteil gegen die Wiesenentwässerung aufgegeben hat."

[44]) a. a. O. S. 196.

[45]) Statistik des Deutschen Reiches, Band 212.

[46]) ebenda Bd. 212, 2, b, S. 21 f.

[47]) ebenda weitere Nachweise S. 23/4.

[48]) Aereboe, „Betriebslehre" a. a. O. S. 532.

[49]) E. Stumpfe, „Der landwirtschaftliche Groß-, Mittel- und Kleinbetrieb", Berlin 1902, S. 188.

[50]) B. Skalweit, a. a. O. S. 50 f.

[51]) Aereboe, a. a. O. S. 533. Vgl. auch H. Levy, „Entstehung und Rückgang des landwirtschaftlichen Großbetriebs in England", Berlin 1904, S. 208 ff.

[52]) Forster, „Fleischnot und intensive Landwirtschaft" a. a. O. S. 830 ff: „Die Viehställe der Bauern sind bei uns gefüllt, ja überfüllt. Neubau lohnt sich nicht."

[53]) H. Gerlich a. a. O. (Die Preisbildung usw. S. d. V. f. S.) 1911; siehe S. 69 ff.

[54]) Skalweit, a. a. O. S. 52: Bei günstigen Konjunkturen wird die Grenze der Intensivierung durch Übersetzung mit Vieh überschritten.

[55]) Aereboe, a. a. O. kommt S. 510 zu dem Schluß: „Beim Getreidebau erlangt der Großbetrieb gegenüber dem Kleinbetrieb daher, sofern er mit großen zusammenhängenden Anbauflächen rechnen kann, am ehesten Überlegenheit."

[56]) Aereboe a. a. O. S. 546.

[57]) a. a. O. S. 254, 268. — Brödermann, „Die Fleischproduktion durch die Schafe, ihre wirtschaftliche Bedingung und ihre Rente", Veröff. d. Landw.-Kammer für die Prov. Schlesien, Heft 5. Ferner „Schafzucht und -haltung" in Steinbrinks Handbuch der Gesamten Landwirtsch., IV. Bd. 31. Abt. S. 9: „Erst in den letzten Jahren bricht sich die Überzeugung immer mehr Bahn, daß eine genaue und richtige Art der Berechnung der Erträge der Schafhaltung doch dahin führt, daß sie der Rindviehhaltung, die als Nutzungszweck die Butterproduktion hat, in den meisten Gegenden nicht nur ebenbürtig, sondern auch überlegen sein kann. Wo das Interesse fehlt, fehlt auch meistens das Verständnis."

[58]) Vgl. dazu die Kritik von Schafhaltungsrechnungen durch Stieger. „Die Einträglichkeit der Schäferei", Arb. der D. L. G. Heft 293, 1918, S. 101 ff., S. 116/7, die zu dem Ergebnis führt, daß es unmöglich ist, die einzelnen Leistungen und Aufwendungen abzuschätzen wegen des dauernden Wandels dieser Größen. Das gleiche gilt auch für Rindvieh- und Schweinerechnungen. Vergleichende Gegenüberstellungen, wie sie Howard „Die Einträglichkeit der heutigen Schafhaltung in Deutschland im besonderen Vergleich zur Rindvieh- und Schweinehaltung" in Intern. agrartechn. Rundschau, 1914, Heft 1, S. 31 ff.) versucht, sind kaum anfechtbar.

[59]) S. Freyer, „Die Verbreitung und Entwicklung der deutschen Schafzuchten", Berlin 1918.

[60]) Mit Beiträgen von Aereboe über „Betriebsformen der Schafhaltung", Brödermann über Züchtung, der genannten Arbeit Stiegers u. a.

[61]) „Die Gründe der Fleischteuerung" nach dem Reichsanzeiger v. 28. Okt. 1890 in Schmollers Jahrb. 1891, S. 283.

[62]) I. Wolf, „Studien zur Fleischteuerung" a. a. O. S. 216 ff.; eine eingehende Studie hat E. Grünfeld diesem Teuerungsjahr gewidmet unter dem Titel „Die Fleischteuerung in Deutschland im Jahre 1905 und ihre Ursachen" in Conr. Jahrb. 1906 S. 58 ff. Als ihren Hauptgrund stellt er die Ernteverhältnisse und den durch sie bedingten Viehmangel hin. S. 80.

[63]) Dieser Ernte ist in der Fleischenquete eine besonders weittragende Bedeutung zugesprochen worden. Vgl. die Aussagen von Schwerin-Löwitz, Goltz, v. Cetto (a. S. 15—28). Die schlechte Heuernte hat bis 1911 gewirkt, wo

der geschwächte Rindvieh- und Schafbestand sich noch nicht wieder erholt hatte. K. Waltemath „Der Kampf gegen Fleischnot und Fleischteuerung", Schm. Jahrb. 1913, S. 155 spricht von Verschleuderung des Rindviehschatzes infolge schlechter Rauhfutterernte.

III.

Die Entwicklung der Viehwirtschaft im Rahmen der landwirtschaftlichen Betriebssysteme während der Teuerungsperiode.

Vom privatwirtschaftlichen Standpunkt bestimmt sich die Wahl des Wirtschaftssystems nach den Grundsätzen der besten Rentabilität als des höchsten privatwirtschaftlichen Reinertrags, gemessen an der Verzinsung des gesamten, innerhalb des Betriebes arbeitenden Kapitals. Die Bestimmungsfaktoren der Reinertragshöhe liegen

1. in der persönlichen und sachlichen Zuständlichkeit des Landgutes als solchen, d. i. in der Unternehmerpersönlichkeit, den Arbeiterverhältnissen, Klima und Bodenbeschaffenheit, den technischen Möglichkeiten, der Kapitalkraft... nebst ihren etwaigen Kostenäquivalenten.
2. im verkehrswirtschaftlichen Standort, d. i. in der Entfernung zum Markt speziell zur Bahnstation;
3. in den Preisverhältnissen des Marktes.

Diese drei Rentabilitätsfaktoren stehen im engsten Zusammenhange einer gegenseitigen Wechselwirkung. Sowohl können Zuständlichkeit und Standort die Preise auf dem Markte bestimmen, wie umgekehrt die marktmäßige Preisbildung auf die Standortsorientierung und die optimale Ausnutzung des Landgutszustandes entscheidenden Einfluß gewinnen kann. Schließlich stehen auch Ausnutzung der Zuständlichkeit des Landgutes und Standort in untrennbarer Wechselbeziehung. Am schwierigsten gestaltet sich aber die gegenseitige Abstimmung der einzelnen Zuständlichkeitsfaktoren aufeinander, sodaß sie der Vielheit der ihnen gestellten Aufgaben in optimalem Zusammenwirken dienen. Hier vereinigen sich Kräfte der Differenzierung und Integrierung [1]), um jenes abgeschlossene Gebilde entstehen zu lassen, das man mit Betriebssystem bezeichnet.

Die zwei großen Hauptzweige der landwirtschaftlichen Produktion, der Ackerbau und die Viehwirtschaft, können in verschiedenen Formen zu einem Betriebssystem vereinigt sein und zwar entweder unter der Führung des einen oder des anderen und im Idealfalle unter durchschnittlicher Gleichbeteiligung eines jeden von beiden an den Produktionsmitteln. Ein absolutes Wirtschaftssystem gibt es nicht, sondern überall gilt das, was Rodbertus die relative Vorzüglichkeit der Wirtschaftssysteme genannt hat. Für unser Teuerungsproblem erhebt sich in diesem Sinne die Frage, ob die Viehwirtschaft im Rahmen der landwirtschaftlichen Betriebssysteme Deutschlands die Stelle eingenommen hat, die ihr von Rentabilitäts wegen hätte zukommen müssen; wenn nicht, dann fragt es sich, was sie aus dieser Stelle verdrängt hat.

Aus den statistischen Feststellungen in der Einleitung wissen wir, daß die Rindviehhaltung nach anfänglicher Steigerung in den 90 er Jahren seit 1900 zuerst relativ und dann definitiv stagnierte, teilweise sogar zurückging. Die bekannten reichsstatistischen Erhebungen über die Entwicklung des Anbaues lassen erkennen, wie eine Tendenz zu vermehrtem Getreide- und Hackfruchtbau bestanden hat. Von dem letzteren sind es nur die Zuckerrüben, die dem Viehbestande Konkurrenz machen können, indem sie die Futterfläche beeinträchtigen. Was den Getreidebau anbetrifft, so sahen wir oben, daß die mittel- und großbäuerlichen Betriebe ihm am meisten ergeben sind; die Großbetriebe stehen ihnen aber nur wenig nach und sind zugleich noch überragend im Zuckerrübenbau. Diese Zustände im Anbau sind historisch geworden, sie haben die Viehwirtschaft zurückgedrängt, und für das Verständnis der viehwirtschaftlichen Preissteigerungen ist es von großer Bedeutung, ob sie sich unter dem Zwange von Rentabilitätsnotwendigkeiten entwickelt haben oder aus Zufällen und traditioneller Beharrung.

a) Die Zurückdrängung der Viehwirtschaft durch den Hackfruchtbau.

Der Zuckerrübenbau ist eine der intensivsten Formen der Bodenbestellung. Besonders ist es der Intensitätsfaktor Arbeit und nächst ihm Kapital, den diese Anbaukultur in unübertroffener Stärke erfordert. In Deutschland hat der Zuckerrübenbau folgende Entwicklung genommen. Seit der Krise 1884 ist er stationär geblieben, 1894 erfolgte ein plötzlicher Aufschwung, 1905 ein weiterer, 1911/14 dann die letzte große Steigerung. Der Aufschwung im Jahre 1894 erfolgte in Reaktion auf den nicht überall mehr als lohnend angesehenen Getreidebau nach Einführung des geringen Zollsatzes von 1892/4 bei fallenden Weltmarktpreisen. Gleichzeitig finden wir aber die Ausdehnung des Zuckerrübenbaues stets auch in Abhängigkeit von der Preisgestaltung des Vorjahres. 1893, 1904, 1910 und 1911 zeigen Kulminationspunkte der Rübenpreiskurve. Schließlich ist der Aufschwung des Rübenbaues in den 90 er Jahren außerdem nicht zu trennen von der Steuergesetzgebung. Am 1. August 1892 wurde der Materialsteuer und dem System der versteckten indirekten Ausfuhrprämien ein Ende gemacht zugunsten einer Fabrikatsteuer und einer Prämienpolitik für die Ausfuhr, in deren Kosten sich der Staat und die von den Kartellen der Zuckerrübeninteressenten beherrschten deutschen

Zuckerverbände teilten. Diese Begünstigung eines Gewerbes zu unbegrenzter lohnendster Ausfuhrtätigkeit mußte auf seine Rohstoffquelle zurückwirken. Die Provinz Sachsen nebst ihrem Nachbarlande Anhalt stand im Mittelpunkte der Zuckerrübenindustrie, die den Hauptteil der Landwirtschaft für sich beschäftigte. Diese Monopolstellung der Provinz Sachsen und die künstlich einseitige Orientierung der Landwirtschaft in ihr zeigte ihre Schattenseiten, als sie in den 90er Jahren verloren ging, und die ostelbischen Gebiete in die Konkurrenz eintraten. Hier wurden vorwiegend Zuckerrüben angebaut in den Provinzen Pommern, Posen, Schlesien; aus dem Westen kamen noch hinzu die Reg.-Bez. Hildesheim, Köln, sowie Braunschweig.

Eine Umstellung der Betriebssysteme in Sachsen unter dem Zwange einer solchen Konkurrenz aber war nicht möglich, da die durch die Zuckerindustrie anfänglich höchst rentabel gestalteten Zuckerrübenkulturen in hohen Bodenpreisen kapitalisiert waren. Andrerseits ist das auf die Rohstoffproduktion für die Zuckerindustrie zugeschnittene landwirtschaftliche Betriebssystem durch diese Industrie, die die Verzinsung ihrer investierten Kapitalien anstrebt, dauernd gebunden [2]). Die so erzwungene Aufrechterhaltung des Zuckerrübenbaues hat die Landwirtschaft aber in Konflikt mit jenem Produktionsfaktor gebracht, der in ihr nachgerade der schwierigste geworden war, mit der menschlichen Arbeit. Landflucht auf der einen Seite, Wanderarbeiter, Sachsengänger auf der anderen bezeichnen den Fortgang einer durch künstliche außerlandwirtschaftliche, hier letztlich industrielle Rücksichten, gelenkten Betriebsweise. Die deutsche Landwirtschaft ist durch die von anderen Gesichtspunkten aus begrüßenswerte Entwicklung der Zuckerproduktion vielfach in eine widerspruchsvolle Betriebsgestaltung gedrängt worden, deren künstliche Rentabilität über eine natürlich rationelle Anpassung an die gegebenen Betriebsfaktoren hinwegschreiten konnte, letztlich zu ihrem eignen Schaden und dem der Gesamtheit. — Wenn man sich die soeben geschilderte Entwicklung des Zuckerrübenbaues im Interesse einer reinen Ausfuhrindustrie vor Augen hält, und dabei sich bewußt bleibt, daß die arbeitsintensivste aller Ackerkulturen sich trotz Landflucht und eines als katastrophal bezeichneten Arbeitermangels ruhig ausgedehnt hat, ja den Osten noch in letzter Stunde sozusagen in diese Betriebsrichtung hineindrängte, so wird es verständlich, wenn die durch keine Prämien gestützte Viehwirtschaft nicht gleich starke Antriebe zur Herrschaft im landwirtschaftlichen Betriebssystem entwickeln konnte. Übermäßige Zuckerausfuhr, erschwerte und teilweise unmöglich gemachte Vieheinfuhr bilden mit der Viehteuerung auch eine Kausalreihe.

Interessant ist es zu sehen, wie Waterstradt diese Entwicklung zur Zuckerindustrie genauen Rentabilitätsberechnungen unter Variation aller Produktionsbedingungen unterzieht, die zu dem Schlusse berechtigen, daß der erhöhte Rübenbau ungenügenden Kalkulationen und Vorurteilen alter Produktionslehren entsprang, genau wie die Viehwirtschaft in vielen ihrer Rentabilitätsmöglichkeiten überhaupt nicht gesehen und gewürdigt worden ist [3]).

Gerade in den 90 er Jahren sind aus diesen Gründen die „Möglichkeiten für die Entwicklung der Wirtschaftssysteme vernachlässigt, die gegeben sind in einer Fruchtwechselwirtschaft mit starkem Futterbau und Ausdehnung der Nutzviehhaltung und damit Steigerung der Kapitalintensität" [4]) zu Lasten der quantitativen Arbeitsintensität.

Daß es nicht geschah, dafür darf zusammenfassend die Rübenwirtschaft aus folgenden Gründen verantwortlich gemacht werden:

1. Tatsächliche hohe Rentabilität desjenigen Rübenbaues, der in günstiger Verkehrslage bei hohen Erträgen auf idealem Rübenboden gute Preise erzielte, was die hohe Meinung von seiner Rentabilität erzeugte.
2. Vertragliche und kapitalistische Einflüsse seitens der Zuckerfabriken bei Stärkung ihrer Lage durch das System der Ausfuhrprämien (bis 1902).
3. Traditionelle Gebundenheit an die überkommenen Anbausysteme.
4. Damit verbunden: mangelnde Einsicht in die Rentabilität der verschiedenen Wirtschaftssysteme. Fehlen von Buchführung und Kalkulation; Überschätzung der Roherträge.
5. Ungeneigtheit zur Viehhaltung und Umstellung des Betriebes vom vorwiegenden Rübenbau auf vorwiegende Viehwirtschaft mit Futterbau und Weiden.

Wir beschließen unsere Kritik des übermäßigen Rübenbaues als indirekten Viehteurungsarguments mit einigen Worten Bielefelds (a. a. O. S. 108), die den sächsischen Zuckerrübenbau betreffen: „Der wirtschaftliche Erfolg des Zuckerrübenbaues war jedoch wohl überall dort ein sehr zweifelhafter, wo die natürlichen Bedingungen für ihn keine durchweg günstigen waren. Unter solchen Umständen wurde dann dem Rübenbau oft ‚ein Ertrag angeschmeichelt, der ihm nicht zukam, weil er sich von der Beraubung der übrigen Zweige der Landwirtschaft herschrieb' (Settegast)."

b) Die Zurückdrängung der Viehwirtschaft durch den Getreidebau.

Was vom Rübenbau gilt, gilt in erhöhtem Maße vom Getreidebau. In der Rentabilitätskonkurrenz zwischen Ackerbau und Viehwirtschaft blieb die letztere in dem Maße zurück als der erstere zur Führung gelangte. Ursache davon ist einmal die schon bei Kritik des Rübenbaues hervorgehobene mangelnde Einsicht in die Rentabilitätsmöglichkeiten der Viehwirtschaft, ferner die traditionelle Gebundenheit der Ackerbestellung an den überwiegenden Getreidebau. Dessen Vormachtstellung wurde aber durch zollpolitische Rentabilitätsgarantien gesichert. Seit jeher ist die deutsche Zollpolitik in engsten Zusammenhang mit der Verteurung der agrarischen Erzeugnisse gebracht worden. Aber die Vielumstrittenheit der Folgen dieser Politik und ihr wesentlich indirekter Einfluß auf die Viehwirtschaft machen es notwendig, den gesamten Problemkreis aufzurollen, um zu den teurungstheoretisch belangvollen Ursachen zu kommen. Wir stehen hier vor einer doppelten Tatsache. Einmal davor, daß die Landwirtschaft seit den 70 er Jahren sich überhaupt unter den Agrarschutz stellte; andrerseits, daß dieser sich in vier Etappen dauernd verschärft hat. Die verschiedenartigsten Antriebe haben diese Entwicklung hervorgerufen und weitergetragen [5]). 1. Das Ideal der staatlichen Einmischung und Fürsorge (Kathedersozialismus). Es war die unerläßliche geistige Rechtfertigung des neuen Staatsgebahrens und zugleich die Besiegung des liberal-freihändlerischen Ideals. 2. Die Bestrebungen zur finanziellen Verselbständigung des Reiches drängten zu Finanzzöllen. 3. Die Bewegung der Industriearbeiter und Landarbeiter wurde für den Staat und für die Arbeitgeber ein gemeinsames Problem, dessen sozial- und staatspolitische Lösung indirekt durch den handelspolitischen Schutz der Unternehmer als Schutz der nationalen Arbeit miterreicht werden sollte. 4. Es bestand die militärpolitische Erwägung, daß das Reich für den Kriegsfall sich selbst mit Getreide versorgen müsse. 5. Der unmittelbare Hauptantrieb für die Agrarzölle war in einer intern agrarischen Rentabilitätskrisis gegeben. 6. Der unmittelbare Hauptantrieb für die dauernde Verstärkung des Agrarschutzes, besonders seit den 90 er Jahren wurde durch die zunehmende Überflügelung der Agrarwirtschaft durch die in den Hochkapitalismus hineinwachsende Industriewirtschaft bewirkt.

Die vorstehend genannten sechs Gründe der deutschen Zollpolitik sind nicht gleichwertig. Die ersten drei sind im Laufe der Zeit zurückgetreten, während der fünfte nur für den Beginn maßgeblich war, sich allerdings im Laufe der 90 er Jahre noch einmal wiederholte. Die militärpolitische Erwägung ist dauernd lebendiger geworden, doch meistens nicht ausreichend durchdacht worden. Der sechste Punkt endlich wird sich in seiner die Zollpolitik weit übergreifenden Bedeutung schließlich als wesentlichster Faktor der agrarischen Preisbewegung darstellen. Von ihm sprechen wir erst im IV. Abschnitt dieses Kapitels genauer. — Vorläufig engen wir unser Interesse auf die Folgen der Zollpolitik für die deutsche Viehwirtschaft ein.

Die deutsche Landwirtschaft war bis zu den 70 er Jahren in der Lage, nicht nur das Inland, sondern auch das Ausland mit Getreide zu versorgen. Das änderte sich mit der Senkung des Weltmarktpreises infolge Aufschließung neuer Agrarländer, wie Nordamerika, Indien, Rußland und des Balkans in Verbindung mit der Verbesserung der Verkehrsmittel und einem Sinken der Frachtraten. Die deutsche Landwirtschaft wurde genau wie die von Großbritannien, Dänemark, Belgien, Holland und selbst des östlichen Teils der Union in der Rentabilität ihrer bisherigen Betriebsrichtung entscheidend gefährdet. Es war eine Frage der Elastizität und des landwirtschaftlichen Unternehmungsgeistes, ob man hartnäckig die alten Produktionswege aufrechterhalten und mit allen Mitteln des politischen Zwanges sichern oder sich der internationalen Arbeitsteilung fügen und eine teilweise Umstellung der landwirtschaftlichen Betriebsrichtungen herbeiführen sollte, die einen Übergang vom überwiegenden Getreidebau als Hauptbetriebszweig zur intensiven Viehwirtschaft bedeutet hätte. Der freie, durch die Geschichte einer erstarrten Fronhofsordnung, die Gutsherr und Gutsuntertänige gleich stark in ihrer geistigen Freiheit bindet, unbeschwerte amerikanische Farmer zog die Konsequenzen aus der neuen Entwicklung der Dinge und verlegte den Schwerpunkt seines Betriebes in neue Erzeugungsrichtungen, wie Handelsgewächsbau, Milchwirtschaft und Viehzucht. Dasselbe taten Dänemark, Großbritannien und die Niederlande, ohne daß ihr Getreidebau deshalb irgendwie verkümmerte. Länder mit traditioneller geistiger und wirtschaftlicher Gebundenheit, wie Frankreich, Deutschland, Österreich-Ungarn brachten diese Elastizität nicht genügend auf und suchten mit Hilfe der Zollpolitik die überkommene Betriebsweise aufrechtzuerhalten und mit allen Mitteln ihre eigne Angelegenheit zu einer nationalen zu machen.

Nun ist hier aber zu unterscheiden. Der Unterschied von Ostdeutschland und Westdeutschland, der im Verlaufe unserer Betrachtungen für die Erklärung der Viehteurung immer mehr an Bedeutung gewonnen hat, spielt auch in den Fragen der Zollpolitik die entscheidende Rolle. Seit dem Anfang des 19. Jh. hat der Westen stets Getreide importiert und der Osten solches exportiert. Bei sinkendem Weltmarktspreis entstand die Gefährdung der Rentabilität also für den Osten. Ohne Voraussicht der kommenden Krisis hatte ein großer Teil der Landwirte in Anbetracht der bis 1873 steigenden Tendenz der Grundrente die Rentabilitätsaussichten in steigenden Bodenpreisen bei steigender Verschuldung kapitalisiert. Unter solchen Umständen ist es ja ganz verständlich, daß noch mehr Neigung zur Beibehaltung der bisher bewährten Betriebsweise bestand, die in starkem Körnerbau, beschränkter Rindviehhaltung und ausgedehnter extensiver Schafhaltung eine seit langem erstarrte Form angenommen hatte. Mit dieser Wirtschaftsweise waren aber auch ihre Grundsätze dogmatisch fest geworden, besonders das Prinzip, möglichst den „Reinertrag dadurch zu erhöhen, daß an

Aufwand gespart wurde“[6]). Bei sinkenden Produktenpreisen wird eine solche Landwirtschaft dann notwendig unrentabler und wenn sie ihr Schema beibehalten will, werden erhöhte Preise eine Existenzfrage für sie und mangels Elastizität der Betriebsleitung werden alle neuen Möglichkeiten ungenügend erwogen und die Hindernisse des Fortbestandes der alten in ihrer Tragweite unterschätzt, so daß der staatliche Schutz als einziger Ausweg bleibt.

Die Entwicklung, die die deutsche Handelspolitik seit 1879 genommen hat, ist bekannt. Bis zu den 90 er Jahren erschöpfte sie sich in vergeblichen Versuchen, den Getreidepreis für ganz Deutschland einheitlich in der Höhe von Weltmarktpreis + Zoll zu stabilisieren. Es stellte sich heraus, daß es nicht möglich war, den Getreideüberschuß des Ostens nach dem Westen zum Ausgleich der dortigen Einfuhr zu lenken. Der Westen liebte nicht das kleberarme und stärkereiche östliche Getreide, die hohe Bahnfracht schmälerte zudem den Preis, und als sie durch Staffeltarife gemildert worden war, drohte sie die westliche Getreideproduktion in ihrer Rentabilität zu erschüttern.

Der Versuch des östlichen Deutschlands, eine unangebrachte landwirtschaftliche Produktionsrichtung aufrechtzuerhalten, stürzte sowohl ihn selbst, wie den benachbarten Westen in dauernde Konflikte. Diese wurden schließlich durch ein handelspolitisches System behoben, das in idealer Weise folgende drei Zwecke erreichte: 1. den Getreidezug vom Osten nach dem Westen zu beseitigen; 2. eine Abflußmöglichkeit für das den Preis drückende überproduzierte Getreide des Ostens zu schaffen durch Export; 3. das Exportgetreide in die künstlichen Vorteile der Zollpolitik mit einzubeziehen. — Das geschah dann durch das System der Zollrückvergütung, das vorher bei der Ausfuhr ausländischen Erzeugnisses bereits zur Anwendung gekommen war, und welches nun durch die Aufhebung des Identitätsnachweises für die ausgeführte Getreidegattung sowie für den Ort (Transitlager) und die Person ergänzt wurde. Der Exporteur erhielt jetzt bei der Ausfuhr einen sog. Einfuhrschein im Werte des Einfuhrzolles, den er an den Importeur im Westen verkaufen konnte, der damit den Einfuhrzoll bezahlt. Unter einem solchen System kann der Getreidepreis nie mehr unter den Betrag von Weltmarktpreis + Zoll sinken, in welchem Falle durch vermehrte Ausfuhr sofort wieder diejenige Knappheit geschaffen würde, die den Preis wieder gefügig macht. Die Preisbildung des Getreides war damit seit 1894 festgelegt, und seine dauernde Variable war nur der Weltmarktpreis. Mit seinem Steigen und der Erhöhung der Zollsätze von 1 02 *erlangte der Getreidebau in der Rentabilitätskonkurrenz zwischen Ackerbau und Viehzucht schließlich jenen Vorsprung, den die Viehzucht nie wieder eingeholt hat.* Vor dieser Zeit aber brachte es ein sonderbares Zusammentreffen mit sich, daß bei Einführung des

Einfuhrscheinsystems 1894 und bei Herabsetzung des Zolles von 5 Mark auf 3,50 Mark [7]) gleichzeitig der Weltmarktpreis mit dem Auftreten der argentinischen Konkurrenz seinen tiefsten Stand erreichte. So konnte es geschehen, daß zunächst der Getreidebau seine führende Stellung noch nicht bekam, sondern daß sich vorerst in den 90 er Jahren eine Umschwenkung der Landwirtschaft zum vermehrten Hackfrucht- und Futterbau bei steigender Viehhaltung anbahnte [8]).

Diese Bahn des unter dem Drucke der Rentabilitätskonkurrenz entwickelten Erzeugungsverhältnisses von Getreide und Vieh in den 90er Jahren wurde von dem Augenblicke an nicht weiterbeschritten, als im Jahre 1902 der bereits genannte Zolltarif zum Gesetz erhoben wurde, dessen Sätze alle dagewesenen überboten. Damit wurde der Schwerpunkt der Rentabilität der Landwirtschaft künstlich wieder ganz auf die Seite des Getreidebaues verschoben. Die durch die Dringlichkeit der Nachfrage dann gebotenen immer höheren Preise für animalische Produkte konnten die Stärke jener Schwerpunktsverlagerung zwar mildern, aber seit 1906, wo der neue Tarif in Kraft trat, befindet sich besonders die Fleischvieherzeugung in dem uns bekannten stagnierenden Zustande. Das plötzlich verteuerte Getreide stellte vor allem gerade den Teil der Landwirtschaft vor eine neue Sachlage, der wie der mittlere und kleine Betrieb der überwiegenden Viehwirtschaft ergeben, diese auf den Zukauf von Getreide eingerichtet hatte und nun im Protest gegen die hohen Preise dazu überging, selbst Getreide zu bauen, um den eigenen Bedarf zu decken, ja auch um solches zu verkaufen. Solche Bauern bauten dann selbst auf Böden, die schlechte Erträge lieferten, Getreide anstatt Kartoffeln und Futter [9]). Inwieweit in dieser Weise die kleinen Betriebsgrößen in die zollpolitisch entfachte Rentabilitätskonkurrenz mit hineingezogen wurden, läßt sich leider statistisch nicht nachweisen.

Der so geschaffene Zustand verschärfte seine einseitige Wirkung von Jahr zu Jahr. Seit 1907 wurde Deutschland für Hafer ein vorübergehendes, für Roggen seit 1908 ein dauerndes Ausfuhrland. Aus dem Schutzzoll war eine Ausfuhrprämie geworden, aus dem Einfuhrschein ein Garantieschein für die Rentabilität der Getreideproduktion über den nationalen Bedarf hinaus. Seit 1908 wuchsen die Ziffern der Roggenmehrausfuhr unaufhaltsam: Sie betrug

1908	238 863 t	1910	430 499 t	1912	481 593 t
1909	375 822 t	1911	154 422 t	1913	581 921 t

Dieser Mehrausfuhr steht ein Rückgang des Roggenkonsums zur Seite, der seit 1890 mit 6% angegeben wird [10]). Welchen Ausfall aber hat nun die Viehproduktion durch die Überproduktion einer Getreideart erlitten? Esslen berechnet [11]), daß die Bestellung der

der Ausfuhr von Roggen dienenden 300 000 ha bei Bestellung mit Gerste und Kartoffeln eine Steigerung der Schweineproduktion um $9^1/_2$ % gestatten würde; bei der Niederlegung zur Dauerweide wäre die Erzeugung von Rindfleisch um 9% und die Milcherzeugung um 900 Millionen Liter (Falke) zu steigern gewesen. Diese Rechnungen beruhen insofern auf einem Mangel, als ihnen die gesamte Roggenausfuhr, nicht die Mehrausfuhr zur Unterlage dient [12]). Bei Berücksichtigung nur letzterer würde das Ergebnis sich um den dritten Teil kürzen. Auch Beckmann, der mancherlei beachtenswerte Einwände gegen gewisse Vorstellungen erhebt, in denen man sich die Erweiterung der Viehproduktion auf Kosten des überschüssigen Roggens gedacht hatte, gibt zu: „Immerhin könnte auf der Fläche des Prämienroggens der Viehstapel vergrößert werden“ [13]). Wir können Beckmann aber nicht zustimmen, wenn er in seinen Schriften immer wieder behauptet, die Ausdehnung des Roggenbaues sei nicht zu Lasten der Futterfläche, sondern des Weizenbaues geschehen. Dieses Resultat kann er nur dadurch mit einem statistischen Schein stützen, daß er das mit einer Rekordterntefläche auftretende Jahr 1900 und das mit der zweitniedrigsten Anbaufläche während des ganzen Zeitraums erscheinende Jahr 1909 zum Maßstab aller Vergleiche nimmt und so sagen kann, der Weizenbau habe auf der ganzen Breite abgenommen [14]). Vielmehr haben nach der Reichsstatistik die Anbauflächen für die Zeit von 1901/5—1913 in folgendem Maßstab sich entwickelt:

Roggen hat um	369 000 ha	zugenommen
Weizen hat um	145 000 ha	„
Hafer hat um	192 000 ha	„
Kartoffeln nur um	132 000 ha	„

abgenommen aber hat die Fläche für

Gerste um	100 000 ha	bis 1912
Gerste um	390 000 ha	bis 1913
Wiesen um	21 000 ha	bis 1913

Bei der Gerste handelt es sich wesentlich um die wertvolle Braugerste. Zu ihren Gunsten hat die Eigenproduktion von Futtergerste abgenommen, die bei einem geringen Einfuhrzoll aus einem entfernteren Thünenschen Kreis, der in Rußland liegt, bezogen wird. Dies gibt nun zu Erwägungen Anlaß, die die durch den Getreidebau vollzogene Beraubung der Viehwirtschaft in ihren Landanteilen in ein neues Licht rückt.

Der Bedarf an ausländischer Futtergerste ist in der deutschen Landwirtschaft so stark, daß die Roggenmehrausfuhr von durchschnittlich 4—500 000 t geradezu wie ein Tropfen dagegen wirkt. Ihr steht gegenüber eine Gerstenmehreinfuhr von jährlich etwa 3 Millionen t. Es ist klar, daß der Anbau der der Ausfuhr dienenden Roggenfläche mit Futtergerste diese Abhängigkeit der deutschen Viehwirtschaft vom Auslande nicht grundlegend hätte ändern können[15]). Die hohen Einfuhrziffern für Futtermittel zeigen die Unmöglichkeit, die deutsche Viehwirtschaft dadurch auszudehnen und billiger zu machen, daß die eingeführten Futtermittel durch eigenen Anbau in überstarken Körnerwirtschaften gewonnen würden. Da der größte Teil doch eingeführt werden müßte, so würde der Unkostenpreis auch dann nach ihm sich richten müssen, wenn nicht der inländische Futtergerstenbau infolge seiner Unrationalität noch teurer als die Einfuhr sich stellte. Eine Einschränkung des überschüssigen Roggenbaues würde vielmehr, dem Zuge zur Intensivierung und dem Grundsatz der nationalen Selbstversorgung folgend, auf vermehrten Weizenbau hingedrängt haben. Aber das nationale Manko der Weizenproduktion ist nun auch wieder ein derartig großes gewesen, daß der überflüssige Roggenbau dagegen verschwindet. Nach Beckmann würde eine den nationalen Bedarf deckende inländische Weizenproduktion eine zusätzliche Steigerung der Anbaufläche um 1 035 000 ha erfordert haben, denen nur 200 000 ha überzählige Roggenfläche gegenüberstanden. Es reichte also die inländische Getreideerzeugung ebensowenig zur Deckung des nationalen Bedarfs wie die inländische Vieherzeugung. In beiden Fällen war man auf das Ausland angewiesen, und da ist es sowohl privatwirtschaftlich wie volkswirtschaftlich zu rechtfertigen, daß man den Anbau arbeitsteilig in der günstigsten Weise einrichtete und den Acker mit hochwertigen Feldfrüchten bestellte, um mit ihrer Ausfuhr das billigere ausländische Futter zu bezahlen. In diesem Sinne dürfte dann also gesagt werden, daß eine gewisse Überausdehnung des Getreidebaues die Ausdehnung der Viehhaltung infolge Verknappung ihrer Landanteile nicht gehemmt hat. Doch ist diese Schlußfolgerung in einer Beziehung wesentlich einzuschränken.

Oben haben wir als wesentliche Rentabilitätsvoraussetzung der Viehwirtschaft den Eigenfutterbau erkannt. Der Ersatz desselben durch ausländisches Erzeugnis ist also nur unter günstigen Preisverhältnissen, wie bei der Gerste möglich. Unersetzlich aber wird er in dem Falle, wo es sich um die Anlage von Weiden handelt. Die unmittelbar hygienischen, Gesundheit, Leistungskraft und Schnellwüchsigkeit unvergleichlich fördernden Wirkungen des Weideganges sind Vorteile, die durch keine Futtereinfuhr zu ersetzen sind. Zwar wären die Roggenfelder des Großbetriebes, der die Viehzucht seiner Natur nach wesentlich nur im Nebenamte betreibt, für die Anlage von Dauerweiden nicht unmittelbar in Betracht gekommen, wohl aber eine analog große Fläche in den bäuerlichen Betrieben, die dann arbeitsteilig dem Großbetrieb den vermehrten Getreidebau hätten überlassen und selbst die Viehwirtschaft mit Hilfe der Dauerweiden hätten verstärken können, gegebenenfalls unter Zukauf von Getreide. Dem stand nun aber die Erhöhung der Getreidepreise im Wege, die wie gesagt die Neigung zum Getreidezukauf soweit schwächte, das selbst bei ungünstigen Ertragsaussichten zum Selbstanbau geschritten wurde. Im übrigen steht hinter diesem irrationellen Selbstanbau nicht eine vergleichende Rentabilitätseinsicht, sondern der soziologische Faktor der traditionellen Selbstversorgungsängstlichkeit mit ihrer Beharrung beim überkommenen Schematismus der Anbaugepflogenheiten.

Die bis soweit erörterten Folgen der Zollpolitik betreffen die Frequenzminderung der Viehhaltung durch Verkürzung ihrer Landansprüche. Die andere Seite des Problems besteht aber darin, daß der viehwirtschaftliche Markt dieser Tendenz dauernd durch steigende Preise entgegengewirkt hat. Das war eine gleichsam automatische Notwendigkeit, deren Antriebe Produzenten und Konsumenten in gleicher Weise beseelen mußten; erstere: um die Rentabilitätsgleichung aufrechtzuerhalten, letztere: um den Versorgungszustand auf der gewohnten Höhe zu erhalten.

Die Tatsachen sind zunächst folgende. Mit dem Inkrafttreten des neuen Zolltarifs 1906 setzt bei allen Viehgattungen eine ungewöhnliche Preissteigerung ein. Rindvieh schnellt von 137,5 auf 147,7; Schweine gehen von 128,1 auf 133,8; Hammel von 139,1 auf 151,7; Kälber von 147,5 auf 168,5; Butter von 235,2 auf 239,9. Ebenso geht es mit den übrigen tierischen Erzeugnissen. Die Teurung war in Fluß gekommen. In sehr interessanter Weise zeigt die für die Feststellung der Konsumtionsziffern angefertigte Anlage Nr. XIX, wie von der Rindvieherzeugung 1900: 16,1 kg auf den Kopf der Bevölkerung entfallen; 1904 nur noch 14,6. Der Preis steigt infolgedessen im Verhältnis von 106 : 117 (Indexziffern). Die bedeutungslose Vermehrung im Jahre 1905 auf 14,9 steigert den Index des Preises auf 122. Aber die Rindfleischerzeugung geht bis 1906 auf 14,8; bis 1907 auf 14,1 zurück; der Preis schnellt auf 132. — Bei den Schweinen wird 1904 die höchste Angebotsziffer erreicht, nicht ohne Mitwirkung der schlechten Ernte. Im folgenden Jahre steigt der Preis dann im Verhältnis von 111 : 140 und die Erzeugung ist von 27,7 auf 23,2 zurückgegangen, im Jahre 1906 auf 23,0 bei dem Preisindex von 152. Diese Preishöhe wurde dann der Anlaß zu einer ungewöhnlich hohen Aufzucht mit katastrophalem Preisrückgang auf 125.

Betrachten wir das Jahr 1906 für sich allein, so spiegelt es die durch den Zolltarif verursachte Störung der agrarischen Produktion getreu wieder. Es brachte bei höchster Mehreinfuhr sowohl das niedrigste Fleischangebot, den niedrigsten Konsum wie die höchste Preisziffer. Diese war bei den gespannten Verhältnissen natürlich übertrieben und mußte in den folgenden Jahren auf einem mittleren Niveau eines allgemein erhöhten Preisstandes zur Ruhe kommen. Die Viehpreisziffer für 1906 ist eine echte

Preisrevolte gegen den durch die Zollpolitik begünstigten Getreidebau. Mit dieser Ziffer, die zunächst über das Ziel hinausschoß, wurde ein neues Teurungsniveau erobert und aus Gründen der Rentabilitätskonkurrenz mit den steigenden Getreidepreisen auch weiterhin dauernd aufwärts entwickelt.

Die zollpolitischen Maßnahmen, die den Getreidepreis dauernd vom Weltmarktpreis abhängig machten, mußten auf dem Umwege über die Rentabilitätskonkurrenz auch die viehwirtschaftlichen Produkte in dieselbe, aber indirekte Abhängigkeit von sich bringen, die an sich auch durchaus unbeabsichtigt war. Es ist deshalb kein schlüssiges Argument, wenn Diehl sagt, die Fleischteurung stehe in keinem Zusammenhange mit den Getreidezöllen [16]), da sie auch in Freihandelsländern hervorgetreten sei. Es ist mit der genannten Abhängigkeit ja auch keineswegs gesagt, daß das ganze Steigerungsstück einzig durch den zollpolitisch vermittelten internationalen Einfluß bestritten worden sei. In den Freihandelsländern sind die viehwirtschaftlichen Preissteigerungen ungleich später und viel schwächer aufgetreten. Man vergleiche England [17]). In Deutschland lassen sich gerade die viel stärkeren Preissteigerungen nur durch die individuellen Eigentümlichkeiten der heimischen Wirtschaftslage erklären, Eigentümlichkeiten, die nicht nur auf Seiten der Produktion zu suchen sind, sondern auch in den Ansprüchen der Konsumtion und ihrer Kaufkraft. Beide ergänzen sich untrennbar.

Eine Angebotsknappheit der Waren regelt sich im Preise stets nach der aus den Konsumtionsansprüchen und dem Einkommen bestimmten tauschfähigen Nachfrage, letztlich nach dem Grenzkonsumenten im Rahmen der abnehmenden Einkommensverteilung. Ohne Erhöhung des Einkommens oder Zurückstellung anderweitiger Bedürfnisse wäre die Preissteigerung für Viehnutzungen wiederum auch nicht zu denken gewesen. Daß diese Bedingung vorlag, wird im vierten Kapitel dargelegt werden.

Wenn man die Preisentwicklung für viehwirtschaftliche Erzeugnisse, insbesondere Fleisch, mit der für Getreide vergleicht, so fällt auf, daß *erstere in der Steigerung die letztere überbot und trotzdem die führende Stellung des Feldfruchtbaues nicht aufzuhalten vermochte.* Soweit man für diese Erscheinung nicht die schon genannten persönlichen und sachlichen Mängel der Betriebssysteme gelten lassen will, läßt sie sich auch aus dem Wesen der Rentabilitätskonkurrenz selber verstehen.

Bei einer durch Preiserhöhung für Getreide in der beschriebenen Weise bedingten Preissteigerung für Vieh können die Verhältnisse zweifellos so gelagert sein, daß von dem angenommenen Zustande eines auf der Grundlage der Rentabilitätsgleichung ausbalanzierten Preisverhältnisses von Ackerfrüchten und Vieh, bei einseitiger Preiserhöhung der ersteren die Preise für die animalische Nahrung unverhältnismäßig mehr steigen müssen, damit die Rentabilitätsgleichung wiederhergestellt wird. Ein solcher Zustand muß dann eintreten, wenn die Ausdehnung der Viehbewirtschaftung in stärkerem Maße dem Gesetze des abnehmenden Ertrages unterliegt, als der Feldfruchtbau, der bei der durch die erhöhten Preise gestatteten Intensivierung des Anbaues verhältnismäßig höhere Erträge liefern würde. Daß für die Fleischproduktion die Sachlage so beschaffen war, darf nach den früheren Ausführungen und vor allem nach den noch folgenden Erörterungen der Unkostengestaltung mit ziemlicher Sicherheit vermutet werden, vor allem wenn man die ununterbrochene Ertragssteigerung des Getreidebaues mit den stagnierenden Tendenzen der Viehproduktion vergleicht. **Die viehwirtschaftliche Preisbildung hatte so nicht nur einen höheren Getreidepreis einzuholen, sondern auch einen durch das Ertragsgesetz bedingten Rentabilitätsvorsprung des Getreidebaues.**

Blicken wir zurück! Die Zurückdrängung der Viehwirtschaft durch den Getreidebau erscheint wesentlich als eine Folge der Rentabilitätskonkurrenz zwischen beiden. Diese Konkurrenz spielte sich sowohl auf dem Gebiete der Rohertragsfortschritte wie der Preisbildung ab. In letztere griff die Handelspolitik ein, aber nicht nur beim Getreide, sondern auch beim Vieh durch Zölle und Grenzsperren. Der Schutz der Viehwirtschaft ist aber von ganz anderem Wirkungscharakter gewesen. Er isolierte die deutsche Viehwirtschaft mehr oder weniger gegen das Ausland. Die Tendenzen zu einer Preisbildung nach dem für die Körnerwirtschaft geltenden Schema von Weltmarktpreis + Zoll sind aber für sie kaum nachzuweisen. Das liegt einmal an dem Fehlen eines Weltmarktes für Vieh aus Gründen der Knappheit, Stapelunfähigkeit, Versendungsschwierigkeiten; andrerseits an der durch die Grenzsperren bewirkten Isolierung der inländischen Preisbildung, worüber im nächsten Kapitel das Weitere zu sagen sein wird. Die Entwicklung der einheimischen Viehwirtschaft mußte deshalb die hauptsächlichsten Antriebe für die Preisbildung ohne Rücksicht auf das Ausland stellen. Ausländische Einflüsse konnten nur im Umwege über die Getreidekonkurrenz wirksam werden. Der Vorsprung des Getreidebaues in der Rentabilitätskonkurrenz und die Zurückdrängung der Viehwirtschaft in ihr ist aber letzten Endes kein reines Rentabilitätsproblem gewesen, sondern vielfach zu einem solchen gemacht worden. Man wollte aus privaten und nationalen Gründen den Getreidebau an die Spitze der landwirtschaftlichen Betriebssysteme bringen. Es ist u. E. fraglos, daß die deutsche Landwirtschaft seit den 70 er Jahren eine andere Richtung genommen hätte, wenn ihre Träger im allgemeinen die freibewegliche seelische Struktur etwa des amerikanischen Farmers besessen hätten. Es würde von wenig historischem Eindringen zeugen, wollte man eine Persönlichkeitsformung, die durch eine jahrhundertelange Leibeigenschafts- und Fronhofswirtschaft geschaffen worden ist (Knapp), als ursächliches Element in der Gestaltung der Verhältnisse deshalb ausschalten, weil sie sich nun einmal nicht in exakten Daten festlegen läßt. Jedenfalls ist es kein Zufall, daß die ganze Bewegung ihre stärksten Antriebe aus dem Osten Deutschlands empfangen hat. — Es verdient auch noch hervorgehoben zu werden, daß der Vorwand der nationalen Selbstversorgung für den Kriegsfall aus mancherlei Gründen hinfällig wird. Weder die Getreide- noch die Viehwirtschaft haben das Ideal der eigenen Versorgung erreicht. Futtermittel und Weizen mußten in Massen vom Auslande bezogen werden. Aber es bleibt noch die engere Frage bestehen, ob bei gleichmäßiger Entwicklung der Viehwirtschaft wirklich der Getreidebau entscheidende Einbußen erlitten haben würde. Es hat in mancher Hinsicht den Anschein, als ob die tendenzielle Schwerpunktsverschiebung zum Getreidebau ein Ergebnis ungenügender Einsicht gewesen ist. Diesen Gedanken hat insbesondere Esslen verfolgt und international vergleichend eine Gefährdung der Getreideversorgung bei weiterer Ausdehnung der Viehwirtschaft als unwahrscheinlich hingestellt [18]). Wir haben zudem in früheren Ausführungen oft hervorheben können, wie sehr falsche Vorstellungen von den Rentabilitätsmöglichkeiten der Viehwirtschaft in die Gestaltung der Wirtschaftssysteme eingegriffen haben, die dann auch die gutgläubige Überzeugtheit von der Notwendigkeit der Zollpolitik mitlieferten. Eine dahingehende Verteidigung der zurückgehenden Viehwirtschaft ist noch in letzter Zeit unter Berufung auf das Prinzip der Thünenschen Kreise versucht worden, was uns Gelegenheit gibt, auch von dieser Seite aus unser Teurungsproblem theoretisch zu vertiefen.

Othmar Spann hat in seiner Theorie der Preisverschiebungen [19]) das Problem Ackerbau und Viehzucht in die Alternative von intensiver und extensiver Landwirtschaft aufgelöst. Aus dem damit gegebenen Widerspruch, wie er in der gleichzeitigen Vereinigung beider gegeben ist, hat er mit Rücksicht auf die natürliche Entwicklung der Landwirtschaft in den Kulturländern zu immer intensiveren Landbausystemen eine notwendige Zurückdrängung der Viehzucht als vorgeblich extensiven Erzeugungssystems gefolgert. Daraus sollte sich dann der zwangsmäßige Zustand für unsere intensiv fortschreitende Landwirtschaft in Deutschland ergeben, daß sie aus einem unumstößlichen Gesetz heraus zu wenig Schlachtvieh produzieren muß. Spann gründet dabei seine Ausführungen auf die Grundgedanken der Thünenschen Lehre von den Wirtschaftszonen.

Die Zonentheorie v. Thünens besagt, daß sich um eine Stadt

als Zentralmarkt konzentrische Kreise landwirtschaftlicher Produktion lagern, die, wie sie in der Entfernung vom Markte abgestuft sind, sich sowohl nach den Anbausystemen wie den erzeugten Produktenarten unterscheiden. Der Größe der Entfernung entspricht gleichzeitig eine Abnahme der Intensität der Bewirtschaftung. Intensive Wirtschaft bedeutet erhöhte Kosten, wachsende Entfernung gleichfalls, weshalb beide in umgekehrtem Verhältnis stehen. Da nun aber sowohl die Länge des Transportweges im Verhältnis zur Dringlichkeit des Bedarfes, sowie die wechselnde Transportfähigkeit der Güter und ihre unterschiedliche Eignung zu intensiver bzw. extensiver Bewirtschaftung bei jedem landwirtschaftlichen Erzeugnis anders geartet sind, ergibt sich, wenn man die verschiedenen landwirtschaftlichen Produktionen auf das Optimum der genannten wirtschaftlichen und technischen Eigenheiten einstellt, eine Klassifikation und Rangordnung der konzentrisch den Zentralmarkt umlagernden Produktionskreise nach speziellen Produkten der Landwirtschaft selber. In der Bestimmung der so getroffenen Rangordnung der Produkte hat v. Thünen sich ganz auf die an seinem eigenen Gut gemachten Erfahrungen unter den damaligen Zuständen des Transportwesens und der Landwirtschaftskunde gestützt. Er erklärt als erste und intensivste Anbaukultur unmittelbar um die Stadt herum den Gartenbau, die Gemüsezucht und die Milchwirtschaft, deren Güter einen längeren Transport aus Gründen der Verteurung und Verderblichkeit nicht ertragen können. Daran schließt sich eine Zone mit Wald- und Forstwirtschaft, die gleichfalls wegen der Benötigung des Holzes zu Bau- und Heizzwecken und seines Gewichtes in der Nähe der Stadt vorhanden sein müssen. Als dritter Kreis legt sich um diesen die Anbaufläche für Getreide mit intensivster Erzeugung im Wege der Fruchtwechselwirtschaft. Die in weiterer Entfernung sich anschließenden 4. und 5. Kreise betreiben den Getreidebau im extensiveren Verfahren der Koppel- und Dreifelderwirtschaft. Im 6. Kreise ergibt sich nach dem Prinzip der Entfernung und der Produktionskosten dann die Möglichkeit, Vieh zu halten in den Formen der extensiven Weidewirtschaft; hinter dieser liegt als letzte 7. Zone die Wildnis, die nur noch Jagd und Fischerei zuläßt.

Das Gesetz dieser Zonenanordnung besteht nach Thünen darin, daß bei steigender Bewirtschaftung und steigenden Preisen die Landwirtschaft zu immer intensiveren Wirtschaftssystemen übergehen muß. D. h. dann, daß die Vieherzeugung als extensive Landwirtschaft dem Getreidebau als intensiver Wirtschaft Platz machen, bzw. seine Produktionsstätten in immer größere Entfernung vom Zentralmarkte verlegen muß. Wenn demnach die Viehproduktion durch Zölle und sonstige Maßnahmen künstlich aufrechterhalten oder gesteigert wird, so ist damit eine widerspruchsvolle Entwicklung der Landwirtschaft veranlaßt. Dieser Widerspruch bleibt nach

Spann auch bestehen unter Berücksichtigung des modernen Verkehrswesens, welches auch weit entfernte Produktionsorte wirtschaftlich ganz in die Nähe des Marktes gerückt hat. Der 6. Thünensche Kreis liegt für die Kulturländer wie Deutschland, England, Frankreich usw. etwa in Serbien, Rumänien, Rußland, Südamerika, Australien usw., Ländern mit extensiver Wirtschaft. Diese Tatsache soll nach Spann die Augen öffnen über den inneren Widerspruch zwischen landwirtschaftlicher Entwicklung und Förderung der Viehzucht, ein Widerspruch, den auch Esslen übersehen habe, wenn er fordert, Deutschland solle sein Fleisch selbst erzeugen und dafür Brotgetreide umsomehr einführen [20]).

Für die Steigerung der Viehpreise liefert die Thünensche Lehre in folgender Weise die Grundlagen. Die zunächst dem Markte wohnenden Erzeuger erzielen gemäß den geringsten Transportkosten den größten Gewinn und bei steigendem Bedarf und steigenden Preisen wird deren Rente stetig wachsen und Intensivierung der Produktion gestatten. Wenn nun Getreide und Vieh gleichmäßig im Preise anziehen, so wird der Getreidebau in die Viehzone hinein ausgedehnt, da er als intensive Wirtschaft eine größere Rentabilität gestattet als die notwendig extensive Weidewirtschaft, die gar nicht oder nur geringfügig intensiviert werden kann. Damit schiebt sich der 6. Kreis der Viehwirtschaft immer weiter vom Markte weg. Ein künstliches Festhalten derselben in näheren Zonen dagegen muß deshalb durch ungleichmäßig höhere Preise ausgeglichen werden. Diesen Fall hält Spann für die gegenwärtige Wirtschaftslage gegeben und schiebt ihm die Gründe für die erhöhte Viehteurung zu.

Die Theoreme, auf denen dieses Spannsche Viehteurungsargument ruht, sind die folgenden:

1. daß die Viehzucht den extensiven Wirtschaftssystemen angehöre;
2. daß die Landwirtschaft bei steigenden Preisen zu immer intensiveren Anbausystemen, also zur Ausdehnung des Getreidebaues und Aufgabe der Viehzucht übergehen muß;
3. daß eine solche Entwicklung der Landwirtschaft wesentlich nach dem Prinzip der Lage bestimmt ist.

Zur ersten These ist zu sagen: der Fortschritt von der extensiven zur intensiven Kultur erhält nach der Art des Erzeugnisses jeweils sein individuelles Gepräge. Der Getreidebau und die Geschichte seiner Intensivierung ist die Geschichte der Feldsysteme. Die okkupatorische nomadenhafte Inbesitznahme immer neuer Strecken des im Überfluß daliegenden Landes, die Behandlung des Bodens durch die Brandsysteme mündet über die primitive Feldgraswirtschaft zuerst mit der Technik des Dreifeldersystems in Zustände quasi intensiver Bebauung. Das Dreifeldersystem ist die Richtungslinie der Ackerbewirtschaftung durch das ganze Mittelalter bis zur beginnenden Neuzeit. Die Viehhaltung bleibt angewiesen auf den als ewige Weide ausgesonderten Teil des gesamten Areals, der keine Bewirtschaftung erhält. Die Dreifelderwirtschaft wird zu Beginn des 19. Jahrhunderts verbessert, und diese Verbesserung gipfelt schließlich in den Fruchtwechselwirtschaften, Systemen ausgesprochen intensiver Art.

Die Viehhaltung ist nun angesichts dieser Entwicklung des Getreidebaues durchaus nicht auf dem extensiven Stadium verblieben. Im 19. Jahrhundert ist auch die Viehhaltung aus dem Rahmen der immerhin primitiven Ernährungsgrundlage der Allmende herausgetreten und hat unter der steigenden Nachfrage nach allen Arten der Viehnutzungen den Charakter eines selbständigen und in den Fragen der Intensivierung notwendig einen eigenen Weg nehmenden landwirtschaftlichen Produktionszweiges angenommen. Die Gemeinheitsteilungen sind der sprechende Ausdruck für diese privatwirtschaftliche Verselbständigung der Viehzucht geworden, die damit in die Rentabilitätskonkurrenz mit dem Getreidebau eintreten konnte. Wenn nun Arbeit und Kapital das Kriterium intensiver Bewirtschaftung darstellen, so sind, wie wir oben gezeigt haben, diese Bedingungen bei der gegenwärtigen Viehwirtschaft in einem Maße Voraussetzung geworden, daß man Esslen nur zustimmen kann, wenn er die Viehzucht als noch intensivere Kultur dem Getreidebau gegenüberstellt [21]). Wir haben bereits über diesen Punkt eingehend gesprochen. Aereboe [22]) zählt als spezielle Intensitätsmerkmale der Viehhaltung auf: Dauer der Stallfütterung, Umfang der Kraftfutterzugaben, Art der Stallmistgewinnung, Jahreszeiten der Geburten des Jungviehs, Frühreife der Tiere und Nutzungsdauer derselben, alles Bedingungen, deren Erfüllung in der deutschen Landwirtschaft angestrebt wurde und vielfach auch erreicht worden ist. Auch was die Futterwirtschaft betrifft, so haben wir oben genügend Nachweise ihrer großen, wenn auch noch nicht überall durchgeführten Intensivierbarkeit gebracht. Die Wiesen- und Weidewirtschaft hat fast alle Erfindungen auf dem Gebiete der Düngung und des maschinellen Arbeitsersatzes im vollen Maße im Dienste fortlaufender Ertragssteigerungen verwerten können. Schließlich sind Hackfrucht-, Futterbau und Wechselwiese unerläßliche Bestandstücke jedes Fruchtwechselverfahrens und werden insoweit auch vollgültige Bestandstücke intensiver Bodenkultur. Überhaupt wird für die fortschreitende Intensivierung der Landwirtschaft das Gesetz der Integrierung (der organischen Durchdringung) von Ackerbau und Viehzucht eine Lebensbedingung aller Landwirtschaft [23]). „Je intensiver eine Kultur betrieben werden muß, desto mehr verliert sie an Selbständigkeit" sagt Brinkmann. Daß die Viehwirtschaft vor dem Kriege nicht überall mit demselben Erfolge wie der Getreidebau intensiviert worden ist oder werden konnte, ist kein Beweis für ihren extensiven Charakter, sondern für die Unentwickeltheit der Anschauungen auf diesem Gebiete.

Besonders bleibt nun zu beachten, daß das Gesetz der landwirtschaftlichen Produktion und ihres Standorts überhaupt nicht in die technische Alternative von intensiver und extensiver Wirtschaft ohne weiteres zusammengezogen werden kann, wenn das Motiv der landwirtschaftlichen Produktion und der Zug ihrer Entwicklung vornehmlich vom Rentabilitätsgedanken aus bestimmt wird. Das führt uns zur zweiten These.

In ihr wird das intensivere Wirtschaftssystem der objektive Wertausdruck für eine wirtschaftliche Werthaltung des Landwirts in der Weise, daß ein ökonomisch kalkulierender Landwirt bei steigenden Preisen intensive Bebauungsarten des Bodens zu Lasten extensiver Nutzungen vorziehen muß. Diese These verliert sowohl vom technischen wie ökonomischen Standpunkt aus ihre gesetzmäßige Ausschließlichkeit, indem wir erkennen, daß im Zustande der Geldwirtschaft der Landwirt nicht unmittelbar auf bestimmte Bodenerträge, sondern auf einen Geldertrag hinarbeitet. Nur für den Fall, daß die Nachfrage durch intensive Bodenkulturen auch privatwirtschaftlich am vorteilhaftesten befriedigt wird, wird er sich zur Intensivierung des Betriebes entschließen. Dabei ist die Steigerung der Gelderträge nicht prinzipiell von der fortschreitenden Intensivierung abhängig. In seiner allgemeinen landwirtschaftlichen Betriebslehre kommt Aereboe bei der Untersuchung dieser Frage zu dem Schluß [24]: „Nicht die Frage, ob der Landwirt intensiv oder extensiv wirtschaften soll, ist also vornehmlich wichtig, und nicht irgendein Intensitätsgrad an sich verbürgt ihm den Erfolg, sondern es hängt in erster Linie davon ab, wieweit es dem Landwirt gelingt, das geringste Wirkungsverhältnis aller seiner Maßnahmen und Aufwendungen zu erreichen.“ Dabei müssen dann in der Regel intensive und mehr extensive Betriebsformen zusammenwirken. Für das Verhältnis dieser gibt Aereboe eine Anzahl Musterbeispiele nach dem Prinzip, daß stets diejenige Kulturart der Landgutswirtschaft am intensivsten betrieben wird, welche im Verhältnis zu den übrigen am stärksten zurücktritt (vgl. S. 474).

Wenn die Nachfrage sich nur auf Feldfrüchte beschränkt und dabei eine steigende Kaufkraft geltend macht, indem sie höhere Preise bietet, in diesem Falle besteht für den Landwirt nur ein einziger Ausweg, um zur Steigerung seiner Gelderträge zu kommen, nämlich die Intensivierung der Bodennutzung. Aber wenn die Nachfrage nach Fleisch und sonstigen Viehnutzungen ebenso stark ist wie die nach Feldfrüchten, dann wird den Landwirt nicht das Prinzip der Intensität oder Extensität der Bewirtschaftung leiten, sondern der Gedanke des höchsten Reinertrages wird den Übergang selbst zu einer in mancher Hinsicht vielleicht noch extensiven

Viehwirtscahft, wenn die Verhältnisse es sonst gestatten, möglich machen.

Die dritte Prämisse der Spannschen Argumentation stellt eine theoretische Auswertung des Prinzips der Verkehrslage, d. i. der Transportkosten dar, welche auch den Leitgedanken der isolierenden Konstruktion v. Thünens bilden. Die moderne Auffassung, daß bei der Entwicklung des neuzeitlichen Verkehrswesens der ganze Erdkreis nunmehr das erweiterte Gegenstück des „Isolierten Staates" geworden ist, würde der Spannschen Meinung eine Stütze leihen, wenn tatsächlich die Viehproduktion der außernationalen extensiven Landwirtschaftsgebiete den heimischen Markt besser und billiger versorgte. Wie wir aber einleitend feststellten, war die Verknappung der Viehproduktion allgemein. Selbst ein so gewaltiges Ausfuhrland wie die Vereinigten Staaten hörten 1910 auf, auf dem Gebiete der Fleischviehversorgung ein solches zu sein. England mußte alljährlich immer neue Lieferanten für seine viehwirtschaftlichen Bedürfnisse aufsuchen. Angesichts dieser Zustände treffen wir auf die andere Achillesferse des „Isolierten Staates" in neuerer Zeit. Die in dieser erwachsene Umgestaltung läßt sich nicht besser schildern als Waterstradt es getan hat [2·]): „Weiter ergibt ein Vergleich der Gestalt des isolierten Staates mit unseren heutigen Wirtschaftssystemen, daß die Nutzviehhaltung in unserer heutigen Wirtschaft eine wesentlich andere und erheblich wichtigere Stellung einnimmt als im „Isolierten Staate". Die Ursache hierfür liegt darin, daß bezüglich der Nutzviehhaltung — dies gilt allerdings auch für die sonstigen Erzeugnisse — der erste Kreis des isolierten Staates ganz wesentlich erweitert ist, also die wirtschaftliche Lage an sich sehr viel günstiger geworden ist. Gleichzeitig sind aber auch die Grenzen für diesen Kreis erheblich weniger scharf, und besonders bezüglich der Nutzviehhaltung sind heute alle Übergänge vom 1. zum 6. Kreis des „Isolierten Staates" nebeneinander möglich [26]) und auch tatsächlich vorhanden. Demgemäß ist auch die Bedeutung der Nutzviehhaltung heute eine sehr viel größere, und es ist daher nicht angängig, diese so wenig zu berücksichtigen, wie das im „Isolierten Staat" geschieht."

Diese Bedeutung der Nutzviehhaltung ergibt sich aus den Konsumtionswandlungen im 19. Jahrhundert und besonders aus den Bedarfsverstärkungen in der Teuerungsepoche, wie wir sie noch schildern werden. Auch im „Isolierten Staate" wird der Preis auf dem Markte durch Angebot und Nachfrage bestimmt. Aber eine solche Nachfrage, wie sie die Teuerungsepoche gesehen hat ist ein nicht zu vernachlässigender Faktor beim Verständnis der Standortsorientierung, die doch letzthin durch die Marktpreise wesentlich bestimmt wird. Durch die Preissteigerungen ist die Viehwirtschaft ein natürliches Bestandstück aller Ackerbaukulturen und damit aller nahen Thünenschen Zonen geworden [27]).

Dieser einschneidende Entwicklungsprozeß, der dahin drängt, die gesamte Viehwirtschaft als organischen gleichwertigen Bestandteil in die 1. Thünensche Zone des intensivsten Ackerbaues hereinzunehmen, hatte zu Beginn der Teuerungsepoche noch keineswegs seinen Abschluß gefunden, sondern es war der Punkt erreicht worden, an dem die Ansicht von der ebenbürtigen Rentabilität der Nutzviehhaltung sich mehr und mehr Bahn zu brechen begann. Die Bemühungen landwirtschaftlicher Versuchsanstalten und Mustergüter, in ihren Ergebnissen verarbeitet und verbreitet durch wissenschaftliche Fachleute, Wanderlehrer und Winterschulen und durch die Tätigkeit der D. L. G., fallen in den ganzen Zeitraum der Teuerungsepoche, und es ist als symptomatisch für die Aktualität und Unabgeschlossenheit dieses Umentwicklungszustandes der landwirtschaftlichen Produktionsstandorte anzusehen, daß ein Fachlehrbuch aus dem Jahre 1912, wie das schon wiederholt genannte von Waterstradt, sich allerorten gezwungen sieht, immer wieder die überkommenen Vorurteile von der Unrentabilität der Viehwirtschaft zu zerstören und nachzurechnen, daß das in Form von Nutzvieh eingesetzte Kapital vielmehr bei angemessenen Preisen der Vieherzeugnisse zu ebenso hoher oder noch höherer Ausnutzung zu bringen ist als das im Ackerbau angelegte, wenn — richtige Einrichtung und Leitung des Betriebes vorausgesetzt — dasselbe Maß von Kapital, Sorgfalt und Intelligenz für die Nutzviehhaltung eingesetzt wird, wie es dem Ackerbau zufließt. — Das Problem der Viehhaltung in moderner Zeit ist kein Zonenproblem mehr. Aber als Problem des 1. Thünenschen Kreises kann es noch nicht als gelöst erscheinen. Innerhalb dieses Kreises aber kommt der Gesichtspunkt der Marktentfernung für die Standortsorientierung der Viehwirtschaft immer noch in kleinem Maßstab zur Geltung.

Die von Sagave, Tuckermann, Waterstradt veranstalteten Erhebungen über die landwirtschaftlichen Betriebsverhältnisse Schlesiens [28]) haben zu dem Ergebnis geführt, daß bei einer Abstufung der Verkehrslage von 2—5—10 km die Betriebe mit günstigster Verkehrslage und stärkstem Viehbesatz den höchsten Reinertrag und die beste Verzinsung von allen Betrieben überhaupt aufweisen und die viehschwachen Betriebe der günstigsten Zone sowohl nach Reinertrag wie Verzinsung das schlechteste Resultat von allen liefern. Bei den beiden bahnferneren Gruppen hat sich gezeigt, daß in jeder ein mittlerer Viehbestand die beste Verzinsung liefert. Je nach der Entfernung der Verkehrslage nimmt die relative Verzinsungshöhe ab: also ein dem Thünenschen Prinzip entgegengesetzter Rentabilitätsverlauf. Da nun der Osten Deutschlands bahnärmer als der Westen ist, so darf auch dies wohl dafür mitverantwortlich gemacht werden, daß der Osten weniger Vieh hält als der Westen, aber es ist eine andere Frage, ob er trotzdem das den Umständen entsprechende Optimum einer mittleren Viehbesetzung erreicht hat. Brinkmann meint, daß der Zuwachs an Vieh, der in ganz Deutschland noch wahrzunehmen ist, in der Hauptsache auf die vom Verkehr weniger begünstigten Landesstriche entfällt [29]). Das wird für Rindvieh durch unsere Tab. III a bestätigt. — Allgemein kann gesagt werden, daß sich der Osten in einem eigenartigen Zustande der Rivalität mit dem Westen befunden hat, der sowohl im Ackerbetriebe wie der Nutzviehhaltung einen Vorsprung hatte. Trotz geringerer Begünstigungen durch Klima und wirtschaftliche Lage hat im Ackerbau eine wesentlich größere Angleichung des Ostens an den Westen stattgefunden als auf dem Gebiete der Viehzucht. Diese bahnte sich nach dem Urteil Waterstradts nur in den gutgeleiteten Betrieben besonders an, und er meint (1912), daß es eines weiteren Jahrzehnts bedürfe, um den Osten auch in der Viehhaltung dem Westen anzunähern.

Zur allgemeinen Kritik Spanns dürfen wir jetzt zusammenfassend sagen, daß seine Beweisführung zur Erklärung der exzeptionellen Viehpreissteigerungen mit Hilfe der Thünenschen Konstruktion an der klassischen Einseitigkeit [30]) dieser Konstruktion selber leidet. Die Gegenüberstellung von Getreidewirtschaft als intensiven Betriebssystems und der vermeintlich grundsätzlich extensiven Viehwirtschaft ist unzutreffend und verpflichtet zu den falschen Folgerungen, die Spann aus ihr zieht. Indem wir nachgewiesen haben, daß das allgemeine Gesetz von der relativen Vorzüglichkeit der Wirtschaftssysteme gerade bei der Viehwirtschaft vor ganz neue historische Voraussetzungen gestellt worden war, sodaß Viehproduktion, speziell Fleischviehproduktion, und intensiver Wirtschaftsbetrieb einander nicht widersprechen und daß extensive und intensive Betriebsformen einander ebensowenig widersprechen, sondern als Abhängige der Marktpreislage funktionieren und nach dem Grundsatz von der relativen Vorzüglichkeit der Wirtschaftssysteme als integrierende Bestandteile und insofern als wesentliche Rentabilitätsvoraussetzungen einander zu durchdringen haben; indem wir weiter dargelegt haben, wie gerade die Viehproduktion bei den gesteigerten Preisen und einer Nachfrage, die an Dringlichkeit der gegenüber anderen landwirtschaftlichen Produkten ebenbürtig geworden war, das Gesetz der Thünenschen Zonenverteilung durchbricht, — dürften die Voraussetzungen einer dermaßen einfachen Viehteuerungserklärung, wie sie Spann unter Verzicht auf historische Nachprüfung gibt, zerstört sein. Die von ihm hervorgehobenen internationalen Zusammenhänge der Viehteuerung liegen an anderer Stelle, wie wir sahen. Nur in der Tatsache, daß die Viehzölle und Grenzsperren die Konkurrenz der ausländischen Produktion, abgesehen vom Grenzverkehre, außer Wirksamkeit hielten, bleibt ein Moment bestehen, das im Interesse der heimischen Produktion die Ausnutzung billiger Produktionsstätten im Auslande verhindert hat. Daß aber die Eröffnung einer Verfügungsfreiheit über das fremde Angebot einen völligen Umsturz der Anbausysteme im Sinne der Hinausverlegung der Viehwirtschaft hätte hervorrufen müssen, das wird durch das Beispiel Dänemarks und der Niederlande widerlegt, die trotz Schutzlosigkeit gegen ausländischen Wettbewerb bei intensivster Landwirtschaft ihren Schwerpunkt in die Viehzucht verlegt haben, allerdings bei günstigster Klima- und Bodenbeschaffenheit. Mit Ausnahme Rußlands sind es aber auch nicht die im Anbaucharakter einem 6. Thünenschen Kreise etwa entsprechenden Länder gewesen, sondern die intensive Landwirtschaft treibenden Nachbarstaaten, die das Wenige an Einfuhr deckten, was nach Deutschland möglich war. Die Viehknappheit hatte nicht nur Deutschland betroffen, sondern Europa, ja fast den ganzen Planeten. Wenn England vielfach aus extensiven Ländern bezog, so nicht deswegen, weil sie extensiv wirtschafteten, sondern weil die allgemeine Knappheit es dazu zwang, den ganzen Weltmarkt abzusuchen.

c) Die inneren Rentabilitätskonkurrenzen der Viehwirtschaft.

Es sind zwei Klassen interner Konkurrenzverhältnisse im Rahmen der Viehwirtschaft, die unsere Aufmerksamkeit erfordern: einmal die Konkurrenz, die sich die verschiedenen Viehgattungen, Rinder, Schweine, Schafe selber machen; andrerseits die Konkurrenz der verschiedenen Nutzungen innerhalb dieser Gattungen.

Wenn wir die Konkurrenz der Viehgattungen ins Auge fassen, so lassen sich für die neuere Zeit kaum Tendenzen finden, aus denen heraus das Schwein das Rindvieh oder das Rindvieh das Schwein aus seiner Produktionsstellung verdrängt hätte. Die Lebensbedingungen dieser beiden Viehgattungen sind zu verschieden und ihre Nutzungsrichtungen vorwiegend von so unersetzlichem Werte, daß ein solcher Vorgang schon von vornherein nicht recht denkbar erscheint. Anders liegen die Dinge bei der Stellung des Schafes zu Rind und Schwein. Von dem Niedergang der Schafzucht und den betriebstechnischen Gründen hierfür haben wir gesprochen.

In Deutschland hat die Schafzucht an der intensiven Organisation der Wirtschaft nicht teilgenommen. Und so mußte ihr neben den Konkurrenzen der anderen Viehsorten noch die der gesamten landwirtschaftlichen Betriebsformen erwachsen. „Hätte man den englischen Weg beschritten, reichliche Weideflächen zur Verfügung zu halten, ferner auf dem Acker reiche Futterfelder durch in Hürden liegende Schafe verzehren zu lassen [32]), so würde auch bei der intensiveren Entwicklung der Betriebe das Schaf seinen Platz behauptet haben. Unsere Schafhaltung krankt an der zunehmenden Unkenntnis und Gleichgültigkeit gegen Schafe seitens der Landwirte. Mit welcher Liebe und mit welchem Interesse ist dagegen der englische Farmer bei seiner Schafzucht und Schafhaltung.“ So sagt Brödermann[31]) und hat damit sicherlich ein indirektes Viehteuerungsargument von großer Bedeutung genannt, wie wir wissen.

Preistheoretisch liegen die Dinge so, daß sich in der Regel ein einseitiges Herrschaftsverhältnis zwischen verschiedenen Nutzungsmöglichkeiten einer Viehgattung herausbildet, indem eine den Vorrang vor der anderen einnimmt und auch die Führung in der Preisbildung für die betreffende Viehgattung gleichermaßen an sich reißt. Den anderen Nutzungsmöglichkeiten fällt dabei die Rolle von Nebenerzeugnissen zu, deren Anteil an der praktischen Preisbildung ein minder zwingender ist, die aber für die Rentabilität höchst wichtige Bilanzposten abgeben. Man denke an das Düngerkapital, an die Verwertung der marktlosen Erzeugnisse, an die Arbeitsverwendung.

Am vielseitigsten liegt die Konkurrenz der Verwertungsmöglichkeiten der Nutzungen beim Rindvieh. Das Schwein ist ein Tier, das sich nur durch seine Fett- und Fleischnutzung marktmäßig empfiehlt, und man mästet es nach der einen oder der anderen Richtung. Für das Rindvieh gesellen sich zu Leistungen dieser Art zwei weitere: die Lieferung der Häute zur Lederbearbeitung und die Erzeugung von Milch. Die Preisbildung für die Häute ist nun aber kein Faktor der Stallpreisbildung für Vieh. Der Viehhändler taxiert seinen Einkauf beim Bauern nach den Bedürfnissen des Schlachtviehmarktes unter Berücksichtigung der Fleischnutzung. Die Preisbildung für die Viehhaut geschieht durch den Weltmarkt und erst der endgültige Verwerter derselben, der Großschlächter oder Kleinhändler stellt ihren Preis in seine Rechnung ein, genau wie der Landwirt die durch das Vieh gewonnenen Dünger- und Arbeitswerte. So wichtig die Haut des Großviehs ist, sie bleibt im Rahmen der deutschen Vieherzeugung Nebenprodukt. Die Zeiten sind vorüber, wo man das Vieh der Haut wegen schlachtete und diese höher einschätzte als die ganze Masse des Fleisches, die sie umschloß[33]). L. Lobet[34]) zeigt in seiner Studie über die Lederindustrie in Belgien, wie die Häutepreise in einem Teuerungssynchronismus mit den Viehpreisen in ganz Europa und den anderen Erdteilen verlaufen. Für Europas Häutepreise aber sind die Vereinigten Staaten die maßgeblichen Preisbildner gewesen. „En raison de leur cheptel énorme et du développement extraordinaire de l’industrie du cuir aux États Unis, ceux-ci semblent les régulateurs du marché, c’est là que le problème devrait être étudie avec le plus de soin“ (siehe auch daselbst Diagr. Nr. 4). Für die deutsche viehwirtschaftliche Preisbildung kommt die Häuteverwertung erst im Rahmen des Fleischkleinhandels zur Geltung, und die Preissteigerung des Viehs selber wird von dieser Seite nicht nachweisbar berührt.

Nun gibt es aber außer der Häuteverwertung des Rindviehs eine Rentabilitätskonkurrenz zwischen seiner Milch- und Fleischnutzung, wobei weder die eine noch die andere in die Nebenrolle geschoben werden kann, sondern jede als vollkonkurrierender Faktor tiefgehend die gesamte Großviehhaltung beeinflußt hat.

Die Milchwirtschaft hat es mit der Lieferung von Frischmilch und deren Fabrikaten, wie Butter und Käse zu tun. Wie bereits erwähnt, könnte bei der Frischmilchversorgung von einer subjektiven Bedrängnis der Nachfrage nicht gesprochen werden. Aus der Anlage XVIII c erkennen wir zwar einen geringen Rückgang des Kopfbestandes der Kuhhaltung, der aber durch die Steigerungen der Milchergiebigkeit mehr als ausgeglichen worden ist. Im Ausmaße des hygienisch wünschenswerten Konsumtionsquantums konnte zwar die Nachfrage nicht befriedigt werden, doch war ein entsprechender Ausfall nicht als empfundenes Bedürfnis lebendig und wirkte deshalb nicht auf die Preise. Die brennendste Frage aller Milchabsatzgenossenschaften ist stets die Verwertung der nicht abgesetzten Milch gewesen [35]). Verbutterung und Verkäsung waren anfänglich nichts weiter als Notbehelfe der Absatzorganisationen, um die überschüssigen Bestände in eine haltbare Form überzuführen, bis allmählich mit der Verbesserung der Qualität dieser Erzeugnisse die Vorliebe für sie allgemein wurde und die Verselbständigung dieses Fabrikationszweiges gestattete. Über die große den Frischmilchverbrauch noch übertreffende Inanspruchnahme der Milchbestände im Laufe des ersten Jahrzehnts des neuen Jahrhunderts für die Zwecke der Verbutterung unterrichten die folgenden Ziffern. Es wurden von der deutschen Produktion [36])

getrunken ...	nach Prof. Kirchner	41%	nach Fleischmann	38%
verbuttert ...	„ „ „	50%	„ „	38%
verkäst	„ „ „	3%	„ „	3%
verfüttert ...	„ „ „	6%	„ „	7%

Aber während die einheimische Frischmilchlieferung auch dem heimischen Bedarf genügte, vermochte das die Buttererzeugung nicht mehr. Aus diesem Grunde war die Preisbildung für Milch und Butter doch eine vielfach verschiedene.

Bei der Milch verläuft sie rein lokal. Die Unterschiede von Ort zu Ort sind oft groß und entsprechen den Eigentümlichkeiten des lokalen Milchversorgungsgebietes. Der formelle Preissteigerungszug nach oben beherrscht aber überall die Sachlage. Da Angebot und Nachfrage im ganzen Gebiete des Reiches sich nicht ausgleichen können, so müssen die Gründe für die Preissteigerung allerorten selbständig gewirkt haben. Ganz anders bei der Butter, die einen internationalen Handelsartikel bildet. Die 11 Milliarden Liter zu Butter verarbeiteter deutscher Milch lieferten 4 Millionen dz Butter. Die Einfuhr betrug 1911 0,8 Millionen dz, also den **fünften** Teilder Inlandsproduktion, genug um ihren Preis zu lenken, zumal der Markt vollkommen zentralisiert war. Die Berliner Notierung wirkte preisrichtend für ganz Deutschland. Sie selbst wird wieder von der Londoner und Kopenhagener Notierung mitbestimmt. Der Preisverlauf auf diesen drei Märkten ist völlig gleichlaufend [37]. Eine süddeutsche Zentrale für Butterpreise bildete der bayrische Algäu mit der Kemptener Notierung, die ihrerseits von der holländischen und sibirischen Konkurrenz weltmarktmäßig geleitet wurde [38]. Die würtembergischen Preise hingen wiederum vom bayrischen Algäu ab [39].

Die Rentabilität des Verbutterns hängt im besonderen vornehmlich von dem Preis für Butter und für Magermilch ab. Kommt sie der Frischmilchverwertung gleich, so werden auch reine Molkereien ohne Frischmilchverkauf möglich, anderenfalls kann das Verbuttern notwendiges Übel werden. Die vielen einschlägigen Untersuchungen auf diesem Gebiete zeigen das Bild einer sehr scharfen Rentabilitätskonkurrenz zwischen den Milchverwertungsformen. Als im Jahre 1913 der Butterpreis von 133,3 auf 127,0 sank (Tab. VI), arbeiteten die Molkereien bereits mit Verlust [40]. Nichts aber legt so sehr Zeugnis ab von der genannten Rentabilitätskonkurrenz, als daß in der letzten Zeit die Molkereien wieder in steigendem Maße sich der Süßmilchlieferung zuwandten, weil sie in der Verbutterung immer weniger ihre Rechnung fanden [41]. Aber trotzdem trat sogar eine von allen Seiten festgestellte Stagnation in ihrer Entwicklung ein, verbunden mit erheblichen Auflösungen und Entstehen von technisch unvollkommenen Molkereien [42] (Anlage XV).

Viel bedeutsamer als die Rentabilitätskonkurrenz zwischen den Arten der Milchverwertung ist diejenige zwischen der gesamten Milchwirtschaft und der Fleischerzeugung. In dem Preiskampf zwischen Milch- und Fleischnutzung beim Rindvieh hat die Führerschaft in steigendem Maße die Milchnutzung gewonnen, und zwar aus folgenden Gründen.

Rein äußerlich mußte sich schon deshalb eine Vorliebe für die Kuhhaltung und Milchwirtschaft bei der Landwirtschaft entwickeln, weil sie einerseits durch das System der regelmäßigen Bareinnahmen den wirtschaftlichen Erfolg täglich vor Augen führt, andrerseits weil die Milchverwertung im Gegensatz zum Fleischviehabsatz die Ausschaltung der beherrschenden Stellung des Händlertums ermöglichte und der Landwirtschaft einen organisierten Einfluß auf die Preisbildung erlaubte. Mit dem Entstehen der Molkereien in den 70er Jahren leitete sich ein typischer Vorgang der geldwirtschaftlichen Rationalisierung eines Viehverwertungszweiges ein, der sich ständig verbreiterte. Mit den regelmäßigen Bareinnahmen wurde der sog. kapitalistische Geist geweckt und täglich genährt, das will in diesem Falle sagen: ein Übereifer zum Geldverdienen, ein Überschätzen der laufenden Bareinnahmen und ein ängstliches Rechnen und Gewinnstreben, womit aber nicht gesagt war, daß richtig gerechnet wurde. Im Gegenteil, die Rentabilität stand anfänglich auf einem sehr schwankenden Boden [44]). Es hat sich immer wieder zeigen lassen, daß das so späte Ansteigen der Milchpreise zu einem guten Teil auf verkehrte und unzureichende Kalkulationen zurückzuführen ist. Eine eigenartige Kurzsichtigkeit, nicht wenig unterstützt durch die an sich schwere Kalkulierbarkeit der Viehrentabilität, hat hier die sonderbarsten Auswüchse im Rahmen der Milchwirtschaft gezeitigt, die nicht ohne Einfluß auf die Preise geblieben sind.

Hypnotisiert durch die hohen Bareinnahmen, die in kurzen Fristen von den Molkereien und Händlern eingingen, wurde der landwirtschaftliche Betrieb immer ausschließlicher auf die Milchwirtschaft und im Extrem auf die reine Abmelkwirtschaft eingestellt. Die Zucht hörte auf, der Kraftfuttermittelzukauf wurde vergrößert und der Eigenbedarf an Milch auch noch der Molkerei oder dem Händler übergeben. Dieser vielfach erörterte und beklagte Zustand ist symptomatisch für die Übereifrigkeit der geldwirtschaftlichen Milchverwertung, bei der oft nur der Selbstverzicht auf den eigenen Bedarf jenes Plus von Rentabilität zustande brachte, das den wahren Sachverhalt der verkalkulierten Preise verschleierte. Die wachsende Einsicht in das Unlohnende der bestehenden Milchpreise führte mit Beginn des neuen Jahrhunderts zu genossenschaftlichen Absatzorganisationen in größerem Umfange, die in der Lage waren, einen angemessenen Preis durchzudrücken. Damit erhielt die Landwirtschaft wachsend die Initiative in der Preisbildung und schuf sich selbst die Garantien der milchwirtschaftlichen Viehverwertung. Ein solcher Zustand hat sich aus noch zu erörternden Gründen bei der Fleischviehverwertung nicht herausbilden können. Wenn trotzdem der Milchpreis nicht in dem Maße gestiegen ist, so hat das seinen letzten schon genannten Grund in den Fortschritten der Milchergiebigkeit der Kühe. Diese Fortschritte hielten auch eine Verknappung des Angebots hintan, womit gleichzeitig einer übermäßigen Preissteigerung jederzeit durch die Konkurrenz vorgebeugt wurde. Die Inbeziehungsetzung der fortschreitenden Milchergiebigkeit zu den Kosten wird im Abschnitt IV dieses Kapitels erfolgen.

Außer diesen formal äußerlichen Gründen des laufenden geldwirtschaftlichen Verwertungsmodus und der Herrschaft über den Absatz mit ihren Preisgarantien hat auch ein Rentabilitätsfaktor nach dem Prinzip der Thünenschen Zonentheorie zugunsten der Milchwirtschaft gesprochen, der nur durch ungleich gestiegene Fleischpreise ausgeglichen werden konnte. Aereboe gibt von den Entwicklungstendenzen zur höheren Rentabilität der Milchwirtschaft folgende Schilderung [43]): „Auf niedrigster Stufe ist trotz niedriger wirklicher Höhe der Fleischpreise doch das Fleisch im Verhältnis zur Milch sehr wertvoll. Je günstiger dagegen die wirtschaftlichen Verhältnisse werden, desto mehr fällt das Wertverhältnis zugunsten der Milch aus. Es gilt daher immer mehr, die Tiere einseitig durch Milchleistung auszunutzen und die Aufzucht zu beschränken. Auf unterster Stufe ist Rindviehhaltung einseitige Rindviehaufzucht. Dann wird die Aufzucht durch bessere Fütterung beschleunigt, so daß die Tiere früher in Milchleistung gelangen und hierdurch das Verhältnis zwischen Milch- und Jungvieh günstiger gestaltet wird. Dann beginnt auf nächster Stufe ein regelmäßiger Viehzukauf aus entlegeneren Gegenden mit ungünstigeren Absatzverhältnissen für Milch. Nur die besten Tiere läßt man kalben und zieht von ihnen Kälber auf. Schließlich wird die Aufzucht ganz aufgegeben und das ganze benötigte Milchvieh zugekauft [49])." Diesen Entwicklungsgang der Rentabilität der Rindviehzucht erläutert folgende Tabelle, die auch von Esslen zitiert wird [46]). Von den Gesamteinnahmen aus der Rindviehzucht entfielen auf:

	1829/30	1849/50	1869/70	1889/90	1902/03
Milch- und Molkereierzeugnisse	82,5%	52,0%	49,1%	44,2%	49,1%
Fleisch	17,5%	48,0%	50,9%	55,8%	50,9%

In den 70 er Jahren ist also die Rentabilitätskonkurrenz zwischen beiden sozusagen ausbalanziert. Die Entwicklung des Molkereiwesens führt zum Rentabilitätsübergewicht der Milchwirtschaft. Die seit der Jahrhundertwende beginnende Preissteigerung für Fleisch bringt wieder die Balance. Die Folgezeit verschärft die Renabilitätskonkurrenz aufs neue. Da die Milchwirtschaft aus früher genannten Gründen (Ertragssteigerung!) bei geringen Preiserhöhungen schneller einen Vorsprung erlangt als die Fleischverwertung, so kann letztere ihre Stellung nur durch unverhältnismäßig größere Preissteigerungen behaupten. Und sie hat es getan.

Der soeben geschilderte Entwicklungsgang wird auch durch die in der Anlage XVIIIc wiedergegebenen Ziffern der Kuhhaltung vollauf bestätigt. Ferner darf an das früher über die Umtriebszeiten des Schlachtviehs und die Kälberschlachtungen gesagte erinnert werden. Da die Milch ein Hauptnahrungsmittel der Kälber ist, dürfen zahlreiche Kälberschlachtungen vielfach eine erneute Ausdehnung der Milchwirtschaft vermuten lassen [47]).

So werden durch ihren Einfluß auf die Verminderung der Zucht die Preissteigerungen in der Milchwirtschaft selber wieder über den Umweg der Schmälerung der Frequenz des Angebots von Schlachtvieh zur Ursache von Preissteigerungen in der Fleischversorgung. Inwieweit dieser Faktor an der Abnahme der Rindviehbestände seit 1907 beteiligt gewesen ist, läßt sich natürlich nicht feststellen. Jedenfalls haben wir in der Einleitung zu diesem

Kapitel bereits statistisch nachgewiesen, daß die Kälberschlachtungen von 1900—1907 um 21,4% zugenommen haben, während sie in den Jahren 1892—1900 um 24,7% abnahmen. Das tiefgehendste Anzeichen der Angebotsschwierigkeiten läßt sich gewiß daraus ersehen, daß die einzelnen Viehnutzungen so überzahlt werden, daß die Zucht aus dem Auge verloren wird, um die Gunst des Augenblicks zu nutzen. Wo immer die Zuchtbestände zu irgendwelchen Nutzungszwecken mobil gemacht worden, da liegt ein untrügliches Anzeichen vor, daß entweder die Voraussetzungen der Zucht und Aufzucht im landwirtschaftlichen Betrieb selbst aus äußeren oder inneren Gründen mangeln, oder aber daß das Angebot der Nachfrage nicht mehr standhält und letztere mit dem Mittel des höheren Preisgebotes arbeitet. Dies verkleinert die Zucht und vertieft damit die Ursachen der Preissteigerung, die damit in die Spiralkurve einer Schraube ohne Ende einmündet. Unter allen Nutzungskonkurrenzen ist die zwischen Züchtung und Nutzung die gefährlichste.

Blicken wir auf die Rentabilitätskonkurrenz zwischen Milch und Fleisch zurück, so verquickt sich hier ein doppeltes Preissteigerungsmoment. Die Milchwirtschaft wird vielfach von seiten der landwirtschaftlichen Initiative bevorzugt [48]). Sie entwickelt dauernd starke Antriebe, die Kühe der Zucht und den größten Teil des Rindviehbestandes der Fleischverwertung zu entziehen. Die Fleischversorgung muß infolgedessen durch unverhältnismäßig höhere Preise gesichert werden. Schon dieser Umstand gibt der Milchwirtschaft einen Vorsprung. Im kleinen wiederholt sich bei der Rentabilitätskonkurrenz zwischen Fleisch- und Milchnutzung, sowohl nach der Richtung der Frequenz wie der Preislage des Angebots dasselbe, was sich in größerem Zusammenhange zwischen der Konkurrenz, speziell der Rentabilitätskonkurrenz von Ackerbau und Viehwirtschaft abgespielt hat.

Anmerkungen zu Seite 70—97.

1) Th. Brinkmann, „Die Ökonomik des landwirtschaftlichen Betriebes“ im Grdr. der Sozialök., Tübingen 1914, S. 65.

2) K. Bielefeld, „Das Eindringen des Kapitalismus in die Landwirtschaft unter besonderer Berücksichtigung der Provinz Sachsen und der angrenzenden Gebiete“, Berlin 1911, S. 148 ff., S. 76, S. 106 ff. Für den steuerlichen Teil und seine wirtschaftlichen Einflüsse siehe W. Lotz, „Finanzwissenschaft“, Tübingen 1917, S. 696 ff.

3) Sehr ausführliche Berechnungen, gestützt auf eigene und fremde Forschungen bietet Waterstradts Wirtschaftslehre a. a. O. S. 121—129; 211; 220 ff.

4) Vgl. auch Bielefeld, Das Eindringen des Kapitalismus usw. a. a. O. S. 108: „Der Anbau der Zuckerrübe brachte in vielen Bezirken zwar hohe Bruttoerträge, der Reinertrag stand aber hierzu in keinem Verhältnis. Trotzdem galten der Zuckerrübenbau und die ihm entsprechende Wirtschafts- und Betriebsweise bei der großen Masse der sächsischen Landwirte als die absolut besten.“ — Waterstradt, Wirtschaftslehre S. 198.

5) Eine zusammenhängende Darstellung nach den Quellen gibt W. Lotz in den S. d. V. f. S. unter dem Titel; „Die Ideen der deutschen Handelspolitik von 1860—91“, Leipzig 1892. Für die Zeit seit den 90 er Jahren sei auf die später genannte Literatur verwiesen.

6) Waterstradt, Wirtschaftslehre S. 399 f. .

7) Die Getreidezölle stellten sich für 1 dz seit

für	1879	1885	1887	1894	1906	
Weizen.....	M. 1,—	3,—	5,—	3,50	5,50 (Min.)	7,50 (Max.)
Roggen	„ 1,—	3,—	5,—	3,50	5,— „	7,— „
Hafer	„ 1,—	1,50	4,—	2,80	5,— „	7,— „
Gerste	„ 0,50	1,50	2,25	2,—	4,— „	7,— „

(Futtergerste: M. 1,30!)

8) Waterstradt, Wirtschaftslehre a. a. O. S. 198; Eßlen, Fleischversorgung a. a. O. S. 38; S. 198. Die Fleischproduktion hob sich nach Eßlens Berechnungen von 1890—1900 um über 50% und von 1900—1910 nur noch um 22,3% unter teilweiser Verminderung der Viehbestände. (Vgl. Einleitung.)

9) Vgl. L. Brentano, „Die deutschen Getreidezölle“, 2. Aufl. Jena 1911, S. 30/31: das Zitat von Pantz über die österreichischen Verhältnisse und die Eingabe des bayrischen Waldbauernbundes 1901.

10) Fr. Beckmann, „Einfuhrscheinsysteme“, Karlsruhe 1911, S. 130. Der Ausfall im Roggenkonsum erklärt sich wohl hauptsächlich durch die in der Schweinefütterung eingetretene Wandlung. „Das geeignete Futter für das deutsche Schwein älterer Züchtung war schweres Roggenmehl; das heutige frühreife, feinknochige Schwein verlangt Gerstenmehl.“ (S. 82.)

11) Eßlen, Fleischversorgung a. a. O. S. 203.

12) Fr. Beckmann, „Getreideausfuhrvergütung und nationale Futterbeschaffung“, Conr. Jahrb. 1914, S. 40 ff.; S. 50.

13) Ebenda S. 51.

14) Ebenda S. 51; auch „Einfuhrscheinsysteme“ letztes Kapitel.

15) Beckmann, Getreideausfuhrvergütung usw. a. a. O. S. 54.

16) K. Diehl, „Zur Frage der Getreidezölle“, Jena 1911, S. 136.

17) Nach dem 15. Abstract of Labour Statist. u. Labour Gazette stellten sich in England die Indexziffern für 1896—1900 = 100 folgendermaßen:

Zeitraum	Rindfl.	Schw.fl.	Hammelfl.	Milch	Käse	Butter	Generalindex
1891/95	104	102,3	104	105	111	110,8	108,3
1893/00	100	100	100	100	100	100	100
1901/05	106	104,5	112,6	107,5	104,9	101,7	106
1906/10	109,2	103,5	112,1	105,9	111,5	106,6	110,3
1911/12	117,8	105,5	112	115,7	121,5	114,1	115,4

In dem zollpolitisch geschützten Lande Frankreich ist die Preissteigerung ebenso geringfügig verlaufen wie in England. Aber hier entstanden wegen der Stagnation der Bevölkerung keine erhöhten Anforderungen an die Produktion, und das Problem der relativen Frequenzminderung fiel aus.

18) Um die Wirkung des Einflußes der Zollpolitik richtig abschätzen zu können, macht man am besten die Fiktion der völligen Aufhebung der Zölle. In dieser Weise geht Eßlen vor, um sein praktisches Programm als durchführbar zu erweisen. Er zeigt, wie die Öffnung der Grenzen für ungehemmte Einfuhr zwar den Marktfruchtbau zurückdrängt, aber doch das ganze Verhältnis von Ackerbau und Viehzucht nicht über den Haufen wirft. Denn letzten Endes sind auch hier tieferliegende Bestimmungsgründe maßgeblich, wie Bodenbeschaffenheit, Klima, Herkommen, Nachfrage. Am Beispiel Dänemarks, der Niederlande, Belgiens konnte Eßlen zeigen, wie sogar durch die Schrankenlosigkeit der Einfuhr der Getreidebau in diesen Ländern bei vollkommenster Entwicklung der Viehwirtschaft die Hauptbetriebsrichtung der Lanwirtschaft

geblieben ist. — Vgl. auch C. v. Tyszka, „Die Bewegung der Preise usw." a. a. O. Conr. Jahrb. Bd. 42, S. 658 ff.; S. 664.

[19]) O. Spann, „Theorie der Preisverschiebung als Grundlage zur Erklärung der Teuerungen", Wien 1913, S. 14 ff.

[20]) Eßlen, Fleischversorgung S. 181.

[21]) A. a. O. S. 196.

[22]) Aereboe, „Allgem. landw. Betriebslehre", a. a. O. S. 640; S. 646 ff.

[23]) Th. Brinkmann, „Die Ökonomik des landw. Betriebes" a. a. O. S. 65 ff. Als Kräfte der Integrierung, als Zwang zur Vielgestaltigkeit werden bezeichnet 1. die Rücksicht auf eine möglichst dauernde Inanspruchnahme der Arbeitskräfte; 2. Inanspruchnahme aller Fruchtbarkeitsbedingungen des Bodens, 3. die Rücksicht auf die Versorgung der Verwertungs-, insonderheit der Nutzviehzweige des Betriebes. Also eine Bodennutzungsmittel-, Bodennutzungs- und eine Verwertungsgemeinschaft macht die Glieder eines landwirtschaftlichen Betriebes zu einem organischen Ganzen.

[24]) A. a O. S. 170 ff.

[25]) Waterstradt, Wirtschaftslehre, a. a. O. S. 210; auch S. 197 ff. über die Veränderungen der Grundlagen.

[26]) Das ist auch das prinzipielle Ergebnis Brinkmanns, der das Standortsproblem des landwirtschaftlichen Betriebes von allen Komponenten aus behandelt. „Die Konzentrizität der Thünenschen Ringe wird immer mehr durchbrochen". A. a. O. S. 118.

[27]) Brinkmann, a. a. O. S. 112 ff. führt die Umlagerungen der Produzentenstandorte auf veränderte Marktanforderungen und einseitige Fortschritte der Technik zurück: „Das von der Preisentwicklung begünstigte Produkt erobert in Verkehrsgebieten, wo seine Gewinnung bisher noch nicht rentabel war, einen Platz und gewinnt in den alten Anbaugebieten im Rahmen der betrieblich mit ihnen verbundenen Produktionen mehr und mehr an Ausdehnung". S. 115.

[28]) Nutzviehbestand und Nutzviehreinertrag nach der Verkehrslage!

I. Schlesien (Nach Sagawe, Tuckermann, Waterstradt, „Die Betriebsverhältnisse von Schlesien", Arb. der D. L. G. Heft 214, Berlin 1913, S. 94/96.)

Gruppe		I	II	III	IV	V
Anzahl d. Betriebe...		7	12	10	7	15
Verkehrslage........	km	2,6	3,8	4,6	5,5	7,4
Leb. Inventar	M.	177	199	280*)	147	131
Nutzviehreinertrag pro 100 ha...........	„	2897	2280	1987	1965	1509

*) Es ist zu beachten, daß diese Klasse die größten Grundsteuerreinerträge aufweist.

II. Das Reich (Buchführungsergebnisse aus der Buchstelle der D. L. G., bearb. von E. Langenbeck, Arb. d. D. L. G. Heft 180, 1911.

Anzahl der Betriebe..		6	5	25	16	26
Verkehrslage.........	km	1,67	3,98	4,38	4,38	7,35
St. Nutzvieh pro 100 ha		50,28	23,11**)	33	39,10	26,8
Nutzviehreinertrag pro 100 ha..........	M.	2023	44	1318,5	1210,8	657,9

**) Bei außergewöhnlich niedrigem Grundsteuerreinertrag.

[29]) A. a. O. S. 117.

[30]) Dieser war von Thünen selbst sich sehr wohl bewußt. Vgl. „Isolierter Staat", 3. Aufl. Berlin 1875. I. Buch. S. 264 ff.; S. 274/5.

[31]) Bitzer, „Die Schafzucht in Großbritannien", Hannover 1910, S. 69; S. 134 ff. Sehr lehrreich dazu die Besprechung von Brödermann in der Ztschr. f. Agrarpol. v. Nov. 1912, S. 510 ff.

[32]) Der Düngerkonzentration wegen, von der die Rentabilität wesentlich abhängt.

[33]) Die Betrachtungen von Adam Smith, Buch I Kap. 11 über die gegenseitig bedingte Preisbildung von Haut und Fleisch beim Großvieh finden also in der Teuerungsepoche, die wir behandeln, nicht mehr die Voraussetzungen ihrer Geltung vor.

[34]) L. Lobet, „Les prix dans l'industrie du cuir" S. d. V. f. S. München 1914, S. 285 ff., S. 290.

[35]) Vgl. Mülhaupt, „Der Milchring", Karlsruhe 1912, S. 35 ff.; siehe auch Berg, S. d. V. f. S. Bd. 140 I, der die Entstehung der Produzentenabsatzgenossenschaften für Karlsruhe schildert und zeigt, wie sie besonders wohltuend durch die Verwertung nicht absetzbarer Milch gewirkt haben. Wenn K. Laupheimer, „Die städtische Milchversorgung in Ulm", Stuttgart 1917, S. 55 ff. von ungenügender Bedarfsdeckung und Milchnot spricht, so ist deren Größe stets an idealen Forderungen der Volkshygieniker Beukemann, Kaup, Fleischmann gemessen worden und nicht an der geltend gemachten Nachfrage.

[36]) 22 Milliarden Liter nach Fleischmann, Art. „Milch und Milchwirtschaft" im Hdwst. 1911.

[37]) Vgl. Jahn, „Die Versorgung Berlins mit Butter", S. d. V. f. S. Bd. 140, II, S. 21.

[38]) Vgl. Geiger, „Das Molkerei- und Käsereiwesen im bayrischen Algäu", ebenda S. 250/1.

[39]) Vgl. Teichert, „Das Käsereigewerbe in Württemberg, ebenda S. 376.

[40]) Teichert, a. a. O. S. 394 ff.

[41]) 1911: 53% aller Molkereigenossenschaften, besonders in Brandenburg, Schlesien, Hannover, Westfalen, Reinpreußen, Kgr. Sachsen, Baden, Hessen. Gleichzeitig spricht ¼ der Verbände von einem Rückgang oder Stillstand der Butterqualität. Vgl. Berg, „Neuere Erfahrungen auf dem Gebiete der genossenschaftlien Milchverwertung" in Verh. des 29. deutschen landw. Gen.-Tages 1913, abgedruckt im Jahrbuch des R. V. B. der D. L.-Gen. 1913, S. 112.

[42]) Berg, a. a. O. S. 112; W. Wygodzinski, „Das Genossenschaftswesen in Deutschland", Leipzig 1910, S. 264/5; desgl. festgestellt von den Berichterstattern der landw. Wanderausst. der D. L.-G. a. a. O. S. 130.

[43]) „Allgemeine landwirtschaftliche Betriebslehre" S. 352.

[44]) Statt vieler Belege einen: Schöne berichtet in seiner Spezialuntersuchung über die Milchversorgung Leipzigs in den S. d. V. f. S. Bd. 140, I, daß noch von 1904—09 die durchschnittlichen Erzeugungskosten für Milch 14,6 Pf. pro l betrugen, während der Preis sich auf 14,5 Pf. stellte.

[45]) Siehe auch denselben Gedankengang bei Brinkmann, Die Ökonomik des landwirtschaftl. Betr. a. a. O. S. 110: „Mit der Annäherung an den Markt gewinnen mehr und mehr Produktionsrichtungen mit kraftfutterreicher oder intensiver Fütterung an Überlegenheit. Wenn auch nicht ausschließlich, so doch wesentlich mit aus diesem Grunde tritt mit zunehmender Gunst der Verkehrslage an die Stelle der Jungviehaufzucht die Milchproduktion."

[46]) Aus G. Lange, Die Entw. der Landw. Verh. usw., a. a. O. Halle 1907.

[47]) Eßlen, Fleischversorgung S. 36, betont, daß die Fleischversorgung 1907 ihren Höhepunkt überschritten habe und nur bei weiter steigenden Fleischpreisen auf Kosten der Milcherzeugung vermehrt werden könne.

[48]) Die Schweiz hatte sich ganz auf die Seite der Milchwirtschaft geneigt. Vgl. E. Laur, „Industrie und Landwirtschaft" Zürich 1915, S. 17: „Unsere Hauptfleischproduktion ist ein Nebenzweig der Milchproduktion. Denn wenn man Milch und Käse produzieren will, so muß man schließlich doch Fleisch produzieren, solange die Kühe nicht ins Krematorium geschickt werden?

IV.

Die Produktionskosten und die Rentabilität der Viehwirtschaft und deutschen Landwirtschaft überhaupt.

Was für die Konsumtion die rechnerische Disponierung über ein Einkommen bedeutet, findet sein Gegenstück in der Kalkulation der Produktionskosten und des Betriebsgewinnes auf seiten des Angebotes. Die Erklärung der Teuerung auf dem Gebiete der Erzeugerproduktionskosten und -gewinne betritt kein völlig selbständiges und gegen die früheren vollkommen abgegrenztes Ursachengebiet, sondern macht sich nur eine veränderte und wesentlich speziell eingestellte Anschauung der bereits behandelten Ursachenreihen vom geldwirtschaftlich-privatwirtschaftlichen Rechnungsstandpunkte zu eigen. Der Rentabilitätsgedanke in der Landwirtschaft hat die Untersuchungen im vorhergehenden Abschnitte zwar auch schon prinzipiell geleitet, aber seine Verfolgung in die Elemente der Kalkulation war unterblieben. Bei der Herausarbeitung der allgemeinen Leitlinien für die Wahl der Wirtschaftssysteme trat der privatwirtschaftliche Rentabilitätsgedanke stark in den Vordergrund und gab ein Verständnis für die Preiszusammenhänge, die alle Zweige der landwirtschaftlichen Erzeugung miteinander verbinden. Worauf es uns dabei aber wesentlich ankam war, zu verstehen, wie aus der Konkurrenz der Rentabilitätsmöglichkeiten in der landwirtschaftlichen Produktion ein bestimmtes Angebot viehwirtschaftlicher Erzeugnisse zustande kam. Das preistheoretische Interesse an solchen Untersuchungen knüpft sich dabei an das spezielle Gesetz, daß die Mengen von Angebot und kaufkräftiger Nachfrage sich tendentiell angleichen, was den Preis betrifft. Je mehr das Angebot zurückbleibt, um so mehr wird im Kampf um die Versorgung der kaufkräftigste Teil der Nachfrage den Preis bestimmen. Dieser Gedankengang wird im Kapitel über die Konsumtion weitergeführt werden. Im Augenblick verlassen wir das Frequenzproblem der viehwirtschaftlichen Preissteigerungen und wenden uns zu den jenseits aller Angebots- und Nachfragefrequenz stehenden privatwirtschaftlichen Notwendigkeiten, die aus innerem Zwang die Erzeugung dahin festzulegen trachten, daß sie in ihrer unteren Grenze den Ersatz der Produktionskosten und eine angemessene Rentabilität sicherstellt.

Die Erklärung des Preises aus den Produktionskosten und Gewinnen enthält ganz offenbar nur einen Teil der Bestimmungsgründe, die bei der Bildung der Preise zusammenwirken. Man verkennt jedoch den Wert der Preissteigerungserklärungen auf dieser Grundlage, wenn man wie Eulenburg von ihr sagt [1]): „Der Hinweis auf die Produktionskosten ist aber schon an sich bedenklich und erinnert einigermaßen an die Erklärung der Armut aus der Povertät". Man muß einsehen, daß das Wesen der Produktionsreihe einen durchaus weiteren Sinn hat, als den eines nichtssagenden Zirkelganges von einem Preise zum anderen. Die Produktionskostenzurückführungen offenbaren objektiv ein Stück des Kreislaufs der Teuerung, dessen konsequente Verfolgung durch alle Stadien der Überwälzung nicht in einen fehlerhaften Zirkel, sondern zu den Quellen der Preisbildung führt. Andrerseits aber gewähren sie einen Einblick in die subjektiven Antriebe der im Angebot sich darstellenden privatwirtschaftlichen Initiative. Was das aber bedeutet, mögen einige Betrachtungen über das Kostenproblem im Rahmen der landwirtschaftlichen Betriebsweise erläutern.

Es ist zunächst festzustellen, daß das Problem der Kostensteigerungen zwei Seiten hat. 1. Die Verteuerung der Produktionsmitteleinheit; 2. die Vermehrung der am Rohertrag beteiligten Produktionsmitteleinheiten. — Die Unkostenfrage in der Landwirtschaft wäre einfach zu beantworten, wenn nur die erste Seite des Problems, die Aufwandsverteuerung, bestände. Die zweite Seite desselben aber bringt ein solch variables Moment in die Höhe des jeweiligen Betriebsaufwandes, daß an dieser Stelle einer der schwierigsten Untersuchungsgegenstände der landwirtschaftlichen Betriebslehre entstanden ist. Besteht überhaupt eine zu verallgemeinernde Beziehung zwischen Aufwand, Rohertrag, Reinertrag und Preisen? Langenbeck [2]), der die Buchführungsergebnisse aus der Buchstelle der D. L. G. bearbeitet hat, konnte auf die Unmaßgeblichkeit des landwirtschaftlichen Intensitätsgrades für den Reinertrag hinweisen, so daß sich auch bei relativ extensiver Betriebsorganisation ein günstiges Verhältnis zwischen Aufwand und Ertrag finden läßt, daß also die privatwirtschaftliche Vervollkommnung eines Betriebes keineswegs immer auf einer Intensitätssteigerung beruht, wie vielfach angenommen wird. Der Reinertrag ist die Resultante des Verhältnisses von Rohertrag und Aufwand. Man kann seine Größe nicht einseitig zu einem von beiden in Beziehung setzen. An Aufwand sparen, erlaubt nicht die rechnerische Erwartung eines höheren Reinertrages, wenn die Folgen der Ersparnis auf den Rohertrag nicht berücksichtigt werden. Das Gleiche gilt von einer Steigerung der Roherträge ohne Eingehen auf den Aufwand. Blinde Intensivierung wie blinde Extensivierung vernichten den Reinertrag. Die Fortschritte der Intensivierung der deutschen Landwirtschaft, die wir oben feststellten, sind ebensowenig das Anzeichen gestiegener Aufwandseinheiten pro Rohertragseinheit, wie das mehr oder weniger starke Beharren des ostelbischen Großbetriebs bei der alten mehr extensiven Wirtschaftsweise ein Anzeichen fallender Aufwandseinheit pro Rohertragseinheit sein muß. Wenn man solche allgemeinen Erwägungen anstellt, so muß eine isolierte Erörterung der Produktionskostenpreise und ihrer Steigerung jeder Beweiskraft für eine Steigerung der Produktenpreise bar sein, außer wenn man den Nachweis zuvor hat führen können, daß das Anwachsen der Roherträge mit dem Aufwand so oder so nicht Schritt gehalten hat, bzw. daß ein entscheidendes Anwachsen der Roherträge nicht die Folge des bloßen Anwachsens des natürlichen Aufwandes gewesen ist. Der Preis der Roherträge kann dann so beschaffen sein, daß er entweder die Produktionskostenelemente kompensiert oder darüber hinaus zur Steigerung der Reinerträge beiträgt.

Also selbst wenn die beiden Formen der Unkostensteigerung am Werke sind, wenn nicht nur mehr Arbeit und Kapital auf den Boden verwandt werden, sondern auch verteuertes Kapital und verteuerte Arbeit auf verteuerten Boden, so bleibt es also trotzdem zweifelhaft, ob von ihnen die verteuernde Wirkung auf die Produkte ausgegangen ist, wenn gleichzeitig eine Steigerung der Erträge erzielt wurde; denn es können dann die Aufwendungen, berechnet auf die Gesamtheit der mehrerzielten Ertragseinheiten doch sehr wohl eine Unkostenverminderung im Rahmen des Betriebes bedeuten. Im Lichte dieser einfachen Rechnung nimmt sich der Satz der theoretischen Nationalökonomie, daß jedes intensivere Ackerbausystem nur unter Voraussetzung eines höheren Preises der Produkte möglich ist (Roscher), zunächst etwas entwurzelt aus [3]). Für ihn spricht jedoch folgendes. Die Ermöglichung des Überganges zu intensiveren Anbausystemen erfordert notwendig mehr Kapital. Dieses kann durch Kredit bereitgestellt werden. Aber andererseits muß ein privatwirtschaftlicher Anlaß zu Ertragssteigerungen zuvörderst nach dem Charakter der Marktlage gegeben sein. Dieser Anstoss kann nur von einer unbefriedigten, also höhere Erträge sicher abnehmenden Nachfrage ausgehen. Diese unbefriedigte Nachfrage übt in gegenseitiger Überbietung der Preise auf die Erzeuger den Anreiz gesteigerter Verdienstmöglichkeiten aus und gibt ihnen damit die Mittel, die Ansprüche einer gestiegenen Nachfrage zu verwirklichen. Ungenügende Intensität also steigert aus Frequenzmangel die Preise, die Korrektur durch steigende Intensität in Verbindung mit erhöhten Kosten pro Ertragseinheit hält die gestiegenen Preise fest. — Also genetisch und historisch betrachtet ist doch der oben zitierte Gedanke Roschers als ein dem Tauschprinzip entsprechendes Gesetz bedingt gültig. Nur sind die vermehrten Produktionsaufwendungen nun nicht mehr die Ursachen, sondern die Folgen einer Preissteigerung der Produkte.

Auf welchen Wegen und Umwegen aber Vermehrungen und Verteuerungen der Aufwandseinheiten sich schließlich in steigenden Preisen durchsetzen, ist eine Frage für sich. Die Hauptsache bleibt, daß man bei der Steigerung von Produktionskosten stets das Verhältnis der die Kosten tragenden Aufwandseinheiten zu den Rohertragseinheiten mitberücksichtigt, denn nur in dieser

Beziehung kann der Begriff der Produktionskostensteigerung gebildet werden. Produktionskostensteigerungen in diesem Sinne müssen unbedingt sich in steigenden Preisen der Produkte durchsetzen, einerlei ob die Initiative dazu von den Produzenten oder ihren Abnehmern ausgeht. Ersteres geschah meist auf dem Gebiete des Milchabsatzes, letzteres beim Viehabsatz.

Dieselben Wirkungen auf die Preisbildung der Produkte gehen von der Gestaltung der Reinerträge, d. i. des Überschusses der Einnahmen über die Produktionskosten aus. Dabei ist wieder wohl zu beachten, daß hierbei nicht die absolute Höhe der Reinerträge das Entscheidende ist, sondern ihre prozentuale Beziehung auf den Gesamtgutswert, d. i. die Verzinsung desselben. Ein Sinken der letzteren drängt auf steigende Produktenpreise.

Eine Untersuchung der Kosten- und Rentabilitätsprobleme der Viehwirtschaft begegnet aber den größten Schwierigkeiten, weil das integrierende Zusammenwirken der roh- und reinertragwerbenden Kapitalteile weder eine eindeutige Zurechnung der viehwirtschaftlichen Erzeugnisse auf bestimmte Produktionsmittelanteile und deren Kosten gestattet, noch die klare Aussonderung des durch die Viehwirtschaft hereingebrachten Reinertragsbestandteils. Ein Forscher vom Range Aereboes bezeichnet sogar alle selbständigen Erzeugungskostenberechnungen als teuer erkaufte Irrlichter, auf die sich der Landwirt nicht einlassen soll [4]). Diese Anschauung trifft den Kern der natürlichen Unsicherheit aller landwirtschaftlichen Kalkulationen, aber sie geht zu weit in der Rigorosität der Ablehnung des ganzen Problems, wie die Arbeiten Laurs, Waterstradts, Howards, Stiegers u. a. zeigen [5]). Aber die Tatsache der Uneindeutigkeit der Zurechenbarkeit der Kosten- und Rentabilitätsfaktoren bleibt bestehen. Das gilt nicht nur für den einzelnen Betrieb, sondern selbst die für einen solchen etwa festgestellten Zurechnungen können zunächst überhaupt nicht verallgemeinert werden. Die einzelnen Landgüter sind nach Standort, Bodenbeschaffenheit, Arbeiterverhältnissen und den sonstigen persönlichen und sachlichen Betriebsbedingungen jeweils so verschieden gestellt, daß sie ohne weiteres überhaupt in keinen wirksamen Vergleich miteinander gebracht werden können [6]). Nur unter Berücksichtigung aller dieser Umstände kann man von der Erörterung der landwirtschaftlichen Produktionskosten- und Reinertragsentwicklung Aufschlüsse über die viehwirtschaftlichen und sonstigen Preissteigerungen erwarten.

a) Das Unkostenproblem in der Viehwirtschaft vor dem Kriege.

Die bereits ausführlich hervorgehobene nationale Abgeschlossenheit der deutschen Viehwirtschaft hat ihr jenen Monopolcharakter verliehen, der die Anwendung der Grundrententheorie besonders nahelegt, speziell des Differentialprinzips in ihr. Die Geltung der Ricardoschen Grundrentenlehre kann aber nur für jenen Zustand in Anspruch genommen werden, indem wie beim Fleischviehabsatz die Marktpreisbildung der Initiative der ländlichen Produzenten entzogen war, und wo der Marktpreis ihnen als gegebene Größe, an die sie ihre Produktion anzupassen hatten, gegenübertrat, was bei der Verwertung der Milch nicht in dem Maße der Fall war. Dies alles wird im nächsten Kapitel noch zu behandeln sein. Das allgemeine Differentialprinzip der Grundrentenbildung wird durch diesen Unterschied nicht durchbrochen. Die Faktoren der Ertragsdifferenzierung bestehen in der Bodengüte, im Standort und in den individuellen Eigenheiten des Betriebsleiters, die sich in der Organisation des Betriebes bekunden. In all diesen Fällen sind die jeweils aufgewendeten Mengen von Kapital und Arbeit, d. s. die Grundlagen der Produktionskosten verschieden und von unterschiedlichen Roh- und Reinertragsergebnissen begleitet. Die wirtschaftliche Lage (Standort) bietet zwar keinen unmittelbaren Anlaß zur Veränderung der natürlichen Produktivität der Produktionsmittel, aber sie ist ein wesentlicher Bestimmungsgrund für Kostenunterschiede bei denselben. Wie bei einheitlicher Marktpreisbildung der Produktenpreis entfernter Produktionsstätten sich um die Transportkosten kürzt, so auch verteuern sich andererseits die vom Markt bezogenen Produktionsmittel um die Kosten des Transports [7]). Da nun alle Landgüter durch die drei Dimensionen: der Bodenklasse, des Standorts und der Unternehmerpersönlichkeit bestimmt sind, so werden sie auch durch ein dreifaches Differentialrentenprinzip in ihrer Reinertragsgestaltung beeinflußt. Andererseits ist aber wieder nicht zu leugnen, daß die fortschreitende wirtschaftliche Entwicklung zu einer Nivellierung der Differentialrente drängt, und zwar aus folgenden Gründen:

1. Die Unterschiedlichkeit der Bodenklassen unterliegt der Aufhebung durch die Fortschritte der landwirtschaftlichen Technik, sowohl im Ackerbau wie in der Viehwirtschaft. Durch nichts wird dieser Entwicklungsgang so deutlich als dadurch, daß seit der Mitte des 19. Jahrhunderts die Preise für die Böden mit niedrigem Grundsteuerreinertrag ganz unverhältnismäßig mehr gestiegen sind als die höher bonitierten Böden (näheres später).

2. Eine Tendenz zur Nivellierung der Standortsunterschiede geht von zwei Seiten aus. Einmal von der Verkehrsentwicklung und der Verbilligung der Frachten. Zweitens von der Vermehrung der Absatzmärkte, wodurch eine Verkürzung der Entfernungen zum Markte geschaffen wird. Beides zusammen offenbart den Entwicklungsgang der nationalen intensiven Landwirtschaft zu den Bedingungen eines 1. Thünenschen Kreises (wovon bereits die Rede war).

3. Die Differentialrentenbildung vom Standpunkte der Betriebsleitertüchtigkeit würde durch die Bewegung der Böden zum besten Wirt einen Ausgleich erfahren können. Es läßt sich nicht feststellen, ob und inwieweit derartige Tendenzen am Werke gewesen sind. Aber die bessere fachliche Ausbildung der Landwirte spricht für ihren Bestand.

4. Schließlich gibt es eine Form, in der zwar die Rentenprinzipien nicht beseitigt werden, aber in ihrem durch die ungünstigsten Produktionsstätten vermittelten Einflusse auf den Produktenpreis gehemmt werden können, nämlich dann, wenn die jeweiligen Reinerträge nicht in entsprechenden Bodenpreisen kapitalisiert werden. Wo das nicht der Fall ist, da bildet die Differentialrente einen gewissen Ausgleichsfonds für steigende Produktionskosten, die in solchem Falle nicht notwendig auf die Marktpreise abgewälzt zu werden brauchen. Hat die Grundrente in entsprechenden Bodenankaufs- oder Bodenübernahmepreisen einen zinsenpflichtigen Zustand angenommen, so müssen steigende Produktionskosten in steigenden Produktenpreisen ihren Ausgleich suchen. Alle Betriebe dieser Art gelangen in eine Reihe mit den nach Standort, Unternehmerperson und Bodenklasse am ungünstigsten arbeitenden Landgütern, die nach dem Gesetz der Rentenpreise den Maßstab für die untere Marktpreisgrenze abgeben. Das Ergebnis späterer Erörterungen vorwegnehmend sei bemerkt, daß ein außerordentlich großer Teil der deutschen Landwirte an dieser Grenze gearbeitet hat, wodurch die hohe Bedeutung der Gestaltung der Produktionsmittelpreise für die Produktenpreisbildung dargetan wird. Die relative Knappheit des Angebots im abgeschlossenen Wirtschaftsgebiet der deutschen Viehverwertung hat deshalb die Durchsetzung des Prinzips der Konkurrenzpreise mit dem der Rentenpreise — von lokalen Verhältnissen abgesehen, von denen noch zu sprechen sein wird — vereinigen müssen, wie ohne weiteres verständlich sein wird.

Wenden wir uns nun den Unkostenproblemen der Wirtschaft zu, so treffen wir hier im Kleinen zunächst nochmals auf das Differentialrentenprinzip. Was hier gemeint ist, ergibt sich aus dem Studium der Anlagen Nr. XII [8]). Hier zeigt sich, daß der Schwankungsspielraum der in den einzelnen Betrieben aufgewendeten Kostenarten, als Futter, Arbeit, Zins usw. ein ganz ungewöhnlicher ist. Ebenso schwanken die Gesamtsummen der Aufwendungen pro Tag und Stück wie pro Gewichtseinheit in inkommensurabler Weise. Spannungswerte von über 50% sind die Regel. Selbst wenn man weitgehende Qualitäts- und Rohertragsunterschiede berücksichtigt, wird man doch sagen müssen, daß die in den Tabellen vorgewiesenen Schwankungsspielräume der Produktionskosten von Viehexemplar zu Viehexemplar und von Betrieb zu Betrieb so beträchtlich und allgemein sind, daß die Einträglichkeit der Viehwirtschaft ganz vom Differentialrentenprinzip beherrscht wird. Darnach würden die am teuersten produzierenden Betriebe den Maßstab für die Ausdehnung der Viehwirtschaft bilden, und zwar was die Fleischerzeugung betrifft, ganz in Abhängigkeit von der Viehmarktpreisbildung, da auf diesem Gebiete die Landwirtschaft — abgesehen von den erst spät und ungenügend einsetzenden Viehverwertungsbestrebungen aus eigenem Antriebe — jeder Initiative in der unmittelbaren Einflußnahme auf die Marktpreisbildung sich entrückt sah und ganz in Anpassung an die ohne ihr Zutun notierten Preise ihre Viehhaltung einzurichten gezwungen war. Bei der Milchverwertung war das anders. Sie ausgenommen, dürfen wir also die Produktionskosten nicht als Agens der Entwicklung der Viehpreissteigerung verstehen, sondern nur als Regulativ der Viehhaltung in jenen Betrieben, die an der Grenze rentabler Viehverwertung standen. Sie bilden das Regulativ der Gesamterzeugung und der unteren Preisgrenze. Steigende Produktionskosten verteuern nicht direkt das Vieh, sondern führen, abgesehen von der Milchwirtschaft, zur Einschränkung der Haltung in den ungünstigsten Betrieben, und erst von der Nachfrage, speziell dem Handel, geht die unmittelbare Initiative zur Preissteigerung aus [9]).

Die einzelnen Produktionsbedingungen der Viehwirtschaft, die in Kostenäquivalenten auftreten, zerfallen in drei Hauptklassen:

1. Betriebskapital, Zins und Versicherung;
2. Futter;
3. Arbeit.

Wir wissen aus früheren Erörterungen, daß die Intensität der Viehwirtschaft zu einem wesentlichen Teile Kapitalintensität ist. Es handelt sich hierbei um Betriebskapital. Die Bedeutung des Kapitals in der Landwirtschaft werden wir erst anläßlich der Rentabilitätsfragen der deutschen Landwirtschaft weiter unten erörtern. Dabei werden wir auch auf die Verteuerung der Kapitalleihe einzugehen haben. Wir beschränken uns deshalb an dieser Stelle auf die folgenden Bemerkungen. Das Betriebskapital steht dem Landwirt vielfach nicht zu solch günstigen Bedingungen zur Verfügung, wie das hypothekarisch gesicherte Anlagekapital. Vor allem entzieht sich der Umfang der Inanspruchnahme von Betriebskapital statistischer Erfassung, da es zum großen Teil von privaten Geldgebern vorgeschossen wird. Sein Zinsfuß ist höher als der für Anlagekapital, da er vorwiegend auf Personalkredit sich aufbaut. Er ist in seiner Bewegung dem

Gange des Geldmarktes angepaßt, der nach oben führte, wie später zu zeigen sein wird.

Nicht unerwähnt darf jedoch in diesem Zusammenhange jener Fall bleiben, in dem Viehkapital in die Produktionskosten eingeht, wie in all den Betrieben, die nicht Zucht betreiben, sondern Mager- oder Melkvieh zur Mast bzw. Milcherzeugung ankaufen. Dieser Ankauf von Vieh spielt sich im Zwischenhandel ab und unterliegt dabei mehrfachen Gewinnaufschlägen. Die Melkviehpreise aber sind in 10 Jahren um nicht weniger als 50% gestiegen, von ca. 470—500 Mark auf 700—750 Mark [10]). Die Tatsache, daß die reinen Abmelkwirtschaften sich nicht haben halten können, wenn sie nicht zur Aufzucht übergingen, legt Zeugnis von dem Einfluß der Viehkapitalkosten ab. Unter ihnen leiden besonders die Kleinbetriebe, die sich mit der Aufzucht nicht befassen können [11]). Da sie auf die Preisbildung keinen unmittelbaren Einfluß haben, so wirken diese Kostensteigerungen des Viehkapitals nur im Umwege über eine Angebotsverringerung auf den Preis, wie wir es oben in den Schwankungen der Kleinmast von Schweinen verfolgen konnten. Besonders in ärmlichen Gegenden, wie in einigen Teilen Thüringens, wo es an Weiden und rationellem Eigenfutterbau mangelt, ist die Viehwirtschaft in jedem ihrer Zweige unlohnend gewesen [12]).

Was die Versicherungskosten betrifft, so sprechen eine Reihe von Gründen dagegen, die Prämien, die der Landwirt alljährlich als Versicherung gegen allerlei Schäden wie Feuer, Hagel, Transport, Diebstahl, Vieh, Haftpflicht, Hypotheken, Kredit usw. bezahlt, in die Aufwandsverteuerungen einzustellen. Diese Versicherungsprämien sind vielmehr als ein kostenmindernder Bestandteil der Produktion anzusehen, da sie das Äquivalent sonst in Rechnung zu stellender Risikoprämien bilden. Andererseits wird von den genannten Versicherungsmöglichkeiten, mit Ausnahme der Feuerversicherung, so wenig ein allgemeiner Gebrauch gemacht, daß der Preis der Produkte von dem nicht versichernden Teil der Landwirte bestimmt wird. Kalkuliert dieser höhere Risiken, als sie dem Versicherungsprämiensatz entsprechen, dann erblüht dem versichernden Teile der Landwirtschaft insoweit eine Differentialrente. — Beim Vieh liegen nun die Dinge speziell noch so, daß die Versicherung nicht nur einem Bedürfnis des Landwirtes, denn beim Viehverkauf ging die Währschaft immer mehr an den Händler über, sondern auch der Händler, Kommissionäre und sonstigen Instanzen der Viehverwertung entsprungen ist. Aus diesem Grunde können die steigenden [13]) Versicherungsprämien weder positiv noch negativ im Rahmen der landwirtschaftlichen Produktion eine preissteigernde Bedeutung haben.

Die Futtermittel sind das Hauptproduktionsmittel der

Viehaufzucht. Viele, wenn nicht alle Erklärungen der Fleischteuerung ziehen mit Vorliebe diesen leicht greifbaren Posten der Futtermittelpreissteigerung heran. Daß eine solche Erklärung, wenn sie einseitig hingestellt wird [14]), nur einen sehr beschränkten Erkenntniswert besitzt, das dürften alle früheren Ausführungen dargetan haben. Die Futtermittelpreise treten in dem Maße in die viehwirtschaftliche Preisbildung ein, als der Futterzukauf an die Stelle des Eigenfutterbaues tritt. dessen Rente auf die Nutzvieheinnahme entfällt. Nach der Anlage VII läßt sich allerdings wider Erwarten nicht ein enger Zusammenhang von Eigenfutterbau und Futterzukauf in bezug auf die absolute und relative Rentabilitätshöhe des Viehbetriebs feststellen. Auch die schon öfter genannten Erhebungen über die Betriebsverhältnisse von Schlesien 1913 haben das merkwürdige Ergebnis zutage gefördert, daß die Größe des Nutzviehbestandes und die Größe der Futterflächen in umgekehrtem Verhältnis stehen [15]). Wennschon das nicht die Regel ist, so beweist doch die Möglichkeit des Vorkommens, wie die Viehhaltung noch durch ganz andere Faktoren in ihrer Rentabilität beeinflußt wird. Im übrigen dürften wohl die Betrachtungen, die Waterstradt an diesen Sachverhalt knüpft, zu Recht bestehen [16]): „Und doch wird die Annahme kaum fehlgehen, daß man es hier z. T. mit betriebswirtschaftlichen Fehlern, mit einer mangelhaften Ausnutzung des Futterbaues zu tun haben wird. Wie denn in sehr vielen Fällen die Unrentabilität der Nutzviehhaltung lediglich auf einem wirtschaftlich nicht richtigen Verhältnis der Futterfläche zum Vieh beruhen wird ... und die vielen Klagen über das ‚notwendige Übel' werden wahrscheinlich doch recht oft nur kundtun, daß der Fehler in der Organisation liegt.“

Da also ein guter Teil der Betriebe durch unrationelle Futterwirtschaft an der Grenze der Rentabilität ihrer Viehwirtschaft stand, mußte er von der Bewegung der Futtermittelpreise unmittelbar betroffen werden. Dasselbe gilt auch von allen übrigen nicht mit großen Überschüssen arbeitenden Betrieben, deren Zahl ungewöhnlich hoch war, wie die nachfolgenden Untersuchungen über die Rentabilität zeigen werden. Auch in ihnen müssen alle Steigerungen der Preise für Marktfuttermittel auf die Viehhaltung wirken, soweit sie vom Futterzukauf abhängig ist. Die Steigerung der Futterpreise liegt klar zutage. Sie betrug im Durchschnitt der Jahre 1895—1910 über 50% [17]). Diese Preissteigerung erhält unter dem Gesichtspunkt der Rentabilitätskonkurrenz von Ackerbau und Viehwirtschaft ein um so höheres Gewicht, als die Produktionsmittel des Getreidebaues nicht nur nicht ähnlich stark gestiegen sind, sondern z. T. im Preise herabgingen. Letzteres trifft zu für eine Reihe künstlicher Düngemittel und landwirtschaftlicher Maschinen.

Knochenmehl sank von: 12.— Mark pro dz 1891/7 auf 9,94 Mark 1906/10;

P O im Superphosphat sank von: 0,65 Mark pro 1 kg 1890 auf 0,34 Mark 1912;

Chilisalpeter und Ammoniak stiegen in derselben Zeit nur um 17—20%;

ein Karrenpflug kostete 1890 50 Mark, 1912 auch nicht mehr;
eine Drillmaschine kostete 1890 363 Mark, 1912 331 Mark;
eine Egge kostete 1896 73 Mark, 1910 67 Mark usw. [18]).

Aus solchen Preisen mußte der Ackerwirtschaft ein starker Vorsprung in der Rentabilitätskonkurrenz mit der Viehwirtschaft erwachsen.

Die Verteuerung der einzelnen Futtermittel, auch derer, die nicht zum Getreide gehören, hing größtenteils von den Weltmarktpreisen ab, da alle hauptsächlichen Kraftfuttermittel eingeführt wurden (Anlage V). Die Zölle kamen hier weniger zur Geltung. Die Futtermittel für Rindvieh, wie Kleie, Reisabfälle, Ölkuchen, Fleisch- und Fischmehl gingen überhaupt zollfrei ein [19]). Dagegen lastete auf Mais ein Zoll von 3 Mark; auf Futtergerste ein solcher von 1,30 Mark. Auch die Einfuhr von Hülsenfrüchten, Kartoffeln [20]), Futterbohnen usw. war mit Abgaben belastet. Doch bleibt zu bedenken, daß ein Zollzuschlag nur eine einmalige, nicht eine fortlaufende Preissteigerung unmittelbar bewirkt, weshalb die gewichtigeren Gründe der Futterverteuerung bei den Ernteausfällen und Welthandelspreisen liegen. Billigen Futterpreisen entsprechen größere Futtermengen und damit nicht nur eine Verbilligung, sondern auch eine Ausdehnungsmöglichkeit der Viehhaltung. Die Ursachen für die Preissteigerung aller Futtermittel auf dem Weltmarkte können an dieser Stelle nicht weiter geklärt werden, doch dürften sie in engem Zusammenhange mit den bald zu erörternden Problemen des Agrarstaates stehen.

Nicht unerwähnt bleiben mögen angesichts der allgemeinen Futterverteuerungen die Futtererleichterungen, die ducrh die Ausdehnung der landwirtschaftlichen Nebengewerbe geschaffen wurden. Die Rückstände der Spiritus-, Zucker-, Stärke-, Molkerei- und Käsereiindustrie haben die Möglichkeit einer billigen Viehfütterung geschaffen, die besonders in Form reiner Mastanstalten benutzt worden ist. Diese wirkten aber doch nicht initiativ preisbildend, sondern hingen von den Marktpreisen ab. Denn die Kalkulation der Nebengewerbe vollzieht sich hier derart, daß sie unter Berücksichtigung der Viehpreise die Verwertung ihrer Abfallprodukte einrichten. Der Wert der Abfallprodukte ist in der Tat eine Abhängige des Viehpreises, und selbständige preisbildende Funktionen gehen von dem Nebenbetriebszweig der Viehmast in einem landwirtschaftlichen Gewerbebetriebe nicht aus. Etwaige Futtererleichterungen sind also nicht als preismindernde Tendenz zu werten, ja sie haben nicht einmal die Veranlassung zu einer die Norm erreichenden Viehbesetzung der Nebengewerbe gegeben, noch mehr: die Nebenbetriebe wiesen trotz der Futtererleichterungen noch den größten Futterzukauf auf [21]).

Was endlich die Produktionskostenverteuerung des Viehs durch Steigerung der Arbeitslöhne betrifft, so ist bei dem quantitativ geringen Verhältnisanteil derselben an den Gesamtkosten das qualitative Moment dieser Arbeitsverrichtungen mit Nachdruck hervorzuheben. Zwar sind die Löhne in der Landwirtschaft in vollkommener Abhängigkeit von den Industriearbeiterlöhnen [22]) stark gestiegen (siehe Anlage XVII), aber der Charakter der Qualitätsarbeit in der Viehwirtschaft hat es mit sich gebracht, daß hier vorwiegend die Arbeit des Betriebsleiters von Belang ist. Durch die Schwerpunktsverlagerung der Viehwirtschaft nach den Kleinbetrieben, die nicht buchführungsgemäß rechnen, kommt durch die Qualitätsarbeit ein irrationaler Faktor in die Viehproduktion, ein Faktor, der gegebenenfalls ganz an die Stelle des Reinertrages treten kann bei der Tendenz zur Bewertung des Landes als Arbeitsgelegenheit.

Angesichts all der genannten Verteuerungen der Aufwandseinheiten in der Viehwirtschaft finden wir uns nun vor die in den Vorbemerkungen aufgeworfene Frage gestellt, ob die zunehmenden Kosten nicht durch das Gesetz der zunehmenden Roherträge etwa ausgeglichen wurden. Zur Beantwortung dieser Frage dienen uns alle früheren Erörterungen über die technische Entwicklung der deutschen Viehwirtschaft. Sprechen wir zunächst von der Fleischproduktion.

Was den Ackerbau betrifft, haben statistische Untersuchungen Waterstradts [23]) im Anschluß an Howard das interessante, allerdings nicht widerspruchslos hingenommene Ergebnis gezeitigt, daß sich die sachlichen und persönlichen Aufwandsteile des Betriebskapitals steigenden Geldroherträgen gegenüber grundsätzlich verschieden verhielten, in der Weise, daß die sachlichen Erzeugungsaufwendungen mehr anwuchsen, als der Rohertrag zunahm, während die Aufwandseinheiten der Arbeit relativ abnahmen oder gleichblieben. Damit konnte dem für den sachlichen Erzeugungsaufwand gültigen Gesetz der zunehmenden Kosten (was nicht im Widerspruch zu den S. 110 angeführten Verbilligungen eines Teils der Aufwandseinheiten speziell beim Getreidebau zu stehen braucht) das Gesetz der abnehmenden Arbeitskosten in Kompensation gegenübergestellt werden. Das bedeutet insoweit eine Suspension des Bodengesetzes für den fraglichen Zeitraum in bezug auf den Feldfruchtbau, die im Rahmen der Rentabilitätskonkurrenz desselben mit der Fleischvieherzeugung um so mehr ins Gewicht fällt, als sich für letztere ähnliches nicht nachweisen läßt.

Es liegen weder auf seiten des sachlichen noch des persönlichen Aufwandes Anzeichen dafür vor, daß die in der Zucht und Aufzucht errungenen Fortschritte und Ertragssteigerungen in der Fleischproduktion unter abnehmenden Kosten gestanden hätten. Sehen wir davon ab, daß die möglichen Fortschritte in großem Umfange überhaupt nicht durchgeführt worden sind, so ist auch da, wo sie stattfanden, die Wirksamkeit des Gesetzes der abnehmenden Kosten nicht nachzuweisen. Es kann gesagt werden, daß die erzielten Fortschritte, die besonders die Schnellwüchsigkeit und Qualitätsverbesserung betrafen, nicht so sehr ein Produkt der Arbeitsvermehrung als der Fütterungsverstärkung und -rationalisierung gewesen sind. Zwar hat die intelligente Arbeit des Betriebsleiters hervorragenden Anteil an der Ertragsmehrung, aber sie ist es, die in der Regel ohne Kostenäquivalent auftritt. Die bezahlte Arbeit mit dem Vieh ist jedoch mit speziellen Produktivitätssteigerungen nicht in Beziehung zu bringen. Die Fortschritte der Fütterungslehre haben weniger eine Ersparung an Futtergaben als eine zweckmäßige Organisation ihrer Darreichung ermöglicht. Wenn auch das erstere nicht ganz in Abrede gestellt werden kann, so ist die Minderung an technischen Aufwandseinheiten durch die Preissteigerungen doch weit überholt worden. Nimmt man dann noch hinzu die große Verschiedenheit der Produktionsbedingungen in den einzelnen Betrieben, von denen oben die Rede war, so erweist sich die Wirksamkeit gestiegener Produktionsmittelpreise von sovielen Bedingungen abhängig, daß man nicht vorsichtig genug sein kann, wenn man von ihrer preissteigernden Bedeutung spricht. Ohne Hinzuziehung des technischen Ertragsgesetzes und der Rentenpreisbildung wird man dem Produktionskostenargument nicht gerecht. Nur das ins einzelne gehende Studium aller Einzelfragen der Viehwirtschaft in den früheren Abschnitten erlaubt uns, an dieser Stelle das Gesetz der zunehmenden Kosten in der deutschen Fleischviehproduktion in einer die Ackerwirtschaft übertreffenden tendentiellen Wirksamkeit anzunehmen.

Wenn wir nun die Milchwirtschaft unter denselben Gesichtspunkten betrachten, kommen wir teilweise zu anderen Schlußfolgerungen, für die sich wegen der höheren Rechenhaftigkeit dieses Viehverwertungszweiges auch einige speziellere Nachweise erbringen lassen. Zunächst ist auch für die Milchwirtschaft das Gesetz der zunehmenden Kosten nachgewiesen worden[24]).

Speziell für die reinen Abmelkwirtschaften ergibt sich nach Auf dem Thie und Waterstradt[25]), daß „von den steigenden Produktionskosten die Futterkosten verhältnismäßig sehr wenig beeinflußt werden, und daß die Arbeitskosten ebenfalls konstant bleiben". „Dagegen sind die steigenden Produktionskosten ganz deutlich auf die Fleischverluste zurückzuführen", d. i. der Spannung zwischen Ein- und Verkauf des Melkviehs, die durchschnittlich 150 Mark betragen, wie bereits erwähnt. — Bei den Halbabmelkwirtschaften treten jedoch die steigenden Produktionskosten hauptsächlich im steigenden Futteraufwande auf. Die Arbeitskosten bleiben auch hier ziemlich gleich und ein Fleischverlust bei Verkauf des Tieres ereignet sich kaum. Von der Mitteilung bestimmter Ziffern muß abgesehen werden, denn „selbst in kleinen Betrieben sind große Unterschiede festzustellen. Deshalb ist eine Verallgemeinerung einzelner Zahlen mit Bezug auf die Rentabilität nur mit größter Vorsicht möglich" (Auf dem Thie, S. 81). Was sich jedoch statistisch erfassen läßt, ist ein Zusammenhang zwischen den Ertragsklassen der Milchergiebigkeit und den Futterkosten. Von den durch Waterstradt untersuchten schlesischen Betrieben waren 2 ganz unrentabel, 3 mäßig rentabel, 4 rentabel. Es ist bemerkenswert, daß bei der ersten Gruppe der Milchertrag des Einzeltieres pro Jahr sich unter 2000 Liter stellt, bei der zweiten auf 3000 Liter und darunter, bei der letzten auf über 3250 Liter. Die Produktionskosten stellten sich für:

Gruppe	1	auf	12,6—20,4	Pfennig qro Liter
„	2	„	13,2—15,4	„ „ „
„	3	„	9,0—12,6	„ „ „

im Durchschnitt mehrerer Jahre innerhalb von 1903—12. Es äußert sich also hier eine Aufwandsdifferenz verschiedener Ertragsklassen, indem niedrigere Ertragsklassen höhere Produktionskosten bedingen.

Andererseits wird aber auch nicht in Abrede zu stellen sein, daß steigende Milcherträge von ihrem Rohmaterial, den steigenden Futtergaben nicht zu trennen sind. Es bleibt nur die Frage nach der Grenze offen, von der ab erstens das technische Gesetz des zunehmenden Ertrages wirksam wird, und zweitens, wann seine kostensparende Tendenz durch die steigenden Futterpreise im Laufe der Zeit überholt wird, so daß das Gesetz der zunehmenden Kosten in Kraft tritt. Feststellen läßt sich folgendes. Nach einer der Praxis entnommenen Tabelle Waterstradts[26]) ergeben sich abnehmende Kosten bei zunehmendem Milchertrag:

pro Tag und Kuh von ...	5 kg	10 kg	15 kg	20 kg
und zwar pro Liter ...	17,2 Pf.	10,8 Pf.	8,4 Pf.	6,9 Pf.

Diesen Preisverhältnissen stehen aber zeitlich zunehmende Kosten bei gleichbleibendem Milchertrag gegenüber. Nach einer Tabelle von Professor Strebel[27]) stellten sich die

Milcherzeugungskosten loco Stall für 1 Liter bei einem jährlichen Milchertrag:

pro Kuh in Liter	1901	1906	Unterschied
1800	13,7 Pf.	17,6 Pf.	3,9 Pf.
1900	13,0 „	16,7 „	3,7 „
2000	12,3 „	15,8 „	3,5 „
2100	11,7 „	15,0 „	3,3 „
2200	11,2 „	14,4 „	3,2 „

Wie nun diese beiden einander entgegenwirkenden Kostentendenzen zum Ausgleich kommen, darüber gibt die Anlage XXIV Auskunft. Es handelt sich hier um Kontrollkühe, die zweifellos eine Vorzugsstellung genießen. Bei ihnen allerdings läßt sich in der weitaus größten Mehrzahl der Fälle das Gesetz der abnehmenden Kosten feststellen. Da aber die Vorzüge des Milchkontrollwesens erst in letzter Zeit in kleinem Maßstabe sich einbürgerten, so werden die unter ihnen arbeitenden Betriebe keineswegs die Richtlinien für die Preisbildung abgegeben haben. Aber immerhin lassen sie erkennen, daß die Tendenz zu abnehmenden Kosten in der Milchwirtschaft bestand. Was allein als verteuernder Faktor der Milchproduktionskosten eingesetzt werden muß, das sind die Aufzuchtkosten des Viehs bis zur Leistungsreife, die wie oben gesagt um 50% gestiegen waren [28]).

Es ist also trotz der großen Ertragssteigerungen auch bei der Milchproduktion das Gesetz der zunehmenden Kosten in geringem Umfange in Erscheinung getreten, wennschon es Betriebe gegeben hat, die davon eine Ausnahme machten. Aber diese haben nicht den Preis bestimmt. sondern eine Differentialrente bezogen [28a]). Wieviel mehr aber darf im Rahmen der Fleischproduktion, der ähnlich bedeutende technische Fortschritte nicht zu Hilfe kamen, eine Zunahme der Kosten vermutet werden!

Wenn wir jetzt das Thema der Produktionskosten verlassen, so tun wir es, um es in den weiteren Zusammenhang der landwirtschaftlichen Rentabilität zu stellen. Außer von ihnen wird die landwirtschaftliche Produktion noch von weiteren Aufwendungen belastet, die als Produktionskosten nicht angesprochen werden können, weil sie in keinem produktiven Zusammenhange stehen.

b) Die Rentabilität der deutschen Landwirtschaft vor dem Kriege.

Wir sagten schon, daß infolge der Integration der landwirtschaftlichen Betriebszweige nur die genaueste Buchführung ein annähernd brauchbares Bild der Rentabilitätsfaktoren geben kann. Fehlt eine solche, so ist die Rentabilitätsbeurteilung des ganzen Betriebes sowie einzelner Zweige desselben auf Schätzungen angewiesen, in die sich leicht Vorurteile einschleichen können. Ein solches Vorurteil fanden wir z. B. in der traditionellen Überschätzung des Getreidebaues zuungunsten der Viehhaltung. Die ganze Teuerungsepoche ist durch die Klagen einer fast sprichwörtlich notleidenden Landwirtschaft angefüllt gewesen. Während diese selbst aber ihre Not vorwiegend aus den schlechten Getreidepreisen ableitete und nach höheren Zöllen rief, ist für einen großen Teil der wissenschaftlichen Fachleute die Rentabilitätskrisis der deutschen Landwirtschaft weniger ein durch Getreidezölle lösbares Problem gewesen, als eine Frage der Wahl des richtigen Betriebssystems. Es besteht nun gewiß die Möglichkeit, die Rentabilitätsschwierigkeiten der Landwirtschaft auf die vielfach vorurteilsvolle, ungenügende Behandlung der Viehwirtschaft zurückzuführen, aber es lassen sich auch noch tiefere Gründe finden, die das ganze Problem über die Alternative von Ackerbau und Viehwirtschaft hinausheben. Die Preise als Indizes der landwirtschaftlichen Rentabilitätsnotwendigkeiten stellen das Preissteigerungsproblem auf eine ganz eigene und neue Grundlage. Diesen Fragen wollen wir uns zunächst im Zusammenhange mit der Bodenpreisbewegung zuwenden.

Rentabilität und Gutswert (Bodenpreis) hängen eng aber nicht eindeutig zusammen. Sie würden es tun, wenn der Bodenpreis sich nur nach den Gesichtspunkten der Rentabilität bildete. In Wirklichkeit spiegeln die Gutswerte nur teilweise die mit dem Landgut verbundene Möglichkeit des Geldverdienens wieder. „Das Landgut ist nicht nur Mittel, um Gelderträge zu gewinnen, sondern ein Mittel zur Befriedigung aller geistigen und leiblichen Bedürfnisse“ [29]). Trotzdem der Gutswert also kein Ausdruck des wirtschaftlichen Ertragswertes ist, hat der Ertrag doch die Aufgabe, die Verzinsung des Gutswertes herauszubringen. Durch diesen Umstand ist aber bereits dargetan, daß die formale Rentabilitätsberechnung der Landwirtschaft stets zu ungünstig verfährt, da mit der Verzinsung auch ein Teil der mit dem Landgute befriedigten consumtiven Bedürfnisse bezahlt wird. Die weiteren Folgen dieser Rechnungsweise beschäftigen uns vorläufig noch nicht. Wichtig ist aber, daß umgekehrt der mit solchen ertragsfremden Preiselementen belastete Gutswert der Rentabilitätsbeurteilung zugrunde gelegt wird, d. h. es wird so verfahren, als ob der gesamte Gutswert der Preis des Produktionswertes des Landgutes sei. Aus diesem Grunde muß auf Warenpreise hingearbeitet werden, die eine angemessene Verzinsung des mit ideellen Momenten belasteten wirklichen Ertragswertes der Güter bewirken. Je höher der Gutswert hinaufgetrieben wird, um so schwieriger ist die Verzinsung herauszuwirtschaften, um so mehr bedarf es gestiegener Preise, wenn technische Fortschritte und dergleichen nicht zu Hilfe kommen. Es leuchtet demnach auf den ersten Blick ein, daß eine von dieser Seite ausgehende Preissteigerungstendenz mit dem Produktionskostenproblem nichts mehr zu schaffen hat, sondern ein Preisproblem für sich ist. — Wir ziehen nun zunächst die Entwicklung der Bodenpreise während des Preissteigerungszeitraums in nähere Betrachtung.

1. Die Steigerung der Guts- und Bodenpreise.

Die Preise für den landwirtschaftlichen Boden mit und ohne Gebäudekapital sind während der Teuerungsperiode dauernd in jeweilig verschiedener Schnelligkeit in allen Teilen des Reiches gestiegen. Die Frage ist, inwieweit dies eine Folge der Steigerung der Erträge und ihrer Preise ist, und inwieweit die steigenden Bodenpreise ihrerseits preiserhöhend auf die Steigerung der Produkte gewirkt haben. Die Bodenpreise bilden sich beim Übergang eines Gutes in fremde Hände. In diesem Falle hat der neue Besitzer ein Kapital investiert, das verzinst werden muß. Diese Verzinsungsnotwendigkeit kann aber erst von dem Augenblicke an auf die allgemeine Preisbildung einen Einfluß gewinnen, in dem der Besitzwechsel dauernd und häufig stattgefunden hat. Wäre das in der von uns betrachteten Preissteigerungsperiode nicht der Fall gewesen, so könnte an dieser Stelle ein Preissteigerungsproblem nicht entstehen. Da Erhebungen über das ganze Reich nicht vorliegen, so halten wir uns an die für Preußen und Bayern bekanntgewordenen Ziffern. Nach den statistischen Jahrbüchern für das Königreich Preußen ergibt sich eine

Besitzwechselhäufigkeit in % der Grundstücke von

im Jahre	2—5 ha	Ø	5—20 ha	Ø	20—100 ha	Ø	über 100 ha	Ø
1896	9,1		5,8		4,4		5,6	
1897	9,2		6,1		4,5		5,9	
1898	9,0		6,0		4,3		5,7	
1899	9,0	9,0	5,9	5,9	4,6	4,3	6,0	5,7
1900	8,8		5,6		4,1		5,8	
1901	9,1		5,8		4,2		5,3	
1902	9,1		5,9		4,3		5,9	
1903	8,3		5,6		4,6		6,5	
1904	8,2		5,6		4,5		6,7	
1905	8,5	8,4	5,8	5,7	4,8	4,6	7,5	6,8
1906	8,6		5,9		4,7		7,9	
1907	8,5		5,8		4,5		6,3	
1908	8,5		5,9		4,6		5,9	
1909	8,2		6,0		4,7		6,6	
1910	8,4	8,3	6,3	6,1	4,8	4,7	6,9	6,6
1911	8,5		6,2		4,6		6,8	
1912	8,3		6,2		4,7		6,8	

Nach dieser Tabelle haben von den Besitzungen über 2 ha durchschnittlich 6,34% im Jahre, d. i. 100% in 15,8 Jahren [30]), den Besitzer gewechselt. Davon blieben nur etwas über $^1/_5$ in der Familie selbst. In den Provinzen Posen, Ost- und Westpreußen, Schleswig-Holstein nahmen die Übergänge 1903—07 mehr als die Hälfte aller ländlichen Grundstücke ein [31]).

Die Zustände in Preußen lassen sich unbedenklich für das ganze Reich verallgemeinern und sind für Bayern auch zu belegen. Hier hat in der Zeit von 1900—10 ungefähr die Hälfte aller Anwesen den Besitzer gewechselt [32]).

Alle diese Preissteigerungen lassen sich sowohl für Preußen wie für Bayern in zwei Abschnitte zerlegen, deren erster bis 1903/6 reicht und eine geringere Preissteigerung aufweist als der folgende, der die Periode von 1903/6—1909/10 umfaßt. Die Ziffern für Preußen sind durch Rothkegel bearbeitet worden [33]). Er stützt sich auf die von den preußischen Katasterverwaltungen angelegten Kaufpreissammlungen, die seit 1861/5 in dreijährigen Abständen bis auf die Gegenwart fortgeführt wurden. Für Bayern liegen analoge Untersuchungen nur für einige typische Gemeinden vor [32]).

Für alles folgende ist Anlage XXV einzusehen.

Der Vergleich der Kaufpreisentwicklung in Preußen mit der in Bayern zeigt eine vollkommene Übereinstimmung. Leider sind die Untersuchungen für Bayern nicht auf einen unmittelbaren Vergleich mit den preußischen Ziffern von ihren Verfassern in der statistischen Anlage zugeschnitten worden. Aber trotzdem liegt die Gleichförmigkeit der Preisbewegung offen zutage. Wir stellen sie in der nachfolgenden Tabelle unter Außerachtlassung der Bonitätsklassen zusammen. Für Bayern wurden auch die Ziffern von Stechele [34]) mitbenutzt. Die Güter über 100 ha wurden weggelassen, da solche in Bayern nicht, wie im Osten, die Regel sind. Es ergibt sich dann folgende Entwicklung der Kaufpreise in den Größenklassen von 2—100 ha:

Jahr	2—5 ha	5—20 ha	20—100 ha	Landgüter zus.
1900/1	100	100	100	100
1902/3	109	103	116	109
1904/5	111	115	128	118
1906/7	124	122	150	131
1908/9	148	133	156	149
1910	154	135	—	—
1901/3—7/9	27%	25%	37%	31%
dito für Preußen allein	27%	31%	37%	32%

Das allgemeine Ergebnis dieser Tabelle nebst der Anlage XXV ist, wenn man die Zeit von 1901/3 mit der von 1907/9 vergleicht:

1. Große Güter sind am meisten im Preise gestiegen; kleine halten die Mitte; mittlere zogen am wenigsten an.
2. Die Preissteigerung ist zwar fortlaufend, nimmt jedoch um das Jahr 1906 herum einen besonderen Aufschwung.
3. Unter den Bonitätsklassen sind die geringsten am meisten von der Preissteigerung betroffen worden. Mit zunehmender Güte der Bodenklassen nimmt die Preissteigerung ab, so daß Bodenklasse und Preisbewegung in umgekehrtem Verhältnis stehen.

Es erhebt sich nun die Frage, ob eine solche Steigerung der Landgutspreise von über 30% in 6 Jahren lediglich ein Ausdruck der entsprechend gesteigerten Rentabilität ist. Die Rentabilitätssteigerung infolge der durch die Zollerhöhung hinaufgetriebenen Getreidepreise fällt in jenen Zeitraum der unverhältnismäßig gestiegenen Landgutspreise, und sie ist auch von den meisten Autoren in erster Linie für diese verantwortlich gemacht worden. Unter Rücksichtnahme auf die mit ihr verbundene gleichzeitige Preiserhöhung für viehwirtschaftliche Produkte berechnet Horlacher (S. d. V. f. S. Bd. 148, a. a. O. S. 95) die durch den Zoll gerechtfertigte ideale Bodenwerterhöhung auf 26%. Dazu kommen noch 13% Ertragssteigerungen des Landwirtschaftsbetriebes in jener Zeit. Es ist aber wohl unzulässig, mit solch schematischen Ziffern zu arbeiten. An unsere Tabelle gehalten, müßte die von Horlacher als obere Grenze normierte Preissteigerung der Güter (39%) in Wirklichkeit gar nicht einmal erreicht worden sein (31%). Aber man kann eine solche obere Preisgrenze nur festlegen unter Berücksichtigung des gestiegenen Aufwandes und des zuvor bestandenen Mankos der Rentabilität; andererseits wäre es ein leichtes, unserer Tabelle dadurch um 10—20% höhere Preissteigerungsprozente abzugewinnen, daß man anstatt dreijährige Durchschnitte miteinander zu vergleichen das Jahr 1900 dem Jahre 1909 gegenüberstellt, womit sogleich die Unmäßigkeit der Preisbewegung zutage träte. Sucht man jedoch sichere Anhaltspunkte für die Bildung der Landgutspreise lediglich vom Standpunkte der Reinertragswandlungen aus (ohne Rücksicht auf alle sonstigen preisbildenden Einflüsse), so kommt man nicht umhin, das Landgut in seine den Reinertrag bewirkenden Produktionselemente zu zerlegen. Auf sie gestützt, läßt es sich leichter ermessen, inwieweit die Bodenpreissteigerung ein Produkt privatwirtschaftlicher Rentabilitätsaussichten gewesen ist und inwieweit nicht. Die Faktoren der Preisbildung der Landgüter nach dem Ertrage sind:

1. Die Größe der Güter und das Betriebssystem.
2. Die wirtschaftliche Lage (Standort) der Güter.
3. Der natürliche Ertragswert der Güter
   a) nach Höhenlage, Klima, Bodenart und Bewässerung (Grdstr.-Reinertr.),

b) nach dem vorhandenen Kultur- und Inventarzustande.
4. Der landwirtschaftliche Aufwand (Produktionskosten).
5. Die Produktenpreise und Absatzverhältnisse.

Da nun aber die Ertragswertschätzung der Güter beim Besitzwechsel stets auf eine Erwartung der zukünftigen Reinertragsgestaltung unter Berücksichtigung der angeführten Produktionsgrundlagen abzielt, so ist auch dieses Moment mit hereinzunehmen[35]), um so mehr, da von dieser Seite aus, die die Einschätzung der eigenen persönlichen Tüchtigkeit einschließt, sehr starke Antriebe zur Überschätzung ausgehen können. Es ergibt sich dann:

6. a) eine mittlere Rohertragserwartung (gemäß 1—3),
   b) eine mittlere Aufwandserwartung (gemäß 4),
   c) eine mittlere Preiserwartung (gemäß 5).
   Differenz: eine mittlere Reinertragserwartung.

Dieser erwartete Ertrag zu einem üblichen Zinsfuß [36]) kapitalisiert, ergibt einen rein durch den Ertragswert bestimmten Landgutspreis. Die Rentabilität des Landgutes wäre dann in dem üblichen Zinsfuße ausgedrückt. Beträgt der Zinsfuß 3%, so wird die Rentabilität des Landgutes durch diese 3% bezeichnet. Steigert sich der absolute Reinertrag in einem bestimmten Zeitpunkte, und kapitalisiert man diesen neuen Reinertrag wiederum zu 3% in einem entsprechend erhöhten Bodenpreise, so ist die Rentabilität des Landgutes sich gleichgeblieben. Wenn ein früherer schlechter Rentabilitätsstandart ein Anlaß zu dauernden Bemühungen um erhöhte Preise gewesen ist, so bleibt dann dieser Anlaß fortbestehen und wird auch in den Zeitraum absolut gestiegener Reinerträge hineingetragen, wenn ein häufiger Besitzwechsel bei überschätzten Ertragswerten stattfindet. Es erhebt sich deshalb die nicht leicht zu beantwortende Frage, ob seit 1903/6 der Preis der Landgüter über ein durch den wirklichen Reinertrag nicht gerechtfertigtes Maß hinaus gestiegen ist, so daß die Zwangslage geschaffen wurde, eine weitere Erhöhung der Produktenpreise durchzusetzen, um wiederum die nachträgliche Garantie für eine vorher überschätzte Rentabilität zu schaffen. Was sich hier mit Bestimmtheit sagen läßt, ist das folgende, wenn wir uns an die Reihenfolge der soeben genannten Faktoren der Landgutspreisbildung halten.

An die Spitze haben wir die Gutsgröße gesetzt. Es fällt auf, daß die Hektarwerte allgemein mit der Größe der Landgüter abnehmen. Wenn wir den Durchschnitt der in den Stat. Jahrb. für d. preuß. Staat veröffentlichten Kaufpreise der Grundst.-Reinertr.-Klasse von 2 Taler ziehen, so ergibt sich, der Hektarwert der Güter über 1000 ha = 100 gesetzt, folgende Reihe:

über 1000 ha	über 300 ha	60 ha	12 ha	3,5 ha	2 ha	
100	104	122	177	280	335	Wert pro ha

Einen Teil dieser Unterschiede erklären wir aus der Erscheinung, daß sich bei dem Anwachsen der Landgutsfläche ein pro ha entfallender geringerer Anteil des Gebäudekapitals ergibt. Dieser Sachverhalt durchzieht alle Grundst.-Reinertr.-Klassen [37]). Daß aber die Wertunterschiede zwischen großen und kleinen Gütern nicht allein durch das Gebäudekapital bedingt sein können, ergibt sich nach den Preisverhältnissen der reinen Bodenwerte (ohne Gebäude und bewegliches Inventar):

über 1000 ha	über 300 ha	60 ha	12 ha	3,5 ha	2 ha	
100	103	121	162	200	260	Wert pro ha

Für diese Erscheinung sind außer den bereits genannten arbeits- und kapitalextensiven Wirtschaftsformen [38]) des gewöhnlichen Großbetriebes auch die besonderen Verhältnisse der Getreidewirtschaft in jener Zeit mit verantwortlich zu machen.

Seit der Mitte der 90er Jahre besserten sich die Getreidepreise, und es ist bezeichnend, wie bis zur Jahrhundertwende die Betriebsgröße in allen Reinertr.-Klassen — mit Ausnahme der von 5—10 Taler — in vollkommener Wechselbeziehung zu den Bodenpreisen steht, da diese um so weniger anziehen, je größer der Betrieb ist. Die niedrigen Getreidepreise aber haben bei Vernachlässigung der viehwirtschaftlichen Möglichkeiten in den höheren Größenklassen zu dieser Preisgestaltung mit beigetragen. Bestätigt wird das durch die völlige Umkehrung der Bewertungsweise anläßlich der Zollerhöhung von 1902/6. Jetzt sind es überall — mit einer Ausnahme der besseren Klasse von 10—20 Taler — die großen Güter, die im Werte am meisten heraufgehen und in absteigend geringerem Maße die übrigen Größenstufen. Nur die Parzellen fallen aus dem Rahmen. Sie haben stärkere Preissteigerungen erfahren, die etwa denjenigen der mittleren Güter von 10—20 ha gleichkommen. Die erhöhten Getreidepreise sind also offenbar dem größeren Besitz am meisten zugute gekommen, und sie haben seine Eignung für diese Wirtschaftsweise auch zur Geltung gebracht.

Wir können jedoch die Bodenpreissteigerung nicht allein aus den Betriebsgrößen und ihrer speziellen Eignung für bestimmte Wirtschaftssysteme verstehen wollen. Unter den übrigen noch genannten wirtschaftlichen Ursachen der Landgutspreissteigerung läßt sich der Einfluß des Standorts und seiner besonders im Osten durch Steigerung der Verkehrsgelegenheiten eingetretenen Verbesserungen am wenigsten in seiner Bedeutung klarstellen. Hier ist vor allem an der durch das System der Einzelsiedlung begründeten ungünstigen Wirtschaftslage des Großbetriebs gegenüber den in Dorfsiedlung vereinigten kleineren Betriebsgrößen nicht viel geändert worden. Für letztere jedoch sind die erheblichen Bahnerweiterungen stark ins Gewicht gefallen [39]).

Von ganz hervorragender Bedeutung für die Steigerung des Ertragswertes der Güter ist die Melioration der Kulturflächen gewesen. Die mit fallender Ertragsklasse zunehmende Gutsbewertung im Laufe der Zeit geht auf die oben behandelten Ertragsfortschritte der deutschen Landwirtschaft zurück, die naturgemäß in den niedrigeren Reinertr.-Klassen einen größeren Spielraum zu Verbesserungen fanden. Die Untersuchungen von Rothkegel, ebenso wie die für Bayern haben gerade diesen Entwicklungsvorgang deutlich und klar herausgearbeitet (Anlage XXV). — Auch hier spielt das Problem der Betriebsgröße wieder mit herein. Der kleine und kleinste Betrieb hat im Laufe der Zeit nicht nur an Intensität die Großbetriebe überholt, sondern eine Reihe von Vorteilen, die nur letzterem zu Gebote standen, mit Hilfe des Genossenschaftswesens sich zu eigen gemacht. Es sei an den derartigen Bezug von Futtermitteln, Dünger, Geräten usw. wie an die Verwertung der Produkte auf eben dem Wege erinnert. Ferner hat sich die Industrie den Bedürfnissen des kleinen Betriebes nach Spezialgeräten aller Art durch eine Reihe von zweckmäßigen Erfindungen (Universalmaschinen mit auswechselbaren Teilen) angepaßt. Die Chancen der Intensivierung haben sich somit für den Kleinbetrieb erheblich günstiger gestaltet als für den Großgrundbesitz, dem bei Fehlen aller technischen Kompensationsmittel vielfach nur noch die Preissteigerung als letzte Auskunft verbleiben mußte. Aus diesen Zuständen heraus läßt sich mit verstehen, wie der Kleinbetrieb im Preise höher und schneller stieg als der Großbetrieb, solange nicht besondere Verhältnisse für letzteren sprachen, wie der Zollschutz, der ganz vorwiegend die Produkte des Großbetriebes auf eine höhere Preisstufe hob und ihm dadurch in der Rentabilitätskonkurrenz stets einen künstlichen Vorsprung sicherte [40]).

Da nun aber aus der Bonitätsklasse die viehwirtschaftliche Qualifikation des Betriebes, die so wesentlich eine Kapitalfrage ist, wenig ersichtlich wird, so werden uns alle die für die Preissteigerung der Landgüter angeführten Gründe nicht vollständig erscheinen, wenn nicht irgend ein für die Viehverwertung und ihren Rentabilitätsbeitrag sprechender Index beigebracht werden kann. Ein solcher ist mangels irgendwelcher äußerer Unterscheidungsmerkmale der Betriebe nach ihrer viehwirtschaftlichen Qualifikation schwer erhältlich. Anhaltspunkte dafür vermögen nur Preisvergleichungen zwischen Futterflächen und sonstigen Ackerflächen, sowie die Preisbildung für kleinste Betriebe zu geben. Was den ersteren Punkt betrifft, so ließe sich etwa die Angabe des kgl. stat. Landesamtes in Württemberg mit Vorbehalt verwenden, nach der in Württemberg von 1897—1906 die Äcker nur um 2,2%, die Wiesen dagegen um 21,3% im Preise stiegen [41]). Zieht man in Betracht, daß Württemberg ein viehwirtschaftlich bevorzugtes Land ist, und daß umfangreiche Meliorationen in der Wiesenkultur stattgefunden haben, so bleibt hier immerhin der von einer rentablen Viehwirtschaft ausgehende Einfluß auf die Grundstückspreise beachtenswert, wennschon Verallgemeinerungen nur auf die viehwirtschaftlich fortgeschrittenen Teile des Reichs stattfinden dürfen.

Was aber die Parzellenbetriebe und ihre außer der Norm liegende Preissteigerung betrifft, so kann angesichts der zahlreichen Gründe für diese Erscheinung ein von der Rentabilität der Viehwirtschaft ausgehender Einfluß nur sehr schätzungsweise angenommen werden. Diese kleinen Landstellen fallen ja durch die große Zunahme der Schweinezüchtung auf. Das wirkliche oder gemutmaßte gute Geschäft in diesem Artikel kann gewiß preissteigernd gewirkt haben, ohne daß hierfür bei dem Wechsel von guten und schlechten Jahren ein Nachweis zu erbringen gewesen wäre. — Und so müssen wir in Ansehung des Einflusses der viehwirtschaftlichen Rentabilität auf die Gestaltung der reinen Boden- und Landgutspreise bei der allgemeinen Anschauung stehen bleiben, daß die Landwirtschaft ihrem größeren Teile nach am Getreidebau orientiert war, dessen optimale Betriebsorganisation kannte und mit ihr zu rechnen wußte, während ihr gleich große Erfahrungen und Kenntnisse für die Viehwirtschaft weitgehend fehlten und daneben objektive und subjektive Hindernisse bestanden, die ihr eine zukünftige Rentabilitätsberechnung unter dem Einfluß der erhöhten Viehpreise nicht in dem Maße möglich machten. Damit mußte die Bewertung der Landgüter nach der viehwirtschaftlichen Rentabilität zurücktreten. —

Soviel über das Verhältnis der Landgutspreise zu den Rohertragsgrundlagen. Was den gegen diese aufzurechnenden Aufwand betrifft, befand sich die Viehwirtschaft wiederum etwas im Nachteil. Was für diese nicht nachweisbar war, konnten die genannten Untersuchungen Waterstradts im 1. Bande des Thünenarchivs und in der Wirtschaftslehre für die Ackerwirtschaft zeigen, daß nämlich bei ihr die Gestaltung des sachlichen Aufwandes zwar keine Suspension des Bodengesetzes bewirkt, aber die steigenden ha-Erträge gegenüber der Arbeit das Gesetz der abnehmenden Kosten zur Geltung gebracht hätten [42]) (siehe S. 111).

Mag dieser Vorteil absolut, wegen der geringeren Bedeutung des quantitativen Arbeitsaufwandes in der Viehwirtschaft, nicht viel bedeuten, so ist er doch sehr geeignet, die subjektive Vorliebe für die Ackerwirtschaft zu unterstützen. Die größte Rentabilitätschance für diese hat jedoch stets in der Zollpolitik gelegen, und besonders war es die letzte große Zollerhöhung von 1902/6, die zu bedeutenden Überschätzungen der Reinertragserwartungen führte und bei umfangreichem Besitzwechsel zu unwirtschaftlicher Steigerung der Kaufpreise geführt hat. Um aber in Ansehung dieser zu einer einigermaßen klaren Anschauung zu kommen, haben wir auch noch die jenseits des Ertragsgedankens liegenden weiteren Bestimmungsgründe der Landgutswerte heranzuziehen, die überhaupt erst zu den letzten Fragen der landwirtschaftlichen Rentabilität hinüberleiten. — —

Die Gründe, die zu Überzahlungen der Landgüter und des Bodens führen können, sind zahlreich. Sie liegen vorwiegend auf seiten der Nachfrage. Folgende Aufstellung mag der ersten Übersicht dienen.

Gründe, die zur Überzahlung von Landgütern führen:

Auf seiten des Angebots	Auf seiten der Nachfrage
1. Unterangebot.	1. Übernachfrage.
2. a) Güterzwischenhandel.	2. Rentabilitätsfremde Nebenzwecke.
b) Güterzertrümmerung	a) das Landgut als Lebensgrundlage.
3. System der Erbfolge.	b) das Landgut als Luxusbesitz.
	c) das Landgut als Objekt der Spekulation und Kapitalanlage.
	3. System der Erbfolge.

Alle diese Möglichkeiten sind eng miteinander verflochten und sie müssen so betrachtet werden. Die Quantität der Nachfrage und des Angebots ist wesentlich bestimmt durch die Qualität ihrer Zwecke und Nebenzwecke, ihre Anpassung im Preise durch den Zug zum zahlungsfähigsten Käufer, deren Zahlungsneigung wiederum wesentlich davon abhängt, ob sie ein Landgut aus Rentabilitätsgründen oder aus rentabilitätsfremden Nebenzwecken erstreben. Zunehmender Wohlstand, wie er in Deutschland zur Zeit der Teuerungsperiode von Jahr zu Jahr anwachsend konstatiert werden konnte, zunehmende Einkommen erlauben höhere Preisgebote. Hinzu kommt die Übertragung des privaten Wohlstandes durch Kredit, der die Nachfrage sowohl nach Zahl wie Zahlkraft fördert. Die Kreditgewährung zur Bezahlung von Landgütern wird wiederum erleichtert durch die Sicherheit des Pfandes mit dem Prinzip der Rangordnung der Hypotheken und durch die im Pfandbriefsystem geschaffene Mobilisierung des Immobiliardarlehens [43]). Das Kapital, wenn es auf Sicherheit der Anlage aus ist, wanderte von jeher gerne in die im Boden verkörperten wertbeständigsten Pfandobjekte, die zudem noch ruhig in den Händen des Kreditnehmers belassen werden konnten. Das für solche Anlagen jederzeit in großem Umfange bereite Kapital gestattet jederzeitigen Gläubigerwechsel und bildet jenen aufnahmefähigen Markt, der die Mobilisierung des Immobiliarkredits erst praktisch werden läßt. Das solchermaßen bedingte große Kapitalangebot für Immobiliargeschäfte mußte dann wieder den Zinsfuß erleichtern, was weiterhin der Nachfrage nach ländlichem Besitz Schwierigkeiten aus dem

Weg räumte. Diese Erleichterungen des Bodenkredits in Verbindung mit dem großen Kapitalangebot zu seiner Aktualisierung versetzen auch den nicht unmittelbar kaufkräftigen Teil der Nachfrage nach ländlichem Besitz in den Zustand der Zahlungsfähigkeit und wirken im Umweg über diese von ihnen aktualisierte Nachfrage verteuernd auf den ländlichen Boden, falls das Angebot ihr nicht das Gleichgewicht hält.

Ein Mißverhältnis zwischen Angebot und Nachfrage ist besonders bei den größten und kleinsten Güterklassen hervorgetreten. Der sprichwörtlich gewordene Landhunger hat vorwiegend seine Befriedigung in Parzellen und kleinen Landstellen gesucht. Die Bestrebungen der Bodenreformbewegung und der inneren Kolonisation wurden ein machtvoller Ausdruck dieser Landnot. Besonders waren diese Bestrebungen in Ermangelung eines genügenden Angebotes passender Güterklassen auf die Aufteilung des Großgrundbesitzes gerichtet. Gerade der Großgrundbesitz aber setzt aus seiner ganzen Organisation heraus da, wo er nicht unter Verkaufszwang steht, einem milden Abbau durch sukzessive Absplitterung von kleinen Landstellen oft unüberwindliche Hindernisse entgegen, entweder wegen der fideikommissarischen Bindungen oder wegen der Solidarhaft der gesamten Fläche für die Hypotheken, worin die Unteilbarkeit beschlossen liegt. „Diesen Verhältnissen zufolge hat sich die Bildung von Kleinbetrieben aus Großbetrieben vornehmlich auf Aufteilung ganzer Güter werfen müssen. Eine solche entspricht aber in der Mehrzahl der Fälle nicht den Wünschen der bodensuchenden Kleinbesitzer, denn sie zwingt dieselben, sich meist mehr oder weniger weit ab von der alten Heimat oder doch von der alten Dorfschaft niederzulassen. Die Folge ist eine gesteigerte Konkurrenz um die vorhandenen kleineren Besitzungen in den alten Siedlungen“ [41]). Aber trotzdem bleibt die Preissteigerung für größte Güter in dem oben gekennzeichneten Ausmaße seit 1901/3 doch nicht mehr verständlich, wenn wir sie nicht in unmittelbaren Zusammenhang mit der Nachfrage nach kleinen Gütern bringen. Gewiß hat der Getreidezoll das seinige getan, aber es ist gar nicht abzusehen, warum er die Großgrundbetriebe mehr im Preise gesteigert haben sollte als die großbäuerlichen Betriebe, die noch mehr Getreide bauen als jene. Hier spielt die Nachfrage nach kleinen Landstellen die erste Rolle. Die mit der Aufteilung eines großen Gutes verbundene außerordentliche, den ha-Werten der kleinen Betriebe sich zuneigende Wertsteigerung derselben drückt sich bereits in den Verkaufspreisen aus [45]). Und es ist gar kein Wunder, daß seit Beginn des neuen Jahrhunderts und der organisierten Siedlungsbestrebungen gerade aus dem Bedürfnis nach kleinen Landstellen die großen Güter am höchsten im Preise hinaufgetrieben wurden [46]), zumal eben das Angebot von Parzellen nicht ausreichte. Das ist auch gegenüber dem Zollargument besonders festzuhalten.

Um sich einen Begriff von der Stärke der Nachfrage nach Land, insbesondere nach kleinen Landstellen zu machen, muß man die hinter dieser Nachfrage wirkenden Motive richtig einschätzen. Das Bedürfnis nach den Eigenheiten des Landlebens, der Landhunger vermag bisweilen neben dem landwirtschaftlichen Berufsbedürfnis eine beherrschende Stellung einzunehmen. Das war vor dem Kriege besonders mit Bezug auf den Erwerb der kleinen Landstellen der Fall, wodurch eine solche Konkurrenz unter den Nachfragenden entfesselt wurde, daß die Kalkulation eine unwirtschaftliche Wendung nahm, zum Verzicht nicht nur auf eine Rente, sondern auch auf die Verzinsung der eingesetzten Kapitalien führte, so daß nur der reine Arbeitsertrag übrig blieb. Die Nachfrage nach kleinen Gütern erstreckte sich auf alle Bevölkerungsschichten. Die Arbeiter trachteten vielfach auf einer kleinen Siedlung ein selbständiges und selbstgenügsames Leben um jeden Preis zu führen. Bei den Wohlhabenderen wirkten besonders hygienische und Affektionswerte, Liebhabereien und das Bedürfnis nach einem Beschäftigungswechsel gegen die einseitige Kopfarbeit [47]). Ein sehr wichtiges und immer häufiger werdendes Motiv zum Erwerb von großen Landgütern ist das Streben nach sozialer Geltung gewesen, über dessen grundsätzliche Bedeutung das Kapitel über die Konsumtion näheres bringen wird. Was in England schon längst Mode geworden war, Landgüter zum Zeichen der sozialen Würde zu erwerben, das begann auch mit dem steigenden Reichtum des Industriegebietes in Deutschland Mode zu werden. Des weiteren kann schließlich von den großen Gütern aus Arrondierungsgründen eine Nachfrage nach den angrenzenden kleinen Gütern ausgehen [48]), ebenso eine solche von dem Vergrößerungsdrange der kapitalistisch-industriellen Landwirtschaft, wie dem Zuckerrübenbetrieb, der sich durch Ankauf oder kapitalistische Beherrschung seiner ländlichen Rohstoffquellen zu sichern sucht [49]).

All diesen Tendenzen zur Überzahlung von Landgütern wirken die mit dem Wohnsitz in einer Landgemeinde verbundenen finanziellen Lasten entgegen. Es liegt jedoch auf der Hand, daß deren Aufrechnung gegen den Landgutspreis keine Verbilligung der Produktionsgrundlagen darstellt, die auf die Produkte zurückwirken könnte. Sondern der Bodenpreis ist gleichsam zersplittert worden in den wirklich gezahlten Kaufpreis und die finanziellen Lasten. Beides gehört zusammen, wenn man den Reinertrag auf den Gesamtgutswert beziehen will.

Ein weiterer Grund zur Übersteigerung der Nachfrage nach Landgütern liegt in den Bedürfnissen der industriewirtschaftlichen Kapitalanlage und der kapitalistischen Spekulation. Inwiefern das eine sichere und mobile Anlage suchende

Kapital die Nachfrage nach Landgütern und Grundstücken zu aktualisieren geeignet ist, haben wir gesehen. Eng damit verbunden ist die händlerisch-spekulative Ausnutzung des gespannten Verhältnisses zwischen Angebot und Nachfrage. Das führt uns zu einer vielumstrittenen Ursache von steigenden Landgutsüberpreisen. Der Handel gehört in erster Linie zu den die Nachfrage steigernden Faktoren. Das verdankt er seinen Funktionen:

1. Für den Güterhändler, wenn er im Hauptberuf tätig ist, sind Angebot und Nachfrage eine Lebensnotwendigkeit. Er entfaltet dauernd eine Initiative zur Erregung der Kauf- und Verkaufsneigung.
2. Er schafft die Gelegenheiten und erleichtert Kauf und Verkauf mit allen Mitteln, insbesondere durch Kreditgewährung.
3. Er lebt vom Handel und handelt nach den Grundsätzen des größten Vorteils. Er unterstützt Konjunkturen und nutzt sie spekulativ.
4. Er ist seinen Klienten gegenüber der erfahrenere und kaufmännisch überlegenere Teil.

Es ist nun nicht gesagt, daß diese Faktoren die in der Natur der Dinge liegenden Gegenwirkungen immer besiegen können.

Die Untersuchungen über die Bodenpreissteigerungen in Bayern sprechen nicht für eine übermäßige Wirksamkeit händlerischer Einflüsse. Beachtenswert ist immerhin eine Feststellung Hansens [50]): „Soviel ist richtig, daß mit einem plötzlichen Verschwinden des Güterhandels die Bodenpreise wahrscheinlich sinken würden, da dann die großen Anwesen kaum mehr verkauft werden könnten. Das Vorhandensein des Güterhandels hat es wohl auch nur möglich gemacht, daß die Bodenpreise zu einer solchen Höhe sich entwickelt haben, aber Ursache zu ihrem Steigen ist er nicht gewesen. Nur die Preissteigerung für Stückländereien bei den Zertrümmerungsverkäufen in der Ebene im Jahre 1910 könnte eine Ausnahme hiervon bilden.“ Was in diesen Sätzen behauptet wird, ist das Minimum des Einflusses, der von jedem Güterzwischenhandel zu erwarten ist. Selbst wenn der Güterhändler bei Schaffung eines Gütermarktes nicht die Preise überspekuliert, so übt er doch dieselbe Wirkung aus wie die Organisation des Immobiliarkreditwesens. Er erleichtert das Schuldenmachen und vermehrt die zahlungsfähige Nachfrage. Darüber hinaus treffen den Güterhändler noch schwerwiegende Vorwürfe, wie sie z. B. Stocker [51]) erhoben hat. Wir nennen nur die für die Preissteigerung wesentlichen. Zur Geschäftsgebarung bei der Güterzertrümmerung berichtet St. S. 65: „So benützt der Händler alle Gelegenheiten, um seine geistige Überlegenheit zur Geltung zu bringen, und die Verquickung einer ganzen Reihe von Gutserwerbungen untereinander durch fortgesetzten Austausch der verkleinerten Betriebe und die Absprengung besonders hochwertiger, von ihm noch dazu parzellierter Grundstücke verwirren die Sachlage oft so, daß nur noch der Urheber des Ganzen, eben der Händler, sie zu übersehen, aber die Gegenseite nicht mehr sicher zu beurteilen vermag, ob sie billig oder teuer kauft oder verkauft.“ S. 68: „Für ihn ist nicht mehr die Lage der Grundstücke zu ihrem bisherigen Betriebsmittelpunkt maßgebend, sondern er zerlegt sie nach ihrer Lage zu allen für ihre Bewirtschaftung technisch noch in Betracht kommenden Betrieben. Gerade diese Möglichkeit, neue Grundrenten der Lage ausfindig zu machen und im Verkaufspreise ihren Kapitalswert einzuheimsen...... Häufig gelingt es einem Händler im Laufe weniger Jahre, nacheinander mehrere Bauerngüter in der gleichen Gemeinde in seine Hand zu bringen und zu zertrümmern. Rasch steigen die Preise, bis sie ein unerträgliches Höchstmaß erreicht haben, Zwangsvollstreckungen eintreten, und nun wieder eine rückläufige Bewegung beginnt. Ein typisches Beispiel ist hierfür Mittelstenweiler im Amtsbezirk Überlingen, wo der Preis des badischen Morgens bis auf 8—900 Mark getrieben wurde, um neuerdings wieder auf 4—500 Mark zu fallen.“ Wie aus diesem letzten Beispiele, welches die Sünden der Güterhändler im Übermaß zeigt, hervorgeht, handelt es sich um lokale und temporäre Preissteigerungseinflüsse, die nicht in Raum und Zeit verallgemeinert werden können, aber fraglos stets latent vorhanden sind. Den großen Zug der Bodenpreisbewegung können sie jedenfalls nicht dauernd beeinflussen, wohl hier und da ins Schwanken bringen.

Als Gegengewicht gegen die vorstehenden Zitate sei die Beurteilung der bayrischen Verhältnisse durch Brentano[52]) — die aber ebensowenig verallgemeinert werden können — kurz erwähnt. Zunächst führt er eine Tabelle über die Zunahme der gewerbsmäßigen Güterzertrümmerungen an, die besonders seit 1901 fortlaufend zunahmen. Nach der Fläche betrugen diese in ha:

	1900/1	1901/2	1902/3	1903/4	1904/5
gewerbsmäßig	6450	10798	11575	13854	15091
im ganzen	8606	14113	14567	17067	17955

	1908/9	1909/10	1910/11	1912
gewerbsmäßig	18655	17051	10035	2405
im ganzen	21555	19391	13068	8513

Er bemerkt dazu: „Die Aussicht auf das Steigen der Bodenpreise (seit dem Beschluß des neuen Zolltarifs) hat die Güterhändler angelockt. Ihre Zahl ist von 577 im Jahre 1901/2 auf 881 im Jahre 1905/6 und 1022 im Jahre 1906/7 in die Höhe gegangen. Gewiß haben sie an den gestiegenen Bodenpreisen Gewinn gemacht. Die Ursache war aber nicht der Güterhandel, sondern das durch das Steigen der Gelderträge seit 1906 eingetretene ruckweise Emporschnellen der Bodenpreise. Nun hat man im Jahre 1910 in Bayern ein Gesetz erlassen, welches den Güterhändler vom Güterzertrümmerungsgeschäft tatsächlich ausschließt. Tatsache ist, daß die landwirtschaftlichen Vergantungen in Bayern als Folge bedeutend gestiegen sind." Dazu darf bemerkt werden, daß der Verkauf eines überschuldeten Gutes an den Händler auch nichts weiter als eine verschleierte Vergantung ist. „Augenscheinlich fehlt es den in Not geratenen Bauern nunmehr an Kauflustigen". Nach allen früheren Ausführungen muß das Gegenteil betont werden. Es fehlte die im Händlertum verkörperte Vermittlungsorganisation, deren für den Bauern zugeschnittene Eigentümlichkeit darin bestand, nicht erst den in Not geratenen Bauern an sich herankommen zu lassen, sondern ihm rechtzeitig ihre Dienste anzubieten, richtiger aufzudrängen. Und wenn deshalb nach Ausschluß des Güterhandels von der Zertrümmerung im Jahre 1910 ein teilweiser Stillstand in der Steigerung der Bodenpreise eintrat, so ist dieser z. T. aus der durch die neue Maßnahme zunächst bedingten Desorganisation des Marktes zu verstehen, dann aber auch durch den Ausschluß des Güterhändlers von der Möglichkeit, den bei der Zertrümmerung herausspringenden Wertzuwachs als kapitalistischen Kursgewinn sich ganz allein zukommen zu lassen. Diese spekulativen Kapitalgewinne des Händlers wirken nicht nur schädlich durch die ihnen innewohnende Preistreiberei, sondern auch durch die der Landwirtschaft als Ganzem angetane Wegnahme eines von ihr erzeugten und ihr zum Nutzen ihrer Produktion auch zukommenden Wertzuwachses.

Nach allem dürfen wir den mutmaßlichen Einfluß des gewerbsmäßigen Güterhandels auf die Bodenpreise nicht unter- und nicht überschätzen. Allgemein fördert er aus eigenstem Interesse die Preisentwicklung nach oben, indem er dauernd den Markt für Landgüter lebendig [52a]) erhält, andererseits verteuert er durch seine regulären und spekulativen Zwischengewinne das Gut. Aber eine selbständige Preisbewegung vermag er nicht zu erzeugen, nur zu übertreiben. Die schwerwiegende negative Wirkung des Güterhandels ist aber die, daß er der Landwirtschaft die gesteigerten Reinerträge entzieht, indem er sie in erhöhten Bodenpreisen nach erfolgter Parzellierung kapitalisiert. Handeln die Landwirte unter sich und übervorteilt einer den anderen, so bleibt das Geld sozusagen im Lande. Es bleibt der landwirtschaftlichen Produktion erhalten und arbeitet dort weiter, wenn auch unter neuer Leitung. Wo aber der Güterhändler in dieser Weise einen wirklichen oder künstlichen Wertzuwachs einstreicht, beginnt sich bereits das weitere Problem von Agrar- und Industriewirtschaft und ihrem wechselseitigen Verhältnis aufzutun. Weiter führen in dasselbe die Fragen des durch Erbgang verursachten Besitzwechsels hinein, mit denen wir uns jetzt zu beschäftigen haben.

Beim geschlossenen Erbübergang, der in Deutschland mit

Ausnahme von Rheinpreußen, Baden und Württemberg die Regel ist, entsteht das Problem der Überwertung der Landgüter in einer doppelten Weise. Einmal dadurch, daß der Übernehmende als der bevorzugte Teil die numerisch überlegene Partei der Abfindlinge und aufs Altenteil sich zurückziehenden Eltern vor sich hat, die unter Annahme eines möglichst hohen Gutswertes soviel als möglich herauszuholen trachtet. Andererseits findet mit der Erbauseinandersetzung in der Regel eine reale Rentabilitätsentwertung des Landgutes statt, indem ihm in den weichenden Geschwistern eine Reihe von billigen Arbeitskräften verloren geht, mit denen die Eltern rechnen konnten. Wie an anderer Stelle noch zu zeigen sein wird, bilden auch die fortziehenden Erben ein Stück Landflucht, und damit einen Beitrag zur Schwächung der landwirtschaftlichen Produktivität. Mit den Überschüssen der letzteren erzogen, stellen sie ihre Arbeitskraft der Landwirtschaft nicht wieder zur Verfügung. Und die privatwirtschaftliche Form dieses Verlustes tritt in dem Augenblicke der Erbauseinandersetzung in Erscheinung, also gerade dann, wenn ein überwiegendes Interesse an der Überschätzung seiner Rentabilitätswerte besteht, welche die Grundlage eines direkten Kapitalentzuges in Gestalt der Auszahlungen an Eltern und Geschwister wird. Doch ehe wir uns mit den von einer solch tiefgreifenden periodischen Rentabilitätsschwächung ausgehenden Einflüssen auf die Produktenpreisbildung befassen, bringen wir die Fragen der Landgutspreissteigerungen zu Ende.

Es versteht sich, daß die Tendenzen zur Überzahlung von Landgütern beim Kauf und im Zusammenhange mit der Erbfolge besonders dann wirksam werden, wenn sie sich gleichzeitig auf erhöhte Rentabilitätsaussichten stützen können, wie es zur Zeit der letzten Zollerhöhung von 1902/6 der Fall war. Hier wurden im Zusammenhange mit den Überzahlungsneigungen die Bodenpreise in eine Art Hochkonjunktur hineingetrieben. Die Zollerhöhung von 1902/6 war wesentlich mit den Rentabilitätsnöten der Getreide bauenden Landwirtschaft begründet worden. Die 1898 angestellte Reichserhebung [53]) über die Rentabilität der deutschen Landwirtschaft, die sich auf typische Betriebe über ganz Deutschland erstreckte, hatte eine Verzinsung von wenig über 2% erkennen lassen. Der Zoll sollte die Aufgabe haben, die gesunkene Rentabilität wieder zu heben. Die Tatsache nun, daß die erhöhten Rentabilitätsaussichten die Landwirte in so großer Menge veranlaßten, ihre Güter zu Preisen abzustoßen, die die neuen Rentabilitätsaussichten bereits vorwegnahmen, legt Zeugnis von Folgendem ab.

1. DieRentabilität der Landwirtschaft ist offenbar ungenügend gewesen, ganz wie die Begründung im Reichstage ausführte. Viele Landwirte haben gehandelt wie ein Kaufmann mit schlecht gehen-

dem Geschäft, zu dessen Erholung er wenig Vertrauen hat, und das er bei einer günstigen Konjunktur wegschlägt[54]).

2. Die Grundlagen für die erhöhten Preisforderungen und Preisbewilligungen waren die erwarteten Produktenpreise und die genannten Antriebe zur außerwirtschaftlichen Überzahlung. Dabei wurde aber aus selbstverständlicher Geschäftspsychologie so verfahren, als ob das Landgut sich bislang gut rentiert habe und jetzt den vollen durch die Produktenpreissteigerung ermöglichten Wertzuwachs erhalten habe[55]). Damit aber wird für den Nachfolger, Käufer oder Erben, der frühere notleidende Rentabilitätszustand um nichts gebessert, so daß er nach Wiederholung derselben Preisgarantien verlangt.

3. Die Nachfrage wird durch das große Angebot aus der Latenz aufgestört. Der Landhunger überschätzt die Ertragsaussichten. Überzahlungen und Schuldenmachen greifen Platz. Die zu derselben Zeit statthabenden Erbübergänge, die sich auf den Verkehrswert aufbauen, der wiederum auf dem überschätzten voraussichtlichen Ertragswert aufgebaut ist, stehen unter dem gleichen Gesetz.

Geraten auf solche Weise die von wirtschaftsfremden und spekulativen Aussichten belebten Bodenpreise in den Strudel einer Hochkonjunktur, so sind sie nicht mehr der getreue geldwirtschaftliche Ausdruck einer normalen Rentabilität und Lebensmöglichkeit der Landgüter, sondern sie müssen unbedingt zu einem unaufhörlichem Antrieb für weiter steigende Produktenpreise werden, bis eine nachträgliche Kompensation der nicht in den wirklichen Rentabilitätsverhältnissen begründet gewesenen Überzahlungen eingetreten ist.

Inwieweit die Landgüter in jener Zeit nun wirklich überzahlt worden sind, entzieht sich jeder zahlenmäßigen Feststellung. Wir stehen vor der Tatsache eines Hinaufschnellens der Preise, eines ungleich vermehrten Besitzwechsels in den getreidebauenden Betriebsgrößen von über 20 ha (Tab. S. 116) und vor einer großen Reihe starker Antriebe zur Überzahlung. Daß tatsächlich über einen normalen Reinertragsmaßstab der Boden zu jener Zeit bewertet wurde, geht aus den Worten eines so allseitig gebildeten Fachmannes wie F. Waterstradt deutlich hervor, der sagt[56]): „Es könnte überhaupt scheinen, als ob in den Kreisen der landwirtschaftlichen Praxis eine Überschätzung der Reinertrag werbenden Kraft dieser Preissteigerungen (für Getreide) vorhanden ist. Die über ein mittleres normales Maß hinaus erkennbare Bodenpreissteigerung scheint diese Auffassung zu bestätigen." „Wenn auch nicht zu verkennen ist, daß hierin, z. T. berechtigt, die Steigerung der Rentabilität der Landwirtschaft ihren zahlenmäßigen Ausdruck findet, so dürfte doch andererseits diese Entwicklung weit über den normalen Rahmen hinausgehen. Die folgenden Zahlen[57]), Ergebnisse für 1 ha aus 78 Betrieben im fünfjährigen Durchschnitt, gesammelt von der Buchstelle der D. L. G. zeigen, daß tatsächlich nur ein verhältnismäßig geringer Prozentsatz dieser Betriebe bei sehr niedrig eingesetzten Gesamtwerten eine über das mittlere Maß hinausgehende Verzinsung des eingesetzten Kapitals erreicht hat" [58]).

Die tatsächliche Einwirkung überzahlter Landgutspreise auf die Preise der Produkte hängt nach Umfang und Stärke von einer unerläßlichen Bedingung ab, nämlich dem Verzinsungszwange. Hat der Käufer den Kaufpreis aus eigenem Vermögen zur Verfügung, so besteht kein objektiver Zwang zur Verzinsung, und ein subjektiver auch weniger als sonst, da im Landwirtschaftsbetriebe ohne Not überhaupt wenig kalkuliert wird, und etwaigen Verzinsungsmängeln des eigenen Vermögens gerne die materiellen Vorzüge des Landgutes gegenübergestellt werden. Bleibt jedoch der größte Teil eines Kauf- oder Übernahmepreises als Hypotheken- oder Grundschuld bestehen, so tritt der Zwang zur Herauswirtschaftung der Verzinsung ein [59]). Ist der Preis überzahlt, so ergibt sich eine zweifache Vermehrung der Schwierigkeiten. Einmal wird die Beleihungsgrenze für das Restkaufgeld zu hoch geschraubt; andererseits können die Erträge das, was der Bodenpreis verspricht, nur schwer halten. Von einer höheren Verschuldung geht ein objektiver Reinertragszwang aus, der den Betrieb des Landgutes auf ein dauerndes Streben nach erhöhten Produktenpreisen festlegt. Jedenfalls das eine ist sicher, daß hohe Bodenpreise an sich noch keinen nennenswerten Rentabilitätszwang ausüben, wenn sie nicht mit Landgutsschulden in wesentlichem Umfange bezahlt werden. Ohne das Maß der Verschuldung zu kennen, welche die Landwirtschaft belastet, und ohne sich des Anwachsens dieser Verschuldung bei steigenden Bodenpreisen vergewissert zu haben, muß jede Erklärung von Produktenpreissteigerungen aus überzahlten Landgutspreisen illusorisch bleiben.

2. Die Bedeutung der landwirtschaftlichen Verschuldung.

Eine Verschuldung der Landgüter wird in besonderem Maße praktisch beim Besitzwechsel, sei es infolge Erbüberganges, sei es infolge von Kauf.

Für unsere Zwecke ist zunächst die absolute Höhe der Verschuldung und ihre Entwicklung in der Preissteigerungsperiode von Bedeutung. Da für das Reich keine Erhebungen in diesen Fragen vorliegen, so müssen diejenigen für Preußen als Ausgangspunkt dienen. In unvollkommener Weise fanden solche Erhebungen amtlicherseits 1883 und 1896 statt, jedoch nur in wenigen Bezirken.

Für diesen Zeitraum ließ sich bereits eine Zunahme der Verschuldung nachweisen, die beim bäuerlichen und kleinbäuerlichen Besitz sich vom 18 fachen des Grundsteuer-Reinertrags bis zum 24,8 bzw. 29 fachen entwickelt hatte. Die hauptsächlichen Mängel dieser Aufnahmen wurden in der sich auf ganz Preußen erstreckenden Verschuldungsstatistik von 1902 vermieden. Wie diese Statistik im einzelnen zu beurteilen ist, dafür muß auf die Erläuterungen von Kühnert zu der vom Preußischen Statistischen Landesamt herausgegebenen Statistik 1905/6 verwiesen werden. Es sei jedoch daran erinnert, daß die Betriebsgrößen von unter 60 Mark Grundsteuer-Reinertrag, d. s. die Betriebsgrößen unter 2 ha ausgeschlossen wurden. Das fällt ins Gewicht, weil in vielfachen des Grundsteuer-Reinertrags die kleinbäuerlichen Betriebe im Landesdurchschnitt am stärksten verschuldet erscheinen:

Die Gesamtverschuldung betrug in vielfachen des Grundsteuer-Reinertrags:

	im Osten	im Westen	im Staate
kleinbäuerlicher Besitz	41,5	16,0	28,0
mittelbäuerlicher Besitz	35,6	15,9	24,8
großbäuerlicher Besitz	32,0	15,3	21,5
Großgrundbesitz	35,6	17,6	26,9

Aber sonst finden sich in den unteren Grundsteuer-Reinertrags-Klassen die höchsten Prozentsätze von schuldenfreien Betrieben.

Von den im Hauptberuf landwirtschaftlich tätigen Grundeigentümern waren verschuldet:

			in Preußen	spez. im Osten
bis	5%	des Gesamtvermögens	6,8%	31,3%
mit	5— 10%	„ „	5,7%	
„	10— 25%	„ „	17,1%	
„	25— 50%	„ „	23,4%	31,9%
„	50— 75%	„ „	12,4%	20,2%
„	75—100%	„ „	4,3%	7,4%
„	üb. 100%	„ „	0,9%	1,5%

Aus dieser Tabelle ist ersichtlich, daß der mit hoher Verschuldung kalkulierende Teil der Landwirtschaft so groß ist, daß sein Rentabilitätsstandart für die Produktenpreisbildung maßgeblich werden muß. Das wird noch dadurch bestätigt, daß es gerade die niedrigsten Einkommensgruppen gewesen sind, welche die höchste Verschuldung in Hundertteilen des Gesamtvermögens aufwiesen. Und zwar:

In den östlichen Provinzen

Grdst.-Reinertr.-Klassen in M.	überhaupt	Einkommensgruppen von M. 0-900	900-1500	1500-3000	über 3000
60— 90	30,0	34,3	20,7	7,3	1,6
90— 150	31,5	39,1	25,0	13,7	2,5
150— 300	33,0	48,2	31,6	14,3	6,5
300— 750	35,3	62,6	46,0	26,3	10,8
750—1500	43,5	76,9	67,6	45,0	22,6
1500—3000	54,5	77,5	80,8	68,3	41,9
In den westlichen Provinzen					
60— 90	9,8	12,8	7,5	3,1	1,5
90— 150	11,5	17,3	9,4	5,1	1,7
150— 300	13,6	25,6	13,8	7,0	3,0
300— 750	15,7	43,4	24,7	11,0	5,0
750—1500	18,5	64,7	48,6	21,3	8,0
1500—3000	22,6	61,8	67,9	42,8	14,4

Nach dieser Tabelle lokalisieren sich also die am ungünstigsten gestellten Betriebe einerseits auf die niedrigsten Einkommensklassen, andererseits auf die höheren Größenklassen in fast gleichmäßiger Progression, und endlich drittens auf den östlichen Teil Deutschlands. Das müssen wir für spätere Erörterungen im Gedächtnis behalten. Zunächst haben wir uns noch soweit als möglich darüber Klarheit zu verschaffen, welchen Gang die Verschuldung nach 1902 in Preußen genommen hat. Dieser läßt sich nur an Hand der ländlichen Hypothekenbewegungen ermessen. Was an Schulden gegen Bürgschaft und Personalkredit hinzukommt, ist in ähnlichem Maßstabe zu vermuten.

Insgesamt betrug die Zunahme der hypothekarischen Belastung in den ländlichen Gemeinden Preußens von 1886—1913 rund 10,6 Milliarden Mark [60]). In den einzelnen Jahren zeigte die Zunahme der Mehreintragungen bei dem Jahresdurchschnitt 1896—1913 mit 391,2 Millionen Mark folgenden Verlauf; in Millionen Mark:

1895	255,6	1906	515,2	1910	733,8
1901	405,9	1907	556,3	1911	739,9
1903	444,8	1908	584,2	1912	730,8
1905	469,3	1909	640,3	1913	787,3

Wenn man bedenkt, daß hier jede Zahl zu der früheren hinzukommt, und daß die jährliche Zunahme von 1901—13 sich fast verdoppelt hat, so darf es als gewiß gelten, daß das Maß der Verschuldung zum mindesten nicht hinter den Bodenpreissteigerungen zurückgeblieben ist [61]). Daß an dieser Entwicklung nicht nur der Osten beteiligt war, sondern auch der Westen, geht aus der derzeitigen Lage in Bayern hervor. Nach den Stat. Jahrbüchern f. d. Kgr. Bayern von 1913 und 1915 betrug das Verhältnis der Löschungen ländlicher Hypotheken zu den Neueintragungen in % der letzteren:

1903	91,4	1907	79,3	1911	68,7
1904	90,8	1908	80,4	1912	65,5
1905	84,9	1909	74,7	1913	62,9
1906	86,7	1910	70,0		

Dieser allgemeinen Zunahme der hypothekarischen Verschuldung entsprach eine Mehrung der Eintragung ländlicher Hypotheken:

bei Darlehenshypotheken ... seit 1895/1903—1904/12 um 17,9%
bei Kaufschillingsresten ..... seit 1895/1903—1904/12 um 43,7%
bei Herauszahlung an Eltern,
Kinder .... seit 1895/1903—1904/12 um 46,7%

Weiteres Material für die Bodenpreisentwicklung in Bayern für die Zeit von 1900—1912 enthalten die genannten Untersuchungen in den S. d. V. f. S. Hansen zieht für seine Betrachtungen sowohl die Übergänge durch Kauf wie durch Erbgang und Zwangsversteigerung heran. Die allgemeinste Feststellung nach dem gesamten Material ergab ein gleichmäßiges Anwachsen der Verschuldung mit den Bodenpreisen [62]). „Das Prozentverhältnis der Verschuldung zum Werte schwankt im allgemeinen zwischen 40 und 50% oder 50 und 60% hin und her". Zu einem ähnlichen Ergebnis kommt Horlacher [63]).

Fragen wir nach den Ursachen der Verschuldung und ihrer unaufhörlichen Zunahme, so sind sie dieselben geblieben, die in dem berühmten Werke von Rodbertus „Zur Erklärung und Abhülfe der heutigen Creditnot des Grundbesitzes" namhaft gemacht werden: Kauf, Erbgang und das Eindringen des Kapitalismus in die Landwirtschaft. Sehen wir von letzterem Punkt noch ab, so stuften sich die einzelnen Schuldgründe in folgender Weise ab. Von dem Gesamtbetrage der Schulden entstammen [64]):

43 % aus Kaufgeldresten
41,4% aus Erbabfindungen,
5 % aus Gebäudekosten,
3,8% aus wirtschaftlichem Rückgang
und nur 2,6% aus Meliorationen und Kapitalvermehrung.

Diese Statistik wirft ein grelles Licht auf die wirtschaftliche Bedeutung der so hoch entwickelten und soviel gerühmten landwirtschaftlichen Kreditorganisationen. Wenn wir oben den ausgezeichneten Zustand des landwirtschaftlichen Kreditwesens als günstige Voraussetzung für die Schaffung der Kapitalbedingungen der Viehwirtschaft anführten, so verliert angesichts der obigen Zahlen eine solche Bezugnahme ihren Wert. Die glänzende Entwicklung des landwirtschaftlichen Kreditwesens kann nur im Verhältnisanteil von 7,6% als ein Zeichen ihrer wirtschaftlichen Blüte, im Umfange von 88,2% aber nur als ein Anzeichen ihrer Rentabilitätsschwierigkeiten gelten. Die Ausdehnung der landwirtschaftlichen Kreditversorgung nach 1902 (Tab. XV) hängt von dem Anwachsen der unproduktiven Kapitalverschuldung ab. Die in dem gleichen Zeitraum nachweisbaren Ertragssteigerungen sind den Anforderungen jener Verschuldung nicht entfernt gleichzuachten [65]).

Von besonderem Interesse ist der enge Zusammenhang zwischen dem Verschuldungsgrade und den ländlichen Erbsitten, die sich in steigendem Maße mit kapitalistischen Grundsätzen durchsetzten. Dieser Vorgang wird besonders durch die Erbrechtsnormen des B. G. B. gefördert, über die sich Altrock folgendermaßen äußert [66]): „Hiernach hat die Erbauseinandersetzung zwischen den überlebenden Ehegatten und den Kindern mangels anderer Vereinbarungen regelmäßig unter Teilung des Erlöses aus dem Verkaufe des Gesamtgutes zu erfolgen, und die Miterben, die durchaus gleichberechtigt sind, dürfen die Realteilung, bzw. gerichtliche Versteigerung des hinterlassenen Landgutes fordern, falls nicht der Erblasser anders verfügt. Diese Normen aber wirken auf die in den meisten Landesteilen bestehenden, ganz anders gearteten Sitten und Gewohnheiten der Landbevölkerung geradezu zersetzend, da unter dem Druck des geschriebenen rein kapitalistischen Rechtes, sowohl unter Lebenden wie von Todes wegen in steigendem Maße Verfügungen zustande kommen, die die Übernehmer des Grundstückes übermäßig belasten, oder letztere immer mehr in fremde Hände bringen. Denn das System der gleichen Erbteilung bei Übernahme der Wirtschaft durch den Erben muß in der Regel in wenigen Generationen zur Überschuldung führen.“ Altrock empfiehlt dann die Anerbengesetzgebung. Aber über dieses System der Erbfolge wird ebenfalls Klage geführt. Denn bei allen umfassenden periodischen Vermögensabgaben wird in dem Maße wie sie dem wohlwollenden Gutdünken entzogen und kapitalistisch errechnet werden, ein solch tiefdringender Schlag an die Wurzeln der Rentabilität geführt, daß die Unlust der Übernehmenden verständlich erscheint, zumal wenn die sonstigen Wirtschaftsvoraussetzungen infolge Leutenot usw. noch ungünstig liegen. So kommt es dann häufig zur glatten Weigerung des Anerben und zum Verkauf an den Güterhändler. Auch verhindert die „Starre Natur“ des Anerbenrechts eine Naturalteilung, wo sie lohnend erscheint [67]).

Ein wie enger Zusammenhang zwischen Erbsitte und Verschuldung besteht, hat an Hand der Seringschen Monographien P. Heile untersucht, mit dem nachfolgenden Ergebnis [68]). Bei den verschiedenen Bauernerbsitten hat sich ein typisches Verschuldungsmaß in % des Gesamtvermögens nachweisen lassen:

1. In den Gebieten mit Naturalteilung stellte es sich auf unter 5—10%;
2. bei Anerbensitte auf 10—15%;
3. bei gelockerter Anerbensitte, Einzelerbfolge gegen stark ermäßigte Taxe auf 15—25%;
4. bei Einzelerbfolge gegen etwas ermäßigte Taxe auf 25 bis 40%;
5. beim Verkaufssystem (hier wird die Schuld nicht durch die Erben, sondern durch den Käufer begründet)
   a) bei Parzellenverkaufssystem = Naturalteilung auf unter 5%;
   b) bei geschlossenem Verkauf auf 20 bis über 60%; am höchsten beim nicht fideikommissarisch gebundenen Großbesitz.

Beim Verkaufssystem, wo die Schulden durch den Käufer begründet werden, kann man das typische Maß der Schuldenstiftung auf alle Verkäufe, also auch auf die nicht aus Erbfällen fließenden, verallgemeinern.

Vergleicht man die Verschuldungstypen mit der Verschuldungsstatistik S. 133, so läßt sich aus dem Überwiegen der Verschuldung von 10—75% auf ein ebensolches Überwiegen des geschlossenen Hofüberganges schließen, was mit den Tatsachen übereinstimmt. In diesem Rahmen aber überwiegt wiederum die Beteiligung an der Verschuldung von 25—50%, wodurch die Einzelerbfolge gegen nur etwas ermäßigte Taxe als die Hauptvererbungssitte in Deutschland erscheint, wobei das vage Element der etwas ermäßigten Taxe leicht in einem zu hohen Allgemeintaxwert überkompensiert werden kann, was sicher geschieht, wenn die Taxe nach den ungebührlich und unwirtschaftlich gesteigerten Verkehrswerten erfolgt, anstatt nach der Ertragstaxe. Daß in der Tat die Entwicklung in der Richtung immer höherer Abfindungen lief, zeigt eine in den Stat. Jahrb. f. d. Kgr. Bayern veröffentlichte Statistik über die Mehr- oder Mindereintragungen von Hypotheken im Verhältnis zu den Löschungen bei Herauszahlungen an Eltern, Kinder und Geschwister, die sich von 1900—1908 nur auf das rechtsrheinische Bayern erstrecken und von 1909 ab auf ganz Bayern:

1900	— 1,98	Millionen		1907	+ 6,83	Millionen
1901	+ 5,54	„		1908	+ 7,31	„
1902	— 2,95	„		1909	+ 5,68	„
1903	— 1,62	„		1910	+ 8,25	„
1904	+ 2,68	„		1911	+ 12,69	„
1905	+ 2,99	„		1912	+ 18,88	„
1906	— 0,27	„	(Zoll)	1913	+ 19,63	„

Von dem Problem der landwirtschaftlichen Verschuldung sind die Kosten der Verschuldung, die Zinsen nicht zu trennen. Wir sagten bereits, daß angelegte Kaufpreise und Verschuldungssummen den Betrieb auf ein gewisses Rentabilitätssoll verpflichten. Betriebe, deren Inmobiliarwert nicht durch Erbschaft, Kauf oder Schulden auf eine bestimmte Summe festgelegt ist, vertragen einen Wechsel des Zinsfußes und ein Schwanken der Reinerträge. Wo aber die Verzinsung von vornherein festgelegt ist, weil sie in fremde Hände fließt, da ist der landwirtschaftlichen Rentabilität eine sehr hohe untere Grenze gezogen. Mit steigender Verschuldung erfährt die Zinsenlast nicht nur eine arithmetische, sondern eine progressive Verstärkung, da für spätere Hypotheken höhere Zinsen gefordert werden. Die solchermaßen progressiv anwachsende Zinsenlast kann durch die Entwicklung des Zinsniveaus eine weitere progressive Mehrung erfahren. An dem großen Zuge der Teuerung um die Jahrhundertwende hat der Preis für die Nutzung des Geldes in gleicher Weise teilgenommen. An dieser Stelle gelangt ein rein aus der gewerblichen Wirtschaftssphäre stammendes Preissteigerungselement in die landwirtschaftliche Produktion, ihre Kosten und ihre Rentabilität. Wie im Durchschnitt die übrige Warengesamtheit auf ihren tiefsten Preisstand in den Jahren 1887 und 1895 kam, hatte 1895 auch der Geldzinsfuß seinen Tiefpunkt mit 3% erreicht. Die Emission 3% preußischer Staats- und 3% deutscher Reichsanleihen 1890 und 1894 entsprach dem Realzinsfuß (Parikurs) und stellte den niedrigsten Geldpreis des Jahrhunderts dar. Das auf Elektrizität, Kohle und Eisen einerseits, auf Geld und Kapital andererseits basierte Zeitalter des Hochkapitalismus entwickelte sich von diesem Tiefpunkt aus. Bis zum Beginn des neuen Jahrhunderts ging bereits eine Verteuerung des Geldes um $^1/_2$% vor sich. 1900 endete dieser Verlauf mit einer Geldkrisis und zinsermäßigender Depression bis 1903. Bis 1907 entwickelte sich der Realzinsfuß der preußischen Konsols auf 3,8%, die Krisis dieses Jahres brachte für Reichs- und Staatsanleihen den 4% Zinsfuß, der sich aber in der folgenden Depression wieder ermäßigte. Der seit 1909 wieder einsetzende Aufschwung versteifte den Geldmarkt für mündelsichere Anlagen streng auf 4%.

Den ganzen Entwicklungsgang kann man an Hand des Banksatzes verfolgen:

Diskontsätze der Reichsbank

Jahr	3—4%	4—5%	5—6%	Jahr	3—4%	4—5%	5—6%
1890		4,52		1894	3,12		
1891	3,78			1895	3,14		
1892	3,20			1896	3,66		
1893		4,07		1897	3,81		

Jahr	3–4%	4–5%	5–6%	Jahr	3–4%	4–5%	5–6%
1898		4,27		1906			5,15
1899			5,04	1907			6,03
1900			5,33	1908		4,76	
1901		4,10		1909	3,93		
1902	3,32			1910		4,35	
1903	3,84			1911		4,40	
1904		4,22		1912		4,95	
1905	3,82			1913			5,89

Der Banksatz ist aber der allgemeine Richtsatz für die Debetzinsen der Banken. Auch der Hypotheken- und Pfandbriefzinssatz hat denselben Verlauf genommen. Siehe Tabelle VIII nebst den dort gegebenen Erläuterungen. Beachtenswert ist, wie mit dem Jahre 1907 der Umlauf der $4^1/_2$ % Pfandbriefe wieder zunimmt, während gleichzeitig der der $3^3/_4$ % und $3^1/_2$ % abnimmt. Der Umlauf der 4% erreicht bereits 1897 seinen niedrigsten Stand, um dann fortlaufend bis 1913 zu einer Höhe anzuwachsen, die den Umlauf aller anderen Gattungen um mehr als das Doppelte übertrifft. Über die Verzinsung der sonstigen ländlichen Hypotheken sind wir nicht unterrichtet, was um so bedauerlicher ist, als die ländlichen Hypothekenschulden zum größten Teile noch Privatschulden sind [69]). Neben den Hypotheken haben auch alle übrigen Formen des ländlichen Kredits an der allgemeinen Bewegung der Geldsätze teilnehmen müssen. Das gilt selbst für den genossenschaftlichen Betriebskredit, denn die Spar- und Darlehenskassen haben die scharfe Konkurrenz der übrigen Banken im Kampfe um die Depositen erfahren.

Wenn wir die doppelte Entwicklungsreihe steigender Verschuldung und steigenden Zinsfußes [70]) in der Zeit von 1894—1913 vor uns haben. werden wir an die Schilderungen von Rodbertus erinnert (l. c.), der, um die Landwirtschaft vor den Folgen eines solchen Zustandes zu bewahren, die Organisation des landwirtschaftlichen Kredits nach dem Rentenprinzip durchgeführt wissen wollte. Steigender Zinsfuß bedeutet für die Wertfestsetzung der Landgüter soviel wie Entwertung. Da nun in dem betrachteten Zeitraum die Zinsdifferenz an 1% heranreicht, so ergibt sich daraus eine nicht unbeträchtliche Wertminderungstendenz der Landguts- und reinen Bodenpreise. Die wirkliche Bodenpreissteigerung erscheint also unter diesem Gesichtspunkte tendentiell zu niedrig, und sie müßte ohne die Zinsfußsteigerung noch erheblich höher ausgefallen sein, als es in der Tat geschehen ist. Der Tatsache aber, daß überhaupt Preissteigerungstendenzen beim Boden bestanden, ist es zu danken, daß die von Rodbertus geschilderten katastrophalen Folgen eines steigenden Zinsfußes nicht eingetroffen sind, die besonders auf dem mit der Wertminderung des

Gutes verbundenen Herabgehen seiner Beleihbarkeit beruhen. An die Stelle einer solch akuten Agrarkrisis trat die Ausdehnung und Verteuerung der Verschuldung. Die preispolitische Bedeutung dieses Zustandes erhellt aber daraus, daß die handelspolitische Initiative zur Preissteigerung der landwirtschaftlichen Erzeugnisse von dem Teile der Landwirtschaft ausging, der am meisten verschuldet war, nämlich von den Großgrundbesitzern des Ostens.

Ähnlich wie ein Steigen des Zinsfußes müssen zunehmende Steuern und die sinkende Kaufkraft der Reinerträge wirken.

Von steigenden Steuern geht eine Tendenz zur Ermäßigung der Bodenpreise aus. „Es beeinflussen alle Steuern, die ein Landwirt am Orte seines Wohnsitzes zahlen muß, die Güterwerte. Keineswegs aber fallen dabei nur die zu den Wirtschaftskosten der Landgüter gehörenden Steuern in die Wagschale, sondern indirekt auch alle Steuern, die man von seinem sonstigen Einkommen oder Vermögen zahlen muß" [71]), Die in Deutschland der Landwirtschaft gegenüber befolgte Steuerpolitik war bis 1909 von dem Gedanken möglichster Schonung getragen gewesen, und sie bildete das Gegenstück zur Zollpolitik. Die nach den Reinertragskatastern von den Ländern und Gemeinden veranlagte Grundsteuer war eine äußerst milde Form der Besteuerung, da die Fortschritte der Intensivierung die steueramtlich geschätzten Reinerträge weit überholten. In Preußen wurde die Grundsteuer 1895 als Staatssteuer außer Hebung gesetzt, um den Gemeinden überwiesen zu werden. Von diesen aus konnte es dann — abgesehen von den Gutsbezirken — allerdings geschehen, daß die Landwirtschaft stärker belastet wurde. Nicht nur stiegen die kommunalen Ansprüche stark [72]), wobei aber ihr Äquivalent, die Einrichtung wirtschaftlicher Erleichterungen aller Art, nicht zu vergessen ist, sondern vielfach wurde die Steuer anstatt nach dem Nutzungswert nach dem gemeinen Wert berechnet, und zwar nicht nur bei der Grundsteuer, sondern auch bei der Grundstücks-Umsatzsteuer [73]). Bei der Verschiedenheit der Umlagenansprüche der einzelnen Gemeinden wich die Nachfrage nach den am wenigsten betroffenen Bezirken aus [74]).

Das Hauptproblem für die steuerlichen Einflüsse auf die Preisbildung bleibt immer die Frage, wer die Steuer trägt Handelt es sich um Steuern, die den Landwirt und seine Produktionsmittel, insbesondere den Grund und Boden regelmäßig, d. h. außerhalb der Gelegenheit des Landgutsüberganges treffen, so bleibt er entweder auf der Steuer sitzen, trägt sie, oder er wälzt sie auf den Produktenpreis ab. Letzteres wird aber in allgemeiner Weise nur da geschehen können, wo es sich um hohe und vor allem einen genügend großen Teil der Landwirtschaft treffende Belastungen handelt. Wo nur einzelne verstreute Gemeinden einen besonderen

Steuerdruck ausüben, da wird die Vermutung am Platze sein, daß der Landwirt die Steuer ganz oder teilweise selber trägt, was er um so leichter kann, da die gemeindlichen Steuern und Steuerzuschläge vorwiegend nach dem Äquivalenzprinzip erhoben werden, also dem Landwirt auch entsprechende wirtschaftliche Vorteile bieten.

Seit der Finanzreform von 1909 ist nun insbesondere der Grundstücksübergang allgemein Gegenstand einer hohen Reichssteuer geworden. Es handelt sich hier um zwei Verkehrssteuern: 1. um den Grundstücksumsatzstempel als Reichssteuergesetz von 1909; 2. um das Reichswertzuwachssteuergesetz von 1911. Das erstere Gesetz hat seine Sätze ohne Rücksicht auf die bereits bestehenden gemeindlichen, kreisverwaltungsmäßigen und einzelstaatlichen Besitzwechselabgaben normiert. Das Bodenwertzuwachssteuergesetz hat eine einzige einheitliche Reichssteuer geschaffen mit einer Entschädigung der Gemeinden mittels Überweisung von 50% der Steuer an sie. Obgleich vorwiegend gegen die städtische Bodenspekulation gerichtet, haben diese beiden Steuern den ländlichen Besitz nicht weniger getroffen, zumal die Sätze nicht unerheblich waren. Der Grundstückstempel des Reichs, der Einzelstaaten und ihrer Selbstverwaltungsorganisationen hat den Gutsübergang bis zu 5% belastet [75]). Inwieweit die Besteuerung des Wertzuwachses anläßlich des Besitzwechsels jene Belastung noch erhöht hat, läßt sich mangels statistischer Unterlagen nicht feststellen [76]). Nach den Einnahmen aus der Steuer läßt sich vielleicht eine Belastung von mindestens 2% erschließen. Jedoch hat diese stärker die Stadt, als das Land getroffen.

Im übrigen haben wir nicht zuviel Gewicht auf all diese Steuern zu legen, da sie erst 1910 bzw. 1911, also für den Ausgang der Preissteigerungsperiode wirksam werden [77]). Zudem sind die sonstigen Preissteigerungsfaktoren von solchem Übergewicht gewesen, daß kleinere Verteuerungen nicht mehr empfunden werden, weshalb auch der Besitzwechsel durch sie nicht eingeschränkt wurde, sondern seit 1909 überall noch eine Steigerung aufweist. Der Rückgang 1911 hängt mit der schlechten Ernte dieses Jahres zusammen. Nur in einem Falle können von der Steuerlast ernstere Preissteigerungen ausgehen, wenn nämlich dasselbe Gut einem häufigeren Besitzwechsel unterliegt. Der Bericht der Landwirtschaftskammer der Provinz Ostpreußen für 1912 teilt mit, daß von 357 Gütern, die in einem Kreise den Besitzer gewechselt hätten, 61 in den letzten 3 Jahren zweimal aufgelassen wurden. Im Zusammenhange mit der Tätigkeit der Güterhändler betont Stocker (a. a. O. S. 76): „Die Vermittlung ist noch unrationeller dadurch, daß sie regelmäßig im Wege eines doppelten Kaufvertrages vor sich geht und nur selten auf dem Wege des einfachen Maklervertrages. Dadurch entstehen doppelte Kaufkosten, die bei der Zunahme des

Steuer- und Abgabendruckes gerade auf diese Rechtsvorgänge sich mehren."

Was die Belastung der Landwirtschaft durch die Einkommensteuer betrifft, so hat schon 1896 Brentano [78]) auf die hinter den Städten zurückstehende Leistungsfähigkeit der Landbevölkerung hingewiesen. Dieser Zustand ist in der Folgezeit geblieben. Nach dem Stat. Jahrb. f. d. Preuß. Staat, X. Jahrgang, Berlin 1913 waren physische Personen:

	zur Eink.-Steuer veranlagt	befreit wegen Eink. bis 900 M.	Kinderzahl usw.
in den Städten	12 044 235	5 959 074	1 289 788
in den Landgemeinden unter 2000 Einw.	4 773 278	8 440 654	1 619 638

Die Landgemeinden mit über 2000 Einwohnern sind ähnlich wie die Städte an der Steuer beteiligt:

	3 871 224	1 604 809	634 130

Wir werden später sehen, inwieweit die letzteren Landgemeinden als Repräsentanten der Landwirtschaft gelten können. Der geringe Beitrag der unzweifelhaften Landbevölkerung zur Steuer und der große Verhältnisanteil der wegen zu geringen Einkommens von der Steuer Befreiten legt ebenso Zeugnis ab von der geringen Belastung der Landwirtschaft durch die Einkommensteuer, wie von ihrer schlechten Lage. Davon wird bald näher zu sprechen sein.

Wie wenig die Einkommensteuer aber gerade die Landbevölkerung getroffen hat, zeigt der auf sie pro Kopf entfallende Anteil. Er betrug in Mark [78a]):

auf den Kopf der	in den Städten Zensiten	Bevölkerung	auf dem Lande Zensiten	Bevölkerung
1892	59,8	7,1	29,7	1,7
1896	57,1	7,0	28,3	1,6
1905	50,3	8,7	29,4	2,3
1912		12,7		3,9 (3,0)

(die in () beigefügte Ziffer gilt für die Landgemeinden unter 2000 E.) Aus diesen Zahlen geht hervor, daß die preußische Einkommensteuer überwiegend eine Steuer der städtischen Bevölkerung gewesen ist [78b]).

Zur Beurteilung der gleichzeitig mit ihr erhobenen Ergänzungssteuer vom Vermögen genügt die Feststellung, daß die Leistung aus ihr nur 63 Millionen Mark im Verhältnis zu 326 Millionen Mark aus der Einkommensteuer im Jahre 1912 betrug. Bei schonendster Veranlagung, bei einem Steuersatz von 5 pro Mille, der später noch um geringe Zuschläge (zuletzt 1909 um 25%) erhöht wurde, und bei wahrscheinlicher mangelnder Erfüllung der Deklarationspflicht [78c]) wird eine Belastung der Landwirtschaft durch diese Steuer nicht eingetreten sein.

Speziell für Bayern kommen Grundgefälle (Bodenzinse) und die Grundsteuer bis 1912 in Betracht. Von den Eigentümern der ländlichen und Bauplatzgrundstücke bemerkt W. Lotz (Finanzw. S. 300), daß von ihnen 1905 mehr als die Hälfte, 52,7% nur eine Staatssteuerleistung bis zu 5 Mark aufbrachten, während über 100 Mark nur 1,2% der Steuerpflichtigen entrichteten. — Für die Bodenzinse aber wurde 1898 ein Amortisationsfonds aus staatlichen Mitteln geschaffen.

So schwer es nun ist, über die Abwälzung all dieser Steuern und Lasten auf die Produktenpreise etwas sicheres auszumachen, so fest steht ihre mindernde Wirkung auf den Bodenpreis. Denn die Amortisation der kapitalisierten Grundsteuer begegnet solange keinen Schwierigkeiten, als die Bodenpreise steigen. „Der Veräußerer bekommt ohnehin soviel mehr als er selbst bezahlt hat" und „der Käufer merkt von der ganzen Steuer nicht mehr als von Hypotheken- und Rentenschulden, deren Kapitalwert bei der Übernahme stets ... berücksichtigt wird" [78d]).

Die Überwälzung von Steuern kann in einer mehr direkten oder mehr indirekten Weise geschehen. Direkt wird sie möglich: 1. wenn der Steuerzahler genau Buch führt und die Produktionskostenelemente nebst Steuern den Produkten in eindeutiger Weise zuzurechnen vermag; 2. wenn er den Markt in der Weise beherrscht, daß er eine Preiserhöhung, die den Steuern entspricht, durchzusetzen imstande ist. Fehlt es ihm an der Fähigkeit zu dieser unmittelbaren Preisinitiative, so kann er steuerlich bedingte Unkostenerhöhungen und Einkommensminderungen bestenfalls noch indirekt zum Ausgleich bringen, indem er auf Umwegen Preissteigerungen etwa mit Hilfe handelspolitischer Maßnahmen bewirkt. Die Unbestimmtheit eines solchen Überwälzungsvorganges gewinnt noch dann an Stärke, wenn, wie in der deutschen Landwirtschaft, die zuerst genannte Überwälzungsbedingung nicht erfüllt ist, also eine mangelhafte Buchführung mit einer unausgebildeten Einsicht in die Kosten und die Rentabilität der einzelnen Betriebszweige sich verbindet. Vage Vorstellungen treten jetzt an an die Stelle einer exakten Zurechnung. Die großen Rentabilitätsschwierigkeiten in der deutschen Landwirtschaft bis zum Jahre 1906, von denen später die Rede sein wird, lebten nicht in der Weise im Bewußtsein der Landwirtschaft, daß man sie klar bestimmten Ursachen, wie Steuern etwa hätte zuordnen können. Ja die wahren Ursachen waren teilweise überhaupt nicht klar gesehen, teilweise nicht in ihrer Tragweite begriffen worden. Die Bemühungen um höhere Preise konnten deshalb wesentlich nur dem Allgemeinbewußtsein von einer im ganzen unzureichenden Rentabilität entspringen und mußten ihre Grenze finden in der fast

hängigkeitsverhältnis besteht in einem doppelten Vorgang der Kapitalwanderung, deren einer Zug von der Agrarwirtschaft in die Industriewirtschaft führt und deren anderer denselben Weg wieder zurücknimmt, jedoch mit dem Unterschiede, daß im ersten Falle kein Entgelt gezahlt wird wie im letzteren.

Unter der Kapitalabwanderung vom Lande ist ein doppeltes zu verstehen. Einerseits ist es Arbeitskapital, das sich entfernt, andererseits sind es die Geldersparnisse der Landwirtschaft, die im Zusammenhange mit der Landflucht in die Industriewirtschaft abwandern. Die Initiative zu beiden Vorgängen entsteht in der Landwirtschaft selbst. Einerseits hängt sie mit der Auflösung der alten Agrarverfassung zusammen, andererseits mit dem Erbsystem. Der Zersetzungsprozeß zeigt hier eine qualitative Progression. Er begann mit der Abwanderung der Landarbeiter, die dem Lande damit nur ihre Arbeitskraft entzogen. Sie konnten teilweise durch ausländische Wanderarbeiter ersetzt werden. Die höheren Löhne in der Industriewirtschaft und die sonstigen Wertschätzungen seiner Lebensmöglichkeiten wurden damit für die Entwicklung der Arbeitslöhne auf dem Lande maßgeblich.

Das freiwillige Verlassen des Landes trägt letzten Endes einen ausgesprochen sozialen Charakter, der über alle Lohnfragen hinausweist, vergleichbar dem, der die ganze Arbeiterbewegung und ihren Kampf gegen den Kapitalismus doch schließlich nur als einen Kampf gegen die Autorität und die höhere Sozialklasse des Unternehmertums erscheinen läßt. Jener allgemein menschliche Verselbständigungsprozeß, der mit der Bauernbefreiung begann und freie Persönlichkeiten auf freiem Grund und Boden zu schaffen versuchte, findet seine Fortsetzung in der Abwanderung der ländlichen Arbeiter aus den als Zwang empfundenen ländlichen Arbeitsverhältnissen zu der vermeintlich größeren Bewegungsfreiheit eines nur im Anstellungsvertrag formal gebundenen städtischen Arbeiters [82]).

Zum Teil ganz andere Ursachen hat — überhaupt anders zu bewerten ist die Abwanderung der bodenständigen selbständigen und unselbständigen Landwirte, die in unserer Epoche im Zusammenhange mit der Häufigkeit des Besitzwechsels um sich gegriffen hat. Hieß es doch im Bericht der ostpreußischen Landgesellschaft von 1910/11: „Es finden wilde Spekulationskäufe statt und sind ungesunde besorgniserregende Zustände auf dem Gütermarkte geschaffen worden. Von einem bodenständigen Grundbesitz kann heute kaum noch gesprochen werden“ [83]). Das Phänomen der Landflucht in den Kreisen der Landbesitzer empfing seine volle Bedeutung im Zusammenhange mit den Erbverhältnissen, infolge deren sich zu den abwandernden Arbeitern auch noch arbeitsfähige Familienmitglieder gesellten. Die beim Erbübergange abzufindenden Geschwister — sei es daß sie schon in der Stadt leben oder nun dahin ziehen — berauben das Landgut nicht nur ihrer billigen Arbeitskraft, die durch eine teuerere ersetzt werden muß, sondern entziehen ihm auch den ihnen zukommenden Erbanteil, welcher ein reales Stück des in der Regel kapitalistisch errechneten, d. h. zu hoch angesetzten Landgutswertes ausmacht, das sie nun in der Stadt verzehren, während es vom Gutsübererernehmer wieder erarbeitet werden muß. Es ist deshalb kein Zufall, daß die überwiegende Mehrzahl der Zwangsversteigerungen außer durch eigenes Verschulden durch ungünstige Übernahme herbeigeführt worden ist [84]).

Einige Ziffern mögen diese Gedankengänge bestätigen und vertiefen. Die reichsstatistischen Erhebungen von 1097 haben hier interessante Tatsachen zutage gefördert. Von der Bevölkerung im Reiche waren

auf dem Lande geboren	33.757916	d. i. =	54,7% der Gesamtbevölkerung
davon lebten a. d. Lande	23.465468	d. i. =	38,0% „ „
also in der Stadt	10.292448	d. i. =	16,7% „ „
Von den in der Stadt Geborenen lebten auf dem Lande.	2.006348	d. i. =	3,2% „
bleibt ein Überschuß von Landbev. in der Stadt	8.286100	d. i. =	13,5% „ „

So sind es also 16,7% der Gesamtbevölkerung, die ihre Arbeit und ihr Geldkapital in die Stadt bringen, während die Bewegung der Städter nur mit 3,2% jenen Zug zur Stadt kompensiert.

Eine gute Ergänzung zu diesen Zahlen bildet die Statistik über den Verbleib der Erbabfindlinge. Eine von Dade angefertigte Übersichtskarte [85]), zeigt daß der geschlossene Hofübergang für ganz Deutschland mit Ausnahme des linksrheinischen Gebietes und von Baden, Württemberg, Unterfranken und einiger Gebietsteile nördlich Bayerns in Deutschland die Regel ist [86]). Als Ergebnis ließ sich nach den genannten, von Sering geleiteten Untersuchungen über die Vererbung des bäuerlichen Grundbesitzes im Kgr. Preußen folgende Statistik über den Beruf der weichenden Erben beim geschlossenen Hofübergang aufstellen [87]).

Vom Hofe gewichene männliche Abfindlinge gingen über

1. zur selbständigen Landwirtschaft	45% (davon 30% durch Heirat)
2. zu unselbständiger Beschäftigung in der Landwirtschaft	5%
Es verblieben also	50% in d. Landw.

3. zu selbständ. Gewerbe u. Handel 22%
4. in liberale Berufe (Lehrer, Geistliche usw.) 16%
5. unselbständige Beschäftigung nichtlandw. Art 7%
6. unbekannte Berufe und ohne Beruf 2%
7. Auswanderungen 3%

Es wanderten also 50% ab.

Vom Hofe gewichene weibliche Abfindlinge gingen in
1. Verheiratung mit selbständigen Landwirten 64% blieben also in der Landwirtsch.,
2. Verheiratung mit anderen .... 30% wanderten ab,
3. Es blieben unverheiratet .... 6% Verbleib zweifelhaft.

Angesichts dieser Ziffern, die für Westfalen, Sachsen und Pommern erhoben wurden, mag man sich der Schwere des dauernden Kapitalverlustes der Landwirtschaft bewußt werden. Es ist fraglos, daß dieser nicht ohne merklichen Einfluß auf die Rentabilität und damit auf die Produktenpreise bleiben konnte.

Als weitere die Landwirtschaft besonders treffende Erschwerung wirkt im deutschen Erbrecht das System der gleichen Erbansprüche, wovon oben schon die Rede war. Eine Verschärfung kommt dadurch hinzu, daß der Erbabfindung meistens nicht der loyal berechnete Ertragswert, sondern der Verkaufswert zugrunde gelegt wird. Der durch die Erbfolge mit dem Problem der Landflucht verbundene und bei jedem Gut periodisch eintretende Aderlaß der landwirtschaftlichen Kapitalproduktion wird von Laur einmal so beschrieben [88]): „Ich möchte auch hervorheben, daß ein großer Teil der landwirtschaftlichen Ersparnisse auch wieder dem nicht landwirtschaftlichen Teile der Bevölkerung zugute kommt. Aus dem Bauernland gehen Tausende von jungen Leuten in die Stadt, und später zieht ihnen bei Erbteilung das Vermögen nach. Nach einer Untersuchung von F. Pauli aus drei sanktgallischen Gemeinden haben auf 100 Fr. Nachlaß

Berufsgruppe	durch Erbschaft abgegeben	erhalten	Verlust für die Landwirtschaft
1. Bauern ohne Nebenberuf	Fr 395	191	—204
2. Bauern mit Nebenberuf	„ 695	10	—685
1. Nichtlandwirte	Fr 247	569	—322
2. unbekannte Berufe	„ 64	504	—440

Die vorstehenden Zahlen lassen erkennen, daß die Landwirte im Erbgange mehr abgeben als erhalten, und die anderen Berufsgruppen eine Bereicherung erfahren. Dem Bauernsohn, der den Hof übernimmt, hängt man gewissermaßen nach dem Erbgang die leeren Waben ins Bienenhaus; in einem arbeitsreichen und sparsamen Leben füllt er sie wieder, und wenn er die Augen schließt, so werden die Waben wieder ausgeschwungen, der Nachfolger erhält das notwendigtste, damit er wieder die Waben zu füllen vermag. Der Bauer erzieht auch mit seinem Erwerbe den Städten und der Industrie den größten Teil des Nachwuchses. Zurück fließt herzlich wenig mehr. Die Bauernsöhne können keine reichen Töchter in der Stadt holen, die ihnen die Ersparnisse von Industrie und Gewerbe mitbringen, wohl aber heiraten die vermöglichen Bauerntöchter mit Vorliebe in nichtlandwirtschaftliche Kreise und damit ist auch der Weg der Ersparnisse des Bauernstandes bestimmt.“

Das Gegenstück zu dieser *Kapitalentfremdung* bildet ein Vorgang, den man mit einem modernen Ausdruck als *Kapitalüberfremdung* der Agrarwirtschaft durch die Industriewirtschaft bezeichnen könnte. Diese wirkt wegen ihrer Entgeltlichkeit ebenso rentabilitätsschwächend wie erstere. Der Zustand der Kapitalüberfremdung bekundet sich in der ganzen Organisation des ländlichen Kredits. Das nach mündelsicherer Anlage strebende Kapital der Industriewirtschaft sucht mit Vorliebe die ländlichen Hypotheken auf; selbst das reguläre Bankgeschäft ergreift gerne die Gelegenheit, einen Teil seiner Gelder in dieser Weise sicher anzulegen [88a]). Vollends aber sind es die Hypothekenbanken und ländlichen Pfandbriefinstitute, die den industriewirtschaftlichen Kapitalmarkt in höchstem Umfange für ihre Darlehen in Anspruch nehmen. In Anlage X V u. VIII ist ein kurzer Abriß dieser Organisationen gegeben worden. Für das Jahr 1896 ist die gesamte Realverschuldung des ländlichen Grundbesitzes im preußischen Staat von Meitzen auf 12 Milliarden Mark geschätzt worden [89]). Davon sollen 4 Milliarden auf den durch Anstalten gewährten Kredit entfallen [89a]). die übrigen $^2/_3$ werden durch Privathypotheken bestritten, die ihre Quelle allein in der Industriewirtschaft haben dürften. Bedenkt man weiter, daß in den genannten 12 Milliarden die Personalschulden nicht inbegriffen sind (welche allerdings in wachsendem Maße durch genossenschaftlichen Kassenkredit befriedigt werden). zieht man ferner die Entwicklung der Verschuldung und des ländlichen Kreditwesens seit 1896 in Betracht, *so läßt sich ein ungefähres Bild von der großen und sich dauernd verstärkenden Abhängigkeit der Agrarwirtschaft von der Industriewirtschaft in der neuesten Zeit gewinnen*, die bei dem vorwiegend unproduktiven Charakter der Kapitalaufnahmen den Zinsendeinst in Ermanglung von genügenden boden- und betriebstechnischen Fortschritten auf eine durch *steigende Preise* erzeugte Bodenrente anweist. Dabei fällt die von dem weniger belasteten Teile der Landwirtschaft geübte Spartätigkeit, die den Sparkassen und den Spar- und Darlehnskassen zugute kommt, nicht ins Gewicht. Für Bayern ist um die Jahrhundertwende ein jährlicher Zuwachs ländlicher Spareinleger bei den Sparkassen von etwa 14000 mit $4^1/_2$ Millionen Mark Einlagen festgestellt worden, während die hypothekarische Belastung des ländlichen Grundbesitzes um 1900 auf 900 Mill. Mark geschätzt wurde (Roscher-Dade, Die Nationalökonomik des Ackerbaues, 14. Aufl. S. 571 ff.

Für die Kapitalschwäche der deutschen Landwirtschaft sprach auch die Kapitalüberfremdung auf den Gebieten des ländlichen Produktivgenossenschaftswesens. Im Jahre 1908 betrug bei den zur Statistik des Reichsverbandes berichtenden Molkereigenossenschaften durchschnittlich pro Genossenschaft

das Betriebskapital	M.	45.884.—	
davon waren	M.	4.171.—	Geschäftsguthaben
	M.	8.177.—	Reserven und Betriebsrücklagen.

„Das fremde Kapital betrug also drei Vierteile (genau 74,5%) des Gesamtkapitals“ [90]) Die ländlichen Produktivgenossenschaften arbeiten in der Regel mit einer Bank und decken so ihren die Einlagen der Genossen übersteigenden Kapitalbedarf mit den Überschüssen der Industriewirtschaft.

Der ganze hier beschriebene Prozeß läuft mit einer inneren Notwendigkeit ab. Das aus der Landwirtschaft dauernd abwandernde Kapital strömt ihr in Form entgeltlicher Darlehen wieder zu. Damit das möglich wurde, bedurfte es der glänzenden Organisation des ländlichen Kreditwesens. Und indem der Aufschwung dieser Entwicklung gerade in die von uns betrachtete Preissteigerungsperiode fiel, dürfen wir ihn als Symptom der wachsenden Abhängigkeit der Agrarwirtschaft von den Kapitalien der Industriewirtschaft ansehen. Als Vermittlungsstelle für einen durch dauernde Zinsbezüge beschwerten unproduktiven Verschuldungszustand kann man dem landwirtschaftlichen Kreditwesen in wirtschaftlicher Hinsicht — und nur in dieser — eine Schattenseite abgewinnen. Eine andere Frage ist die ob die soziale Institution der Erbfolge und die freie Veräußerlichkeit des Bodens den wirtschaftlichen Notwendigkeiten aufgeopfert werden können. Für die Erkenntnis der Preissteigerung ist die Entscheidung solcher Fragen belanglos. Aber die Feststellung des unlösbaren Interessenkonfliktes zwischen den sozialen und wirtschaftlichen Notwendigkeiten, speziell die Entwicklungshemmung der Gesetze der Agrarwirtschaft durch die ersteren muß in ihrer vollen Bedeutung für die wirtschaftlichen Zustände und die Preisbildung innerhalb der Agrarwirtschaft erkannt werden.

Es ist nun noch die Frage offen, wie das geschilderte Abhängigkeitsverhältnis von Agrar- und Industriewirtschaft sich im speziellen durchsetzte und in der Gestaltung der Rentabilität auswirkte.

Dieser Vorgang hängt auf das engste mit dem allgemeinen Eindringen des Kapitalismus in die Landwirtschaft zusammen, sowohl mit seinem Materiale, dem Gelde, wie seiner Organisation durch das Prinzip der Rechenhaftigkeit, wie seiner Idee des unbegrenzten Gewinnstrebens. In all diesen Hinsichten erfährt der Naturalcharakter, die Buchführungslosigkeit und der Bedarfsdeckungsgedanke der landwirtschaftlichen Produktion eine tiefgehende Störung. Der hier betrachtete Zeitraum kann in ausgesprochenem Maße als ein Anpassungsversuch der Agrarwirtschaft an die kapitalistische Organisation der Industriewirtschaft gelten.

Schon Rodbertus hat an den Schwierigkeiten laboriert, die das Eindringen der kapitalistischen Auswertung des Landgutes mit sich brachte. Er bezeichnete den durch die Kapitalisation der Rente festgelegten Bodenpreis als fiktives Kapital. Die Rede von der Fiktizität ist hier irreführend, besonders wenn man sich jener Art der Kapitalbildung in der Industriewirtschaft erinnert, die Hilferding in seinem „Finanzkapital" (Wien 1910) als fiktiv bezeichnet. Die nach den wechselnden Dividenden von den Aktionären selbständig bewerteten Ertragstitel eines Industrieunternehmens repräsentieren ein Kapital das nicht in seiner Börsenkurshöhe im Unternehmen arbeitet und insofern fiktiv ist. Die Bewertung der landschaftlichen Pfandbriefe auf dem Kapitalmarkt bildet ein direktes Analogon zu diesem fiktiven Industriekapital. Jedoch der Schein der Fiktizität des Landgutskapitals kann lediglich bei der erstmaligen Ausrechnung der landwirtschaftlichen immobilen Betriebsgrundlagen entstehen. Der Kauf eines schuldenfreien Landgutes gleicht dem Erwerb eines Produktionsmittels, dessen Bewertung einzig nach den zukünftigen Erträgen stattfindet. Es ist der Fehler von Rodbertus, den Wert eines wirtschaftlichen Kapitalgutes auf die Produktionskosten desselben dogmatisch festzulegen. Ein industrielles Produktionsmittel wird zwar nach den Produktionskosten bewertet, aber immer ist damit auch eine Bewertung seiner reinertragswerbenden Kraft verbunden. Wo es sich um Monopolgüter mit wenig oder gar keinen zurechenbaren Produktionskosten oder um die Bewertung ganzer Unternehmungen handelt, da bleibt nur eine Bewertung nach der geldwirtschaftlichen Produktionskraft übrig. An dieser Stelle liegen also keine Schwierigkeiten für die kapitalistische Formung des landwirtschaftlichen Betriebes. Solche entstehen vielmehr erst dadurch, daß der landwirtschaftliche Betrieb nicht nur Produktionsmittel ist, sondern eine Reihe erwerbswirtschaftsfremder Werte besitzt, die nicht für die Zwecke der Produktion tätig sind. Hier entsteht dann die Notwendigkeit, daß diese, wenn sie kapitalistisch bezahlt werden, durch die Reinerträge der produktiven Anlagen mit verzinst werden müssen. Dasselbe tritt ein, wenn die produktiven reinertragschaffenden Landgutsteile in ihren Kapitaläquivalenten zu reichlich bemessen werden, also Überzahlungen stattgefunden haben.

Wenn der Reinertrag eines landwirtschaftlichen Unternehmens nach der Verzinsung der eingesetzten Kapitalien bemessen wird, so sind jene beiden Fälle geeignet, den Reinertrag rechnerisch herabzudrücken. Während aber die Überzahlung aus wirtschaftlicher Überschätzung ein temporäres, aus vielen Gründen bewirktes Konjunkturphänomen darstellt, wie oben gezeigt wurde, bildet die Investierung von unproduktivem Kapital aus wirtschaftsfremden Bedürfnissen eine mit dem Wesen des Landgutes verknüpfte regelmäßige Notwendigkeit, könnte man fast sagen. Wir bemerkten bereits früher, daß das Landgut nicht nur ein Mittel ist, um Gelderträge zu gewinnen, sondern ein Mittel zur Befriedigung aller geistigen und leiblichen Bedürfnisse einer Hausgemeinschaft, die stellenweise mit Bezug auf einen größeren Landbesitz ausgesprochenen Luxuscharakter tragen. Das Landgut ist nur zum Teil ein tauschwirtschaftlich eingestelltes Produktionsmittel, es bietet außerdem noch konsumtive Werte, die sonst teuer bezahlt werden müßten. Der durch den Kauf des Landgutes für diese letzteren bezahlte Preis würde also für die Berechnung der wirtschaftlichen Produktivität buchmäßig abgesetzt werden müssen, damit der Reinertrag nicht auf das gesamte investierte Kapital des Wirtschafters bezogen wird, sondern nur auf jenen idealen Teil, der den Reinertrag schafft, wie das bei einem gewerblichen Unternehmen sich von selbst ergibt. Wird also der Ertragswert eines Landgutes nach der Verzinsung des gesamten investierten Kapitals beurteilt, so liegt die offenbare Unzulänglichkeit und Schwierigkeit, die bei der Verwirklichung kapitalistischer Rechnungsgrundsätze im Landwirtschaftsbetriebe entsteht, klar zutage. Denn die zur Gewinnung des Reinertrages speziell eingesetzten Kapitalteile lassen sich aus dem investierten Gesamtvermögen nicht praktisch herausisolieren, da nicht nur sie, sondern das Ganze verzinst werden muß. Von der Idee der richtigen kapitalistischen Rechnung aus muß der Reinertragswert auf solcher Grundlage stets unter einer tendentiellen Senkung stehen. Wenn Th. v. d. Goltz sich in seiner Taxationslehre bei der Beurteilung von Landgütern für die Ertragstaxe einsetzt, wählt er den vom Standpunkte der privatwirtschaftlichen Rentabilität zweckmäßigsten Weg. Aereboe aber weist in seiner Beurteilungslehre die Undurchführbarkeit der Ertragstaxe nach, die auf der Unbestimmbarkeit des auf die tauschwirtschaftlich unproduktiven Werte des Landgutes entfallenden Kapitalanteiles beruht. Er tritt deshalb für die Kapitaltaxe ein. Das kann in dem Falle unbedenklich geschehen, wenn das im Landgute investierte Kapital Eigentum des Übernehmenden in solchem Umfange ist, daß ohne weiteres ein Teil desselben als definitive Ausgabe für einen gleichsam unmittelbaren Konsum abgeschrieben werden kann. Entfällt aber auf das Stück der konsumtiven Kapitalanlage eine Schuldquote, so hat diese die Bedeutung eines reinen Konsumtivkredits, dessen Verzinsung, eine wirtschaftliche Irrationalität, die Rentabilität drücken muß. Unter solchen Gesichtspunkten empfängt das Problem der Bodenpreissteigerungen und der Verschuldungszunahme in ihrem Verhältnis zur Rentabilität der Landwirtschaft noch eine besondere Bedeutsamkeit, vor allem soweit Überzahlungen und Reinertragsüberschätzungen verschärfend hinzukamen.

Die Übertragung der kapitalistischen Denkweise in die Landwirtschaft begegnet also starken Widerständen, die aus der Natur der Sache heraus erwachsen und die um so stärker ein widerspruchsvolles Element in die Rentabilität hineintragen, je genauer im kapitalistisch-organisatorischen Sinne verfahren wird. Von dieser Seite aus gesehen, offenbart sich aber das System der ländlichen Erbfolge als ein mit dem Eindringen des Kapitalismus in jedem Betrachte unverträglicher Bestandteil der Landwirtschaft. Das System der Erbabfindungen ist uralt, aber der Aufbau dieses Systems auf kapitalistischer Grundlage in Verbindung mit der Abwanderung der Erbteile ist ganz jung und fällt in das Zeitalter des sich entwickelnden Hochkapitalismus, also kurz vor und hauptsächlich in unsere Teuerungsperiode. In dem Maße wie die genaue Rentabilitätskalkulation leitender Betriebsgrundsatz der landwirtschaftlichen Produktion zu werden beginnt, in dem Maße wie sich alles in erwachendem Gewinnstreben auf die Produktion für den Markt einstellt, da tritt mit der merkantilistischen Überschätzung der Gelderträge auch die Erbabfindung in das geschäftliche Stadium auf der Grundlage immer genauerer Rechnung. Indem die Produktion und ihre Rentabilität aber auch auf jene feine Schärfe zugespitzt ist, die z. B. bereits bei Vernachlässigung der Stallmistverwertung die Vieherzeugung unrentabel machen kann, so muß eine von Generation zu Generation eintretende große, der Produktion sich entziehende Vermögensabgabe (Auszahlung) die Rentabilität zerstören. Dieser Widerspruch zwischen Rentabilität und Erbabfindung konnte naturgemäß erst dann sich entwickeln, als man zu rechnen begann und Reinertrag und Gutswert kapitalistisch festlegte. In dem Maße wie genau gerechnet wurde, mußte der Widerspruch sich vertiefen. Ein dermaßen starres Erbsystem würde im Gewerbsleben ebenso ruinös wirken, und die Fälle, wo ein Erbfall zum Anlaß einer Einschränkung des Unternehmens würde, sind, als mit der kapitalistischen Gebahrung unverträglich, in der Industrie ausgeschlossen, was um so leichter möglich ist, weil ein Gewerbe- oder Handelsunternehmen einem Betrieb durch mehrere gleichberechtigte Inhaber keine Schwierigkeiten bereitet. Die Verquickung ursprünglicher konsumtiver Werte mit den geldwirtschaftlichen Produktionsmöglichkeiten im Landgute machen eine gleichmäßige

Verteilung der Genußwerte unter eine Personalgesellschaft unmöglich und schließen aus diesem und noch anderen Gründen, die in den Grenzen der Produktionsausdehnung liegen, die Überwindung der Einzelbewirtschaftung durch gemeinsame Wirtschaft der Erben aus.

So bereitet auch die Befriedigung des soziologischen familiären Bedürfnisses der Erbfolge durch die Formen, an die sie in der Landwirtschaft unter dem Gerechtigkeitsprinzip gebunden ist, dem Eindringen der kapitalistischen Betriebsführung unbesiegliche Widerstände. Da nun für eine solche periodische Schwächung der Landwirtschaft an ihren Rentabilitätsgrundlagen wegen der Größe dieser Schwächung und weil sie wesentlich der Industriewirtschaft zukommt, nicht durch kapitalistische Ausdehnung der Produktion ein Gegengewicht geschaffen werden kann, so bleibt nur eine Ausflucht: steigende Preise! Steigende Erträge stehen in der Landwirtschaft schnell unter dem Bodengesetz, die Mittel zu ihrer Steigerung müssen von der Industriewirtschaft zurückgeliehen werden. Vor allem ist aber die Ausdehnung des immobilen Produktionsfaktors Boden nicht möglich. Wegen dieser Tatsache ist gewiß ein großer Teil der Abwanderung vom Lande eine wirtschaftliche Notwendigkeit ohne negative Folgen. Aber die Begleitung dieser Abwanderung mit den erarbeiteten Kapitalien des ländlichen Betriebes legt dauernd die Wurzeln seiner Produktivität trocken, wenn kapitalistisch gerechnet wird. Steigende Preise bilden also unter solchen Verhältnissen eine letzte und wirkliche Hilfe.

Zu all diesen Schwierigkeiten bei der Verwirklichung kapitalistischer Organisationsformen und Ideen in der Landwirtschaft gesellen sich nun noch die, die aus dem Verhältnis des Landwirtes zur Preisbildung seiner Produkte entspringen. Nach allem was bisher über die Rentabilitätsschwierigkeiten der deutschen Landwirtschaft ausgeführt wurde, darf es als gewiß gelten, daß sie nur zum kleineren Teile aus der Unvollkommenheit der Betriebssysteme von der wir ausführlich gesprochen haben, entstammten, zum weitaus größeren Teile aber in Verhältnissen begründet waren, die einzig und allein ihr wirtschaftliches Gegengewicht in steigenden Preisen finden mußten. Solche aber setzen, wenn sie durchgeführt werden sollen, eine Herrschaft über den Absatz voraus und eine Anpassung der Produktion an den Markt.

In diesem Betrachte aber ist ein kapitalistisches Wirtschaftsverhalten an den persönlichen und sachlichen Widerständen des landwirtschaftlichen Betriebes weitgehend gescheitert. Das Bestreben ging allerdings ausgesprochen dahin, sich geldwirtschaftlich zu orientieren. In dem engen Rahmen der Milchwirtschaft gelang das auch. Eben weil der Rahmen eng war und sich einer spezifischen Form der landwirtschaftlichen Marktinitiative, wie sie im Genossenschaftswesen liegt, zugänglich erwies. Dieses bildet in gewissem Grade ein Gegenstück zu den Kartellbestrebungen der Industrie. Denn Herrschaft über den Markt war das Ziel der Milchabsatzgenossenschaften, welches auch von Erfolg gekrönt wurde. Aber vom kapitalistischen Standpunkte leuchtet der große Unterschied sofort ein. Die industriellen Kartelle lösten eine Zeit der ungebundenen Unternehmerinitiative ab. Die landwirtschaftlichen Genossenschaften haben als Organisationsformen der Selbsthilfe eine ganz andere Entstehungsgeschichte. Das Unternehmerelement, überhaupt jene Eigenschaften, die Schumpeter [91]) dem geborenen Unternehmer zuerkennt, und die allein die Entwicklung im kapitalistischen Sinne möglich machen und auch zum privatwirtschaftlichen Erfolge führen, werden beim Bauernstande nur ausnahmsweise angetroffen. Die Gründe dafür liegen in seiner Geschichte, wovon oben bereits die Rede war. Die landwirtschaftlichen Genossenschaften bilden deshalb auch kein Institut zur Reglementierung von Produktion oder Absatz und zur Rationalisierung der freien Unternehmerinitiative, wie die Kartelle, wennschon ihre engere Monopolorganisation mit diesen große und natürliche Ähnlichkeiten zeigt. In der Landwirtschaft ist, was auch schon erwähnt wurde, durch die Organisation der Milchwirtschaft ein Stück geldwirtschaftlichen Denkens ausgebildet worden, welches im Dnrchschnitt aber mit der Großzügigkeit der Unternehmerkalkulation nichts gemein hat.

Wie sehr sonst aber die Landwirtschaft ohne Verhältnis zu ihren Absatzgelegenheiten war, zeigt die Verwertung von Getreide und Vieh. Die Initiative lag hier ausschließlich bei einem selbständigen Händlertum, das von der Differenz der Hofpreise und Marktpreise lebte. Im nächsten Kapitel wird näheres über ihre preispolitische Bedeutung zu sagen sein. Ein intiativer unmittelbarer Einfluß auf den Absatzmarkt blieb der Landwirtschaft hier versagt, wesentlich aus persönlichen Gründen. Die Notierungen an der Getreidebörse und auf dem Viehmarkt geschahen ohne ihr Zutun. Sie hatte nur zwei Mittel, um die für sie notwendigen Preissteigerungen durchzusetzen, die so wie sie angewandt wurden, durchaus unkapitalistisch waren, da sie der Ohnmacht entstammten. Diese Mittel waren entweder die automatisch einsetzende passive Resistenz durch Einschränkung der Produktion, wie wir sie bei dem Rückgang der Rindviehhaltung 1907 ff. kennen lernten, oder das Anrufen höherer Gewalt, in diesem Falle des Staates und seiner handelspolitischen Kompetenz. Auch die Industrie hat von dem Mittel des Zollschutzes Gebrauch gemacht, aber die Landwirtschaft hat nie von anderen als derartigen Mitteln Gebrauch machen können. Für sie war es die letzte und einzige Auskunft, um die ihr fehlende Initiative in der Marktbeherrschung zu ersetzen. Auch handelte es sich für sie nicht wie bei der Industrie um Erziehungszölle, denn es gab bei ihr nichts zu erziehen; sondern eine aus inneren Gründen mit dem Eindringen des industriewirtschaftlichen Kapitalismus erzeugte dauernde Rentabilitätsschwächung verlangte in Ermangelung genügender Produktivitätsfortschritte nach einem dauernden Ausgleich durch das Mittel höherer Preise. —

Fassen wir zusammen.

Seit den 70er Jahren befand sich die deutsche Landwirtschaft in dem Zustande einer dauernden Krisis. Das Beharren bei alten Wirtschaftsweisen hat einen gewichtigen Anstoß dazu und eine dauernde Verschärfung dieses aus tieferen Gründen bedingten Zustandes bewirkt. Es ist durchaus verständlich, daß die Nöte in jenen Betrieben, die sich am rückständigsten in der Betriebsorganisation verhielten, wie der ostelbische Großbesitz, zuerst und am stärksten zur Geltung kamen. Das darf jedoch nicht dazu verleiten, die Alternative von Getreidebau und Viehwirtschaft als treibende Wurzel des Ganzen in den Vordergrund zu schieben. Davor kann auch schon ein Blick auf die übrigen Länder bewahren, die sich trotz zweckmäßiger Anpassung der Betriebssysteme an die neuen Verhältnisse nur durch Reduktion der Pacht- und Bodenpreise (England) ein Gegengewicht gegen die zur akuten Krisis drängenden kapitalistischen Einflüsse der Industriewirtschaft schaffen konnten. Wie in allen Industriestaaten muß auch in Deutschland die chronische Agrarkrisis auf die mißglückte Anpassung der Landwirtschaft an die kapitalistischen Organisationsformen in ideeller und materieller Hinsicht und auf die durch die übermäßige Kapitalentfremdung erzeugte Abhängigkeit von der Industriewirtschaft als auf ihre letzten Gründe zurückgeführt werden. Die sichtbaren Folgen dieses Sachverhalts bekunden sich in den überzahlten und verrechneten Landgutsbewertungen gelegentlich des Überganges durch Kauf oder Erbgang, sowie in den verschiedenen Formen der Kapitalabwanderung und ihres Zurückstromes im Wege des Kredits mit nachfolgender Verschuldung. Diese einzelnen Erscheinungsformen des Eindringens eines unangepaßten Kapitalismus in die Landwirtschaft haben bei der Beschäftigung mit der Agrarkrisis naturgemäß die Hauptaufmerksamkeit, aber in verschiedenem Grade auf sich gezogen. Die eine wie die andere verpflichtet aber auch zur Anerkennung ihres allgemeinen Grundes, der gleichmäßig hinter ihnen allen wirkt. Die vielumstrittene Zollpolitik verliert unter solchem Aspekt auf der einen Seite an Bedeutung, auf der anderen ist sie aber als das einzige aktive Kampfmittel der Landwirtschaft im Kampfe für den eigenen Kapitalismus und gegen den industriwirtschaftlichen Kapitalismus zu verstehen. Volkswirtschaftlich gesehen darf man sagen: die Zölle waren die Rückvergütung der deutschen Industriewirtschaft an die Agrarwirtschaft, als eine notwendige Wiedergutmachung der ihr dauernd bereiteten Rentabilitätsschwächung. — Die große Belastung des Arbeitereinkommens durch den Zoll ist lediglich eine interne Angelegenheit der Industriewirtschaft und kann niemals ein Argument gegen die Landwirtschaft bilden. —

Wir kennen nunmehr die Gründe, die in der deutschen Landwirtschaft dauernd wirksam gewesen sind in der Richtung ihrer Rentabilitätsminderung. Es können jedoch diese Betrachtungen nicht abgeschlossen werden, ohne daß wir sie an den tatsächlichen Zuständen der Landwirtschaft seit den 70er Jahren nachprüfen, soweit das möglich ist.

4. Einiges über die Rentabilität der deutschen Landwirtschaft seit den 70er Jahren.

Schon oft nahmen wir Gelegenheit, auf die Schwierigkeit von Rentabilitätsberechnungen in der Landwirtschaft hinzuweisen. An keiner Stelle aber haben wir doch so sehr mit diesen Schwierigkeiten zu kämpfen, als bei der Untersuchung des historischen Verlaufs der Rentabilitätsentwicklung vor und in der Preissteigerungsperiode. Von allen Erhebungen auf diesem Gebiete gilt das, was Conrad in seiner Agrarstatistik (1913, S. 210) sagt: „Von großer Bedeutung sind die neueren Enqueten, vor allen Dingen in Preußen, Bayern, Württemberg, Baden, Hessen und Elsaß-Lothringen gewesen, welche über die Ausdehnung und die Ursachen der neueren Agrarkrisis Auskunft geben sollten, und die ein äußerst wertvolles Material zur Beurteilung der Lage der modernen Landwirtschaft geboten haben. Unzulänglich aber waren stets die Resultate, sobald man versuchte, ziffermäßige Angaben über Produktionskosten, Roh- und Reinertrag usw. und über Ausgaben und Einnahmen eines Haushalts zu liefern, weil man dabei in der Hauptsache auf Schätzungen angewiesen war, die sich als äußerst trügerisch erwiesen“ [92]).

Das hat drei Ursachen. 1. Die Schwierigkeit der Reinertragsberechnung und einheitlichen landwirtschaftlichen Buchführung insbesondere bei der Viehwirtschaft. „Bei den Landwirten herrscht im ganzen noch große Unsicherheit betreffs der Veranschlagung der Kosten und der Roherträge der Viehhaltung“ [93]). Und zwar wegen der Wertfeststellung der marktlosen Erzeugnisse, wie Heu, Stroh, Weide usw.; ferner der Kosten der Arbeit, Zinsen, Abnutzung des Betriebskapitals und der Berechnung der Düngerwerte. 2. Infolge der Auswertung des Reinertrags nach der Verzinsung der eingesetzten Kapitalien des gesamten Landguts. Da diese Kapitalien sich aber aus den kapitalisierten Reinerträgen nebst Zuschlägen für tauschfremde konsumtive Werte in Verbindung mit deren Überzahlung zusammensetzen, wie es oben auseinandergesetzt wurde, so gelangt die ganze Rentabilität der Landwirtschaft in einen circulus vitiosus, der nur durch Ertrags- und Preistseigerungen zeitweilig suspendiert werden kann. 3. Aber hängt die Schwierigkeit der Rentabilitätsfeststellungen in der Landwirtschaft mit der Rentenpreisbildung zusammen. Um das für die Viehwirtschaft zu veranschaulichen, haben wir die Anlage VII ausgearbeitet. Diese gibt eine Reihe Zusammenhangsziffern zwischen Nutzviehreinertrag, -rohertrag, -haltungsmenge, Eigenfutterbau und Futterzukauf. Es ist sehr auffällig, daß zwischen dem Hauptproduktionsmittel der Viehwirtschaft, dem Futter und dem Reinertrag der Nutzviehhaltung kein Zusammenhang besteht, ja daß nicht einmal der Eigenfutterbau eine bevorzugte Rolle für die Gestaltung der Reinerträge spielt, sondern einen geringeren Zusammenhang (42,6) mit ihr aufweist, als der Futterankauf (62,4). Das erklärt sich nun zu einem wesentlichen Teile aus der oben besprochenen Irrationalität der Futterwirtschaft, aus der Vernachlässigung der Weidewirtschaft und der ungenügenden Anpassung der Viehhaltung an den Eigenfutterbau, die in der Anlage VII durch die Zusammenhangsziffer von 42,4% genügend gekennzeichnet ist. Beachtet man weiter, wie das Verhältnis des Nutzviehreinertrags zum -rohertrag in allen Graden vom 1,8 fachen bis zum 19,7 fachen schwankt, so kann nur das Prinzip der Rentenpreisbildung hierfür die Erklärung liefern. Als Faktoren der Differentialrentenbildung haben in der modernen Landwirtschaft zu gelten:

1. die natürlichen Ertragsunterschiede der Güter,
2. die Intensitäts- und Meliorationsunterschiede und -ansprüche der Güter bei verschiedener Wirksamkeit des Ertragsgesetzes,
3. die betriebstechnischen Organisationsverschiedenheiten, insbesondere das Verhältnis von Ackerbau und Viehwirtschaft,
4. die Unterschiede in der persönlichen Eignung des Betriebsleiters,
5. unterschiedliche Arbeitsverhältnisse,
6. lokale Zinsfußdifferenzen,
7. die verschiedene wirtschaftliche Lage der Güter (Standort),
8. lokale Produktenpreisunterschiede,
9. Verschiedenheiten in den zu verzinsenden investierten Kapitalien, Maß der Überzahlung der tauschwirtschaftlichen und tauschwirtschaftsfremden Werte des Landgutes,
10. Verschiedenheiten in der Verschuldungshöhe,
11. Unterschiede in den Erbsitten und Erbregulierungen,
12. Monopolistische Spezialitäten.

Die Frage ist nun die, welcher Teil der Landwirtschaft sich in Ansehung der vorstehend genannten Differentialbedingungen in der ungünstigsten Lage befand. Das aber dürfte nach allem was wir wissen, der deutsche Osten, speziell der Großbetrieb daselbst gewesen sein. Und es ist deshalb auch nicht verwunderlich, daß er die treibende Kraft in den Bestrebungen zur Rentabilitätsverbesserung mittels höherer Preise durch Zollschutz gewesen ist. Es wäre jedoch durchaus verkehrt, aus dieser Sachlage ein durchschnittliches Bessergestelltsein der übrigen Landwirtschaft zu folgern. Einmal war die politische Stellung des Großgrundbesitzes eine dermaßen bevorzugte, daß ihm kein Mittel so nahe lag, wie das handelspolitische; im übrigen lassen sich genügende Nachweise dafür bringen, daß die ungünstige Rentabilitätslage der deutschen Landwirtschaft einen an Allgemeinheit grenzenden Umfang angenommen hatte, der die an Differentialrenten profitierenden Betriebe ganz in den Hintergrund drängte. Das ist auch ganz natürlich bei der Menge und Allgemeinheit der rentenzerstörenden Tendenzen. —

Wie bekannt, stand die deutsche Landwirtschaft seit 1873 unter dem Preissturz des Getreides. Hinzu kam die mit der Abwanderung sich verbindende Steigerung der Arbeitslöhne, welche den Feldfruchtbau erheblich mehr traf, als die Arbeit mit dem Vieh. Die vorher andauernd gestiegenen Preise für landwirtschaftliche Produkte hatten schon damals ihre spekulative kapitalistische Auswertung in überzahlten Bodenpreisen nebst großer Grundverschuldung gefunden, welche bei Verzicht einer zeitgemäßen Anpassung der Betriebssysteme an eine rationelle Viehwirtschaft die Zwangslage schufen, die alte Kornbaurente durch Wiedergewinnung des alten Hochstandes der Getreidepreise und des alten Tiefstandes der Arbeitspreise [95]) mit den Mitteln einer merkantilistischen Handelspolitik sicherzustellen. W. Lotz schrieb 1892: [96]) „Insbesondere diejenigen selbst ihr Land bewirtschaftenden Gutsbesitzer, welche teuer gekauft haben, bis zur Hälfte des Grundwertes und darüber verschuldet sind (also weniger die niederbayerischen Bauern als die ostdeutschen Grundbesitzer) werden sich beschwert fühlen. Sie sind es auch, in deren Interesse die übertriebene Kornzollerhöhung von 1887 am energischsten befürwortet wurde ... Hier liegt bereits eine chronische Agrarkrisis vor; dieselbe wird sich, wenn nicht auf dem Weltmarkt hohe Getreidepreise andauern, notwendig in eine akute Krisis verwandeln“. In den 90er Jahren aber erreichten die Weltmarktpreise ihren tiefsten Stand. Die bereits des öfteren hervorgehobene Umschwenkung der Landwirtschaft zur Viehwirtschaft in einem nie dagewesenen Umfange hat aber bezeichnenderweise auch die Rentabilitätsnöte nicht beseitigen können. Der Ruf nach erhöhten Zöllen ertönte wieder, und eine amtliche, in Verbindung mit den landwirtschaftlichen Vertretungen unternommene Erhebung im Jahre 1898 [97]) lieferte das Ergebnis von einer nur 2,1% betragenden durchschnittlichen Verzinsung. Wennschon diese sich über ganz Deutschland erstreckende, aber nur 1525 Grundstücke umfassende Erhebung aus den obengenannten Gründen keinerlei Verallgemeinerung zuläßt, so wird ihr Ergebnis doch dem Sinne nach bestätigt durch eine anschauliche und auf Zuverlässigkeit Anspruch erhebende Schilderung der Lage der deutschen Landwirtschaft bis zum 19. Jahrhundert, die im Auftrage der D. L. G. als Denkschrift für die Société des Agriculteurs de France gelegentlich der Weltausstellung von Paris im Jahre 1900 verfaßt worden ist. Ihre Bearbeiter sind Dr. Werner, Professor an der landwirtschaftlichen Hochschule Berlin und Dr. Albert, Professor am landwirtschaftlichen Institut der Universität Halle [98]). Bei allem Bedürfnis, die Verdienste der D. L. hervorzuheben, kommen die Verfasser zu einer recht skeptischen Beurteilung ihrer Lage und stoßen dabei immer wieder auf die Gründe, die wir oben unter dem Begriff der kapitalistischen Durchdringung der Landwirtschaft zusammengefaßt haben.

Es sind die Landflucht, der Preisfall der Feldfrüchte, der gestiegene Aufwand, die Festlegung der Rentabilität auf gestiegene Bodenpreise bei entsprechender Verschuldung, auf die von den Verfassern besonderes Gewicht gelegt wird. „Von 1885—90 sind aus ländlichen Bezirken nicht weniger als 60 000 Arbeiter in die Großstädte gezogen, während sich die Wirtschaftssysteme noch arbeitsintensiver gestalteten." Allgemein ist die Klage, daß die erwachsenen Kinder „nach den Städten ziehen. Der Grund dazu liegt in dem Drange nach größerer Selbständigkeit und in der Vergnügungssucht". „Das Freiheitsgefühl und damit die Loslösung aus der patriarchalischen Haus- und Wirtschaftsgemeinschaft um jeden Preis ist das ausgeprägteste Streben gerade bei den tüchtigsten Elementen der Arbeiterschaft." „Infolge dieser Zustände klagt man, daß die Landwirtschaft nicht mehr den Gewinn abwerfe, dessen sich Handel und Industrie erfreuen, sondern daß sich das in der landwirtschaftlichen Unternehmung angelegte Kapital höchst ungenügend verzinse, es an Kredit mangle, die Betriebskapitalien unzureichend seien, wodurch der landwirtschaftliche Fortschritt gehemmt werde und die Besitzer unter einer erdrückenden Schuldenlast seufzen." „Man erkennt in den Kreisen der Landwirte immer mehr, daß in der starken Verschuldung des Grundbesitzes ein Hauptübelstand liegt und daß, soll die Landwirtschaft gedeihen, die Verschuldung nicht über eine gewisse Grenze hinausgehen darf, daß die bei Käufen gezahlten Preise und die bei Erbteilungen zugrunde gelegten Güterpreise im Verhältnis zum Reinertrage häufig zu hoch gewesen sind." Die Verfasser kommen dann zu einer skeptischen Beurteilung der Aussichten der deutschen Landwirtschaft: „Die deutsche Landwirtschaft tritt unter recht trüben wirtschaftlichen Verhältnissen in das neue Jahrhundert ein" [99]).

Diese pessimistische Voraussage ist in vollem Umfange durch die Ergebnisse der preußischen Verschuldungsstatistik von 1902 bestätigt worden. Angesichts der unproduktiven Verwendung des größten Teiles der in Anspruch genommenen Kredite durfte das Ergebnis nicht überraschen, daß dem steigenden Verschuldungsgrade in den verschiedenen Betriebsklassen eine gleichmäßige Minderung der Einkommensbezüge zur Seite stand. Andererseits ließ sich die letztere auch noch ohne Zusammenhang mit der Verschuldung in einem sie übergreifenden Ausmaße also feststellen. Bei den Kleinbauern zeigte sich, „daß nur in wenigen, zumeist westlichen Regierungsbezirken, mindestens die Hälfte oder annähernd soviel der Schuldenfreien und bis zu 50 Hundertteilen des Gesamtvermögens Verschuldeten der Grdstr.-Reinertr.-Klasse von 60—90 Mark ein über das Existenzminimum von 900 Mark hinausgehendes Einkommen aufweist; es muß sich also hier — wie übrigens auch vielfach in anderen Besitzklassen — ein sehr großer Teil selbst der gar nicht oder nur mäßig verschuldeten Landwirte mit einem verhältnismäßig geringfügigen, noch nicht einmal einer angemessenen Entlohnung ihrer persönlichen Arbeit entsprechendem Einkommen begnügen“ (vgl. Dr. F. Kühnert, „Die ländliche Verschuldung in Preußen“, Preußische Statistik, Band 191, Berlin 1906, S. LII). Von den Mittelbauern heißt es ebenda Seite LIII: „Berücksichtigt man hiernach, daß die mittelbäuerlichen Besitzer, welche hoch verschuldet sind, in dem weitaus größten Teile des Staatsgebietes noch überwiegend kein Einkommen von mehr als 900 Mark beziehen, so erscheint insoweit ihre wirtschaftliche Leistungsfähigkeit in besonders unerfreulichem Lichte. Auch daß bei den Mittelbauern ohne Schulden und noch mehr bei denen mit an sich unbedenklicher Verschuldung der Schwerpunkt fast durchweg noch in der Einkommenstufe von über 900—1500 Mark, teilweise aber sogar ebenfalls noch in derjenigen bis zu 900 Mark beruht, läßt verschuldungsgruppenweise nicht gerade eine günstige Beurteilung der Lage dieser in Preußen mit rund der Hälfte weitaus den größten Teil der selbständigen Landwirte im Hauptberuf umfassenden Besitzklasse zu.“ Von den großbäuerlichen Betrieben „befinden sich die unverschuldeten und die unter 50 vom Hundert des Gesamtvermögens verschuldeten mit ihrem bedeutendsten, bei letzteren indes zumeist nicht über die Hälfte ihrer Gesamtzahl hinausgehenden Teil regelmäßig in der Einkommensgruppe von über 1500—3000 Mark, die hoch verschuldeten hingegen in derjenigen von mehr als 900—1500 Mark. Es verringert sich mit beginnender und namentlich bei hoher Verschuldung die Schicht der besseren Einkommen ganz außerordentlich, so daß im allgemeinen in den beiden Schuldengruppen von unter und von mindestens 50 Hundertteilen des gesamten Vermögenswertes die wirtschaftliche Leistungsfähigkeit recht schwach erscheint und nur bei den — allerdings im Osten wenig häufigen — Großbauern ohne Schulden einigermaßen befriedigen kann“. — Von den Großbesitzern endlich, unter denen von allen Grundsteuerreinertragsklassen verhältnismäßig die schuldenfreien am schwächsten und die hoch verschuldeten am stärksten vertreten sind, gilt: „daß sie gegenüber den schuldenfreien schon bei einer Verschuldung von unter 50, weit mehr aber noch bei einer solchen von 50 und mehr

Hundertteilen des gesamten Vermögenswertes im allgemeinen eine ganz erhebliche Verschlechterung der wirtschaftlichen Leistungsfähigkeit aufweisen". Das für diese Klasse anzunehmende Mindestnormaleinkommen von 6000 Mark überschritten im Staatsdurchschnitt nur 31,5%, während 30,9% unter 3000 Mark blieben (a. a. O. Teil II, Seite LVIII).

Beachtenswert an diesen Verhältnissen bleibt es immer, daß der Osten durchweg schlechter gestellt ist als der Westen. Das ist für das Prinzip der Preisbildung nach den ungünstigsten Betriebsstätten ebenso wichtig, wie für das Verständnis des Ausgangspunktes der politischen Preisinitiative in der Landwirtschaft. — Es sei noch erwähnt, daß der Bearbeiter F. Kühnert die Schwierigkeiten der Verschuldung in der „Abhängigkeit der Landwirtschaft vom Geldkapital", in der Arbeiterfrage und in der Besitzwechselhäufigkeit erblickt (Teil III, Seite LVIII).

Um dieselbe Zeit äußert sich v. d. Goltz 1903[100]): „Nach meiner aus langer und reiflicher Erwägung hervorgegangenen Überzeugung liegt die Hauptursache des gegenwärtigen Notstandes so vieler Landwirte darin, daß sie entweder ihr Gut zu hoch bezahlt oder daß sie dasselbe zu stark mit Hypotheken belastet haben, oder daß ihnen das erforderliche Betriebskapital gemangelt hat." Aus solchen Bemerkungen ersieht man, daß die schon in den 70 er Jahren zu beobachtenden wirtschaftlichen Schwierigkeiten in der Landwirtschaft auch in der Folgezeit dieselben geblieben sind, ja sich fortdauernd verstärkt haben. 1893 rief diese Not den Bund der Landwirte ins Leben. In ihm gewann die zur Hebung der Rentabilitätsmängel dauernd auf hohe Getreidepreise gerichtete Initiative eine feste propagandistische Form, die jenen Einfluß auf die Gesetzgebung sich zu nehmen bemühte, der in der Zollgesetzgebung von 1902 seine Früchte trug. Die durch dieses Mittel dann erhöhten Preise mußten naturgemäß eine Besserung der Rentabilität mit sich bringen, wennschon keine der rentabilitätszerstörerischen Ursachen selbst wegfiel. Deren Wirksamkeit (die Landgutsüberwertung) konnte insbesondere deswegen sich hinausschieben, weil es nicht nur bei der allgemeinen Hebung des Preisniveaus durch die Zölle blieb, sondern die Preise außerdem sich aufwärts entwickelten. Was das Getreide betrifft, geschah das im Einklang mit den Weltmarktspreisen, jedoch mit Unterbrechungen des geradlinigen Zuges nach oben. Einen solchen zeigen vielmehr die Viehpreise seit 1908, und das hängt mit der Angebotsverknappung zusammen, wie wir sahen. Daß aber mit diesen steigenden Preisen die Rentabilität sich nicht noch weiter verbessert hat, sondern durch die genannten Ursachen immer wieder abgebaut wurde, also sich im großen und ganzen gleichblieb, zeigen die Ergebnisse der Buchstelle der D. L. G., die durch Langenbeck und Stieger in den Heften 180, 255, 275 der Arb. der D. L. G. bearbeitet worden sind. Es ist bedauerlich, daß brauchbare Ziffern erst seit dem Jahre 1906 vorliegen, so daß ein Vergleich mit der Vorzeit nicht möglich ist. In interessanter Weise bestätigen die Buchführungsergebnisse zunächst die früheren Ausführungen über die Rentabilitätskonkurrenzen. Nach Heft 180 ergab sich für die kontrollierten Betriebe bei

Brennereiwirtschaften eine Verzinsung von 6,4%
Futterbauwirtschaften „ „ „ 5,1%
Rübenwirtschaften „ „ „ 4,5%
Körnerwirtschaften „ „ „ 4,1%

Die durchschnittliche Verzinsung aller von der Buchstelle bearbeiteten Betriebe stellte sich nach Heft 255 (Berlin 1914), S. 67:

	1906/7	1907/8	1908/9	1909/10	1910/11	1911/12
bei Anzahl der Güter	152	170	184	217	231	274
in % des Gutswerts	4,40	4,59	3,50	4,92	4,72	3,92

Als Zeichen für die bessere Lage der Landwirtschaft nach 1906 lassen sich die abnehmenden Zwangsversteigerungen geltend machen, die auch noch in anderer Hinsicht beachtenswert sind. Nach den Jahrbüchern für den Preußischen Staat betrugen die ländlichen Zwangsversteigerungen [101]):

Jahr	Zahl der Grdst.	Fläche ha	davon Grdbs. über 100 ha	Jahr	Zahl der Grdst.	Fläche ha	dav. Grdbs. üb. 100 ha
1890/4	1924	67308	—	1907	737	17921	55,7%
1895/0	1476	48685	—	1908	870	20143	46,9
1901	1244	42683	62,2%	1909	668	20044	56,5
1903	1047	32334	63,5	1910	705	16732	51,0
1904	1077	27919	56,9	1911	713	15394	49,1
1905	963	21027	51,2	1912	628	17723	61,0
1906	756	15450	43,0	1913	728	17298	55,0

Seit 1906 setzt also ein plötzlicher allgemeiner Rückgang ein, desgleichen eine Minderung des Anteils des Großgrundbesitzes. Doch in der Folgezeit stagniert der Zustand. Der Großgrundbesitz stellt aber immer noch ein überdurchschnittliches Kontingent an unterbilancierten Betrieben, und er erscheint damit als schlechtest rentierende Wirtschaftsform auch nach der zollpolitisch inszenierten landwirtschaftlichen Konjunktur. Indem sich bei ihm wirtschaftliche Schwäche mit politischer Stärke verband, hat er seine bedeutsame Rolle als preisbildender Faktor für die Standdarderzeugnisse des Ackers gespielt und im Wege der Rentabilitätskonkurrenz die übrigen Produkte in die Preisbewegung mit hereingezogen.

Wenn man nun die Entwicklung der Spartätigkeit und der Einkommen auf dem Lande verfolgt, verwischt sich das Bild der Stagnation, und eine Aufwärtsbewegung tritt an ihre Stelle. Aber gewichtige Gründe sprechen gegen eine unkritische Verwendung der vorliegenden Statistiken als Anzeichen einer dauernd gebesserten Rentabilität.

Seit 1911 macht die preußische Statistik der Einkommensgliederung bei den Landgemeinden einen Unterschied zwischen solchen unter und über 2000 Einwohnern. Und dieser Unterschied ist erstaunlich groß. Nach dem Statist. Jahrbuch für den Preuß. Staat, 1915, S. 192 bezogen von den Zensiten ein Einkommen:

	in den Stadtgemeinden			in den Landgemeinden					
				unter 2000 Einwohn.			über 2000 Einwohn.		
	bis M. 900	900—3000	bis 3000	bis 900	900—3000	bis 3000	bis 900	900—3000	bis 3000
1911	46,3%	47,0	93,3	70,1	27,8	97,9	43,0	53,3	96,3
1912	45,2%	47,9	93,3	68,5	29,3	97,8	41,7	54,4	96,1
1913	44,1%	48,9	93,0	66,7	31,0	97,7	40,3	55,5	95,8

In den Landgemeinden über 2000 Einwohner wird der so unvergleichlich höhere Prozentsatz der Einkommen über 900 Mark auf die industrielle und gewerbliche Bevölkerung und das Kleinrentnertum zurückzuführen sein. Bei der Abnahme der Einkommen bis 900 Mark, die in den Landgemeinden unter 2000 Einwohner mit 3,4% hastiger fortgeschritten zu sein scheint, als in den Städten, wo sie nur 2,2% betrug, ist zu bedenken, daß der Prozentsatz der Einkommen unter 900 M. in den Landgemeinden einhalb mal so groß ist, als in den Städten. Andrerseits bleibt zu beachten, daß in der Landwirtschaft laut Tabelle S. 173 mit den niedrigen Einkommen die höchste Verschuldung zusammengeht. Dadurch erhält der große Prozentsatz von Einkommen unter 900 M. nach 1906 ein besonderes Schwergewicht. (Vgl. auch S. 183 über die ländl. Steuerkraft.)

Für die eingetretene Rentabilitätsverbesserung seit 1902/6 könnte nun die Zunahme der Spartätigkeit in der Landwirtschaft geltend gemacht werden. In der Anlage XV sind einige Ziffern wiedergegeben, die von einer über 100 proz. Zunahme der Spareinnlagen von 1904—1913 Zeugnis ablegen. Um die Bedeutung dieser Ziffern richtig einzuschätzen, ist folgendes zu bedenken. Die Spareinlagen stammen nur zum Teil von selbständigen Landwirten, im übrigen von landwirtschaftlichen Arbeitern. Rechnet man z. B. die für das Jahr 1898 statistisch nachgewiesenen ländlichen Neueinleger bei den bayrischen Sparkassen [102]) nebst den von ihnen gemachten Ersteinlagen in % Ziffern um, so ergibt sich

	Unternehmer	Aufsichtspersonal	Knechte	Mägde	sonst. Arbeiter	zus.
Zahl	37,3	0,6	22,3	33,6	6,2	100%
Betrag der Ersteinlagen	61,3	0,8	15,0	18,1	4,8	100%

Da nun seit 1898 der Arbeitslohn im Verhältnis gestiegen ist, wird die vorstehende Tabelle auch für die Folgezeit günstig sein. Für die Steigerung der Spartätigkeit unter den Berufslandwirten sind zwei Gründe mitverantwortlich, deren Bedeutsamkeit den wirklich aus der Rentabilitätsverbesserung entspringenden Anteil an der vermehrten Spartätigkeit schwer bestimmbar macht. Mit dem Eindringen kapitalistischer Organisationen in die Landwirtschaft kommt die Geldwirtschaft auch bei ihr zur Herrschaft. Das private Gewinnstreben, unterstützt durch eine unausgesetzte aufklärende Propaganda, die Kassenbestände zinstragend zu verwerten, hat während der ganzen Periode erst nach und nach eine stets wachsende Vertrautheit und Bereitschaft zum Sparkassenwesen erzeugt, wie das Anwachsen der Spargelegenheiten beweist. Rechnet man zu diesen in der subjektiven Neigung und in der objektiven Organisation gelegenen Steigerungsfaktoren der Spartätigkeit noch die durch die allgemeine Preissteigerung von über 50% notwendige Vermehrung des nominalen Geldumlaufs, so ist die Steigerung der Einkommen und der Spareinlagen nicht ohne weiteres als Anzeichen einer gleichermaßen angewachsenen Rentabilität mißzuverstehen.

Eine interessante Beleuchtung erhält das Rentabilitätsproblem der deutschen Landwirtschaft durch die Pachtverträge der preußischen Domänen. Nach den Anlagen des Preußischen Staatshaushaltsetats, jeweils Band I, der Jahre 1891/2—1913 ergibt sich ein Durchschnittspachtertrag für 1 ha:

1891	M. 41,55	1899	39,75	1907	35,86
1892	41,46	1900	39,50	1908	36,12
1893	41,66	1901	38,85	1909	36,62
1894	41,56	1902	38,34	1910	37,29
1895	41,36	1903	37,96	1911	37,82
1896	41,20	1904	37,77	1912	38,83
1897	40,86	1905	37,18	1913	39,00
1898	40,37	1906	35,73		

Fallende Pachtpreise sind ein Anzeichen fallender Rentabilität. Aus obenstehender Ziffernreihe läßt sich der gleichmäßige Niedergang der Rentabilität bis zum Jahre 1906 verfolgen. Von da an beginnt ein langsamer Aufstieg, der jedoch richtig zu verstehen ist. Er bedeutet nicht soviel wie eine fortlaufend ansteigende Rentabilität, sondern den in den jeweiligen neuen Pachtverträgen nach und nach realisierten Rentabilitätssprung von 1906. Daher auch die absoluten Ziffern nichts sagen. Von 1881—1906 waren sie stets zu hoch und mußten abgebaut werden; von 1906 an bauten sie sich langsam wieder an, weil sie nicht mehr hoch genug waren.

Wenden wir uns nun noch einmal zu der Statistik der Einkommensentwicklung in Preußen, so werden wir, wenn wir sie in Beziehung zu der Preisentwicklung für landwirtschaftliche Produkte setzen, eine ziemlich klare Vorstellung von dem Rentabilitätszustande der Landwirtschaft nach 1906 und seine Bedeutung für die Preisentwicklung erhalten.

Jahr	Eink. in den Landgem. bis 900 M.	900 —3000 M.	Indexziff. (Anl. IX) für Vieh	Getreide	Generalindexz. (Anlage X)
1896	80,3%	18,4%	106	103	107,4
1900	76,7	21,8	118	109	133,0
1905	73,3	24,9	143	114	128,4
1909	64,7	33,2	148	136	136,0
1910	62,5	35,0	159	121	141,4
1911	61,8	35,6	156	134	150,8
1912	60,1	37,1	176	144	162,2
1913	58,3	38,8	185	125	161,4

Aus dieser Tabelle ersieht man, wie auch in den Zeiten der abnehmenden Rentabilität der nominale Einkommensbezug in der Landwirtschaft sich verbessert hat, wesentlich aus den vorhin genannten Gründen.

Die unverhältnismäßige Steigerung der Viehpreise seit 1906 hat aber ihre besonderen Gründe.

Die Stagnation der Angebotsfrequenz insgesamt seit 1906 könnte den Anschein der Unrentabilität der Viehwirtschaft trotz der so hoch gestiegenen Preise erwecken. Ziehen wir einmal alle die Gründe in Erwägung, die die Landwirtschaft von der Viehwirtschaft abhalten und dem Feldfruchtbau vorwiegend geneigt machen, so sind es doch andererseits gerade die mangelnden kapitalistischen Voraussetzungen in der Landwirtschaft, die einer Ausdehnung der Produktion im Wege stehen mußten (s. o. S. 38ff.), wo der gewöhnliche Wirtschaftsverstand eigentlich eine solche erwartet hätte. Ferner war überhaupt das Hauptproduktionsmittel Boden unvermehrbar, dann wurde der Produktionsfaktor Arbeit durch das Übergewicht der Industriewirtschaft der Landwirtschaft im Übermaß entzogen, vor allem aber ermangelte die Landwirtschaft der Herrschaft über den Absatz, wovon bereits die Rede war. In Unkenntnis über die zukünftige Preisbewegung auf den Viehmärkten, durch das ewige Schwanken der Viehpreise von einer riskanten Ausdehnung der Zucht abgeschreckt [103]), versuchten die Landwirte in der Zeit nach 1906 zuerst, sich in organisierter Form eine Herrschaft über den Absatz zu verschaffen. Denn wichtiger als eine zeitweilig hohe Rentabilität war ihnen die Sicherheit der Rentabilität, deren Voraussetzung einzig in der Stabilität der Absatzpreise gelegen sein konnte. Damit aber werden wir auf die Untersuchung der preisbildenden Funktionen der viehwirtschaftlichen Absatzformen der damaligen Zeit hingewiesen.

Anmerkungen zu Seite 101—167.

[1]) F. Eulenburg, „Die Preissteigerung des letzten Jahrzehnts" a. a. O. S. 35.

[2]) Arb. der D. L.G. Heft 180, S. 51.

[3]) Waterstradt, Wirtschaftslehre S. 335, führt folgendes gegen die Roschersche These an: „Die Entwicklung zeigt, daß gerade in Zeiten sinkender Preise die Erträge der Landwirtschaft bei uns außerordentlich gesteigert worden sind." Vgl. auch J. Schumpeter: „Das Rentenprinzip in der Verteilungslehre", Schm. Jahrb. 1907, S. 611 ff. über das Rentenprinzip und das Gesetz des zunehmenden Ertrages.

[4]) „Landwirtschaftliche Rentabilitätsfragen", Arb. der D. L.G. Heft 55.

[5]) Waterstradt in der Betriebslehre S. 296—356; Laur, „Grundlagen und Methoden der Bewertung, Buchhaltung und Kalkulation in der Landwirtschaft", Berlin 1911; Howard, „Neuere Tagesfragen auf dem Gebiete der landwirtschaftlichen Buchführung und Betriebslehre", Thünenarchiv, Bd. 6, Heft 2, 1914, S. 322—345; Stieger in der Bearbeitung der Buchführungsergebnisse der Buchstelle der D. L.G., Heft 255 (1914), 275 (1915).

[6]) Ein praktischer Nachweis dieses Sachverhaltes ist in der Anlage VII versucht worden, auf die wiederholt zurückzukommen sein wird.

[7]) Brinkmann, „Die Ökonomik des landw. Betriebes" a. a. O. S. 36: „Im ganzen genommen verbilligt sich am Produktenpreis gemessen der Betriebsaufwand mit der Abnahme der Entfernung zwischen Produktionsstandort und Markt." Aereboe, „Die Beurteilung von Landgütern und Grundstücken" (Taxationslehre), 2. Aufl. S. 110: „Der Preis der landwirtschaftlichen Erzeugnisse steht um so niedriger und der der gewerblichen Erzeugnisse um so höher, je weiter vom Markte entfernt die Betriebe liegen."

[8]) In der Anlage XII b erklären sich einige Abweichungen vom Original (vgl. Württembergisches Wochenblatt für Landwirtschaft, 1912, Nr. 18/19) durch Verbesserung zweier Rechenfehler und ihrer Folgen.

[9]) Dieser Sachverhalt zieht sich durch alle einschlägigen Schilderungen der Verhältnisse. Der Bauer riskiert keine größeren Auslagen und läßt die Hand von der Viehzucht, wenn sie nötig werden. Wir haben bei den früheren Betrachtungen den Einfluß der Ernteergebnisse auf die Frequenz der Viehhaltung gesehen. Eine schlechte Ernte ist in doppeltem Sinne ein Produktionskostenproblem, durch den Futterausfall und durch den Zukauf von teurem Futter. Nur die reinen Zuchtbetriebe sind Pioniere des Fortschrittes und der Produktionskosteninitiative. Nirgends spricht sich der mangelnde organisatorische Einfluß der Viehzüchter auf den Marktpreis so aus wie bei den Schweinepreisen, die, als Ergebnis eines völlig unorganisierten Auftriebs, über alle Produktionskosten hinweg mit der Frequenz fallen und steigen. „Daher stehen infolge der Schwankungen der alljährlichen Futtererträge Produktionspreis und Verkaufspreis bei der Schweinehaltung nur in einem losen Zusammenhang" (Gerlich, a. a. O. S. 23).

[10]) Vgl. die wiederholt genannten S. d. V. f. S. über die Milchversorgung, insbesondere den Aufsatz von Berg über Karlsruhe, S. 140.

[11]) „Die verbotene Einfuhr von dänischem Magervieh hat die Preise für Jungvieh in den Nordseeländern so gesteigert, daß bei Preisen, die man heute für normal bezeichnet, und die doch gegenüber denen von 1906 hoch sind, eine Rentabilität nicht mehr möglich ist. Sie kann nur bei Teuerungspreisen stattfinden" (K. Waltemath, „Der Kampf gegen Fleischnot und Fleischteuerung", Schm. Jahrb. 1913, S. 173). — Zu den hohen Preisen für Magervieh kommen die hohen Ferkelpreise. Gerlich, Die Preisbildung und Preisentwicklung usw. a. a. O. S. 18 sagt: „Von Jahr zu Jahr sehen wir schon bei den Tieren im Alter von 6—8 Wochen eine Preisgestaltung von 6—30 M., was mit einem Anteil von 10—50% an der Höhe der Produktionskosten schon allein die Unrentabilität herbeiführen kann."

[12]) Linkh-Weimar, „Stand und Entwicklung der Landwirtschaft in Thüringen" und „Anlagen von Futterfeldern und Weiden usw." im Jahrb. d. D. L. G. 1911.

[13]) Manes im „Wörterbuch der Volkswirtschaft" II. Bd. S. 1185. — Aus den statistischen Nachweisen der Staaten läßt sich in der Regel der Anteil der ländlichen Beteiligung nicht ersehen.

[14]) Statt vieler Beispiele siehe Ashley, „The rise in prices and the cost of living" übers. von Katzenstein, Schm. Jahrb. 1911. Er hält die Futtermittelpreissteigerung für die wesentliche Bedingung der allgemeinen viehwirtschaftlichen Preissteigerung (für Fleisch).

[15]) Arb. der D. L.G. Heft 214, 1913, S. 57: „Der Nutzviehbestand ist merkwürdigerweise in den Bezirken mit stärkerem Futterbau geringer als in den Bezirken mit starkem Hackfruchtbau." Ferner Waterstradt: „Statistische Untersuchungen über Futterbau und Kapitalausnutzung durch Nutzviehhaltung in verschiedenen Gebieten Deutschlands", Archiv für exakte Wirtschaftsforschung, Bd. IV Heft 1.

[16]) Wirtschaftslehre S. 176. — Waterstradt, „Produktionskosten von Milch und Fleisch", Thünenarchiv 1915, S. 137 ff., S.148 gelangt im Anschluß an die früher genannte Arbeit von Weitz über schlesische Weidebetriebe zu dem Schluß, daß die Stärke des Viehbestandes von ausschlaggebendem Einfluß ist, sowohl auf den Rohertrag der Weide, als auch entscheidend für den Reinertrag und die Höhe der Produktionskosten.

[17]) Preise der Kraftfuttermittel für 100 kg nach den offiziellen Preislisten des Gen.-Verb. badischer landw. Vereinig. in Karlsruhe.

Futterarten		1895	1900	1903	1906	1908	1911	Steigerg. in %
Mais	M.	11,0	11,4	13,5	14,2	16,0	17,3	57,2
Futtergerste	„	12,5	13,0	13,0	13,5	15,8	15,8	26,4
Kleie	„	6,0	9,0	8,6	9,7	11,0	12,5	108,3
Weizenfuttermehl	„	10,5	11,0	11,3	12,6	14,0	15,5	47,6
Malzkeime	„	9,0	9,6	10,2	11,4	12,8	13,8	53,3
Biertreber	„	9,0	10,5	9,6	11,4	13,5	14,0	55,4
Erdnußkuchen	„	11,2	14,2	14,3	15,3	16,0	17,5	56,1
Sesamkuchen	„	10,5	11,0	11,3	13,5	13,5	14,75	40,5
Palmkuchen	„	9,5	11,0	11,4	13,6	11,9	15,0	58,0
Leinkuchen	„	13,5	14,5	14,9	15,3	15,7	19,5	44,5
Rapskuchen	„	9,5	11,5	11,1	11,5	12,1	12,5	30,3
						durchschnittl. Zunahme		52,5%

[18]) Nach Gläsel, „Die Entwicklung der Preise landw. Produkte usw." a. a. O. S. 16 ff.

[19]) Ein im Generaltarif vorgesehener Zoll von M. 1.— pro dz Grünfutter, Heu, Kleie usw. ist durch Handelsvertrag beseitigt worden.

[20]) Der Zoll betrifft in praxi nur die frühen Eßkartoffeln.

[21]) In Langenbecks Bearbeitung der Buchführungsergebnisse der Buchstelle der D. L. G., Heft 180 der Arb. der D. L. G. findet sich folgende Tabelle über den Kraftfutterzukauf pro 1 Stück Großvieh

bei Wirtschaften mit über 25% Futterbau	M. 51,54
„ „ „ „ 60% Körnerbau	„ 69,38
„ Brennereiwirtschaften	„ 60,48
„ Zuckerrübenwirtschaften	„ 102,04

Auch die Untersuchungen Langenbecks über die Märkischen Brennereiwirtschaften, Arb. der D. L. G., Heft 118, zeigen, daß die Schlempeverwertung weder die optimale Voraussetzung für die Ausdehnung noch für den Reinertrag der Viehhaltung bilden.

[22]) Brentano, „Die deutschen Getreidezölle" S. 74: „Es ist unbestreitbar, daß die Löhne auf dem Lande erst gestiegen sind, seit die mit dem Sinken der Getreidepreise aufblühende Industrie sie zur Zahlung höherer Löhne genötigt

hat." Ebenso Rothe, „Die Fleischversorgung der Großstädte", a. a. O. S. 82: „Der Schrittmacher für die Höhe des Lohnes auf dem Lande ist der Lohn des Industriearbeiters."

[23]) F. Waterstradt, „Das Gesetz vom abnehmenden Bodenertrag im landwirtsch. Betriebe", Thünenarchiv, Bd. I, Heft V, S. 639—708; dazu Howard, „Die Produktionskosten unserer wichtigsten Feldfrüchte", Berlin 1908, und C. Ballod, „Die Produktivität der Landwirtschaft", S. d. V. f. S., Bd. 132, S. 427 ff. Trotz aller Einwendungen vermag Waterstradt das Ergebnis seines Aufsatzes im Thünenarchiv aufrechtzuerhalten, vgl. Wirtschaftslehre S. 322—333; ferner auch Langenbeck, „Bodengesetz und abnehmende Arbeitskosten" in Fühlings landw. Zeitung Bd. 58, Heft 15. Wir können die schwierige Kontroverse hier nicht in extenso behandeln und verweisen für die prinzipiellen Fragen auf J. Schumpeter, „Das Rentenprinzip in der Verteilungslehre", Schmollers Jahrbuch 1907.

[24]) W. Pauli, „Produktionskostenberechnungen in bäuerlichen Bstrieben mit besonderer Berücksichtigung der Milchproduktion", Thünenarchiv, Ergänzungsheft VII, 1913.

[25]) H. Auf dem Thie, „Die Rentablitität der Abmelkwirtschaft" a. a. O. Thünenarchiv, Ergh. XI, S. 79; Waterstradt, „Die Produktionskosten von Milch und Fleisch" a. a. O. S. 138.

[26]) Ebenda S. 145/6.

[27]) Über zunehmende Kosten bei gleichem Milchertrag unterrichtet eine Aufstellung von Dr. Strebel (zit. Trüdinger, Die Milchversorgung in Württemberg, Leipzig 1914, milchwirtsch. Unters. d. V. f. S. IV, S. 77):

jährlicher Milchertrag von einer Kuh in Liter	Milcherzeugungskosten loco Stall pro Liter 1901	1906	Differenz
1800	13,7 Pf.	17,6 Pf.	3,9 Pf.
1900	13,0 „	16,7 „	3,7 „
2000	12,3 „	15,8 „	3,5 „
2100	11,7 „	15,0 „	3,3 „
2200	11,2 „	14,4 „	3,2 „

Vgl. weiter Anlage XII b; zu den dort wiedergegebenen Produktionskostenberechnungen bemerkt Strebel, daß von 1910—13 eine neuerliche Steigerung der Produktionskosten für Milch eingetreten sei.

[28]) Berg, „Die Milchversorgung der Stadt Karlsruhe" a. a. O. S. 140 f.: „Der Milchpreis ist nicht wie die Zuchtkosten um 50% gestiegen. Das bedeutet eine Verbesserung der Milchversorgung durch die Landwirtschaft. Die vermehrte Produktion ist nicht durch eine Verteuerung der Milch, sondern durch verbesserte Organisation und Technik erreicht worden."

[28a]) Andererseits ermöglichte die steigende Differentialrente in der Nähe der Städte die teuerste Form der Milchwirtschaft in Gestalt der Abmelkbetriebe. Sie unterliegen beim Viehkauf der vollen Teuerung des Mager- und Milchviehs, die sie gegebenenfalls mit stärken helfen. Nach Berg stiegen im Bezirk von Karlsruhe die Melkviehpreise um 50%, während die abgemolkene Kuh um 20% entwertet ist. Dann haben sie das Futter, da ihnen in der Stadt nichts zuwachsen kann, teurer einzusetzen, desgleichen die Ställe und den Grund und Boden. Dazu kommen schwierige sanitätspolizeiliche Vorschriften. Alledem steht nur eine bei diesem einseitigen Betrieb erzielbare Milchleistungsfähigkeit der Kühe gegenüber, die von Weiß (Grundfragen unserer Fleischversorgung a. a. O.) auf ein Mehr von 3—500 l pro Jahr geschätzt wird.

[29]) F. Aereboe, „Die Beurteilung von Landgütern und Grundstücken" (2. Aufl. der Taxationslehre), Berlin 1919, S. 200 ff.

[30]) Um die Besitzwechselprozentziffern seit 1896 richtig zu beurteilen, darf man die Zu- oder Abnahme der Grundstücke in den einzelnen Größenklassen nicht außer acht lassen. Die Zahl der landwirtschaftlichen Betriebe in Preußen betrug für die Größenklasse von

		1895	1907		
2— 5 ha		522 780	520 914	— 0,4%	Differenz
5— 20 ha		528 729	583 160	+10,2%	„
20—100 ha		188 114	175 976	— 6,4%	„
über 100 ha		20 390	19 117	— 6,9%	„

Darnach müssen die Besitzwechselziffern der Größenklasse 5—20 ha als zu stark progressiv und die der höheren Größenklassen als zu schwach progressiv beurteilt werden. Daß die Tendenz zum Besitzwechsel bei den größeren Gütern unverhältnismäßig zugenommen hat, geht auch aus einem Vergleich des Ostens mit dem Westen hervor. Es wechselten nämlich im Durchschnitt der Jahre 1903/7 in Westpreußen 11,95% aller Besitzungen den Inhaber, in Brandenburg 7,44, welches in dieser Hinsicht an letzter Stelle im ganzen Osten steht. Der Durchschnitt des Staates stellte sich nur auf 6,46 (im jährlichen Durchschnitt von 1903/7).

31) Wenn man die Besitzwechselfälle in den genannten 5 Jahren addiert.

32) „Die Preisbewegung landwirtschaftlicher Güter in einigen Teilen Bayerns während der Jahre 1900—1910", S. d. V. f. S., Bd. 148, 1914, S. 63—71; 375—392.

33) W. Rothkegel, „Die Kaufpreise für ländliche Besitzungen im Kgr. Preußen von 1895—1906", Leipzig 1910; dazu die Fortführung von demselben in Schmollers Jahrb. 34. Jahrg. 1910, S. 1689 ff. unter dem Titel „Die Bewegung der Kaufpreise für ländliche Besitzungen und die Entwicklung der Getreidepreise von 1895—1909".

34) Stechele, „Über die Bewegung der landwirtschaftlichen Güterpreise in der Oberpfalz, 1900—1910", München 1912.

35) Aereboe, Beurteilungslehre S. 196: „Nicht die Reinerträge, die in der Vergangenheit erzielt sind, bestimmen den Ertragswert der Landgüter, sondern die Reinerträge, die man in der Zukunft hofft erzielen zu können."

36) Die Relativität der „Üblichkeit des Zinsfußes" wird von Aereboe stark unterstrichen. „Von der Benutzung eines landläufigen Zinsfußes ist ... nirgends die Rede, einen solchen gibt es gar nicht. Er stellt nur ein Wort vor, wo die Begriffe fehlen" (Beurteilungslehre, S. 218). Hier wird über den in praxi jeweils auftretenden individuellen Unterschieden der feste Preiskern der Zinsfußhöhe übersehen, um den alle Schwankungen kreisen. Dieser feste Kern ist ein Ergebnis der Tauschverhältnisse auf dem Geld- und Kapitalmarkt. Siehe später.

37) Aereboe, Betriebslehre a. a. O. S. 529; Waterstradt, Wirtschaftslehre a. a. O. S. 153—8; daselbst Tabellen nach Rothkegels Untersuch. S. 148 und 157.

38) Aereboe, Beurteilungslehre, S. 138. Die Unteilbarkeit des Großgrundbesitzes aus hypothekarischen und fideikommissarischen Rücksichten „hindert auch die Intensitätssteigerung in hohem Maße, sowohl was die Arbeitsintensität als was die Kapitalsintensität betrifft".

39) Nach den Stat. Jahrbüchern des Deutschen Reiches von 1889, S. 105, und 1914, S. 127 ergibt sich für den deutschen Osten für das Jahr

1887/8 pro 1000 qkm Grundfläche eine Schienenlänge von 58,7 km
1912 „ „ „ „ „ „ „ 96,8 „

Über den Einfluß der Entfernung auf die Güterwerte bemerkt Aereboe Beurteilungslehre, S. 137 noch folgendes: „Jede Dorfschaft stellt gewissermaßen die Anfänge eines Marktes vor, welcher einmal Unterschiede bei den Preisen und Werten der näher und entfernter liegenden Grundstücke auslöst, zum anderen aber auch den Wert der ganzen Dorffeldmark über den Wert der gleichen Bodenflächen mit Einzelsiedlungen hinaushebt."

40) Aereboe, Beurteilungslehre, S. 142: „Der Wertzuwachs des Bodens ist also zuerst Jahrzehnte hindurch im Kleinbetrieb viel stärker gewesen als im Großbetrieb. Alsdann hat der Großbetrieb vermocht, das Versäumte nachzuholen ... Die Ursachen hierfür sind ... naheliegend." A. führt die Erhöhung der Zölle, die Fideikommißbildung und hohe Zuckerrübenpreise an.

[41]) Trüdinger, „Die Milchversorgung in Württemberg" a. a. O. S. 80.

[42]) Siehe Anmerkung 23.

[43]) Über die Mobilisierung und Formalisierung des Grundkredits als Ursache von Bodenpreissteigerungen siehe Weyermann, „Zur Geschichte des Immobiliarkreditwesens in Preußen mit besonderer Nutzanwendung auf die Theorie der Bodenverschuldung", Karlsruhe 1910. Ferner A. Hugenberg, „Bank- und Kreditwirtschaft des deutschen Mittelstandes", München 1906, S. 73 ff., der die Tadellosigkeit der Grundbuchordnung dafür verantwortlich macht, daß der ländliche Kredit ohne Ansehen der Person und des Verwendungszweckes gegeben werden kann.

[44]) Aereboe, Beurteilungslehre, S. 137/8.

[45]) Aereboe, ebenda S. 141: „Bei den Aufteilungen finden beide Parteien ihre Rechnung, der Aufteilende und der Parzellenkäufer, weil der Wert der Gesamtfläche durch die Aufteilung in die Höhe schnellt. Gewöhnlich kommt sogar noch ein dritter Teilhaber an dem Vorteil hinzu, nämlich der Gutsbesitzer, welcher das aufzuteilende Gut der Parzellierungsbank verkauft. Er fordert und erhält von dieser in der Regel schon einen höheren Preis, als er ihn von den Landwirten erhalten würde."

[46]) Rothkegel, „Die Kaufpreise für ländliche Besitzungen usw." a. a. O. S. 63: „Wenn der Käufer mit so reichen Mitteln und so starkem Landbedarf wie die Ansiedlungskommission und die polnischen Parzellierungsbanken auf einem örtlich beschränkten Grundstücksmarkt in Wettbewerb miteinander treten, so ist es leicht begreiflich, daß dies die Preise in die Höhe bringen muß. Es ist hierdurch zweifellos eine allgemeine und starke Güterspekulation hervorgerufen worden . . . Das besonders starke Emporschnellen der Werte der kleinen Besitzungen unter 2 ha in Posen dürfte als unmittelbare Folge der durch die sog. Sachsengängerei in die Provinz einströmenden Geldbeträge, die meistens in Land angelegt werden, anzusehen sein."

[47]) Sand, „Die Ursachen der Teuerung", München & Leipzig 1913, S. 32 f., legt Gewicht auf diese bei steigendem Reichtum sich geltend machende Tendenz zum Besitz von kleinen Landgütern, wobei Liebhaberpreise gezahlt werden. Vor allem sind es die kleinen Parzellen der Städter, die regelmäßig überzahlt werden und nie im landwirtschaftlichen Sinne rentabel sein können.

[47a]) Siehe auch später S. 184/5.

[48]) Eine oft hervorgehobene Tatsache. Der größere Betrieb bedarf zur Bewirtschaftung des arrondierten Stückes in der Regel keiner Vermehrung der Produktionsmittel, sondern erzielt noch eine verbesserte Ausnutzung derselben. Ferner verteilt sich der überzahlte Preis auf das Gesamtkapital. Daß er aber als Richtpreis für andere Verkäufe dienen kann, das ist seine preissteigernde Bedeutung.

[49]) Vgl. die oben genannten einschlägigen Schriften anläßlich der Erörterung der Rentabilität des Zuckerrübenbaues; desgl. Aereboe, Beurteilungslehre S. 140.

[50]) Jörgen Hansen: „Bodenpreise, Eigentumswechsel und Grundverschuldung in einigen Teilen Niederbayerns während der Jahre 1900—1910", S. d. V. f. S. Bd. 148 S. 500; ferner S. 390—409.

[51]) H. Stocker, „Der gewerbsmäßige Güterhandel in 2 typischen Amtsbez. Badens", Karlsruhe 1917, S. 54 ff. Er macht die Mitteilung, daß von 270 Hofverkäufen in den Jahren 1904/13 im Bezirksamt Überlingen (Baden) in 33 Fällen der Güterhändler als direkte Ursache des Verkaufs angegeben wurde. Überschuldung bestand für 69 Fälle, Unrentabilität für 9, Leutenot für 12, Alter und Krankheit (Erbfall) für 66, Berufswechsel und Fortzug für 25.

[52]) Brentano in der Einleitung zu den Unters. über die Preisbildung landw. Güter, S. d. V. f. S. Bd. 148 S. XIV ff.

[52a]) Vgl. die Berichte der ostpreußischen Landgesellschaften 1910/11 und 1911/12, die von der Mobilisierung des Grundbesitzes durch Überhand-

nehmen des Agentenwesens und von der trotz schlechter Ernten gesteigerten Bodenpreisbewegung reden.

[53]) Bericht der XVI. Kommission über d. Entwurf eines Zolltarifgesetzes, Nr. 373, Beilage 1 Nr. 704; Drucksachen der II. Sess. des Reichstags 1900—03.

[54]) Das gilt in erhöhtem Maße für den Osten, über dessen Rentabilität um die Jahrhundertwende einige Angaben von Prof. A. Backhaus, „Agrarstatistische Untersuchungen über den preußischen Osten im Vergleich zum Westen", III. Stück der Berichte des landw. Instituts der Universität Königsberg, Berlin 1898, S. 250 ff. vorliegen.

S. 252: „Ein reiches Material über die Entwicklung der Güterpreise und deshalb auch der Rentabilität der Landwirtschaft des Ostens bringt die Festschrift, „50 Jahre der Landwirtschaft Westpreußens". Auch hier zeigen sich ganz gewaltige Preissteigerungen. Dieselben sind allerdings so stark, daß man sie nicht ausschließlich auf die steigende Rentabilität allein, sondern auch auf andere Verhältnisse zurückführen muß." S. 256: „Im allgemeinen zeigen die Berichte über die Gesamtrentabilität der östlichen Landwirtschaft ein ungünstiges Bild."

[55]) Die gleiche Bauernschlauheit wird von Eßlen vorausgesetzt, wenn er sagt: „Der durch erhöhte Zölle wirtschaftlich gesundete Besitzer wird darnach trachten, bei der Übertragung seines Gutes unter Hinweis auf die gestiegenen Produktenpreise einen höheren Kaufpreis zu verlangen, als er selbst bezahlt hat. Er verschweigt, daß der von ihm ehemals gezahlte Preis den damaligen Ertragswert überstieg" (I. Eßlen, „Das Gesetz des abnehmenden Bodenertrags", München 1905, S. 248).

[56]) Wirtschaftslehre, S. 45 ff.

[57]) Wir verzichten auf ihre Wiedergabe, da sie gegenüber der Anlage VII nichts Neues zeigen. Von den 15 Gruppen erzielten 3 eine Verzinsung über 4%; 3 über 5%; 1 über 6%; 1 über 7%.

[58]) Lehrreich für die Unwirtschaftlichkeit der Steigerung der Bodenpreise in Deutschland ist ein Vergleich mit der allerdings nicht zollpolitisch protegierten Schweizer Landwirtschaft und den bei ihr beobachteten Bodenpreissteigerungen. Auch in der Schweiz hat seit den 90er Jahren eine große Preissteigerung eingesetzt (siehe „Untersuchungen betreffend die Rentabilität der Schweizer Landwirtschaft", Bericht des schweizerischen Bauernsekretariats für das Erntejahr 1911/12; ed. Laur, Bern 1913, S. 197—211). Aber die Bodenpreissteigerung ist ebenso wie die Häufigkeit des Besitzwechsels hinter den deutschen Verhältnissen zurückgeblieben. Nach E. Laur: „Der Einfluß der Preise landwirtschaftlicher Erzeugnisse auf die Bodenpreise und die Bodenverschuldung", Ztschr. für Agrarpolitik, 1914, S. 370 ff. ergab sich

pro ha Kulturfläche	im Mittel aller Jahresabschlüsse der Rentabilitätserhebungen des Bauernsekretariats		
	1901/5	1906/12	Zunahme
Landgutskapital	4400 Fr.	4520 Fr.	2,8%
Bodenkapital	2320 „	2340 „	0,86%
Gebäude, Melior. u. Pflanzenkapital	2080 „	2180 „	4,8%

Von 1906—13 stieg der Preis der landwirtschaftlichen Produkte in der Schweiz um 22%. Dazu bemerkt Laur, daß nur ein kleiner Prozentsatz der Schweizer Landwirte den Vorteil höherer Produktionspreise in höheren Bodenpreisen kapitalisiert hat. Die Steigerung der Unkosten von 1901/5 bis 1906/12 um 16,73% dürfte hinter den deutschen Verhältnissen wohl ziemlich zurückbleiben. Aber selbst relativ betrachtet, offenbart ein schätzungsweiser Vergleich beider Länder, daß in Deutschland die Bodenpreise unwirtschaftlich gestiegen sein müssen.

[59]) Th. v. d. Goltz, „Landwirtschaftliche Taxationslehre", 3. Aufl. Berlin 1903, S. 325 und 340: „Nach Maßgabe der in Deutschland aus dem landwirt-

schaftlichen Gewerbe während der letzten Jahrzehnte erzielten Erträge läßt sich annehmen, daß im Durchschnitt das Grundkapital mit 3½—4%, das stehende Betriebskapital (Zugvieh, Nutzvieh, Maschinen und Geräte) mit 5—7% und das umlaufende Betriebskapital mit 7—9% sich verzinst."

[60]) Statistische Jahrb. für den Preuß. Staat, versch. Jahrgänge.

[61]) O. Oberst, „Zur Verschuldung und Entschuldung des bäuerlichen Besitzes in den östlichen Provinzen Preußens", Jena 1914, S. 96—105. O. zeigt auch speziell, wie die Personalschulden um 100% zugenommen haben.

[62]) Hansen, a. a. O. (Anm. 50), S. 430.

[63]) M. Horlacher, „Feststellung und Erklärung der landwirtschaftlichen Bodenpreissteigerung im Gebiete der niederbayrischen Bezirksämter Griesbach, Pfarrkirchen und Eggenfelden 1900—1910", S. d. V. f. S. Bd. 148, S. 112 ff.

[64]) J. Conrad, Agrarstatistik im Grundriß IV, II, 1, 2. Aufl. 1914, S. 143 ff.

[65]) Conrad, ebenda S. 146.

[66]) Altrock, Artikel „Entschuldung des ländlichen Grundbesitzes", Hdwst. 3. Aufl. S. 981 ff., S. 983.

[67]) Stocker, „Der gewerbsmäßige Güterhandel usw." a. a. O. S. 59; 60; 55.

[68]) P. Heile, „Über Anerbenrecht und Grundverschuldung", Emden 1911.

[69]) Siehe später S. 150 und Anmerkung 89.

[70]) Mag der Zinsfuß, zu dem der Ertragswert eines Gutes kapitalisiert wird, von Fall zu Fall und von Landesteil zu Landesteil noch so sehr schwanken, der Kern seiner Bestimmtheit liegt in dem landesüblichen Darlehenszinsfuß, der zu dem jeweils benutzten in demselben Verhältnis steht, wie der Ertragswert des Gutes zu seinem Verkehrswert. Die individuellen Differenzen dürfen über diesen Kern nicht hinwegtäuschen. Er ist es, der die Aufwärtsbewegung gemacht hat und die ihn umgebende schwankende Sphäre der individuellen Zutaten und Abstriche notwendig mit sich reißt. Das muß gegen die kategorische Ablehnung des Begriffs vom landesüblichen Zinsfuß durch Aereboe (Anm. 36) eingewendet werden.

[71]) Aereboe, Beurteilungslehre S. 203; 104.

[72]) Diehl, „Zur Frage der Getreidezölle" a. a. O. S. 57; Lotz, „Finanzwissenschaft" S. 296: „Es liegt vor allem an dem Wachsen der Gemeinde- und Kreislasten, daß die Abgaben nach der Reform (Miquel) oft noch gestiegen sind." Ferner Hansen, „Bodenpreise usw." S. 480.

[73]) Sand, „Die Ursachen der Teuerung", Leipzig 1913, S. 16.

[74]) Aereboe, „Beurteilungslehre" S. 204/5.

[75]) W. Lotz, „Finanzwissenschaft" S. 538; 543. (R. van der Borght, „Wehrbeitrag und Deckungsgesetze v. 3. 7. 13", Stuttgart 1913, S. 73.)

[76]) Da nur der unverdiente Wertzuwachs besteuert werden sollte, so war der Erwerbspreis jeweils durch Abzüge und Zuschlage zu verändern, um die Steuerbemessungsgrundlage zu erhalten. Der berechnete Wertzuwachs durfte um nicht mehr als 30% gekürzt werden.

[77]) Auch die Erbschaftssteuer von 1906 kommt für die Landwirtschaft nicht in Betracht, da der Erwerb der ehelichen Abkömmlinge, welcher bei den ländlichen Erbsitten allein in Frage kommt, in jeder Höhe steuerfrei gewesen ist.

[78]) L. Brentano, „Gesammelte Aufsätze" I, Stuttgart 1899, S. 483 ff. „Agrarische Behauptungen im Lichte der Wirklichkeit".

[78a]) Errechnet nach den Statistischen Jahrb. für den Preuß. Staat, verschiedene Jahrgänge.

[78b]) Siehe Lotz, Finanzwirtschaft, S. 421 f.

[78c]) ebenda S. 464.

[78d]) ebenda S. 305.

[79]) E. Laur, „Der Einfluß der Preise landwirtschaftlicher Erzeugnisse usw." a. a. O. S. 374.

[80]) L. Brentano, „Agrarpolitik", Stuttgart 1897, S. 94—97; desgl. „Die Agrarreform in Preußen" in den gesammelten Aufsätzen a. a. O. 268 ff.; ferner

das schon genannte Werk von H. Levy über die Entstehung und den Rückgang des landwirtschaftlichen Großbetriebes in England, Berlin 1904.

[81]) W. Lotz, „Der Schutz der deutschen Landwirtschaft", Berlin 1900, S. 49 betont den Unterschied gesteigerter Preise bei der Landwirtschaft gegenüber der Industrie. Höhere Preise in der Industrie erzeugen meistens Fortschritt, in der Landwirtschaft werden sie in den Bodenpreisen kapitalisiert. Der in den Güterwerten kapitalisierte Schutz verhindert zudem eine Wiederbeseitigung des Zolles, die zum Umsturz der Werte führt. Dieser Gedanke wurde gelegentlich der Zollerhöhung von 1906 auch von dem preußischen Landwirtschaftsminister v. Arnim im preußischen Abgeordnetenhause ausgesprochen. Vgl. Brentano, Getreidezölle, a. a. O. S. 61.

[82]) „Betriebsverhältnisse von Schlesien", bearb. von Sagawe, Tuckermann und Waterstradt, a. a. O., Berlin 1913, S. 30: „Der industrielle Aufschwung der in den 80er Jahren und besonders 90er Jahren begann, erneuerte in verstärktem Maße die Abwanderung des ländlichen Nachwuchses. Sie steigerte sich beständig. Denn außer dem gewaltigen Aufblühen der Industrie und der dadurch möglichen, zeitweise sogar raschen Steigerung ihrer Lohnsätze, wirkt darauf hin: die Erziehung der Landkinder durch städtisch ausgebildete Lehrer in der Richtung eines landfremden, rein städtischen Kulturideals, die damit zusammenhängende Überschätzung des Barlohnes, der städtischen Genüsse und Berufe, Unterschätzung der Vorteile des Landarbeiters und Verkümmerung der Liebe zur Heimat, der Militärdienst in größeren Städten oft des Westens, nachdem aus den kleinen Landstädten das Militär entfernt war, und nicht zum wenigsten der Drang nach größerer Unabhängigkeit und Selbständigkeit." In dieser glänzenden Zusammenfassung des ganzen Landfluchtproblems verdient besonders der letzte Gedanke vollste Aufmerksamkeit. Er bestätigt das Eindringen des kapitalistischen Ideals der freien Unternehmertätigkeit in die Landwirtschaft, welches diejenigen, die an ihm nicht teilhaben können, in Proteststellung gegen die Besitzer der Produktionsmittel bringt. Sie suchen als Ersatz den Schein äußerer Freiheiten in der Ungebundenheit des städtischen Lebens, in der Hingabe an ein Ideal des Kampfes gegen jene Freiheiten, die ihnen verschlossen sind. Die Massenansammlungen in den Städten aber bieten erst die Möglichkeit der Organisation der Gleichgesinnten.

[83]) F. Mendelson, „Die Landflucht in der Provinz Sachsen im Lichte der Grundbesitzverteilung", Verlag der Landw.-Kammer der Prov. Sachsen, Halle 1913. Seite 19 werden folgende Gründe für die Abwanderung der selbständigen Berufslandwirtschaft angeführt:

1. Verkauf und Verpachtung an Rübenwirtschaften,
2. unleidliche Arbeiterverhältnisse (!),
3. Unmöglichkeit, eine geeignete Frau zu finden, da die Bauerntöchter Lehrer und Beamte in der Stadt vorziehen,
4. Abneigung gegen das Landleben, die Stadt ist bequemer, anregender und unterhaltender,
5. Glaube an eine sozial und materiell bessere Lage in der Stadt,
6. Stillegung ländlicher Industrien u. a. m.

[84]) Th. v. d. Goltz, „Vorlesungen über Agrarwesen und Agrarpolitik" Jena 1893, Seite 129.

[85]) Roscher-Dade, „Nationalökonomik des Ackerbaus", 1912, S. 617/8 und 622 bis 657. Zu der Karte bemerkt Dade S. 622: „Leider waren für die Skizze nicht überall genügende Unterlagen vorhanden, so daß die Vererbungsweise in den verschiedenen Staaten nur schätzungsweise eingetragen werden konnte; besonders ist dies der Fall für Württemberg, Baden, Elsaß-Lothringen, Hessen und die mitteldeutschen Kleinstaaten und in den Provinzen Ostpreußen, Brandenburg, Schleswig-Holstein. Immerhin dürfte die Skizze im ganzen zutreffend sein."

[86]) Sering nimmt ein Verhältnis von 1 : 4 zwischen Realteilung und ge-

schlossener Vererbung an; für Preußen 1 : 14. Einzelheiten auch bei Heile, „Über Anerbenrecht und Grundverschuldung", a. a. O. S. 62 ff. u. 72 ff.

[87]) Roscher-Dade, a. a. O. S. 654, zusammengefaßt für Westfalen, Sachsen und Pommern. Eine von Philippovich in seinem Grundriß der politischen Ökonomie II, 1, 1912, S. 45 gegebene Zahlenübersicht für Schleswig-Holstein stimmt mit den Ziffern der Tabelle im Text fast völlig überein.

[88]) E. Laur, „Der Einfluß der Preise landw. Erzeugnisse usw." a. a. O. S. 375 f.; von demselben „Die Entvölkerung des Landes" in Fühlings landw. Zeitung, 1914 S. 1 ff.; S. 53 ff.

[88a]) Riesser, „Die deutschen Großbanken", 3. Aufl. S. 178/9, bemerkt, daß die Großbanken während der Einkaufssaison für Jung- und Magervieh der Landwirtschaft reichlich Kredit zur Verfügung stellen.

[89]) A. Meitzen, „Der Boden und die landwirtschaftlichen Verhältnisse des Preußischen Staates", Berlin 1901, Seite 436 ff.

[89a]) Ebenso heißt es in der schon genannten Arbeit über die Betriebsverhältnisse Schlesiens von Sagawe, Tuckermann und Waterstradt S. 37: ‚Jedenfalls wird ein sehr bedeutender Teil des ländlichen Kreditbedürfnisses auf dem Wege der Privathypothek befriedigt. Bei der steigenden Verschuldung nehmen die Beträge dieser Darlehen eher zu als ab, sie werden aber andrerseits aus der ersten Stelle allmählich verdrängt, riskierter und daher teurer." Siehe ferner „Die neuere Entwicklung der genossenschaftlichen Bodeninstitute für den ländlichen Grundbesitz" in der Agrarökonomischen Rundschau, V. Jahrgang 1914, Heft 2, S. 65.

Nach einer Berechnung von Altrock betrug in Preußen im Jahre 1902 der prozentuale Anteil der verschiedenen Kreditinstitute an der Verschuldung des ländlichen Privatgrundbesitzes mit mehr als Mk. 60 Grdst.-Reinertrag

bei Landschaften und provinziellen Grundkreditinstituten	21,4%	
„ öffentlichen Sparkassen	12,4%	
„ Hypothekenbanken	1,8%	
„ ländlichen Kreditgenossenschaften	3,7%	39,3%.

Insgesamt entfielen also 60,7% auf den Individualkredit. (W. d. V. II. S. 259.)

[90]) W. Wygodzinski, „Das Genossenschaftswesen in Deutschland", Leipzig 1911, S. 265.

[91]) J. Schumpeter, „Theorie der wirtschaftlichen Entwicklung", Leipzig 1912, 2. Kapitel.

[92]) Vgl. auch Diehls Ausführungen zu diesen Fragen in seiner Schrift über die Getreidezölle, S. 42—55; ferner W. Waltz, „Vom Reinertrag in der Landwirtschaft", Münchner volkswirtschaftl. Studien, Stuttgart-Berlin, Einleitung.

[93]) Th. v. d. Goltz, Taxationslehre, a. a. O. S. 212.

[94]) Dazu F. Waterstradt, „Statistische Untersuchungen über Futterbau und Kapitalausnutzung durch Nutzviehhaltung in verschiedenen Gebieten Deutschlands", Archiv für exakte Wirtschaftsforschung, Bd. IV, Heft 1.

[95]) A. Schäffle, „Die agrarische Gefahr", Berlin 1902, S. 7: „Die künstliche Herabdrückung der Löhne unter staatlicher Mithilfe wird in erster Linie erhofft von der Rückwirkung der durch Agrarzölle gestiegenen Lebensmittelpreise auf die Industrien."

[96]) W. Lotz, „Die Ideen der deutschen Handelspolitik von 1860—1891", S. d. V. f. S., Leipzig 1892, S. 203 f.; vgl. auch J. Conrad, Artikel „Agrarkrisis", Hdwst. 3. Aufl. Ihm erscheint als Hauptursache der Agrarkrisis neben der Bodenpreisgestaltung das gleiche Erbrecht in Deutschland.

[97]) Siehe Anmerkung 53.

[98]) Heft 51 der Arbeiten der D. L. G., Berlin 1900, unter dem Titel „Der Betrieb der deutschen Landwirtschaft".

[99]) Ebenda S. 93.

[100]) v. d. Goltz, Taxationslehre S. 345. Seite 662 ff. führt er als Hauptursache der hohen Verschuldung die Unkenntnis der Landwirtschaft darüber

an, wie hoch sie sich verschulden dürfe. Damit ist aber ausgesprochen, daß die objektive Entwicklung des Kapitalismus in der Landwirtschaft von einer ebensolchen Entwicklung der subjektiven Voraussetzungen für ihn nicht begleitet war.

[101]) Die Zahlen für Bayern verlaufen ähnlich. Vgl. Brentano, Getreidezölle S. 86.

[102]) Stat. Jahrb. für das Kgr. Bayern, 1901, S. 150/1.

[103]) Vergleiche Anmerkung 9 und das oben über das Gesetz der abnehmenden Kosten in der Viehwirtschaft Gesagte. S. 111 ff.

Drittes Kapitel.

Die Formen des Absatzes viehwirtschaftlicher Erzeugnisse und ihr Einfluß auf den Preis.

Wir haben die aus den Verhältnissen der Landwirtschaft wirkenden Einflüsse auf die Steigerung der Preise von Vieh und seinen Nutzungen nun kennengelernt. Wir stehen jetzt vor der Frage, ob auch der Handel, der die eigentliche preisrealisierende Tätigkeit auf den Märkten vollzieht, zu der allgemeinen Preisentwicklung beigetragen hat.

Die hauptsächlichen marktmäßigen Verwertungsweisen des Viehs bestehen einerseits im Verkauf des ganzen Tieres, welcher fast ausschließlich — mit der Ausnahme der Lieferung von Mager- und Zuchtvieh — der Fleischverwertung dient; andrerseits im Verkauf der Lebendnutzungen, wie Milch und Wolle. Aus Anlaß dieser verschiedenen Verwertungsmöglichkeiten des Viehs haben sich auch verschiedene Marktformen herausgebildet, die sich sowohl nach ihrer Ausdehnung, wie ihrer Organisation unterscheiden. Als die wichtigsten stellen wir die folgenden Arten zusammen:

1. Der Viehmarkt mit lokaler bis nationaler Ausdehnung;
2. Der Milchmarkt mit wesentlich lokaler Ausdehnung;
3. Der Buttermarkt mit nationaler bis internationaler Ausdehnung;
4. Der Wollmarkt mit internationaler Ausdehnung.

I.

Der Viehhandel.

Unser größtes Interesse nimmt der Viehabsatz und sein Mittelpunkt, der Viehmarkt als wichtigster preisbildender Ort für die Fleischversorgung, in Anspruch. Der Absatz des Viehs spielt sich in drei Formen ab, die eigentlich nur Gradabstufungen der Ausdehnung des Zwischenhandels bedeuten. Das Vieh ist eine Ware von solchen Gewichtsverhältnissen, daß der einzelne Konsument nur in Ausnahmefällen seine Fleischversorgung mit dem Produzenten selber regeln kann. Im übrigen muß eine Funktion der Verteilung eingreifen, die sich in verschiedenen Graden und Formen ausgebildet hat. Die Fleischenquete von 1912/3 hat sich besonders mit ihr beschäftigt. Die Klagen über die Fleischteuerung hatten sich insbesondere gegen die Landwirte gerichtet, während die Landwirte die Schuld gern dem Zwischenhandel zuschoben [1]). Die Fleischenquete sollte gerade diesen strittigen Punkt klären. Die allseitige Aussprache in ihr hat gezeigt, wie wenig auf dem Gebiete des Viehhandels bei der Mannigfaltigkeit der Instanzen und ihrer wechselvollen Wirkungsweisen vorschnelle Verallgemeinerungen ausgesprochen werden dürfen.

Der Vorwurf der Verteuerung, der gegen den Handel erhoben worden war, richtete sich ebenso gegen die vermuteten unangemessenen Aufschläge, wie gegen die große Zahl der vermittelnden Zwischenglieder. Es zeigt sich nun aber, daß die Zahl der Zwischenglieder mit der Größe des Marktes in unmittelbarem Zusammenhange steht. Es lassen sich drei Typen der Handelszentralisation unterscheiden:

1. Der Einzelabsatz, der sich unmittelbar zwischen dem Fleischer und dem Produzenten abspielt (lokaler Markt).
2. Der kleine Markt, der durch Viehhändler, gegebenenfalls noch Kommissionäre, besorgt wird (interlokaler Markt).
3. Der große Markt, auf dem sich Viehhändler, Kommissionär, Engrosschlächter, Lohnschlächter und Kleinschlächter in die Arbeit teilen (interlokaler=nationaler Markt).

Der Vorwurf der zu zahlreichen Vermittlungsinstanzen würde also nur die großen Märkte treffen können. Solche sind in günstiger Marktlage in den größten Städten, wie Berlin, Hamburg, München, Köln, anzutreffen. Die kleinen Märkte sind in den Mittelstädten konzentriert. Aber über die Hälfte des zur Schlachtung gelangenden Viehs wurde noch auf direktem Wege durch den Fleischer vom Landwirt gekauft, also ohne Mittelsperson [2]). Es liegt auf der Hand, daß die letztere Form des Viehabsatzes nur lokalen Umfang annehmen kann. — Diese verschiedenen Marktabstufungen schließen zugleich die Bedingungen für eine unterschiedliche Preisbildung ein, welche es verständlich machen, daß die Fleisch- und Viehpreise so stark von Ort zu Ort wechseln, und zwar wesentlich in der Weise, daß sie in den kleineren Orten nicht dieselbe Höhe erreichen, wie in den größeren, wennschon sie an der Preissteigerung selbst in vollem Umfange teilnehmen [3]).

Die großen Märkte stehen unter zweifachen Preissteigerungsbedingungen, da sie einerseits das Vieh aus immer entlegeneren Orten heranziehen müssen, wodurch die Beschaffungskosten in vielseitiger Weise wachsen, sowohl in Hinsicht der direkten Transportunkosten, wie auch indirekt in Hinsicht der mit dem Transport unfehlbar verbundenen Gewichtsverluste der Tiere. Andrerseits bringt die wachsende Entfernung der Bezugsstätten infolge der damit auch wachsenden Arbeit des Zutriebs vermehrte Arbeitsteilung mit sich. Der Viehändler kann nicht mehr selbst aufkaufen, sondern muß Aufkäufer aussenden. Dieser bedient sich wieder der Treiber und sonstigen Hilfspersonen. Die wachsende Größe des Marktes und seiner Organisation macht wiederum eine ähnliche Arbeitsteilung nötig, insbesondere entsprechende Einrichtungen für die Bewältigung großer Viehmassen. Viehhöfe, Schlachthäuser müssen errichtet, gegebenenfalls ausgebaut werden. Der einzelne Händler aber kann auf dem Markte selbst nur einen kleinen Teil des allgemeinen Auftriebs besorgen. Seine vielseitige Tätigkeit nimmt ihn so in Anspruch, daß er den eigentlichen Verkauf, der nur bei dauernder Anwesenheit und laufender Übersicht über den Markt den eigenen Vorteil zu wahren gestattet, einem Kommissionär übertragen muß. Dieser ist meistens auch zugleich sein Geldgeber wie er auch denen, die von ihm kaufen, Kredit einräumt. —

Beschäftigen wir uns zunächst mit der Bedeutung der Marktentfremdung für die Verteuerung des Viehs. Der ganze Viehabsatz stand im Zeichen der mangelnden Initiative der Produzentenschaft, was bereits ausführlich erörtert wurde. Der Landwirt erzielt im allgemeinen immer nur den Ortspreis, nicht aber die aus der Verschiedenheit der Marktentfernungen gegebenenfalls möglichen Differentialrenten. Der in Ostpreußen oder Pommern wohnende Konsument zahlt aber auch nicht die Berliner Marktpreise, sondern die heimischen Stallpreise nebst den wenigen Zuschlägen, die durch den Kleinhandel hinzukommen. Bei einem umfassend und einheitlich unter landwirtschaftlicher Initiative organisierten Viehabsatz könnte der Stallpreis nach den teuersten Absatz- und Konsumtionsmittelpunkten geregelt werden, so aber geht die Preisbildung im Stalle lokal vonstatten unter der Initiative des nachfragenden Händlers. Nur dieser Stallpreis ist der dem Landwirte zufallende Teil der Verwertung des Viehs, und er steht mit all den im landwirtschaftlichen Produktionsprozeß wirksamen Bewertungsgrundlagen irgendwie in Beziehung. Die fehlende Initiative der Landwirtschaft bei der Viehpreisbildung tritt besonders augenfällig dadurch in Erscheinung, daß die Händler ihre Käufe bei den Landwirten auf Grund der Marktnotierungen, deren Urheber sie selber sind, abschließen. Die Tatsache, daß der Landwirt auf Grund der Notiz eine zähe Initiative im kleinen beim Feilschen mit dem Händler entfaltet, wird natürlich nicht mit jener Initiative der Preisbildung verwechselt werden, die wir meinen, wenn es sich darum handelt, den Preis in seinem Grundstock festzulegen und auch wirklich durchzusetzen. — Nicht unerwähnt mag hier blieben, daß bis zur Regelung von 1909 die Berliner Notierung in einer Weise gehandhabt wurde, die tendenziös zu niedrige Zahlen angab. Das lag im Interesse der Händler, die auf Grund der Notiz abschlossen. Aber bei der großen Knappheit und wegen der Konkurrenz unter den Händlern und auch bei dem für die größeren Landwirte offenen Geheimnis dieser Sachlage wurde über Notiz gehandelt. Im allgemeinen aber mußte unter solchen Umständen der Landwirt immer der schwächere Teil gegenüber dem Händler sein, der ihm an Kapitalkraft und Marktkenntnis überlegen war.

Daß bei diesem System der Preisbildung die größeren Märkte unter tendentiell höheren Preisen stehen müssen als die kleineren, versteht sich von selbst. Das Moment einer preissteigernden Dynamik liegt aber nicht an diesem Zustand, sondern in der Entwicklung desselben, d. h. in der fortschreitenden Vergrößerung der Märkte. Die hierin liegende Verteuerungsdynamik kann noch eine weitere Verstärkung erfahren durch die Verteuerung der auf die Entfernungseinheiten entfallenden Transportkosten. Von der wachsenden Ausdehnung der großen Märkte legen die Auftriebsziffern Zeugnis ab. Die großen Märkte, wie der Berliner, Hamburger, Münchner, Kölner, haben ihr Vieh nicht nur aus dem Umkreis bezogen, sondern aus ganz Deutschland und darüber hinaus, teilweise aus dem Auslande, soweit das möglich war. An den Münchner Markt z. B. wurden von den Schweinen nur 27,13% aus Bayern selbst angeliefert, der Rest aus Ost-, Westpreußen und Hannover. An Großvieh wurden sogar 40% zeitweilig aus dem Ausland bezogen, und zwar aus Österreich-Ungarn, Frankreich und Dänemark[0]). Das nötigt uns zu einigen Betrachtungen über die Preiseinflüsse der Vieh- und Fleischeinfuhr auf den inländischen Märkten.

a) Die Abhängigkeit der Viehmarktpreise vom Ausland.

Die Abhängigkeit des inländischen Viehmarktes regelt sich sowohl vom Auslande wie vom Inlande aus. Im Auslande kommen in Betracht:

a) die Ausfuhrfähigkeit,
b) die Preise im Ausland.

Im Inlande kommen in Betracht:

a) die Einfuhrmöglichkeit,
b) die Preise im Inland.

Die Ausfuhrfähigkeit des Auslandes hängt ab:

a) von seinen Produktionsüberschüssen,
b) von seinen handelspolitischen Bestimmungen.

Die Einfuhrmöglichkeit des Inlandes hängt ab:

a) von den Einfuhrerschwerungen,
b) von den Grenzsperren.

Wie aus Anlage XIV hervorgeht, sind der Vieh- und Fleischeinfuhr Erschwerungen und Sperren im größten Maßstabe entgegengestellt worden. Unter ihrem Einfluß erreichte die Mehreinfuhrziffer für Vieh bereits 1894, für Fleisch 1898 ihren Höhepunkt. Was an Einfuhrerleichterungen geschaffen wurde, erstreckte sich auf den kleinen Grenzverkehr. In diesem erschöpfte sich der größte Teil der Einfuhr von lebendem Vieh. Es ist leicht einzusehen, daß die Vieheinfuhr auf den inmitten von Deutschland liegenden größten Viehmarkt, den Berliner, ohne Einfluß bleiben mußte, abgesehen von kleinen indirekten Spezialregulierungen in den letzten Jahren, wo unter dem Druck der Teurung den Kommunen der Bezug ausländischen Fleisches erleichtert wurde. Aber wie das Material der Fleischenquete dartut, sind diese Art Preisreguliérngen von sehr wechselndem Erfolge begleitet gewesen, wovon noch zu sprechen sein wird. In Berlin wurde nur ein gewisser Umkreis um die billigeren Verkaufsstätten herum in eine Preissenkung hineingezogen [9]). Es waren eben die eingeführten Mengen so gering und über das ganze Reich zersplittert, daß ein unmittelbarer Einfluß auf die allgemeine Preislage nicht stattfinden konnte. Nur 4—5% des gesamten Verzehrs wurden auf die verschiedenste Weise durch das Ausland gedeckt.

Verfolgt man die Geschichte der Vieh- und Fleischeinfuhr seit den 80 er Jahren, so spiegelt sich in ihr die zunehmende Verknappung des Inlandes und die Vergrößerung des unbefriedigten latenten Bedarfs wider. In den 80 er Jahren bestanden zwar auch schon Einfuhrbehinderungen, aber der Zustand der Fleischversorgung erlaubte es, daß die Handelsbilanz für Vieh und Fleisch durch viele Jahre hindurch einen Aktivsaldo aufwies, unter Nichtberücksichtigung der Schmalzeinfuhr, die gesondert zu besprechen ist. Das Jahr 1888 zeigte zum letzten Male eine Mehrausfuhr von Vieh; das Jahr 1889 von Fleisch. In diesen Zeiten ließen sich die tiefsten Fleischpreise feststellen. Mit den 90 er Jahren begann die Mehreinfuhr zu wachsen, aber ihr wurde mit Einfuhrerschwerungen, Zöllen und Sperren entgegengearbeitet, so daß der Höhepunkt bereits in der zweiten Hälfte der 90er Jahre überschritten wurde, während er ohne diese Beschränkungen zweifellos in die Jahre 1909—13 zu liegen gekommen wäre [6]). Es ist also in der von uns betrachteten Periode die Abhängigkeit der inländischen Viehpreisbildung vom Ausland rein negativ und indirekt verlaufen. Nicht haben die zwar auch in der Steigerung begriffenen, aber absolut niedrigeren Preise des Auslandes in die inländischen Preisverhältnisse dauernd und allseitig regulierend eingreifen können, sondern die Fernhaltung der Konkurrenz des Auslandes hat die Monopolstellung der heimischen Produktion und des heimischen Marktes geschaffen. Wo die Einfuhr unter den bestehenden Erschwerungen überhaupt möglich war (Anlage XIV), da mußte der Inlandspreis eine solche Höhe erreicht haben, daß der gestiegene Preis des Auslandes, der Frachtsatz [7]), der Zollaufschlag, die durch Fleischbeschau, Quarantäne usw. bedingten Spesen in ihm aufgehen konnten.

Aber die fremden Länder standen selbst im Zeichen der Teuerung, und Frankreich reagierte auf die ausnahmsweise Öffnung der deutschen Grenze 1910 mit höheren Preisen [8]).

Wenn somit auf den Viehmärkten an den Grenzen ausländische Einflüsse in dem geringen Umfange, den die Verteuerung der Einfuhr noch zuließ, zur Geltung kamen, so war ihr Weiterwirken auf entferntere Märkte wegen der Transportkosten unterbunden. Es gibt nur eine allgemeine große Ausgleichung, aber keine durchgreifende Solidarität der Viehmärkte. Das Vieh stellt eine schwer transportable Qualitätsware vor, deren Bewertung Individualisierung, Sachkenntnis und persönliche Prüfung voraussetzt. Vieh hat deshalb auch keinen börsenmäßigen Weltmarktpreis. Der Berliner Viehmarkt tendierte in der Richtung einer nationalen Geltungsweite, ohne daß man sich das aber im Sinne eines beweglichen Warenausgleichs vorzustellen hätte. Er belieferte zwar viele Märkte, wirkte aber durch die Bedeutung seiner Notiz [9]). Es ist selbstverständlich, daß die Zollpolitik gegenüber einer solchen Ware mit solchen Marktverhältnissen eine andere Rolle spielen mußte, als bei dem Welthandelsartikel Getreide.

Nach dem Urteil Rothes [10]) haben die Vieh- und Fleischzölle den Charakter von Erziehungszöllen, die der natürlichen und wirtschaftlichen Entwicklung eines so hochwichtigen inländischen Produktionszweiges angemessen sind. Brentano charakterisiert sie als Äquivalent der Getreidezölle [11]). Gewiß entspringen beide dem Kampfe der Landwirtschaft um die Rentabilitätsverbesserung durch das Mittel künstlich gesteigerter Preise. Nur besteht preispolitisch der grundlegende Unterschied, daß die Getreidezölle in Verbindung mit dem Einfuhrscheinsystem die Preise in bestimmter Weise festlegten auf Weltmarktpreis + Zoll, während die Vieh- und Fleischzölle nur eins von den Mitteln gewesen sind, die Einfuhr abzusperren und durch Monopolisierung der inländischen Produktion fremde Preiseinflüsse fernzuhalten. Das Ungenügende der heimischen Produktion bewirkte dann die Preissteigerungen zu ihrem Teile mit, die notwendig waren. — Es kann also weder von einer internationalen Solidarität und Parallelität der Viehmärkte gesprochen werden, noch von einer inländischen Viehpreiskurve als Summe von Weltmarktpreis + Zoll, wie beim Getreide.

Im ganzen darf von der Vieh- und Fleischeinfuhr gesagt werden, daß sie direkt weder im Sinne einer Verbilligung noch einer Verteuerung belangreich in die inländische Preisbewegung eingegriffen hat.

b) Die Preisbildung auf dem Viehmarkt.

Wir erwähnten bereits, daß die entscheidende Verteuerungsdynamik in dem aktuellen Anwachsen der Märkte und der damit verbundenen wachsenden Entfernung der Versorgungsstätten und

Verbreiterung der Organisation gelegen ist. Von den effektiven Unkosten beim Viehabsatz nehmen Fracht und Gewichtsverlust den Hauptteil ein. Eine von Gerlich [12]) für den günstigsten Fall gegebene Unkostenzusammenstellung für den Transport eines Schweines lautet:

Fracht:	M. 2,95	Standgeld:	M. 0,50	Verkaufsprovision	M. 2,10
Gewichtverlust:	5,00	Fütterung:	0,50		
		Treiber:	0,30		
	M. 7,95	Wiegen:	0,10		
		Versicherg.:	0,90		
			M. 2,30		

Da nun aber die Gebiete des Viehauftriebs Geheimnis der Händler bleiben, so kann nur die Höhe der Auftriebsziffern Anhaltspunkte für eine Ausdehnung der Versorgungszone bieten. Nehmen wir die Auftriebsziffern des Berliner und Münchner Viehhofs (Anl. XI), so sehen wir, daß mit Ausnahme der Schweine der Auftrieb seit 1900 stagniert hat und teilweise gefallen ist. Die Zunahme des Schweineauftriebs hat sich der Verdoppelung gegenüber den 90 er Jahren genähert. Für ihn darf also wohl angenommen werden, daß er aus immer weiteren Entfernungen besorgt worden ist, wobei allerdings die Zunahme der reinen Mastanstalten in der Nähe der Großstädte und die sonstige allgemeine Ausdehnung der Schweinehaltung ins Gewicht fällt. Aber dem sei wie ihm wolle, die von der Entfernung ausgehende Verteuerung nach der obigen Aufstellung beträgt nur 5 Pfennig für das Pfund Lebendgewicht und 6 Pfennig für das Schlachtgewicht. Wenn nun in der Tat eine Verteuerungsentwicklung zu einem weiteren Pfennig stattgefungen hat, so bedeutet das bei den sonstigen Teuerungsfaktoren wenig.

Von viel größerer Bedeutung ist die indirekte Wirkung der Ausdehnung des Auftriebs. Sie macht eine nicht proportional, *sondern progressiv wachsende Vermehrung des Instituts der Händler notwendig*. Die Mittelspersonen vervielfachen sich in solchem Falle nach zwei Seiten hin. Der Zentralpunkt ist der Händler i. e. S. Seine Arbeitskraft reicht aber von einem gewissen Zustand der Marktgröße nicht mehr aus, das Sammeln, Sortieren und das Verkaufen des Viehs gleichermaßen auszuführen. Für erstere Tätigkeit bildet sich das Institut der Agenten und Aufkäufer mit allenfallsiger Weiterorganisation von Unteraufkäufern aus, in deren Diensten dann wieder Treiber den Transport zur Bahn leiten. Für die eigentliche Markttätigkeit aber bildet sich das Institut der Kommissionäre heraus, die gegen feste Provision von 1—1½% des Verkaufspreises den Umschlagsakt bewirken. In dieser Weise läuft an den großen Märkten der Instanzenweg vom Stallpreis zum Marktpreis. Es steht außer Frage, daß ein solch vielseitiges Vermittlungsgeschäft, dessen objektiver Hintergrund die tatsächliche Erschwerung der Martversorgung ist, die Ware verteuern muß. Diese Verteuerungsform dehnt sich weiter noch dadurch aus, daß eine ganze Reihe von Hilfsgewerben im Dienste jener Handelstätigkeiten entstehen und selbständige Berufs-undEinkommensgruppen insLeben rufen. Vor allem ist es die Finanzierung des Handelsgeschäftes, die anfänglich in den Händen des Händlers lag, dann in die des Kommissionärs überging und weitgehende Abhängigkeitsverhältnisse begründete, schließlich sich aber aber in eigenen Viehmarktsbanken verselbständigte. — Hinzukommt das natürliche Risiko mit der Ware, welches das Institut der Viehversicherung ins Leben rief. Spielt die Viehversicherung in der Landwirtschaft nur eine untergeordnete Rolle, so wird sie vom Handel ausnahmslos in Anspruch genommen. Im Jahre 1913 wurden bei den größeren deutschen Viehversicherungen auf Grund einer Versicherungsumme von etwa 907 Mill. Mark 15,4 Mill. Mark Prämien bezahlt [13]). — Eine andere Einrichtung im Dienste des Handels bilden die städtischen Viehhöfe und Schlachthöfe, die nach dem preußischen Kommunalabgabengesetz von 1893 eine bis 8% reichende Verzinsung ihres Auflagekapitals durch Gebührenerhebung erreichen dürfen. — Von geringerer Bedeutung ist schließlich das ganze Heer von Hilfstätigkeiten, wie Pflege, Fütterung, Wiegen, Preisnotierung usw., die der Transport, die Einstellung und der Verkauf des Viehs erfordern.

Nun hat man aber zu unterscheiden. — Alle die genannten Kostenelemente gehen in den Marktpreis ein; aber wenn schon die Verteuerungstendenz bei diesen Kosten ungleich stärker einzuschätzen ist, als bei der reinen Transportarbeit, so ist doch der Prozentsatz der auf das Pfund entfallenden Zuschläge ein dermaßen geringer, daß ein weiteres Eingehen auf sie sich erübrigt. Von all diesen festen Kostenbestandteilen ist jedoch ein unberechenbarer Verteuerungsfaktor zu trennen, der sich in den Handelsgewinnen darstellt, und der schon mit der Zunahme der nicht fest entlohnten Vermittlungsinstanzen eine weitere Zunahme erfahren muß. Die Behandlung des Händlerverdienstes in der Fleischenquete [14]) konnte vielleicht den Eindruck erwecken, als ob der Händler in letzter Zeit herabgekommen sei. Der Grund wäre darin zu suchen, daß die Händler in Konkurrenz unter sich und mit den sich entwickelnden Viehverwertungsgenossenschaften bei der steigenden Schwierigkeit, genügend Ware zu erhalten, ihre beherrschende Stellung gegenüber den Landwirten zu verlieren begannen [15]). Wirkliche Klarheit über die Höhe der Händlerverdienste könnte nur eine Statistik der Stallpreise geben. An dieser Stelle aber fehlen alle Unterlagen, da es keinen allgemeinen Stallpreis gibt. Die Qualitäten des Viehs sind ebenso verschieden, wie die Kontrakte der Händler, die vielfach Gegenlieferungen von Magervieh oder in Form des Avancegeschäftes (Lieferung von Vieh auf Zunahme) unberechenbare spekulative Momente in den Stallpreis tragen. Vieh ist kein Stapelartikel und die Typenbildung geht über gewisse Grenzen nicht hinaus.

Die großen Faktoren, die die Preise für landwirtschaftliche Produkte letzlich bedingen, treten — so sonderbar es klingen mag — eigentlich nicht klar in das Bewußtsein derer, die den Preis bilden. Sie wirken mehr in Form instinktiver Einstellungen, genau wie das Gewinnstreben des wirtschaftlich handelnden Menschen. Und so kommt es, daß bei der Marktpreisbildung für Vieh die Orientierungsgesichtspunkte für das Fordern und Zahlen der Preise so sehr an Oberflächlichkeiten sich halten und halten müssen, daß eine Preistheorie, die nur die den Tauschenden klar zum Bewußtsein kommenden Anhaltspunkte für die Festlegung der Preishöhe zur Erklärung heranziehen würde, niemals erschöpfend sein kann. Gerlich sagt von der Preisbildung am Berliner Schlachtviehmarkte z. B. folgendes [16]): „Neben den beiden Faktoren Angebot und Nachfrage ist hauptbestimmend die Höhe der Beschaffungskosten. Das Gesetz, wonach der Preis durch die Produktions- und Transportkosten derjenigen bäuerlichen Wirtschaften bestimmt wird, die unter den ungünstigsten Verhältnissen produzieren oder sich in den entlegensten Gegenden befinden, deren Produkte aber zur Befriedigung des Marktbedarfes noch notwendig sind und begehrt werden, spielt jedoch hierbei keine in die Erscheinung tretende Rolle.“ In der Tat stimmen alle Viehmarktbeschreibungen darin überein, daß sie die Bewegung der Preisgebote und Preisforderungen in genauer Anlehnung der Bietenden und Fordernden an die jeweilige Frequenz des Auftriebs erkennen [17]), was sich auch in der Händlerpolitik der künstlichen Zurückhaltung der Bestände oder ihrer sukzessiven Anlieferung oder in sonstigen spekulativen Machenschaften deutlich widerspiegelt. Aber mit solchen Vorgängen kann man wohl das Schwanken der Marktpreise von einem Markt zum anderen, aber nicht die durch das Schwanken sich ziehende kontinuierliche Aufwärtsbewegung erklären. Das hat Gerlich auch klar erkannt; er hat letztere „eine ganz natürliche, in der allgemeinen Entwicklung der deutschen Volkswirtschaft begründete und notwendige Erscheinung“ genannt [18]). Diese Entwicklung haben wir im zweiten Kapitel darzulegen versucht. Es ist klar, daß die Faktoren dieser Entwicklung auch irgendwie in das Bewußtsein derer treten, die an ihr teilhaben, ohne daß es sich dabei um klare Begriffe handeln müßte. Die Landwirtschaft hat ein Bewußtsein von ihrer Rentabilität, selbst, wenn sie keine Bücher führt. Sie schränkt die Viehwirtschaft ein, wenn sie ‚fühlt‘, daß mit ihr nichts verdient wird. Ebenso hat der Händler ein instinktives Bewußtsein von dem Kaufbedürfnis, der Nachfrage und ihrer Zahlungsfähigkeit. Die

Kaufkraft des Geldes, der Volkswohlstand ist ein automatischer Bestandteil jedes geübten wirtschaftlichen Denkens. Diese Bewußtheiten aber sind schließlich nichts weiter, als die vagen Vorstellungen jener großen Ursachenkomplexe der Preisentwicklung, die die Teuerungstheorie zu klaren Begriffen bringen will. Es war eine sehr treffende Ausdrucksweise in dem obigen Zitat aus Gerlich, indem es hieß, daß die ungünstigsten Produktionsstätten als preisbestimmende Faktoren „keine in die Erscheinung tretende Rolle spielten". Er fährt an derselben Stelle noch fort: „Von größerem Einflusse sind dagegen die Kaufkraft der Bevölkerung, der allgemeine Wohlstand, die Bewegung des Geldwertes, die mit den Jahreszeiten wechselnden Ansprüche des Konsums usw." Und doch, was bedeuten diese Faktoren anderes, als das unstimmte „Inerscheinungtreten" des Konkurrenz- und Rentengesetzes. Die Kaufkraft und die Nachfrageintensität, äußerlich orientiert an den jeweiligen Angebotsfrequenzen, geben die unmittelbar preisbildende Initiative ab, die landwirtschaftlichen Produktionsmöglichkeiten passen sich diesen Preisen an. Aber wie sie es tun, wann und in welcher Stärke das Kostengesetz sich geltend macht, was die Rentabilität verlangt, das alles liegt bei der Landwirtschaft selber und bestimmt die Formen der Reaktion auf die Marktpreislage.

Unter solchen Erwägungen muß die privatwirtschaftliche Handelsvermittlung für den Viehabsatz, obschon unentbehrlich, als ein irrationales Institut erster Ordnung bewertet werden, da sie die Preisbildung nach Gesichtspunkten vollzieht, die ohne das klare Bewußtsein von den agrarwirtschaftlichen Preisnotwendigkeiten und ohne den Willen zu deren Verwirklichung an deren Stelle das diametral widerstreitende Prinzip des eigenen privatwirtschaftlichen Vorteils setzt, welcher dauernd dahin strebt, die in den höheren Preisen liegende Voraussetzung für eine Weiterausdehnung der Produktion der Landwirtschaft zu entziehen und zum eigenen Einkommen zu machen. Dieser Gesichtspunkt gewinnt durch die dauernd hervorgehobene und meistens unbezweifelbare tauschwirtschaftliche Überlegenheit des Händlers über den Landwirt [19]) erst die richtige Bedeutung für das Teuerungsproblem. Nicht die Fülle der Mißstände, der kleinen Kniffe und Tricks des viehhändlerischen Handwerks bedeuten an sich etwas, sondern erst ihre Zuordnung zu den Bedingungen der landwirtschaftlichen Produktion. Dabei ist es gar nicht einmal gesagt, daß der Händler bei dieser Politik immer gute Geschäfte machen müßte. Wesentlich ist, daß er dauernd Tendenzen zum Preisdruck gegenüber seinen Lieferanten entfaltet. Aber dabei sind seiner Herrschaft über die Preise des nächsten Marktes recht enge Grenzen gesteckt. Den preisdrückenden Tendenzen der Nachfrageseite ist er auch irgendwie ausgesetzt. Daß der Händler in diesem nach zwei Seiten geführten Preiskampf nicht allerorten große Gewinne erzielte, zeigt die Entwicklung der Viehverwertungsgesellschaften, die bisweilen die Konkurrenz mit den Händlern nicht bestanden.

Diese Viehverwertungsgesellschaften können als der erste Ansatz zur Entwicklung der landwirtschaftlichen Initiative bei der Viehpreisbildung aufgefaßt werden. Sie waren vorm Kriege nur Absatzgenossenschaften, die wie ein Händler den Markt beschicken und die Ware durch den allgemeinen Kommissionär verkaufen. Die objektiven Unkosten dieser Genossenschaften sind ebenso groß wie die der Händler, ihr finanzieller Vorteil besteht in der Ausschaltung des Händlergewinnes, wobei aber die Kosten der bürokratischen Verwaltung noch aufzurechnen sind. Was diesen Genossenschaften aber fehlte, war die Fähigkeit zur Klassifikation der Ware, die den Händler auszeichnete, weshalb die Landwirtschaft sich nicht leicht von ihm losmachte [20]), obschon er Preisgegner war. Im allgemeinen darf die Viehhändlertätigkeit vor dem Kriege wohl dahin charakterisiert werden, daß sie 1. so wie die Dinge damals lagen, notwendig war; 2. daß der aus ihr gezogene Gewinn wechselnd war, wobei aber die Hauptfrage, die auf das einzelne Stück Vieh entfallende Kostenbelastung ungelöst bleibt [21]); 3. daß die wirtschaftliche Überlegenheit des Handels besonders in den früheren Zeiten zu rentabilitätsdrückenden Preisübervorteilungen führte. Jene mußte aber bei der zunehmenden Konkurrenz der Händler unter sich und mit den Genossenschaften zurücktreten [22]). Die Marktpreisbildung blieb dauernd Sache des Handels. Was an Auswüchsen dabei vorkam, kann den großen Gang der volkswirtschaftlichen Preiskurve überhaupt nicht berühren. Allen Ernstes aber hat während der Fleischteuerung immer eine jede Instanz des langen Versorgungsprozesses, beschuldigt durch Presse, Reichstag und Konsumenten eine andere verantwortlich gemacht. So die Landwirte die Großhändler, die Großhändler den Kleinhandel, der Kleinhandel den Großhandel und dazu die Landwirtschaft; schließlich werden der unpersönliche Staat, die Schlachtsteuern, die Fleischakzisen, die Vieh- und Schlachthofgebühren als Urheber betrachtet, oder man versuchte unter Hinweis auf die unbestrittene Unzuverlässigkeit der Statistik die ganze Teuerung überhaupt wegzudisputieren. Die Fleischenquete, die Veröffentlichungen des deutschen Landwirtschaftsrates 1898, 1900, 1905, 1911, des Bundes der Landwirte, die Denkschriften der Interessenverbände des Handels, die Reichstagsverhandlungen 1912 bieten ein reiches Material, das sich auf ausgewählte Einzelfälle von Auswüchsen aller Art stützt. Aber schon die Tatsache, daß alle Abhilfsmaßnahmen gegen die Teuerung, soweit sie auf diesen Gebieten unternommen wurden, nichts gefruchtet haben, zeigt, daß es sich hier um eine tiefere Entwicklungsnotwendigkeit handelt, als daß sie durch die dabei vorkommenden Auswüchse auch nur im geringsten berührt werden könnte. Ein Händler kann wohl an einem Tage künstlich das Angebot zurückhalten, aber am nächsten Markttermin muß er seine Frequenz doch anbringen. Der Viehmarkt ist letzten Endes ein Instrument im Dienste der Durchsetzung des sozialwirtschaftlich gerechten oder „natürlichen" Preises. Die Mängel dieses Instruments bestehen darin, daß die Motive der Preisbildung nicht in klarer Bewußtheit und Auswertung jener fundamentalen Tendenzen, die mit Notwendigkeit auf einen bestimmten Preiszustand hindrängen, von den Beteiligten in sozial interessiertem Handeln verwirklicht werden, sondern daß das irrationale Moment eines privatwirtschaftlichen Spekulations- und Handelsgewinnes die großen Entwicklungszüge dauernd, wenn auch notwendig vergeblich, zu durchkreuzen sucht.

Die besonderen Klagen, zu denen der Viehhandel Anlaß gegeben hat, liegen, das sollte man vor allem sich klar machen, nicht bei einer speziellen Minderwertigkeit gerade dieses Handelszweiges, sondern am Charakter der Ware, die dem Handel die Verwirklichung von jenen besonderen Funktionen, die er auf anderen Gebieten zu entfalten pflegt, auf dem Viehmarkte schlechterdings unmöglich machen. Das sind vor allem die preisregulierenden Termingeschäfte[20]) und die zeitliche Überwindung der Schwankungen von Angebot und Nachfrage. Beides setzt nicht nur typische, sondern auch einlagerungsfähige Waren voraus. So kommt es, daß auf dem Viehmarkt immer nur das jeweilige Angebot mit der vollen Wucht seiner Tatsache wirkt, da Überstände große Kosten verursachen. Lediglich durch die Berücksichtigung der Ernteaussichten wirkt die Preisbildung auf dem Viehmarkte zeitlich ausgleichend, aber sehr unvollkommen. Die großen Schwankungen der Viehpreise in den Wochen und Monaten legen nicht nur Zeugnis ab von Händlermachenschaften, sondern besonders vom Cahrakter der Handelsware [23]), die eine nur ganz irrationale Preisbildung in Anlehnung an die augenblickliche Situation gestattet, wodurch die Unstabilität ihr hervorstechendster Zug wurde.

Die Zentralisation des Schlachtungsprozesses durch das Institut der Großschlächter dient der Arbeitsteilung [24]) durch Verselbständigung des Schlachtungsprozesses in einer selbständigen Unternehmung. Sie führt die einzelnen Schlachtprodukte ihrer jeweils besten Verwendung zu und gibt dem Fleischer nur das was er brauchen kann. Auch in diese Verhältnisse hat das Problem der finanziellen Abhängigkeit hereingespielt: die Gefahr des Preisdiktats, die aber durch die Konkurrenz der Großschlächter selber wieder abgeschwächt wurde [25]). Der reine Zwischenverdienst des Großhändlers — also ungerechnet die mit dem Schlachtprozeß selbst verbundenen Unkosten — ist, soweit bekannt, bescheiden gewesen[26]).

Soweit der Vieh- und Fleischgroßhandel seine regulären Kosten erfordert, gilt das was Hirsch im Grdr. d. Soz.-Ökonomik, a. a. O. Seite 68 von ihm sagt: „Viele Hände im Prozeß der Warenverteilung brauchen an sich nicht hohe Verteuerung darzustellen. Für wenige Prozente oder selbst Bruchteile von Prozenten am Werte leistet das Handelsglied der großen Zentralen hochqualifizierte Arbeit in der Lenkung der Warenmassen. Dennoch setzt von allen Seiten ein Kampf gegen die Berechtigung solcher Zwischenglieder ein. Sein Motiv sind die Kosten[27]), die auf dem Wege durch den Handel entstehen.“ Aber: „Die Hauptsumme der Kosten entsteht im Detailhandel.“ Von diesem soll im folgenden die Rede sein.

c) Die Preisbildung im Kleinhandel.

Über die Statistik der Kleinhandelspreise ist im ersten Kapitel das nähere gesagt worden. Die in Anlage IX berechneten Spannungsdifferenzen zwischen Groß- und Kleinhandelspreisen dürfen unter keinen Umständen nach der absoluten Höhe der Spannungsdifferenzen ausgewertet werden, sondern nur nach ihrer abstrakten Steigerungstendenz. Sowohl die statistische Verarbeitung des Zahlenurmaterials ist abweichend, wie der Gegenstand des Kleinhandelspreises unbestimmt. Die Preisbildung für das Rückenstück des Schweines steht in anderer absoluter Spannung zum Viehpreis als der Preis für den Bauch. Hier findet ein selbstverständlicher Angleichungsprozeß statt, indem die wertvolleren Teile das hereinbringen müssen, was die minder wertvollen nicht eintragen. Um die aus solchen Verhältnissen entspringenden individuellen Abweichungen möglichst auszumerzen, sind in der Tabelle IX möglichst vielseitige Durchschnitte gezogen worden, sodaß das abstrakte Maß der Steigerung zuverlässig hervortritt. Aus der vergleichsweisen Darstellung derselben in einem Diagramm läßt sich vielerlei entnehmen. Von der Veröffentlichung der Diagrammbilder wurde abgesehen. Sie zeigen das kontinuierliche Anwachsen der Spannungsdifferenz zwischen den Groß- und Kleinhandelspreisen. Diese Differenz wuchs in dem Zeitraum von 1891—1913 beim Rindvieh bzw. Rindfleisch von 20,7 auf 32,5 Einheiten, weist also eine Zunahme um 11,8 Einheiten auf; Schweine bzw. Schweinefleisch von 45,0 auf 61,7 Einheiten, weist also eine Zunahme um 16,7 Einheiten auf.

Es überrascht nicht weiter, daß die Fleischpreise in einem lückenlosen Parallelismus den Viehpreisen folgen. Die viel hervorgehobene größere Beharrungsneigung der ersteren gegenüber den letzteren[28]) tritt bei Vergleich der Jahresdurchschnitte kaum noch zutage. Sie bewährt sich wesentlich nur durch Wochen und Monate gegenüber den Preiswellen der Viehmärkte, in größeren Zeiträumen geht die Preistendenz des Marktes voll in die Kleinhandelspreise über. Das ist eine sozialwirtschaftliche Notwendigkeit, da der Viehpreis den bedeutendsten Kostenbestandteil des Fleischpreises bildet. Aber aus den Ziffern der Tabelle IX geht des weiteren hervor, daß der Fleischer nicht nur die Preissteigerung des Viehs vollkommen abzuwälzen vermochte, sondern darüber hinaus noch den Preis weiter zu steigern vermochte. Im einzelnen zeigt sich dabei, daß das beim Schweinefleisch in stärkerem Maße geschehen ist als beim Rindfleisch. Das wurde auch von den Sachverständigen in der Fleischenquete hervorgehoben [29]). Wir haben es also hier mit von Seiten des Kleinhandels selbst ausgehenden verschiedenen Preissteigerungstendenzen zu tun. Bei ihrer Zergliederung macht man zweckmäßig eine Unterscheidung zwischen regulären und irregulären Produktionskostenfaktoren im Kleinhandel. Die regulären betreffen alle die mit der natürlichen Organisation des Gewerbes gegebenen Kostenzuschläge, die also nicht durch historische und spezielle Entwicklungstendenzen aller Art bedingt sind, wie die irregulären, die aus diesem Grunde so genannt werden sollen.

Bei den regulären Kostensteigerungen hat man formell zu unterscheiden zwischen einer Ausdehnung und Verteuerung derselben.

Die Kosten beginnen mit dem Transport des Viehs vom Schlachthofe, welcher, wenn nicht wie in Köln diese Funktion in dem Berufe der Fleischfuhrunternehmer verselbständigt ist, die Haltung von Pferd und Wagen nötig macht. Der Vertrieb selbst erfordert eine Ladeneinrichtung, an welche im Laufe der Zeit immer höhere Ansprüche aus hygienischen Gründen gestellt worden sind. Die Beschaffung all dieser Dinge ist in die allgemeine Preissteigerung mit hineingezogen worden. Über ihr Maß kann man sich auf Grund einzelner Beispiele überhaupt kein klares Bild machen. Der Grund und Boden wird in verschiedenen Stadtteilen verschieden gewertet, und ebenso verschieden verläuft die Entwicklung seiner — wesentlich wieder unter Handelsgesichtspunkten betriebenen — Wertsteigerung. Metzger in bester Lage und an Haupthandelsstraßen müssen unter ganz anderen Mietspreisen stehen, als vorstädtische. Metzger in Gegenden aufsteigender Entwicklung — konsumtiver oder merkantiler Art — werden die volle Wucht der Bodenpreissteigerungen in dauernden Mietssteigerungen erleben [30]). — Ähnliches gilt für die Einrichtung der Läden. Die Rohstoffteuerung für Metalle und Hölzer muß sich in jedem Falle, besonders aber bei Verbesserung der Einrichtungen auswirken. Am offenkundigsten aber dürften die Lohnsteigerungen liegen. Kleine Metzger, die mit Hilfe ihrer Familie alles selbst besorgen, kennen zwar diese Kosten nicht, aber ihr kleiner Umsatz verweist sie mit Notwendigkeit auf die Differentialrente, die die Ersparnisse der Arbeitskosten für Fuhrlohn und Gesellenhilfe bedingen. Rothe berichtet, daß der Lohn eines Schlachtergesellen von 1890—1910 von 45 Mark auf 65 Mark gestigen sei, wobei noch Kost und Logis, die ähnlich verteuert sind, hinzugerechnet werden müssen[31]).

Die großen Durchschnittsziffern der Tabelle X, die von den 90er Jahren bis 1910 eine gut 40% Steigerung aufweisen, bis 1913 eine 61%, können symptomatische Bedeutung für die Kostensteigerungen im Kleinhandelsbetrieb beanspruchen. In der Tat läßt sich sogar ein Parallelismus des Anwachsens der allgemeinen Preissteigerungskurve und der Preisspannungskurve zwischen Vieh- und Fleischpreisen an den entscheidenden Wendepunkten beobachten.

Über die irregulären Kostensteigerungsfaktoren im Fleischergewerbe ist folgendes zu sagen.

Die Abhängigkeit von den Konsumentenansprüchen lastet auf jedem Kleinhandel, der im Zeichen der Konkurrenz steht. Gerade in diesem Betrachte haben sich bei der Konsumtion Wandlungen vollzogen, von denen im nächsten Kapital ausführlich zu sprechen sein wird. Steigerung und Vereinseitigung der Geschmacksrichtungen, Abneigung gegen Fett und schwer zubereitbare Stücke haben den Schlachter auf verstärkte eigene Arbeit hingedrängt, da er die unverkäuflichen Sachen zu Wurst verarbeiten muß und nun die Kosten für diese Arbeit an den verkäuflichen Fleischstücken und bei der Wurst selber wieder einbringen muß. Überhaupt hat eine immer weiter um sich greifende Bequemlichkeit des Konsumenten dem Fleischer von Jahr zu Jahr steigende Kosten aufgebürdet. Die Fleischenquete hat über diesen Punkt viel Licht verbreitet. Die Arbeiterfrau, im Kochen unerfahren, fragt nur nach den Stücken, die ohne Geschick zubereitet werden können; die wohlhabenden Käufer suchen sich den Gang zum Fleischer zu ersparen und lassen sich den Bedarf abfragen und zufahren. Dabei stellen sie an die Aufmachungen der Läden Anforderungen, die das Maß der sanitären Notwendigkeit weit überschreiten. Nimmt man dazu die Borgwirtschaft[32]), so versteht man, wenn in der Enquente gesagt worden ist, daß kein Gewerbe so durch die gestiegenen Ansprüche des Publikums belastet worden ist, wie das der Fleischer. Eine unter solchen Umständen erfolgende Vermehrung des an sich schon fortschreitend verteuerten Aufwandes mußte in die Produktenpreise eingehen, in welchem Maße, läßt sich zahlenmäßig nicht festlegen[33]).

Eine andere Quelle von Kostensteigerungen, die aber auch im einzelnen schwer nachprüfbar sind, entspringt aus der übermäßig gewachsenen Konkurrenz des Fleischabsatzgewerbes. Man hat von einer Übersetzung gesprochen[34]). Der Begriff dieser Übersetzung ist aber nur richtig zu bilden und das Faktum genau zu verstehen, wenn man alle Arten des Fleischabsatzes berücksichtigt. Es sind dabei vier Gruppen zu unterscheiden.

1. Die Metzgerbetriebe, verschieden nach Größe und beschäftigten Personen,
2. die schlachtenden Wirte, Köche und sonstigen Privatpersonen,
3. die Verkaufsstellen für zubereitetes Fleisch (Delikatessen),
4. die Freibank.

Nach Conrad [35]) hat die Zahl der Erwerbstätigen im Fleischergewerbe nicht mehr als die Bevölkerung verhältnismäßig zugenommen, wobei er aber gleichzeitig die Konsumsteigerung zu berücksichtigen gibt. Rechnen wir nun noch die in Gestalt der Wirtschaften, Köche und Privatpersonen tätigen Schlachtberechtigten hinzu, ferner die sonstigen Absatzgelegenheiten für Fleischwaren, so müssen wir gestehen, daß sich ein exaktes Urteil über die Besetzung des Fleischergewerbes nicht bilden läßt, zumal eben dieser Begriff von dem Umfang der Nachfrage und deren Kaufkraft überhaupt nicht zu trennen ist. Offenbar liegen die Verhältnisse der Besetzung im Fleischergewerbe sehr verschiedenartig. Das geht deutlich auch aus den Ansichten über die finanzielle Lage dieses Handelszweiges hervor, die bei aller Unvoreingenommenheit sich von Ort zu Ort widersprechen. In der Fleischenquete verdichtete sich das einzelne Material in dem Urteil, daß die Lage dieses Standes gedrückt sei, sein Verdienst gering, und daß eine Verteuerung von dieser Seite nicht ausgehe.

Rothe bemerkt (a. a. O. S. 58): „Wenn man die wirtschaftliche Lage der Metzger Cölns auf Grund weitgehendster persönlicher Umschau in diesem Gewerbe beurteilen will, so muß man schließlich notwendigerweise zu dem Resultat kommen, daß der namentlich in Fleischteuerungszeiten so oft heraufbeschworene goldene Boden des Fleischerhandwerks in Wirklichkeit doch nur in einzelnen Betrieben anzutreffen, in den meisten Betrieben dagegen recht dünn und schwach ist.“ Hören wir Gerlichs Schilderung der Berliner Verhältnisse, so entrollt sich ein entgegengesetztes Bild (a. a. O. S. 115): „Gleichwohl sei bemerkt, daß die in der Eingabe des Zentralausschusses hiesiger kaufmännischer, gewerblicher und industrieller Vereine an den Minister für Handel und Gewerbe vom 31. Mai 1907 gemachten Angaben den tatsächlichen Verhältnissen nicht gerecht geworden sind. Wenn es daselbst heißt, daß von den im Jahre 1907 zur Einkommensteuer veranlagten 2349 Fleischern 1609 oder fast 70% zur Steuerklasse VI, 691 zur Klasse III und der Rest von 49 zur Klasse I und II gehören, so steht die Schlußfolgerung in offenbarem Widerspruch zu der Tatsache, daß hunderte von Fleischern wohlsituierte Hausbesitzer, ständige Besucher der Rennplätze, Besitzer von Rennpferden usw. sind. Gewiß ist eine Klage über die Geschäftslage im Frühjahr 1906 gegenüber der im Frühjahr 1907 gerechtfertigt. Es fragt sich nur, inwiefern die letztere es der ersteren gegenüber ist. Denn es ist durchaus verfehlt, im Fleischhandel von einer zeitweiligen Preislage auf die Rentabilität zu schließen. Wie nach den mageren Jahren die fetteren ausgenutzt werden, wird allgemein verschwiegen. In diesen Jahren verdoppelt sich der Gewinn gegenüber den vorhergehenden."

Auf die letzten Sätze Gerlichs ist wohl ein besonderes Gewicht zu legen, wenn man die widersprechenden Ansichten über die Lage des Fleischergewerbes miteinander in Einklang bringen will. Sie geben zugleich Aufschluß darüber, wo die Tendenzen zur Übersetzung des Gewerbes zu suchen sind. Bei einer guten Absatzkonjunktur, so wird immer wieder berichtet, schießen die Betriebe mittelloser, sich selbständig machender Metzgergesellen wie Pilze hervor. Die Ladeneinrichtung wird auf Abschlag gekauft und das Fleisch beim Großhändler oder Kommissionär auf Kredit bezogen. Um Kunden anzuziehen, müssen sie selber wieder reichlich auf Borg liefern, sodaß schließlich der neuerstandene Betrieb auf einer dreifachen finanziellen Abhängigkeit: vom Kunden, vom Lieferanten und vom Abzahlungsgeschäft beruht. Da diese Metzger notwendig immer an der Grenze des Existenzminimums sich bewegen, so geht von ihnen ein dauernder Zwang aus zur Aufrechterhaltung und Steigerung der Konjunkturpreise. Auch der kleine und unzuverlässige Kundenkreis, von dem sie leben, zwingt sie zu vermehrten Aufschlägen, wie das auch in der Enquete hervorgehoben wurde [36]).

Es versteht sich, daß von jenen unhaltbaren Existenzen, die keine Preisschwankung und kein mageres Jahr überdauern können, ein starker Druck in der Richtung der Vertiefung der Preisspannung zwischen den Fleisch- und Viehpreisen ausgeht. Und da die Innungen allgemein an einer aufstrebenden Preisentwicklung interessiert sind, so bieten die vielen irrationellen Existenzen des Gewerbes einen tatsächlichen, oft berufenen Vorwand, um Preisheraufsetzungen vor der Öffentlichkeit zu begründen. Es muß aber einleuchten, daß die große Zahl von Betrieben mit minimalem Einkommen für die übrigen eine Differentialrente begründet, wenn sie der Maßstab für die Preispolitik werden. Und speziell wird man die Zeiten außergewöhnlicher Konjunkturen seit 1906 gerade mit Rücksicht auf die Gründung irrationeller Existenzen für die seit eben jener Zeit sich vergrößernde Spannung zwischen Vieh- und Fleischpreisen mit verantwortlich machen dürfen. Genaues läßt sich jedoch in dieser Frage nicht feststellen [37].

Neben dem Problem der Rentenpreisbildung im Kleinhandel besteht das der Konkurrenzpreisbildung. Als v. Wangenheim in der Enquete die Behauptung aufstellte, daß der Ladenfleischer nicht billig zu liefern verstehe, da das Gewerbe übersetzt sei, und daß er infolgedessen „horrende" Aufschläge machen müsse, wenn er von einem kleinen Publikum zu existieren gezwungen sei, entgegnete ihm Wendorff, daß von der Übersetezung des Gewerbes im Gegenteil die verbilligende Wirkung der Konkurrenz ausgehe.

Dieser Gegenbehauptung stehen jedoch allerlei Bedenken entgegen. Der moderne Kleinhandel nimmt nämlich den Verbrauchern gegenüber eine mehrfach begründete Monopolstellung ein, und der Fleischhandel tut das in ganz besonderem Maße.

1. Wicksell sagt einmal, „daß beinahe jeder Detailhändler in seiner nächsten Umgebung ein, wie man es nennen kann, tatsächliches Monopol auf den Verkauf hat, wenn dieses Monopol auch nur in der Unverständigkeit und dem mangelnden Zusammenhalten der Käufer begründet ist [38]).

2. Die Qualitätsverschiedenheiten des Fleisches und die Schwierigkeit ihrer Beurteilung nehmen dem Kunden in weitem Umfang die Möglichkeit, einen preisvergleichenden Rundgang zu machen, den er überdies schon aus den Gründen von Punkt 1 unterläßt. Die Notierung der Stücke, die meistens nicht besteht, gewährt selbst da wo sie vorkommt, keinen Anhaltspunkt für die Qualitäten, Zuwagen, Knochen usw. Der Fleischeinkauf wird deshalb zu einer Sache des persönlichen Vertrauens zwischen Ladenschlächter und Käufer, woraus sich auch die großen Preisabweichungen am selben Orte erklären [39]). Die preisausgleichende Funktion der Nachfrage durch Ausnutzung der Konkurrenz ist weitgehend unterbunden.

3. Die Fleischer selbst aber haben sich ihre dominierende Stellung gegenüber dem Publikum durch das System der Innungen und Zwangsinnungen monopolistisch befestigt. Gerlich sagt zu diesem Punkte folgendes [40]): „Das Vorhandensein einer Konkurrenz wird zwar aus dem Umstande gefolgert, daß eine Vereinbarung über die Festlegung der Preise in einer Stadt wie Berlin so gut wie ausgeschlossen ist, und daß eine Einigung darüber am wenigsten unter benachbarten Fleischern Platz greifen werde; doch darf man nicht vergessen, daß der Fleischerstand einer Stadt wie kein zweites Gewerbe eine Interessentengruppe von Verkäufern ein und derselben Ware darstellt, die durch starkes Solidaritätsgefühl, durch mancherlei Veranstaltungen und Maßregeln zusammengehalten in geschlossener Form dem kaufenden Publikum gegenüberstehen, sodaß von einer Konkurrenz nicht eigentlich gesprochen werden kann.“

So liegt es also an den Konsumenten, an den Fleischern und an der Natur der Ware, daß das Prinzip der ausgleichenden Konkurrenz beim Fleischabsatz nicht in dem Maße zur Entfaltung kommen kann, daß eine Sicherheit gegen unangemessene Preissteigerungen und eine unrationelle Übersetzung des Gewerbes geboten würde.

Es ist nun noch einer Verbilligung im Kleinabsatze von Fleisch zu gedenken, aus der man ein Verständnis für die geringer gebliebene Preisspanne zwischen Rindfleisch und Rindvieh schöpfen kann.

Es handelt sich um die Verwertung der Nebenprodukte, unter denen die Rindshaut eine ganz hervorragende Stelle einnimmt. Sagt doch Rothe (a. a. O. S. 111), daß für den Ochsenmetzger der Verkauf der Nebenprodukte den größten Bestandteil des eigentlichen Gewinnes bilde. Diese Metzger waren für die Verwertung der Nebenprodukte lange Zeit auf einen unorganisierten freihändigen Verkauf angewiesen, bei dem die Macht der Preisbildung bei den Häutegrossisten lag. Das änderte sich, als die Fleischer einen genossenschaftlichen Absatz der Abfallprodukte organisierten und sich zu Häutevereinigungen, Genossenschaftstalgschmelzen usw. zusammenschlossen [41]). Nach den Mitteilungen zur deutschen Genossenschaftsstatistik [42]) haben sich die Genossenschaften der Fleischer (für Verwertung der Häute, Felle, Därme und für Beschaffung von Fleischereibedarf) folgendermaßen entwickelt: ihre Zahl betrug

1905	1906	1907	1908	1909	1910	1911	1912	1913	1914
1	2	3	2	9	16	18	18	20	24

Diese Ringbildungen der Fleischer haben den Preis für die Häute erheblich gehoben, wennschon in dem Rahmen, den die Weltmarktpreisbildung für diesen Artikel zuließ [43]).

Zum Schlusse sei noch kurz der durch die Konkurrenz von Außenseitern dem Fleischabsatz zuteil gewordenen Verbilligungsbestrebungen Erwähnung getan. Es kommen hierbei in Frage:

die Konsumentenorganisationen,
die Warenhäuser,
die landwirtsch. Genossenschaftsschlächtereien und
die kommunale Fleischversorgung.

Diese Versuche zeichnen sich sämtlich dadurch aus, daß sie ganz oder teilweise mißglückt sind, mit Ausnahme vielleicht der Warenhäuser [44]).

Es ist selbstverständlich, daß die allgemeine Preissteigerungstendenz durch derartige kleinste Korrekturen nicht betroffen wurde und auch nie getroffen werden konnte. —

Speziell für den Kleinhandel dürfen wir abschließend feststellen, daß er, wie die wachsenden Preiszuschläge auf die Viehpreise dartun, in der Tat die allgemeine Preissteigerung selbständig gefördert hat. Die Gründe dafür, wie Kostensteigerungen im Handelsprozeß und in der äußeren Aufmachung, irrationale Risiken aller Art und ein verschärfter Konkurrenzkampf unter starker Beteiligung wirtschaftlich schwacher Existenzen in Verbindung mit dem solidarischen Monopol der Kleinhändler gegenüber der unorganisierten Konsumentenschaft — alle diese Gründe können es wohl verstehen lassen, wie die selbständigen Preissteigerungen im Kleinhandel nötig wurden und sich durchsetzen konnten.

II.
Der Handel mit Milch und milchwirtschaftlichen Erzeugnissen.

Dieser Handel hat aus der Natur der Ware heraus eine bemerkenswerte Entwicklung seiner Organisation durchgemacht, die sich vor allem durch die beim Viehhandel vermißte Initiative der Landwirtschaft gelenkt zeigt. Diese Entwicklung fällt ganz in die hier betrachtete Preissteigerungsperiode und damit auch unter ihre preisbildenden Einflüsse.

Es wurde bereits erörtert, daß der Milchpreis nicht so wie der Fleischpreis stieg, und es konnte dafür vor allem angeführt werden die große Steigerung der Milchergiebigkeit der Kühe. Eine weitere maßgebliche Ursache für die Minderpreissteigerung der Milch ist in der Verdrängung des selbständigen Handels durch die Initiative der landwirtschaftlichen Milchproduzentenorganisationen zu erkennen, Organisationen, die auf dem Wege des genossenschaftlichen Absatzes die Händlerprofite teils für sich selber nutzbar machen, teils aus dem Preise eliminieren konnten [45]). Im Laufe der Periode hat sich die Spannung zwischen dem Produzentenpreise und dem Konsumentenpreise für Milch nicht vergrößert. Es gibt gewiß Abweichungen nach beiden Seiten, wenn man verschiedene Milchversorgungsgebiete vergleicht, aber diese Abweichungen zeigen nicht die Tendenz nach oben. In Baden, wo der genossenschaftliche Milchabsatz zu idealer Vollkommenheit sich ausbildete, ist die Spannung dauernd herabgegangen, wenn schon die Preise als solche stiegen [46]. In Königsberg dagegen, wo der genossenschaftliche zentralisierte Absatz gering entwickelt war — es bestanden nur zwei derartige Einrichtungen — hat sich die Spannung vergrößert [47]). Die auch bei der Entwicklung des genossenschaftlichen Absatzes entstandene Preissteigerung entstammt nicht aus den Beweggründen eines selbständigen Handelsverdienstes, sondern aus dem Streben nach der besten Rentabilität des Nutzviehinventars. Die Genossenschaft für Milchabsatz benutzte die Händlerfunktion, um sich einen stabilen Produzentenpreis in gewünschter Höhe zu sichern.

a) /Der Milchabsatz.

Die Gestaltung der Preisbildung für milchwirtschaftliche Produkte ist aus dem Werdegang ihrer Absatzorganisationen zu verstehen, der auf folgende Voraussetzungen sich gründete.

1. Das Angebot von Milch befand sich nicht im Zustande der Verknappung, wie bereits früher erwiesen wurde. Die wirklich ausgeübte Nachfrage konnte ausreichend befriedigt werden. Zwar hat die Häufung großer Konsumtionszentren zu einer leichten Nachfragekonkurrenz geführt in dem Augenblicke, wo die Milch-

versorgungskreise sich bei ihrer weiteren Ausdehnung zu schneiden begannen. Das ist vorgekommen in den rheinisch-westfälischen Gebieten und in Industriebezirken, wo die Landwirtschaft zurückgedrängt wurde. Die folgende Aufstellung über die Reichweite der Milchversorgungskreise kann unter Berücksichtigung der geographischen Entfernung der Städte voneinander unmittelbar jenen Zustand bezeugen. Für folgende Städte war die wichtigste Zone für die Milchversorgung [48]):

bis 10	km	Krefeld.
11—20	,,	Wiesbaden, Mainz, Erfurt, Karlsruhe, Braunschweig, Kassel, Aachen, Posen, Danzig, Straßburg, Halle, Kiel, Stettin, Königsberg, Bremen, Magdeburg, Düsseldorf.
21—30	,,	Plauen, Barmen, Gelsenkirchen, Altona, Stuttgart, Cannstatt, Eßlingen, Chemnitz, Hannover, Frankfurt a. M., Breslau, Köln, Leipzig.
31—40	,,	Elberfeld, Duisburg, Dresden, Hamburg, Berlin.
41—50	,,	Hamborn, Dortmund.
51—60	,,	Saarbrücken, Mülheim a. d. R., Mannheim, Heidelberg, Ludwigshafen, Essen.
91—100	,,	Bochum.

Immerhin hat diese Nachfragekonkurrenz um die Milchversorgungsgebiete nirgends Zustände hervorgebracht, die sich mit der Fleischnot der Jahre 1902, 1905, 1910/12 vergleichen ließen.

2. Der Frischmilch haftet wegen ihrer geringen Haltbarkeit eine mangelnde Transportfähigkeit an, woraus sich die Begrenztheit der Versorgungsgebiete ergibt. Für das Angebot erwächst aus diesem Umstande eine Monopolchance, die anfänglich von den Händlern zu einem Preisdruck auf die Produzenten ausgenutzt worden ist, die mangels jeder Organisation und bei überreichlicher Produktion den laufenden Bareinnahmen zuliebe ihre Milch anbringen mußten. Die so beschaffene Notlage drängte zur organisierten Absatzinitiative, um das Absatzmonopol der Händler zu brechen.

3. Die Voraussetzungen für die Verwirklichung solcher Gedanken waren in den besonderen Kartellierungsvorzügen der Milch gegeben. Diese bestehen :

a) in dem durch bloße Vermischung herzustellenden Typencharakter,

b) in der genannten monopolartigen Enge des Versorgungsgebietes, der Zentralisation des Absatzmarktes. Die Verderblichkeit der Ware, ihr geringer spezifischer Wert gegenüber dem Fleische z. B. (etwa der 5. bis 7. Teil desselben) bringen den Transportkostenfaktor in entscheidender Weise zur Geltung,

c) die Enge des Milchversorgungsgebietes birgt für eine genossenschaftliche Organisation die speziellen Voraussetzungen der traditionellen Verbundenheit nach Sitte, Land, Betriebsweise in sich.

4. Endlich ist es die Überproduktion vor allem gewesen, insbesondere der Zwang zur Verwertung des vom Händler nicht abgenommenen Teiles der Produktion, der zur Selbsthilfe drängte, speziell zur Gründung von Molkereien.

Wenn man den Entwicklungsgang sonst überblickt, so erkennt man weiter, daß der Frischmilchverkauf die Führung in der Preisbildung der Milchverwertung besaß, und daß die Butterbereitung — zunächst aus der Überproduktion erwachsen, nur das Optimum der Verwertung des nicht abgesetzten Rohproduktes darstellt, wobei aber die Preisbildung dieses nebengewerblichen Erzeugnisses unter ganz anderen Bedingungen steht, indem es von den Einflüssen des Lokalmarktes nicht mehr wesentlich abhängt, sondern dem internationalen Markte angehört. Doch davon später. Die Tatsache, daß die Rentabilität von über 50% aller Molkereien durch den Frischmilchabsatz gewährleistet wird, beweist wie nichts anderes, daß die Buttererzeugung sich der aktiven Preispolitik der Produzenten entzieht. Wenn die Buttererzeugung sich verselbständigt, so haben wir diesen Vorgang preistheoretisch nicht anders zu verstehen, wie die Verselbständigung der Viehproduktion in reinen Mastanstalten, der Milchproduktion in Abmelkwirtschaften: diese sind keine aktiven Preisbildner, sondern Funktionsabhängige der gegebenen Preise. Der historische Verlauf der Milchpreisbildung läßt die Abmelk- und Butter- oder Käsefabrikationsbetriebe lediglich als verselbständigte Anhängsel der typischen landwirtschaftlichen Frischmilchlieferung erscheinen.

b) Die Preisbildung beim Absatz milchwirtschaftlicher Erzeugnisse.

Sprechen wir zuerst vom Milchabsatz. In einem lokalen Milchversorgungsgebiet vollzieht sich die Preisbildung bei mehr als ausreichender Produktion nach dem Prinzip der Konkurrenzpreise. Das war bis zum neuen Jahrhundert der Fall, besonders da, wo der Händler herrschte. Aber auch sonst gibt es immer eine Menge kleiner unorganisierter Produzenten (Berg), die unter Preis verkauft, um Absatzkrisen zu vermeiden. Mit der Erstarkung des Genossenschaftswesens aber vollzog sich die Preisbildung in mehrfacher Hinsicht nach dem Prinzip der Rentenpreise. Die Lage der ungünstigsten Produktionsstätten bestimmt sich ganz vorwiegend nach den Transportkosten bis zum Zentralmarkt. Aus diesem Grunde muß gerade die Erweiterung der Nachfrage von großer Bedeutung für eine spezielle Steigerung des Milchpreises werden, welche allein die weitere Ausdehnung des Milchversorgungskreises ermöglichen kann. Als Folge davon läßt sich eine ziemlich genaue Staffelung des Milchpreises nach der Größe des Marktes beobachten. Es betrug z. B. der Milchpreisdurchschnitt von 1897—1909 in badischen Erhebungsorten mit Einwohnern [49]):

über 2000	: 15,8 Pfg.
2000— 5000	: 16,5 „
5000—10000	: 18,1 „
10000—50000	: 18,9 „
50000 u.mehr	: 19,6 „

Alle großen Städte aber haben außerdem im Laufe der Teuerungsperiode ihren Milchversorgungskreis erweitert, wie aus der Zunahme der Bahnfrachten zu ersehen ist. Nach Beukemann entfallen in Deutschland von der Milchlieferung auf:

größte	Städte	28,9%	Wagenzufuhr;	57,4%	Bahnzufuhr
große	„	42,0%	„	42,5%	„
Mittel-	„	63,9%	„	23,6%	„
Klein-	„	55,0%	„	20,8%	„

Als ausnahmslos für jede andere Stadt typisches Beispiel können die nachstehenden Ziffern von Stuttgart die spezielle Entwicklung veranschaulichen.

Es betrug [50]):	1896	1901	1903	1906	1909	1911	1913	
die Bahnzufuhr	36,8	47,7	48,9	68,7	69,9	75,8	79,3%	des Gesamtbezuges
der Preis (1 L.)	17 Pf.	17,5	18	19	20	22,3	—	

Angesichts dieser Spezialpreissteigerungen der einzelnen Milchversorgungsgebiete wird man die Gesamtpreisteigerung aller zusammen nicht übersehen dürfen. Das Rentenprinzip reicht hier zur Erklärung nicht mehr aus, soweit die Ungunst der wirtschaftlichen Marktlage nicht in Frage kommt. Aus früheren Erörterungen wissen wir, daß die Rentabilität der deutschen Landwirtschaft aus vielen Gründen stagnierte. Was zu ihrer Verbesserung auf der einen Seite mittels der Zollpolitik erstrebt wurde, empfing sein Gegenstück auf der anderen Seite in der direkten genossenschaftlichen Initiative des Milchabsatzes [51]). In dem Maße wie diese den Markt beherrschte, und das war fortschreitend im letzten Teile der Periode der Fall, vermochten sie auch die Preise zu steigern. Jedoch erwächst jeder Preissteigerung der Frischmilch aus dem Interesse der Molkereien als Fabrikationsstätten für Butter und Käse ein Gegendruck. Die Molkereien als Absatzgenossenschaften für Frischmilch kämpfen um hohe Preise; dagegen als Institute zur gewerblichen Verarbeitung der Milch müssen sie niedrige Milchpreise anstreben, da die Preisbildung für Butter und Käse sich ihrer Initiative entzieht. Die Butterpreisbildung geht auf dem national-internationalen Markte vor sich, und die einzelne Molkerei kann nur in Abhängigkeit von diesem funktionieren. In dem Maße, wie sie die Milch der Genossen nicht in frischem Zustande absetzt, sondern zu Butter verarbeiten muß, muß sie auch dazu neigen, den Produzentenpreis der Milch niedrig zu halten, denn die Butterverarbeitung ist notorisch unprofitabler als der Frischmilchvertrieb [52]). Von der Bedeutsamkeit dieses preisdrückenden Faktors in der Milchverwertung macht man sich einen Begriff, wenn man bedenkt, daß über 50% der erzeugten Milchmenge nicht die lohnendste Marktverwertung als Frischmilch finden konnte, sondern verbuttert und verkäst werden mußte. Das unter solchen Umständen überhaupt noch ein Rentabilitätsausgleich möglich wird, hängt mit der Differentialrentenbildung von Marktkreis zu Marktkreis und innerhalb der verschiedenen Zonen desselben Marktkreises zusammen. Da die Butter nicht annähernd so mit Transportkosten belastet ist wie die Milch, und da der Milchpreis nach der Peripherie des Milchversorgungsgebietes um den Betrag der Transportkosten abnimmt, so tendiert der Standpunkt der Butterfabrikation an die Peripherie des Milchversorgungskreises. In dem Maße wie sich aber der Milchkreis ausdehnt, werden die milchverarbeitenden Molkereien entweder zur Standortsverlegung gedrängt, oder zur Betriebsumstellung, die die Butterfabrikation immer mehr zum Anhängsel der Frischmilchlieferung werden läßt.

Für die preispolitisch bedeutsame Ausdehnung der einzelnen Milchkreise spricht vielleicht außer den genannten Bahnförderungsziffern nichts so sehr, wie die zunehmende Süßmilchlieferung der Molkereien in Verbindung mit Stagnation der Verbutterungstätigkeit und daneben die Stagnation des Molkereiwesens überhaupt, wie sie im letzten Teil der Periode beobachtet werden konnte. Berg führt für diesen Zustand in dem bereits genannten Referat auf dem 29. landw. Gen.-Tage 1913 [53]) folgende Symptome an: 1. die erheblichen Auflösungen und das Entstehen kleiner, technisch unvollkommener Molkereien [54]); 2. die Tatsache, daß ein Viertel der Verbände von einem Stillstand oder Rückgang der Butterqualität spricht; 3. daß die wachsende Süßmilchlieferung dahin geführt hat, daß 1911 53% aller Molkereigenossenschaften diesen Geschäftszweig ausgebildet hatten. —

Für die Milchpreisbildung dürfen wir nun zusammenfassend sagen, daß die allgemeinen Tendenzen des Milchpreises in den Rentabilitätsnöten der deutschen Landwirtschaft gelegen haben, wobei spezielle Unkostensteigerungen der Milchproduktion selbst weniger objektiv (mangels einwandfreier Zurechnung der Ertragssteigerungen) als subjektiv mitgesprochen haben dürften. Die Verwirklichung der Preissteigerungen ging von der

Initiative des Genossenschaftswesens aus. Diese wurden speziell unterstützt durch das Gravitationsgesetz der Rentenpreise in den einzelnen Milchversorgungskreisen, deren ständige Erweiterung überall einen lokalen Antrieb zur Steigerung der Milchpreise entwickelte. Gegentendenzen erwuchsen aus der relativen Überproduktion, deren Verwertung in Molkereiprodukten in der Hauptsache der genossenschaftlichen Initiative preispolitisch entzogen blieb.

Über die Bildung des Butterpreises in Deutschland ist nun noch einiges weitere auszuführen. Mit dem Hinweis auf den internationalen Großhandel [55]) kann er im besonderen doch nicht voll verstanden werden. Aus der Anlage VI geht hervor, daß die Buttereinfuhr in den 90 er Jahren noch ohne Bedeutung war. Die Preiskurve in dieser Zeit verlief ebenso still wie die der Milch. In diese Zeit fällt sowohl die Gewöhnung des Konsums der breiteren Schichten an den Verbrauch von Butter, wie auch die Entstehung und Entwicklung des Molkereiwesens auf breiterer Grundlage. Die großen technischen Fortschritte in der Entrahmungsmöglichkeit stellten den Betrieb dauernd unter das Gesetz der abnehmenden Kosten. Das alles mußte zusammenwirken, um das Ausland von der inländischen Preisbildung noch fernzuhalten. Mit Beginn des neuen Jahrhunderts trat nach all den genannten Richtungen eine Wandlung ein. Von dem Erwachen und der Verallgemeinerung des Konsums wird noch zu sprechen sein. Für sein Wachsen aber legt die sich nach und nach versiebenfachende Einfuhr Zeugnis ab. Diese Einfuhr stand unter einem Zoll von 20 Mark pro dz, der aber durch Bezug von Rahm zu etwa $^1/_5$ umgangen wurde. Inwieweit der Zoll den Inlandspreis steigerte, läßt sich durch eine rohe Gegenüberstellung der Berliner und irgendeiner Weltplatznotierung nicht klar festlegen [56]), wennschon bei allen Schwankungen der Parallelismus der Bewegung klar hervortritt. Der Zoll gewährte der inländischen Preisbildung einen Steigerungsspielraum, den sie erst im Laufe der Zeit ausnutze, nur so läßt sich das im allgemeinen stärkere Ansteigen der inländischen Preiskurve verstehen. Andererseits kann aber das in mancher Hinsicht geringere Ansteigen der Butterpreise im Vergleich mit den Milchpreisen auffallen. Wenn zur Herstellung eines Kilos Butter rund 50 Liter Milch erforderlich sind, so würde eine Steigerung des Milchpreises eine Verteuerung des Kilos Butter um das 30 fache der Steigerung bedingen. Jahn, der für die Jahre 1902/10 eine durchschnittliche Steigerung des Produzentenmilchpreises um 2 Pf. annimmt, kommt dann zu dem Ergebnis, daß die Preissteigerung für Butter um fast 50% hinter dem, was man erwarten sollte, zurückblieb [57]). Er erklärt das durch betriebstechnisch bedingte Kostenminderungen [58]) und im übrigen durch einen ausfallenden Nutzen der Landwirte. —

Der Großhandel mit Butter, der die Notiz immer ganz in seinem

Interesse handhabte, rief schon im alten Jahrhundert bald die Initiative der Produzenten auf den Plan. Der Einfluß der ländlichen Interessenten machte sich in doppelter Weise geltend: direkt durch Einwirkungen der Butterverkaufsverbände und Molkereiverbände auf die Notierung selber; indirekt durch Gründung einer Paralleleinrichtung in den sogenannten Butterauktionsverbänden. Das geschah im Jahre 1906. Diese Auktionsverbände trieben keine aktive Preissteigerungspolitik, sondern suchten im Protest gegen die Überpreise, die den Produzenten über die künstlich niedrig gehaltene Notiz gezahlt wurden, die wahre Kenntnis von der Marktlage zu vermitteln. Auf die Notierung selber haben diese Auktionen keine Wirkung ausgeübt [59]). Die Butterauktionen bilden ein Gegenstück zu den Viehverwertungsgenossenschaften, mit denen sie die Kleinheit und die bisherige Einflußlosigkeit auf die größere Marktlage teilen. Ihre Bedeutung gewinnt nur dadurch an Stärke, daß man sie mit den direkten Bemühungen der zuerst genannten Butterverkaufsverbände um die Reform der Notierungen in Zusammenhang bringt. Die von den Zentralverbänden abgesetzte Buttermenge war deshalb so gering — von der gesamten genossenschaftlichen Produktion im Werte von 370 Mill. Mark umfaßte sie nur 40—45 Mill. Mark[60]) —, weil die Molkereien durch direkten Verkehr mit den Konsumenten den Großhandel vielfach auszuschalten vermochten. Die Molkerei setzt sowohl an die letzten Verbraucher, wie an Kleinhändler und Großhändler ab. Einige Ziffern, die Grabein gibt [61]), zeigen, daß die Ausnutzung dieser verschiedenen Absatzgelegenheiten von Fall zu Fall sehr verschieden ist. 117 Pommersche Molkereien lieferten Butter:

an den Handel	4645166	kg
an Konsumenten	1362899	„
an die Genossen	911536	„

dagegen 12 hessische Genossenschaften

an den Handel	8683	kg
an Konsumenten	138580	„
an die Genossen	11305	„

Bei dem direkten Absatz an den Konsumenten erzielt die Molkerei den größten Zwischengewinn, da sie auch noch den über der Notierung liegenden Kleinhandelsaufschlag mitbezieht. Obgleich der Preis in den Zentralmarktnotierungen seine Richtschnur hat, ist weder die Rentabilität der Molkereien an Hand dieser Notierungen zu ermessen, noch der tatsächliche Einfluß, den jene in letzter Zeit auf sie genommen haben, außer acht zu lassen [62]).

Indem es den Molkereien gelingt, 1. einen günstigen Standort zu gewinnen, 2. das Risiko mit in den Frischmilchabsatz zu verlegen, 3. den Handel durch unmittelbaren Verkehr mit den Konsumenten teilweise auszuschalten, bedürfen sie nicht notwendig einer vollen rechnerischen Kompensierung der gestiegenen Milchpreise in den Butterpreisen. Daneben wären auch noch die nicht abschätzbaren Fabrikationsverbilligungen durch bessere Ausbeute und Qualitätshebung zu berücksichtigen. Die Notierung der Butter selber aber ist das Ergebnis eines mehrfachen Kräftesystems. Der ausländische Preis, der Zoll, die wirkliche Einfuhr und die inländische Marktzufuhr, die Konsumtion, die Spekulation, die Interessentenverbände der Butterproduzenten und schließlich das System der Notierung selbst bestimmen unter Führung des ausländischen Preises den inländischen Butterpreis. —

Überblicken wir nochmals die Bedeutung des Handels für die Preissteigerung der viehwirtschaftlichen Produkte, so müssen wir jene Fälle ausnehmen, wo die Ausübung der Händlerfunktion nur ein Mittel gewesen ist, um dem Produzenten Preiserhöhungen zukommen zu lassen. Die aus dem Handelsgewerbe selbständig erwachsenen Antriebe zur Verteuerung der Produkte viehwirtschaftlicher Art müssen als ganzes genommen geringfügig veranschlagt werden, wenn man sie mit den aus der Produktionssphäre heraus wirkenden Antrieben zur Preiserhöhung vergleicht.

Anmerkungen zu Seite 177—203.

1) Der infolge der Agrarzölle geschürte Gegensatz von Stadt und Land kämpft sich in gegenseitigen Anschuldigungen aus. Die Schriften auf beiden Seiten sind notwendig tendenziös gefärbt. Das gilt für die Schriften des deutschen Landwirtschaftsrats (Denkschrift über die Fleischversorgung der deutschen Bevölkerung, Berlin 1905; desgl. über die Lebensmittelteuerung 1911, neue erw. Ausg. Berlin 1911) des Ministeriums für Landwirtschaft, Domänen und Forsten (über die Fleischteuerung im Jahre 1905, Berlin 1905) und vor allem für die Flugschriften des Bundes der Landwirte; ferner auf der anderen Seite für die Denkschriften des deutschen Fleischerverbandes, manche Eingaben der Handelskammern usw.

2) Fleischenquete Berlin 1912/1913, Berlin 1913, II. Bd. der Anlagen S. 353.

3) Fleischenquete (Verhandlungen der Gesamtkommission und Zusammenstellung der Sachverständigengutachten) S. 15: Von Schwerin-Löwitz: „Die Fleischpreise sind in den verschiedenen großen und kleinen Städten des Reichs aus z. T. unerklärlichen Gründen unendlich verschieden. Sie sind da am niedrigsten, wo wie in Pommern die Berührung des Viehzüchters mit dem Fleischverbraucher die unmittelbarste ist.“

4) J. Lechner, „Die Fleischversorgung Münchens“, München 1914, S. 18 (Tab.).

5) Der Münchner Markt, der stärker von ausländischen Zufuhren abhängig war, hat je nach der Gestaltung der Zufuhren aus dem Auslande temporäre Preisschwankungen erlitten, durchaus nach dem jeweiligen Mengenverhältnis von Angebot und Nachfrage, wie es oben gelegentlich der Einwirkungen der Ernteschwankungen gezeigt wurde. Für Einzelheiten ist auf W. Klose, „Die Fleischversorgung der Stadt München“, München 1914, S. 47 und S. 7—21 zu verweisen. Nach K. ist die Einfuhr als Lückenfüllung, nicht als führende preisbildende Instanz zu betrachten.

[6]) Anläßlich der Fleischteuerung im Jahre 1905 berichtet E. Grünfeld in Conrads Jahrbüchern Bd. 32, S. 68: „Wenn früher eine Viehteuerung eintrat, so bot die vermehrte Fleischeinfuhr aus dem Auslande immer eine Handhabe, um trotzdem die Fleischpreise nicht über eine bestimmte Grenze hinaus steigen zu lassen. Seit dem Inkrafttreten des Fleischbeschaugesetzes ist das anders geworden." (Deutsche Schlacht- und Viehhofzeitung vom 1. Okt. 1905).

[7]) Die seit den 70er Jahren fallenden Frachtraten haben seit Beginn des neuen Jahrhunderts wieder eine Steigerung erfahren. Die Fracht Chikago—Hamburg betrug für den Viehtransport pro dz im Jahre 1902: M. 2,80, im Jahre 1905: M. 4,15, im Jahre 1910/11: M. 4,60.

[8]) Klose, a. a. O. S. 15—21; Eßlen, Fleischversorgung S. 141 ff.

[9]) H. Gerlich, „Die Preisbildung und Preisentwicklung für Vieh und Fleisch am Berliner Markte (für Schweine)", Leipzig 1911, S. 44: „Besonders aber gewinnt der Berliner Markt dadurch an Interesse, daß er dank seiner Lage im Zentralpunkt von ganz Deutschland, an der Grenze zwischen dem viehreichen Osten und denjenigen Bezirken, in welchen bei starker industrieller Bevölkerung die Viehzucht den lokalen Bedürfnissen nicht mehr genügt, mit seinem Verkehr die Fleischversorgung der westlichen und südwestlichen Industriebezirke unterstützt. Von ihm als dem größten heimischen Exportmarkt wirkt die Preisbewegung gleich einem Pulsschlage weiter, vornehmlich in der Mark Brandenburg und nach dem Osten. Wenn am Berliner Viehhofe die Preise fallen oder steigen, so wird dadurch die Landwirtschaft und der gesamte Viehhandel Deutschlands betroffen." Auch Bayern hat bis zum Jahre 1904 einen beträchtlichen Teil seines Bedarfes am Berliner Markte gedeckt.

Vgl. Jul. Wolf, „Studien zur Fleischteuerung 1902" Conr. Jahrb. 1903, Bd. 25, S. 193 ff.: „Der Berliner Preis für Schweine fällt auf längere Zeitperioden mit dem preußischen Mittel zusammen." Tab. daselbst.

[10]) F. Rothe, „Die Fleischversorgung der Großstädte usw." a. a. O. 1912, S. 120.

[11]) L. Brentano, „Die deutschen Getreidezölle" a. a. O. S. 31.

[12]) Gerlich, a. a. O. S. 59.

[13]) Stat. Jahrb. f. d. preußischen Staat, 1915, S. 226.

[14]) Fleischenquete, (Verhandl. der Ges.-Komm. usw.) S. 66—97.

[15]) K. Waltemath, „Der Kampf gegen Fleischnot und Fleischteuerung", Schmollers Jahrb. 1913, S. 169 f.: „Geschützt durch einen Wall von Zöllen, können sie den Preis mehr als früher regulieren. Der dumme Bauer, wie es hieß, der in der Hand des Viehhändlers war, von dem er Vorschuß empfing, von dem er bewuchert wurde, ist fast ausgestorben." „Der Händler ist der Konkurrenz wegen zum Nachgeben gegenüber der Preisforderungen des Landwirts gezwungen." Es scheint doch, als ob diese Gedanken in ihrer Verallgemeinerung zu weit gingen.

[16]) a. a. O. S. 87.

[17]) Das wird auch durch den Parallelismus des Wechsels der Auftriebsziffern und der Preisveränderungen am Berliner Markt dargetan (Anl. XI).

[18]) Gerlich, a. a. O. S. 100.

[19]) Attinger, „Zur Frage der Fleischversorgung in Bayern", Landw. Jahrb. für Bayern 1912, S. 697—840; speziell S. 732—40; 769 ff.; starkes Hervorheben der Demoralisationen des Handels und Hinweise auf gewisse Formen der Ringbildung. Nach Dr. Reichert, „Die Organisation der deutschen Fleischversorgung", Archiv des D. L. R. 1911 heißt es, daß „die Ringbildung unter den Händlern fast überall verbreitet sei und zu zahllosen Beschwerden von Landwirten bei ihrer Landwirtschaftskammer geführt habe. Die Ringbildung bestehe hauptsächlich darin, daß Landwirte, die ihre Ware nicht zu dem Preise abgeben, den ihnen ein Händler geboten hat, von anderen Händlern solche Untergebote erhalten, daß der geängstigte Landwirt sich an den ersten Händler wendet, der ihm dann noch weniger gäbe, als beim ersten Angebot". Vgl. auch

Rothe a. a. O. S. 98/99; J. Wolf, a. a. O. (Anmerkung 16) S. 205 f.; siehe auch die folgende Anmerkung.

[20]) Eine zusammenfassende Darstellung der Entstehung, Vorteile und Entwicklung der Viehverwertungsgenossenschaften bis zum Jahre 1912 gibt Hans Horst, „Die genossenschaftliche Viehverwertung in Deutschland", Bonner Diss., Merseburg 1915. In ihr werden die einzelnen Mißstände des Händlertums vollzählig behandelt. Die Zukunft der Viehverw.-Gen. liegt aber nach Meinung des Verfassers weniger in der Preisregulierung durch Beteiligung am Marktverkehr, als in der Hinlenkung der Zucht auf die Erzeugung von Viehtypen (S. 71 ff.). Denn eine solche Entwicklung ist Voraussetzung dafür, daß die genossenschaftlichen Vorteile bei dieser Form des Viehabsatzes voll zur Geltung kommen. Die Gen. sind nicht in der Lage, die Funktionen eines Sortierers der Qualitäten zu übernehmen, welche der Händler in ausreichendem Maße erfüllte. Wo sie es anfänglich taten, mußten sie Taxverfahren anwenden, die sich schlecht bewährten und der Entwicklung des Instituts hinderlich waren (S. 56 ff.). Sie gingen deswegen zur kommissionsweisen Verwertung über. Aber selbst hier war der Landwirt im Unsicheren, während der Händler die Qualität an Ort und Stelle bezahlte. — Hirsch, „Organisation und Formen des Handels und der staatlichen Binnenhandelspolitik" in Grdr. der Soz.-Ökonomik, Abt. V, A Tübingen 1918 hat wohl recht, wenn er sagt (S. 77), daß sich der Viehhandel beim Zucht- und teilweise auch beim Schlachtvieh seiner Sortieraufgaben wegen als unentbehrlich erwiesen habe und dem Ansturm der Genossenschaften nur bei Massenwaren teilweise erlegen sei. Doch (S. 97) „auf den Märkten für Schlachtvieh setzt sich dagegen mit der Vereinheitlichung der Qualitäten unter dem Einfluß der Viehverwertungsgenossenschaften immer mehr der Typenhandel und damit auch geradezu ein Zeitgeschäft durch". „Die äußere Form des reinen Börsenverkehrs hat der Fleischhandel in London erreicht; in den Räumen der Hibernia Chambers finden Fleischbörsen mit Maklerzwang und öffentlicher Preisnotierung statt". (Gerlach, Dänemarks Stellung in der Weltwirtschaft, Jena 1911, S. 265.)

[21]) Gerlich a. a. O. S. 85. Zwar gibt Steinbrück, „Die derzeitigen Mängel auf dem Schlachtviehmarkt und die Mittel zu ihrer Beseitigung", Halle 1913 (Arb. der Landw.-Kamm. f. d. Prov. Sachsen, 26. Heft) eine Verteuerung um 2—3,50 Mk. p. Zt. Lebendgewicht durch Händler und Kommissionär an, aber die in den Sachverständigengutachten der Fleischenquete (S. 49—54) hervorgehobenen Bedenken gegen solche Ermittlungen sind zu berücksichtigen.

[22]) Die Zahl der Genossenschaften hat gerade im neuen Jahrhundert dem Händler eine wachsende Konkurrenz bereitet. Die älteste Viehverwertungsgenossenschaft wurde im Jahre 1884 in Löningen in Oldenburg gegründet. Nach den Mitteilungen der deutschen Genossenschaftsstatistik (bearb. von A. Petersilie), Berlin, verschied. Jahrgänge, haben sie sich seit Beginn des neuen Jahrhunderts folgendermaßen entwickelt: Ihre Zahl war

1901 ... 39	1907 ... 78	1910 ... 146	1913 ... 206 (mit 54805 Mitgliedern).
1905 ... 70	1908 ... 107	1911 ... 166	
1906 ... 73	1909 ... 133		

[23]) Rothe, a. a. O. S. 137: „Allerdings wird der vielfach gehegte Gedanke an eine Stabilisierung der Vieh- und namentlich Schweinepreise durch die Entwicklung des Terminhandels wohl nie in seinen letzten Zielen verwirklicht werden können. Jedoch können zweifelsohne die Viehpreise durch eine börsenmäßigere Ausgestaltung des Viehhandels, durch direkte Abschlüsse zwischen Angebot und Nachfrage unmittelbar an Stabilität gewinnen, wenn nämlich die Nachfrage nach einer bestimmten Qualität und das Angebot gerade dieser Qualität miteinander engere schablonenmäßigere Handelsbeziehungen eingegangen sind".

[24]) Auch die Denkschrift des Fleischerverbandes in der Fleischenquete (Materialien-Band, S. 333 ff. bekennt, daß die Großschlächter der Arbeits-

teilung dienen, so daß nicht alltäglich mehrere hunderte von Schlachtern zum Markt müssen, um Vieh zu kaufen und zu schlachten. (S. 359).

[25]) Nach Gerlich waren 119 Engrosschlächter am Berliner Markte tätig. — Großschlächtereien überhaupt werden für 1912 in 40 Städten angegeben. In Köln aber schlachten z. B. die meisten Schlachter selbst oder mit Hilfe der Lohnschlächter.

[26]) Zu diesem Ergebnis kam auch die Fleischenquete. (Z. B. a. S. 385/6 in den Verhandlungen der Gesamtkommission).

[27]) Eine Kostenberechnung Gerlichs (S. 110) zeigt. wie wenig selbst die steigenden Kosten die Ware belastet haben. Sie entwickelten sich pro Schwein

	1895/6 Pf.	1896/8 Pf.	1898/9 Pf.	1899/01 Pf.	1901/4 Pf.	1904/7 Pf.	1907/9 Pf.	1910 Pf.
Schlachtgebühr	70	80	100	105	130	130	130	—
Beschaugebühr	50	80	85	90	100	100	110	—
Aufgeld	80	90	80	80	80	90	90	—
Schlachtlohn	75	75	75	100	100	110	120	—
Fuhrlohn	25	25	40	40	40	50	60	—
zusammen	300	350	380	415	450	480	510	545
auf 1 Pfund	1,88	2,19	2,38	2,59	2,82	3,00	3,20	3,40

[28]) Für die hier belanglosen Einzelheiten des Verhaltens der Detailpreise zu den jeweiligen Großhandels- und Marktpreisen sei auf die einschlägige Literatur verwiesen (z. B. Rothe, S. 108 ff.).

[29]) S. 116 ff.: Dr. Dade teilt mit, daß nach seinen Berechnungen, deren Anfechtbarkeit er von den hervorgehobenen Gesichtspunkten aus nicht in Abrede stelle, in Berlin die Spannung beim Schweinefleisch von Jahrzehnt zu Jahrzehnt gestiegen sei. Beim Rindfleisch, Kalbfleisch und Hammelfleisch sei eine solche Spannungsvergrößerung nicht zu beobachten. Zu denselben Ergebnissen sei das Württembrg. stat. Landesamt unabhängig gelangt. Dr. Attinger bestätigt das und vertritt die Auffassung, daß an den hohen Schweinepreisen von 1911 die Metzger allein die Schuld trügen. Die Spannung für das kg Schweinefleisch betrug 1910: 39 Pfg.; 1911: 49 Pfg.; 1912: 33 Pfg.

[30]) Auf diesen Punkt legt Diehl besonderes Gewicht. „Zur Frage der Getreidezölle", Jena 1911, S. 142.

[31]) Die seit 1884 über 50% hinausgehende, seit 1890 etwa 45% erreichende Steigerung des Lohnes bis 1910 kann wohl als typisch gelten (Anl. XVII). Die Lohnsteigerung in Deutschland geht den Lebenskosten parallel oder überbietet sie stellenweis um ein weniges. Vgl. C. Tyszka, „Löhne und Lebenskosten in Westeuropa im 19. Jahrhundert", S. d. V. f. S. 1914, die Schlußbemerkungen. Ferner die weiteren Untersuchungen des V. f. S. im 145. Bande, die mehrfach ein Mehrsteigen der Löhne über die Lebenskosten feststellen konnten. Doch auch Ausnahmen, wie z. B. Hannover.

[32]) Das Rabattsystem hat man aufzufassen als eine vom Schlachter bezahlte Risikoversicherung, die das Risiko gleichzeitig materiell beseitigt.

[33]) Diesen irrationalen und irregulären Kostenfaktoren mißt Leroy-Beaulieu die Hauptbedeutung für die Steigerung der Lebenspreise in Frankreich zu, die allerdings der in Deutschland nicht gleichkommt. Cours d'Ec. pol. III, p. 356 ff.: „La vente en detail des merchandises de toute nature est grevée de plus de frais qu'autrefois". Und hier sind es neben minimalen Lohnsteigerungen (II, P. 327), Steuern, Versicherung, besonders die durch Luxusausstattungen der Läden und die durch die Hygiene geforderten Aufwendungen.

[34]) Von Seiten der Landwirte wird folgendermaßen gerechnet: 1868 entfielen auf eine Person im Fleischergewerbe 540 Einwohner; 1907: 260 Einwohner, also muß der einzelne mehr verdienen (A. Arnstadt, „Fleischteuerung und Wirtschaftspolitik" Arb. der Landw.-Kamm. f. d. Prov. Sachsen 1913, S. 4). Die Denkschrift des deutschen Fleischerverbandes rechnet: 1895 entfielen auf 100 000 Einwohner 178,6 Betriebe, 1907: 175. Sie vergißt zu erwähnen, daß

die Betriebe im Zeichen der Entwicklung zum Großunternehmen mit wachsender Anzahl unselbständig beschäftigter Personen stehen.

[35]) J. Conrad, „Die Fleischteuerungsfrage" Conr. Jahrb. Bd. 47, 1914, S. 145 ff.

[36]) Wenn die Enquete zu einer ungünstigen Beurteilung der Lage des Fleischergewerbes kam (S. 105—21; 385—392), so liegt das abgesehen von Interessentenströmungen z. T. an den damals, 1910—13, schwankenden Konjunkturen, die gerade eine große Anzahl verfehlter Existenzen auf den Plan riefen, die scheiterten. Eine einwandfreie Untersuchung, die über private Eindrücke hinausginge, hat der Enquete nicht vorgelegen.

[37]) Es liegt nur die allgemeine Beobachtung vor, daß die Metzger einer Heraufsetzung der Viehpreise sofort nachfolgen, nicht aber einem Herabgehen derselben.

[38]) K. Wicksell, „Vorlesungen über theoretische Nationalökonomie" 1. Band, Jena 1913, S. 142.

[39]) Vgl. die Tabelle bei W. Klose, a. a. O. S. 58/59.

[40]) a. a. O. S. 80.

[41]) Rothe, a. a. O. S. 44.

[42]) ed. Preuß. Zentralgen.-Kasse, bearb. von A. Petersilie, versch. Jahrg.

[43]) Leon Lobet, „Les Prix dans l'industrie du cuir", München 1914, S. 277ff. Spezielle Mitteilungen über die bei der Verwertung der Ochsenhäute von den Fleischern erzielten Preise finden sich in den Materialien zur Fleischenquente, Anlagenband II, S. 317: Die Steigerung der Preise von 1903—1912 betrug über 50 %.

[44]) Beispiele in den Materialien zur Fleischenquente. Die Denkschrift des Fleischerverbandes hat sie S. 338 ff. zusammengestellt. Nach dem Gutachten des bayrischen Städtetags sei nur in einem Falle, in Ansbach nämlich, durch Vertrag des Konsumvereins mit einem Metzger der Preis für Rindfleisch allgemein herabgedrückt worden. Im allgemeinen verkauft eben der Konsumverein zu Tagespreisen und zahlt später die entsprechende Dividende an die Mitglieder.

[45]) Mülhaupt, „Der Milchring" Karlsruhe 1912, S. 61: „Die Preissteigerungen des letzten Jahrzehnts sind überwiegend den Landwirten zugefallen, da der Zwischengewinn des Handels relativ nicht mehr gestiegen ist".

[46]) Berg, „Die Milchversorgung der Stadt Karlsruhe" 1912 S. 144: 1895 betrug die Preisspanne zwischen Ein- und Verkauf 7 Pfg.; 1910: 5,25 Pfg.

[47]) W. Arnoldi, „Die Milchversorgung der Stadt Königsberg i. Pr." S. D. V. f. S., Bd. 140, 1914, II. Teil, S. 508: Im Durchschnitt der Jahre 1900/5 war die Spannung 2,8 Pfg.; 1906/12 war sie 3,4 Pfg.

[48]) Nach A. Witzenhausen, „Die Milchversorgung der Stadt Mannheim", V. Teil ebenda 1914, S. 23. Es wurden einige Städte hinzugefügt.

[59]) A. Witzenhausen, a. a. O. S. 95.

[50]) O. Trüdinger, a. a. O. (Anm. 60) S. 72; 90 f. Ferner ähnliche Ziffern für Karlsruhe, Leipzig, Dresden usw. (A. Wiedenfeld, „Die Versorgung der Stadt Dresden mit Milch", Monatsberichte des stat. Amtes der Stadt Dresden, 1910 Nr. 9, S. 277).

[51]) Mülhaupt, a. a. O. S. 63: „Die Einkommenserhöhungen verdanken die Landwirte in erster Linie ihrem geschlossenem Vorgehen auf dem Markt. Die tiefste und letzte Ursache der Preissteigerung der Milch ist zwar in den gestiegenen Produktionskosten, nicht in der Kartellierung des Milchmarktes zu suchen".

[52]) Wygodzinski, „Das Genossenschaftswesen in Deutschland", Leipzig 1911, S. 264: „Der Verkauf von Frischmilch ist durchwegs, wo er sich ermöglichen läßt, rentabler als die Verarbeitung zu Butter". Vgl. auch Berg, Neuere Erfahrungen usw. (Anm. 63) S. 111 ff.

[53]) A. a. O. S. 112.

[54]) Das hat man bei der Auswertung der Statistik über die Zunahme der Molkereien (Anlage XV) zu beachten.

[55]) A. Geiger, a. a. O. S. 250 drückt den Sachverhalt mit folgenden Worten aus: „Die Ursachen der Preisbewegung liegen in der Lage des Weltmarktes, maßgebend für Absatz und Preise beim Butterhandel ist der Welthandel. Von Angebot und Nachfrage auf dem Weltmarkt sind die Preise in den einzelnen Erzeugungsgebieten, also auch in Deutschland, abhängig". Desgl. E. Jahn, „Die Versorgung Berlins mit Butter", S. d. V. f. S. Bd. 140, III. Teil S. 1 ff.; S. 25 ff.

[56]) Jahn, a. a. O. S. 20: „In Wirklichkeit ist der durch die Zölle bedingte Preisunterschied zwischen den Berliner und Londoner Preisen ganz wesentlich größer".

[57]) Jahn, S. 60; 84 f.

[58]) Jahn S. 56/7: „Alles in allem wird man sagen können, daß die Fabrikation eher eine Verbilligung denn eine Verteuerung der Butter während der letzten 10 Jahre gebracht hat".

[59]) Referat von Dürsteler auf dem 25. Deutsch. Landw.-Gen.-Tage 1909 über die Berliner Butterauktionen, im Jahrb. des R.-Verb. d. landw. Gen. 1909 S. 142 ff.

[60]) Grabein, ebenda S. 11.

[61]) Grabein, „Die Organisation des Butterabsatzes der Molkereigenossensch., insbesondere die Entwicklung und Tätigkeit der Butterverkaufs- und Butterauktionsverbände". Agrarökon. Rundschau des intern. landw. Instit. zu Rom, 1913, VIII, S. 1 ff.; S. 3, S. 5.

[62]) Grabein, a. a. O. S. 14.

Viertes Kapitel.

Die Rolle der Nachfrage im System der Preissteigerungsursachen viehwirtschaftlicher Erzeugnisse.

Was wir bislang an preissteigernden Faktoren erörterten, betraf immer die Warenseite des Tauschverkehrs zwischen Konsumtion und Produktion. Die Geld anbietende konsumtive Nachfrage übt aber auch ihre besonderen Einflüsse auf den Preis aus. Sie entspringen einerseits aus der natürlichen Dringlichkeit der Bedürfnisse, andererseits aus der im Einkommen sich darstellenden wirtschaftlichen Möglichkeit ihrer tauschwirtschaftlichen Befriedigung.

Wie auf der Angebotsseite der Frequenzzustand im allgemeinen und die privatwirtschaftlich-geldwirtschaftliche Kostenrechnung im besonderen die preisbildenden Agenzien darstellen, so wirkt auch ähnlich auf der Nachfrageseite im allgemeinen der nach Warenbedürftigkeit und Einkommen begrenzte Frequenzzustand und im besonderen die privatwirtschaftlich-geldwirtschaftliche Wertschätzung des Einkommens auf den Preis des Produktes ein. Die Bewertung des Einkommens vollzieht sich nach dem Kostengesichtspunkt seiner Erlangung und nach der Grenznutzenschätzung seiner Größe, die sich mit der Bedürfnisstärke der einzelnen Güter kombiniert. Der Kostengesichtspunkt der Einkommensbewertung fällt jedoch bei dem Bezug lebensnotwendiger Güter, wozu auch die viehwirtschaftlichen Produkte gehören, weg. Es bleibt damit nur die Einkommensfrequenz als spezifisch wirtschaftliche Voraussetzung der realen Nachfrage nach viehwirtschaftlichen Erzeugnissen übrig. Demnach gliedern sich die folgenden Betrachtungen in die beiden Teile von der natürlichen Frequenz der Nachfrage und von der wirtschaftlichen, d. h. in der aktuellen Kaufkraft der Bevölkerung sich darstellenden Frequenz der Nachfrage [1]). Beide ergänzen einander in dauernder Wechselwirkung. Die wirtschaftlich unbefriedigte natürliche Nachfrage wirkt als latenter Bedarf in der Volkswirtschaft.

I.

Die natürliche Frequenzsteigerung der Nachfrage.

Die natürliche Steigerung des individuellen Bedarfs, vervielfacht mit den zunehmenden Ziffern der Bevölkerung, ergibt die Bedarfsentwicklung der Sozialwirtschaft im ganzen. Es ist aus vielen Gründen sehr schwer, diese Bedarfsentwicklung für animalische Produkte in ihren Wandlungen zu verfolgen. Können solche Wandlungen doch ebensowohl in quantitativer wie qualitativer Hinsicht erfolgen. Eine Bedarfsvermehrung kann auf einer Zunahme der Bedürftigen oder auf einer Zunahme des Individualbedarfs beruhen. Der Individualbedarf und seine Erweiterung gewinnt aber eine preispolitisch durchaus verschiedene Wirkungsweise, je nachdem er auf vermehrten oder verfeinerten Genuß aus ist. Steigerung des notwendigen und des Luxusbedarfs absorbieren beide das Angebot, aber in verschiedener Weise, wie ihnen auch verschieden geartete Einkommensverhältnisse zugrunde zu liegen pflegen. Da statistisch nicht der latente, sondern nur der befriedigte Bedarf bestenfalls zu erkennen ist, so sind für die Feststellung der wirklichen Entwicklungsänderungen des natürlichen Bedarfs nur die etwa dahin wirksam gewesenen allgemeinen persönlichen und sachlichen Umstände heranziehbar. Unter diesen Umständen unterscheiden wir die physiologischen, die pragmatischen und die soziologischen Ursachen der Berufswandlungen, die zunächst für den Fleischbedarf untersucht werden sollen.

a) Die Wandlungen des Fleischbedarfs.

Die Ernährung des Menschen ist von seiner äußeren Lebensweise unabtrennbar. Das gilt gerade für die physiologische Bedürftigkeit, von der wir zuerst sprechen. Es ist der Gegensatz von agrarischer und städtisch-industrieller Arbeit und Lebensweise, der hier in das Ernährungsproblem einen tiefen Schnitt gezogen hat. Die Fleischnahrung ist im Laufe der städtisch-industriellen Entwicklung immer mehr zum physiologisch empfundenen Mittelpunkt der städtischen Ernährung geworden. Es sind hier folgende spezielle Antriebe [2]) zu unterscheiden:

1. Von der Erkenntnis ausgehend, daß die Muskelarbeit nur Kohlehydrate und Fette verbrauche, kommt die moderne Physiologie zu dem Schlusse, daß die Arbeit in der Stadt, die Kopfarbeit insbesondere, aber nicht viel weniger auch die manuelle Industriearbeit, bei der die eigentlichen Kraftleistungen immer mehr durch Maschinen übernommen werden, immer weniger auch Kohlehydrate und Fette gebrauche. Dagegen bleibe der Eiweißbedarf in unverminderter Stärke bestehen.

2. Die mangelnde Muskelarbeit und körperliche Bewegung, das ruhige Sitzen bei anhaltender geistiger Arbeit setzt die Leistungsfähigkeit des Verdauungstraktes herab, so daß die Notwendigkeit entsteht, ein möglichst wenig voluminöses Eiweißnährmittel zu erhalten.

3. Die Enthaltsamkeit von körperlicher Tätigkeit bei angestrengter geistiger Arbeit erzeugt körperlicherseits nicht nur das Bedürfnis nach Ersatz der Lebenskräfte, sondern einen Reizhunger, dazu dienend, das physiologische Lebensgefühl zu steigern, was sonst durch die körperliche Arbeit eben geschieht. Die vom Fleischgenuß ausgehenden Reizkräfte ersetzen die letztere sozusagen auf chemischem Umwege.

4. Schließlich bedingt die Übersteigerung der Arbeitszeit, des Arbeitstempos, der Arbeitsintensität eine außerordentliche Inanspruchnahme der nervösen Kräfte, die von einem sonst nicht vorkommenden Grade von Eiweißzerfall begleitet ist. Nur so ist es zu erklären, daß St.Bauer auf Grund vergleichender statistischer Untersuchungen von Fleischverbrauch und Krankheitshäufigkeit und -dauer zu dem Ergebnis kommen kann: „Das Ausmaß des animalischen Eiweißes, das sich die Arbeiter durch die Kaufkraft ihres Lohneinkommens in einer Industrie verschaffen können, steht in umgekehrtem Verhältnis zu ihrer relativen Krankheitsdauer. Je weniger tierisches Eiweiß verfügbar ist, desto stärker ihre Krankheitswahrscheinlichkeit“ [3]).

Wo eine Nation von der Entwicklung zum überwiegenden Industriestaat erfaßt worden ist, da wird man diese vier Ursachenreihen eines erhöhten Fleischgenusses aus physiologischen Notwendigkeiten immer antreffen müssen, und zwar in gleichzeitiger Verbindung mit einer Abneigung gegen Fett und schweres Brot. Die hierin liegende oft verurteilte Geschmacksverfeinerung hat also ihre reale Wurzel. Über die industriestaatliche Entwicklung Deutschlands von 1890—1913 braucht kein Wort mehr verloren zu werden. Es sagt genug, daß man diese Zeit, um sie von allen vorgängigen kapitalistischen Phasen zu unterscheiden, als das Zeitalter des Hochkapitalismus zu benennen sich gewöhnt hat. Ihr technischer Leitstern war die Elektrizität. Die rein äußerliche Zunahme der in die industriestaatliche Lebensweise eingehenden Bevölkerung veranschaulicht die Bevölkerungsstatistik. Aber ihre Zahlen sagen noch viel zu wenig. Sie zeigen die Landflucht, sie lassen jedoch nicht erkennen, daß ein großer Teil der Industrie mit einer Bevölkerung von annähernd 7 Millionen Köpfen auf dem Lande angesiedelt war [4]).

Bedenkt man nun, daß die kapitalistische Entwicklung Deutschlands in einer fortlaufenden Aufwärtsbewegung bis zum Schlusse der betrachteten Periode vor sich gegangen ist [5]), und vergegenwärtigt man sich dann die wirklichen Konsumtionsziffern in der Anlage XIX, so kann man ermessen, wie stark der latente Fleischbedarf seit 1900, wo die Konsumtion stagnierend blieb, gewesen sein muß. Äußere Anzeichen dafür sind die Fleischenquete 1912/13, die Reichstagsdebatten vom Oktober 1912 und all die vielen Tagesschriften zur Fleischteuerung und Viehnot. In der Fleischenquete wurde die trotz aller Not anhaltend zunehmende Geschmacksverfeinerung in allen Gesellschaftsklassen oft hervorgehoben. Es hieß, früher machte das Publikum keinen Unterschied zwischen den schweren fetten und halbfetten mageren Stücken; heute aber hat sich sogar der Geschmack des besseren Teiles der Arbeiterschaft dahin geändert, daß das billiger herzustellende vollfette Fleisch nicht mehr verlangt wird. Indem man die fetten Teile zu billigeren Preisen abgeben muß, hat sich der Durchschnittspreis für Schweinefleisch gegenüber den Verkaufspreisen für das ganze Tier wesentlich erhöhen müssen (Anl. IX) [6]). Die einleitend im 2. Kapitel festgestellte Gewichtsabnahme der Schweine findet ihre tiefste Wurzel in diesen Wandlungen der Konsumtion. Aereboe hat diesem Vorgang sogar eine gesetzmäßige Formulierung gegeben [7]): „Im Gegensatz zur Rindvieh- und Schafhaltung nimmt das durchschnittliche Lebendgewicht der Schweine bei fortschreitender volkswirtschaftlicher Entwicklung nicht zu, sondern ab, weil der Anteil der Jungschweine, die zum Verbrauch gelangen, dauernd wächst. Das Schwein verliert seine Bedeutung als einseitiger Fettträger immer mehr und wird immer mehr Fleischträger“ [8]).

Es wäre nun aber verfehlt, diese Konsumverfeinerung lediglich als Ausfluß physiologischer Notwendigkeiten gelten zu lassen und ihr insofern allen Luxuscharakter abzusprechen. Im Gegenteil. Die Physiologie des Fleischgenusses ist trotz der angeführten eindeutigen Bedürfnisentwicklung ein umstrittenes Gebiet geblieben. Die Bewegung zum Vegetarianismus sucht neue Wege in der Ernährung zu weisen; vor allem aber weist sie auf die nicht physiologischen Zwangsantriebe zum Fleischgenuß hin [9]), die in der Tat so schwerwiegend sind, daß sie hier nicht übergangen werden dürfen, zumal sie durchaus nicht das geistige Eigentum vegetarischer Ernährungsinteressenten sind. Kommt doch selbst Rubner zu dem Schluß, „daß man auch ohne Fleisch gesund und bei Kraft bleiben kann [10]).“ Als außerphysiologische Antriebe zum Fleischgenuß kommen pragmatische und soziologische Faktoren in Betracht.

Wir verstehen unter den pragmatischen Ursachen des steigenden Fleischbedarfs jenen Komplex von subjektiven Antrieben, der aus der Gestaltung der individuellen Lebensführung und der an sie gestellten Anforderungen in moderner Zeit entspringt. Diese Lebensführung steht unter einem zweifachen, aber gegensätzlich wirkenden Prinzip, dem Prinzip der Beharrung, speziell Konvention und dem der Expansion. Beide haben im Zeitalter des Hochkapitalismus Züge der Übertreibung erhalten, die recht tief in die individuelle Lebensgestaltung eingegriffen haben.

Alle Beharrung läuft in der Richtung des ökonomischen Grundgesetzes vom geringsten Widerstande. Die Zubereitung des Fleisches erfordert seiner hohen Geschmackswerte wegen bei den sog. bequemen Stücken geringe Kochkünste, während andere Teile erst durch geschickte Verwendung ihre wahre Genußfähigkeit erlangen. In dieser Hinsicht sind in der Fleischenquete viele Vorwürfe besonders gegen die Arbeiterfrauen erhoben worden, die immer die bequemen Stücke einkaufen wollen, sodaß die übrigen unter Preis verkauft werden müssen, was dann auf die Preise der handlichen Stücke wieder steigernd zurückwirken muß. Dieser Erscheinung liegt zum nicht unerheblichen Teile der Protest gegen die kapitalistische Wirtschaftsverfassung zugrunde. Was auf der einen Seite als mangelnde Neigung zur Ersparung von Geldrücklagen auftritt, äußert sich auf der anderen als Indolenz in der Ökonomie des Haushalts. Die wirtschaftliche Stagnation im Sinne eines Nichtmitmachens der kapitalistischen Wirtschaft gilt als begriffsnotwendiges Stück des Arbeiterberufes.

Bei den wohlhabenderen Schichten äußert sich die Bequemlichkeit des Fleischkonsums in einer Art gedankenloser Verschwendung, einerseits in zu reichlichem Wegwerfen sog. Abfälle, andrerseits in der Neigung, sich vom Fleischer den Bedarf abfragen und dann zuschicken zu lassen. Gerade dieses Abfragen wirkt direkt konsumsteigernd, da es einen moralischen Zwang in sich schließt, den Fleischer nicht vergeblich bemüht zu haben. An dieser Stelle wird der Bedarf nicht nur verteuert, sondern auch künstlich gesteigert, allerdings nur für die Stadtteile, in denen solche Sitten herrschen.

Als ziemlich allgemein konventionelles Geschmacksvorurteil von Arm und Reich ist die Abneigung gegen Schaffleisch, noch mehr gegen Ziegen- und Pferdefleisch hervorzuheben. Die Konsumentenkreise dieser Fleischarten sind recht klein und die wesentliche Beschränkung auf Rind- und Schweinefleisch muß die Nachfrage nach diesen ungebührlich anspannen. Als wenig belangreiche Konkurrenz kommen nur Wild und Geflügel in Betracht.

Neben solchen Beharrungstendenzen im Konsum mit ihrer unelastischen Beschränkung auf bestimmte Fleischstücke und -gattungen steht die extensive Verschwendungssucht. Sie leitet sich her von der Nervosität als Problem des modernen städtischen Lebens, die in eigentümlicher Weise Antriebe zum Fleischgenuß erzeugt über das physiologische Optimum hinaus. Das Leben in der Stadt und im städtischen Erwerbsleben ist in den Zustand eines unaufhörlichen Wettlaufes um Anregung und soziale Geltung hineingeraten. Diese „Reizsamkeit" bringt nicht nur einen erhöhten Eiweißzerfall mit sich, sondern sie neigt dazu, den sinnlichen Reiz und Genuß zum Selbstzweck zu steigern. Das Fleisch wird aus einem Nahrungsmittel zu einem Genußmittel. Wo es zur Befriedigung von Luxusbedarf nachgefragt wird, muß aber notwendig Raubbau an den animalischen Ernährungsmöglichkeiten getrieben werden. Der durchschnittliche Fleischkonsum in Deutschland betrug damals pro Kopf und Jahr etwa 50 kg (Anlage XIX). Aber in den höheren Sozialklassen wird dieses Mittel ebenso weit überschritten, wie es von den unteren nicht erreicht wird. Die Reichserhebung von 1907 über die Wirtschaftsrechnungen minderbemittelter Familien im deutschen Reich (2. Sonderheft zum Reichsarbeitsblatt, Berlin, 1909) lieferte Ziffern von 21,2 kg Fleischverbrauch und 27,5 kg, desgl. inkl. Wurst auf den Kopf der Arbeiterfamilie; 27,3 bzw. 33,7 kg auf den Kopf der Lehrer- und Kleinbeamtenfamilie. Diese Ziffern wären aber für in eigener Wirtschaft produzierte oder im Gasthaus verzehrte Fleischmengen noch um $^1/_5$ zu erhöhen, wenn man die 1910 erschienenen ähnlichen Erhebungen des deutschen Metallarbeiterverbandes zum Vergleich heranzieht.

Bedenkt man nun weiter, daß die ländliche Bevölkerung aus physiologischen, konventionellen und Sparsamkeitsgründen unterdurchschnittlich Fleisch verbraucht, so kann man sich von dem unverhältnismäßigen Luxuskonsum der höheren Sozialklassen eine annähernde Vorstellung machen. Steigende Preise wirken bei diesen Käuferschichten nicht verbrauchsbeschränkend, sondern dahin, die Grenzkonsumenten in steigendem Maße zugunsten der Luxusabsorbtion des Angebots auszuschließen. Neben dieser letzteren Wirkung läßt sich aber auch eine entgegengesetzte beobachten, und zwar aus soziologischen Gründen. Der gesteigerte Fleischkonsum als Attitüde der erhöhten Lebenshaltung der oberen Klassen hat unmittelbare soziale Einflüsse in der Richtung einer imitatorischen Mehrnachfrage der unteren Schichten ausgeübt. Hierbei handelt es sich um die soziologischen Triebkräfte der steigenden Fleischnachfrage.

Wenn man von der Notwendigkeit eines Bedürfnisses spricht, denkt man zuerst an den physiologischen Zwang. Man bleibt jedoch einseitig, wenn man das Kriterium des zwangsmäßig empfundenen Bedarfs nur physiologisch festlegen will. Schon sind die aus Sitte und Tradition erwachsenen Antriebe der Lebensführung von starken Zwangselementen durchsetzt, mischt sich aber die soziale Klassenrivalität und die Beurteilung der persönlichen Geltung irgendwie in das Maß und die Formen der Konsumtion, dann entsteht eine innere Zwangslage, die sich selbst über die physiologischen Notwendigkeiten hinwegzusetzen vermag. Physiologischer Hunger aller Art und soziale Geltung sind die stärksten und unerschütterlichsten Antriebe des menschlichen Handelns. Die moderne Arbeiterbewegung, die beharrlich das Lohnproblem und die äußere Lebenshaltung in den Vordergrund schiebt, kann in den Triebkräften nach dieser Richtung nur dann voll verstanden werden, wenn man in ihnen den Drang nach sozialer Gleichwertigkeit erkennt, der unter anderem die Überwindung der Klassengegensätze auch durch die Imitation der äußeren Lebensattitüde der höheren Gesellschaftskreise herbeiführen will. Lohn und Lebenshaltung werden Mittel und Vorwand zur Erreichung eines sozialen Menschenwertideals. Als Gegenstand eines solchen sozialen Rivalitätskampfes rücken die Konsumwerte ganz aus der Sphäre ihres eigentlichen konsumtiven Endzweckes heraus. Sie werden zu einer fiktiven Geltungsformalität.

Oldenberg hat in seiner Abhandlung über die Konsumtion diese soziologischen Bedingtheiten der Konsumtionswandlungen mit jener Ausführlichkeit aufgezeigt, die der Bedeutung des Vorganges entspricht [13]). Er behandelt sowohl das persönlich-soziale Geltungsproblem, das er als sozialen Auszeichnungstrieb formuliert, wie das verfehlte, um nicht zu sagen fiktive seiner Sinnerfüllung durch äußerliche Lebensformen. Sie sei eine Folge der Aufklärungszeit, welche die Seele von allen geistigen Inhalten freigemacht habe, sodaß ihr „leerer Spielraum" sich nur mehr mit „Surrogatinhalten" füllen konnte. „An die Stelle eines überweltlichen Lebenszieles, das vorher den Menschen regiert hat, drängen sich weltliche Lebensziele und mit in erster Linie wirtschaftliche: Konsumtionsinteressen im weitesten Wortsinn, darunter neben dem animalischen Genußtriebe, der wieder mehr in seine ursprünglichen Rechte tritt, und neben dem Reiz zu galantem Aufwande...: mit verstärkter Gewalt jener soziale Auszeichnungs- und Rivalitätstrieb, der sein Ziel mit wirtschaftlichen Mitteln erstrebt, und der erst unter dem Regime der Aufklärung seinen Idealtypus erreicht. ‚Soziale Kapillarität' hat ihn in seiner modernen Gestalt ein französischer Gelehrter (Dumont) mit Anspielung auf das physikalische Kapillaritätsgesetz genannt: ‚wie das Öl im Lampendocht zur Flamme emporklettert', so drängt der Mensch wie durch naturgesetzlichen Zwang sozial aufwärts, und dieser Trieb wird zur stärksten Großmacht in der Seele des modernen Durchschnittsmenschen und zugleich zum stärksten unter den Faktoren, die die frei gewählte Konsumtion beherrschen. Man versteht die Richtung und den Sinn der heutigen Konsumtion nicht, ohne den beherrschenden Einfluß dieses Triebes und ohne die verstärkte Wucht einzuschätzen, mit der er im Zeitalter der Aufklärung in der führerlos und leer gewordenen Seele wirkt [14])."

Ein solcher aus sozialem Ehrgeiz für den persönlichen Wert demonstrativ gewordener Aufwand führt zum Begriff des Luxuskonsums, von dem auch der Fleischverzehr mit ergriffen wurde. Rubner hält mit seiner Überzeugung nicht zurück, daß mit der Fleischkost der wohlhabenden Klassen ein entbehrlicher und schädlicher Luxus getrieben werde, z. T. aus kosmetischen Gründen im Interesse schlanker Körperformen. „Dieser scharf akzentuierte Fleischkultus der Oberschicht ist nun schon durch lediglich psychologische Vermittlung nicht ohne Einfluß auf die Wertschätzung des Fleischkonsums seitens der Menge... Und man kann verstehen, daß auf dieser psychologischen Grundlage in unwirtschaftlicher Weise gerade die teueren Nahrungsmittel zeitweise in Mode kommen, wie man sich ausdrückt, obgleich es sich nicht um eine Mode handelt, sondern neben dem ehrgeizigen Motiv um einen massenpsychologischen Irrtum über den Nährwert des Fleisches" [19]).

Diese Tendenzen zum Konsumtionswandel nach der Richtung vermehrten Fleischgenusses haben sich in der beobachteten Periode auch verwirklicht. „Bei allen Völkern besteht die Nahrung bisher durchschnittlich ihrer Menge nach hauptsächlich in pflanzlichen Nahrungsmitteln. Es machen sich jedoch Anzeichen dafür geltend, daß wir an einem Wendepunkt in dieser Beziehung stehen. In den Kulturvölkern zeigen sich ausgesprochen zahlreiche Klassen, die die Hälfte und mehr als die Hälfte des Gewichts der Nahrung mit tierischen Nahrungsmitteln decken" [16]). Das alte Rom kannte nur den Ruf nach Brot und Spielen, während wir getrost noch den Ruf nach Fleisch hinzusetzen können" [17]). Diese Tendenz zum steigenden Fleischkonsum leuchtet erst recht hervor, wenn man sie in Vergleich mit den Einkommensgrößen und ihrer Verwendung bringt, wovon als wirtschaftlichem Konsumtionsfaktor gleich die Rede sein soll. Zuvor seien noch einige Bemerkungen zu dem Konsum von Milch und milchwirtschaftlichen Produkten gemacht.

b) Der Konsum von milchwirtschaftlichen Erzeugnissen.

Die Frequenz der Nachfrage wirkt nur dann preissteigernd, wenn sie dem Angebot voraus ist. In dieser Hinsicht lagen die Verhältnisse in der Milchwirtschaft nicht so wie die beim Fleisch. Kalamitäten der Milchversorgung haben nicht in der Unbefriedigung eines subjektiven Bedarfs bestanden, sondern sie sind durch die Propaganda für höheren Milchkonsum und durch Aufstellung eines hygienisch idealen Sollverbrauchs sozusagen theoretisch konstruiert worden. Wenn Kaup einen Sollbedarf von 460 Liter pro Kopf und Jahr für Trink-, Koch- und Butterzwecke aufstellt und dem nur ein Istquantum von 266 Litern gegenüberstellen kann, so tritt natürlich ein Manko von 194 Litern zutage. Da dieses aber nicht als latente subjektive Nachfrage lebendig war, hat es auch nicht preisbestimmend gewirkt. Vielmehr konnte der wirklich nachgefragte Milchkonsum im Lande gedeckt werden, und die nicht im Lande verfügbare Milchmenge für Butter wurde durch Rahm- und Butterbezug aus dem Auslande ersetzt.

Die Konsumzentren der Milch sind die Großstädte und die Industriebezirke. In ihnen hat sich der Bedarf nicht nur mit dem Anwachsen der Bevölkerung, sondern auch individuell gehoben. Die schon oft zitierten Untersuchungen des V. f. S. Band 140 haben das nachgewiesen. Die Hauptsteigerung des individuellen Konsums fiel aber nicht wie beim Fleisch in die 90er Jahre, sondern in den Schluß der Periode [19]), wodurch die Stagnation der Fleischversorgung in dieser Zeit mit erklärt wird, wie wir früher sahen. Auch der Butterkonsum hat erst seit den 90er Jahren mit Verbesserung der Verbutterungstechniken allgemeinere Bedeutung gewonnen und wie die Einfuhrziffern im neuen Jahrhundert dartun, eine ganz ungewöhnliche Ausdehnung genommen.

Wie aus früheren Erörterungen erinnerlich, hat die Absatzinitiative für Frischmilch, wie sie von den Molkereien ausging, nicht wenig dazu beigetragen, den Konsum zu stärken, vor allem aber seine Ansprüche an Hygiene und Vollwertigkeit zu befriedigen. Der Absatz durch Molkereien und Händler ist im ganzen der Nachfrage nachgelaufen [20]). Doch wieder auch nicht in dem Umfange, daß Preisunterbietungen notwendig wurden, um den Konsum zu steigern. Im ganzen wird der Eindruck erweckt, daß eine Spannung zwischen der Frequenz von Angebot und Nachfrage bei der Versorgung mit milchwirtschaftlichen Erzeugnissen im Durchschnitt der Fälle nicht bestand.

II.
Die wirtschaftliche Frequenzsteigerung der Nachfrage.

Nicht der Bedarf, sondern das Einkommen kauft die Güter. Von der Größe des Einkommens hängen die realen Konsumtionsmöglichkeiten ab. Vor allem aber hängt von der Einkommensgestaltung die Möglichkeit der Verwirklichung von Preissteigerungen ab. Steigen die Preise, so muß entweder der Konsum eingeschränkt werden und dadurch die preissteigernde Funktion eines unzureichenden Angebots zur Ausschaltung gelangen; oder aber wenn auf den Konsum nicht verzichtet werden soll, müssen zur Deckung steigender Preise erhöhte Aufwendungen aus dem

Einkommen möglich sein. Diese können einerseits durch Konsumeinschränkungen bei anderen Gütern frei werden, andrerseits durch Steigerung der Nominalhöhe der Einkommen.

Bei der Verschiedenheit der Einkommensstufen und der mit ihnen wechselnden Schätzung des Grenznutzens der Geldeinheit sind diejenigen Einkommen, die an der Grenze der normalen Konsumtionsmöglichkeiten stehen, preistheoretisch von besonderer Wichtigkeit. Überreichliche Einkommen mit großem Ausgabenspielraum können leicht höhere Preise bewilligen, insbesondere für Nahrungszwecke, da nach dem Engelschen Gesetze mit wachsendem Einkommen der auf die Nahrungsmittelausgaben entfallende Teil immer kleiner wird. Je kleiner das Einkommen aber ist, um so mehr tritt das Nahrungsbedürfnis in seiner Verwendung hervor. — Ist nun das Angebot einer bestimmten Ware so gering, daß es auf die von den weniger kaufkräftigen Schichten ausgehende Nachfrage verzichten kann, so vermag es seine Preise bis zu der Höhe emporzuschrauben, die die kaufkräftigste Oberschicht zu bewilligen geneigt ist. Kann das Angebot jedoch nicht ohne Beteiligung der minder kaufkräftigen Schichten untergebracht werden, so ist ihm in der begrenzten Kaufkraft derselben eine Grenze für seine Preisforderungen gezogen. Es ist dies das „Gesetz der konsumtiven Preisbegrenzung“ [21]).

Jedoch ist nun nicht gesagt, daß die allerniedrigsten Einkommen den Maßstab und Richtungspunkt für die Preisbegrenzung abgeben müssen, sondern es sind das offenbar die noch ein wenig über dem Minimum stehenden Einkommen, vorausgesetzt, daß sie das verbreitetste Standartmuster der niedrigsten — aber noch nicht deklassierten und verarmten — Lebenshaltung darstellen. Das Gesetz der konsumtiven Preisbegrenzung ist für die fragliche Zeit in Deutschland wie in allen anderen Ländern von dem Einkommen der Arbeiterklasse und des Kleinbeamtentums zur Geltung gebracht worden. Man vergegenwärtige sich, daß 1901 in Preußen nur 4,3% der Bevölkerung Einkommen bezogen, die 3000 Mark überstiegen, während 95,7% mit weniger Geld haushalten mußten [22]). 1913 verhielten sich die Zahlen wie 6,6% zu 93,4% [23]). Welche Einkommen nun von der Mitwirkung an der konsumtiven Preisbegrenzung ausscheiden, läßt sich nicht feststellen, denn für die einflußlosen ärmsten Schichten kommt nicht nur die absolute Einkommenshöhe in Betracht, sondern vor allem auch die Zahl der von ihm lebenden Personen.

Bei der Preisbildung tierischer Produkte nach dem Gesetz der konsumtiven Preisbegrenzung muß es von wesentlichem Belang sein, ein wie großer Teil des Einkommens für tierische Nahrungsmittel verausgabt wird. Bei den Einkommen von 900—3000 Mark werden 40—50% im Durchschnitt für die Ernährung insgesamt aufgewendet [24]) und davon wieder ebensoviel für die animalische Nahrung. Nach einer Zusammenstellung Brutzers erforderten die Ausgaben für

	nach der Reichserhebung von 1907	Unters. d. Metallarb..-Verb. f. 5 Berl. Fam. 08	Berl. Stat. 75 Fam. 4—5 Mitgl. 03
Fleisch	26,1 %	32,7 %	27,8 %
Butter und Schmalz	12,6 %	13,4 %	12,8 %
Milch	10,1 %	6,5 %	9,0 %
zusammen	48,8 %	52,6 %	49,6 %
(Brot)	(16,2 %)	(14,3 %)	(15,0 %)

aller Ausgaben für Ernährung [25]). Für die verschiedenen Einkommensstufen und Aufwandseinheiten pro Person stellte Lichtenfelt nach der Metallarbeiterenquete folgende Tabelle zusammen [26]). Pro Mann und Tag stellte sich die Ausgabe für

	Ernährung	Fleisch	Milch	Animal. Nahrg.	Vegetabil. Nahrg.
auf 1 M.	unter 0,50	0,10	0,05	0,25	0,22
2 „	0,50—0,55	0,15	0,06	0,32	0,21
3 „	0,55—0,60	0,16	0,06	0,34	0,24
4 „	0,60—0,70	0,17	0,09	0,40	0,27
5 „	0,70—0,80	0,23	0,08	0,52	0,26
6 „	0,80—0,90	0,27	0,09	0,54	0,31
7 „	0,90—1,00	0,33	0,11	0,64	0,32
8 „	über 1,00	0,43	0,14	0,79	0,37

Die vorstehende Tabelle zeigt, daß mit steigendem Einkommen der prozentuale Anteil des Verbrauchs tierischer Produkte an der Ernährung ständig wächst und 50% überschreitet. Besonders aber ist es wieder das Fleisch, das den Hauptanteil der Ausgaben für die animalische Nahrung beansprucht. Der jeder kleinen Einkommensverbesserung jedesmal unverhältnismäßig nachdrängende Mehrkonsum an Fleisch legt Zeugnis von der Größe des latenten Bedarfs ab. Desgleichen zeigt sich damit die haarscharfe Anpassung jener Arbeitereinkommen an das Fleischangebot, dem es immer an die Grenze des möglichen nachfolgt. Diese gespannte Beziehung zwischen Einkommen und animalischer Nahrung ist der Ausdruck eines Preiskampfes, der einerseits nach dem Gesetz der konsumtiven Preisbegrenzung stets die Preise niederzuhalten trachtet, andrerseits die auf Seiten des Angebots liegenden selbständigen Preissteigerungstendenzen stets in Lohnerhöhungen aus den Antrieben des latenten Bedarfs heraus auszugleichen sich gedrängt fühlen muß. Angebot und Nachfrage schaffen sich wechselseitig die Bedingungen ihrer Verwirklichung. Der für das Angebot annehmbare und für die Nachfrage zahlbare Preis ist das gelungene Ergebnis dieser Bemühungen.

Das gespannte Verhältnis dieses Preiskampfes zwischen dem größten Teile aller Einkommen und der Bedarfsdeckung mit animalischen Nahrungsmitteln kommt in den folgenden Worten Lichtenfelts klar zum Ausdruck. Er sagt mit Bezug auf das Anwachsen der Ausgaben für Fleisch [27]): „Wir sehen also, ohne uns auch hier an die Zahl zu klammern, allüberall, wie die Industriearbeiter ihren Anteil am Fleischverbrauch zu vermehren bestrebt sind, den gewünschten Anteil aber noch nicht erreichten. Der Lohnkampf wird damit zum Kampf um die Fleischversorgung.“ Die Entwicklung des Milchverbrauches geht dem Fleischverbrauch parallel. „Nicht aufweisbar ist, daß zwischen Fleischverbrauch und dem von Milch, Käse und Eiern ein Verhältnis so bestünde, daß einem höheren Fleischverbrauch ein geringerer Verbrauch an diesen Nahrungsmitteln gegenübersteht. Im Gegenteil, es macht den Eindruck, daß dem Maximum des Fleischverbrauches ein Maximum des Milchkonsums parallel läuft“ [28]). Dagegen ist aber, was sehr bezeichnend ist, eine Steigerung des Fleischkonsums auf Kosten des Brotkonsums möglich und auch nachweisbar. Beide können einander in gewissem Umfange ersetzen, wodurch für eine einseitige Steigerung des Fleischkonsums der nötige Spielraum geschaffen wird [29]). Ein verwendungsfähiges Tatsachenmaterial liegt aber nicht vor.

Die für das Inkrafttreten des Gesetzes der konsumtiven Preisbegrenzung maßgebliche Einkommensstufe rückt um so höher hinauf, als das Angebot in Rückstand gerät. Die niedrigsten Einkommen werden in steigendem Maße vom Konsum ausgeschlossen und auf den Verzehr der billigeren Nahrungsmittel angewiesen. Daß eine solche Entwicklung in Deutschland während unserer Beobachtungsperiode bestand, läßt sich einmal aus der Entwicklung der Ziffern des faktischen Konsums erschließen, andererseits dadurch nachweisen, daß die untersten Einkommen am Fleischkonsum sich weniger beteiligten und sich auf die relativ billigste Nahrung, das Brot beschränken mußten. Nimmt man zu diesen beiden Tatsachengebieten dann noch als drittes die allseitigen Lohnsteigerungen, die laut Anlage XVII innerhalb der Einkommensstufe von 900—3000 Mark eine außerordentlich viel stärkere Zunahme zeigen als in der Stufe unter 900 Mark, so haben wir die Unterlagen beisammen, aus denen sich die Anpassung der konsumtiven Grenzschichten an die Preisnotwendigkeiten des Angebots vollzogen hat. Es ist lehrreich, hierbei noch auf einige Einzelheiten einzugehen.

Die Statistik des Fleischkonsums kann sich einmal die Ermittlung des auf den Kopf der Gesamtbevölkerung etwa im Zeitraum eines Jahres entfallenden Anteils des Gesamtverbrauchs zum Ziele setzen; dann aber kann sie weiter gehen und die Verbrauchsanteile einzelner Sozialklassen, die wesentlich sich nach der Einkommenshöhe bestimmen, zu ermitteln suchen. Die Ergebnisse einer jeden dieser Statistiken sind für uns von Interesse.

In der Anlage XIX haben wir die hauptsächlichsten in dieser Frage ermittelten Ziffern aufgeführt und selbst noch solche auf besondere Weise errechnete hinzugefügt. Von dem Gedanken ausgehend, daß der quotale Fleischkonsum nur nach der wirklich zum Fleischkonsum fähigen Bevölkerung bemessen werden darf, haben wir 10% von der Bevölkerungsziffer abgezogen, die den im Alter von unter 4 Jahren stehenden und den vom Fleischkonsum aus äußeren oder inneren Gründen völlig abstinenten Teil der Bevölkerung umfassen. Im übrigen haben wir die sehr niedrigen Gewichtsziffern Eßlens verwendet, die in der Fleischenquete von den Sachverständigen sogar als unterschätzt erachtet wurden [30]). In den sächsischen Zahlen sind auch die Kälber und sonstigen Fleischsorten mit einbegriffen.

Trotz aller Abweichungen in den verschiedenen Berechnungen kommt doch in allen zum Vorschein, daß der Fleischverzehr insgesamt von 1900—1913 sich gleichgeblieben ist. Er betrug nach unserer Rechnung in den beiden äußeren Jahren 55,9 kg pro Kopf und Jahr, während sich der jährliche Durchschnitt des ganzen Zeitraumes auf 56,8 kg der fleischessenden Bevölkerung stellte. Die Anlage XIX veranschaulicht den engen Zusammenhang zwischen den entgegengesetzten Richtungen der Konsumtionsziffergrößen und der Preise. Aus der Enge dieses Zusammenhanges geht hervor, daß die Konsumtionsziffern das genaue Abbild der Angebotsgröße sind, was aber bedeutet, daß das Angebot führend war und die Konsumtionsmenge bestimmt hat, was andrerseits auch durch die Stagnation beider dargetan wird. Wenn ein solchermaßen stagnierendes Angebot dann noch unter einer ungewöhnlichen Preissteigerung funktioniert, so wird ohne weiteres klar, daß es dahin wirken muß, die konsumtive Preisbegrenzung in höhere Sozialklassen hinaufzuschieben, bzw. den Anstoß für die Ausbreitung solcher Preissteigerungen zu geben durch Erzeugung von Bemühungen um höhere Einkommen.

Es liegt nun aber auf der Hand, daß eine bestimmte Einkommensgröße durchaus kein adäquater Ausdruck für eine bestimmte Sozialklasse ist. Die Verwendung eines bestimmten Einkommens hängt wesentlich von der Zahl der Personen ab, die von ihm zu leben haben. Aber selbst die Berücksichtigung der nominalen Kopfzahl eines Haushalts wird den Tatsachen durchaus nicht gerecht, da der Bedarf des unerwachsenen Kindes dem des arbeitenden Haushaltungsvorstandes in physiologischer Hinsicht nicht gleich kommt. Die Konsumtionsstatistik hat diesen Schwierigkeiten durch Aufstellung von Ernährungseinheiten und Verbrauchseinheiten gerecht werden wollen [31]). Die von Engel aufgestellte Rechnungseinheit des Quet hat sich hier als brauchbares statistisches Werkzeug für die Ermittlung der Konsumtion nach Sozialklassen erwiesen. Eine solche Statistik kann als Urmaterial immer nur die Wirtschaftsrechnungen privater Haushaltungen benutzen, deren Ausbeutung mühsam ist und niemals über den Stichprobencharakter hinauskommt. Wir zeigen zunächst an einer Tabelle Lichtenfelts [32]), wie die nackten Einkommenssummen überhaupt keine Rückschlüsse auf die Gliederung des Konsums und die Sozialklasse zulassen. Es ist die Zahl der Ernährungseinheiten (Quets), die für Menge und Auswahl des Konsums einzig entscheidend ist.

Zahl der Quets	Tägl. Verbr. v. 3,5 Quet = erw. Mann, M.	Einkommen M.	Verbrauch von Fleisch g	Milch g	animal. Nahrg g
15,1	0,48	2097	90	275	412
13,0	0,57	2140	92	352	499
11,7	0,63	1734	100	312	473
11,65	0,68	2017	111	377	550
11,77	0,87	2371	160	520	762
10,61	0,77	2161	136	465	679
10,40	0,83	2127	157	511	739
10,36	0,73	1753	131	429	633
9,9	0,92	2065	169	538	799
8,8	0,98	2298	215	641	943

Quetarme Familien haben höhere Konsumtionsziffern als quetreiche. Nach Fuchs (Die soziale Lage der Pforzheimer Bijouteriearbeiter, Karlsruhe 1901) ergibt sich ein Verbrauch an

	Fleisch	Milch	Butter	Fett	
für quetreiche Familien	21,8	166,0	4,6	5,0 g	pro Tagesquet
für quetarme Familien	39,4	236,0	6,4	5,6 g	pro Tagesquet.

In den absteigenden Sozialklassen wird der abnehmende Fleischkonsum zuerst und soweit möglich, durch Getreide ersetzt, im äußersten Falle durch Kartoffeln. Eine Bearbeitung Gerloffs von 180 Haushaltsrechnungen [33]), die zwar nicht nach Quets sondern nur nach Köpfen unterscheidet, hat folgendes Verhältnis des Gewichts des Fleischverbrauchs zum Getreideverbrauch pro Kopf der Einkommensklassen ergeben:

bei Einkommen von	2000—4000 Mark	1 : 6,4
	1200—2000 „	1 : 7,1
	800—1200 „	1 : 9,4
	unter 800 „	1 : 16,0.

Diese Verhältniszahlen sind aus einem sinkenden Fleischverbrauch und einem weit weniger sinkenden Getreideverbrauch entstanden; ein relativer Ausgleich wird durch steigenden Kartoffelverbrauch geschaffen. Was an all diesen vorgeführten Zahlen interessiert vom Standpunkte der konsumtiven Preisbegrenzung, ist die Zwangsläufigkeit des Konsums in der Richtung nach erhöhtem Verbrauch animalischer Nahrung, der gegenüber der Verbrauch von Getreide und Kartoffeln über ein gewisses Maß hinaus immer mehr einen behelfsmäßigen Charakter annimmt. Diese Zwangsläufigkeit der Konsumwahl fällt bei höheren auf die einzelnen Verbrauchseinheiten entfallenden Einkommensanteilen weg und macht einer Individualisierung des Konsums Platz. Über diese unterrichtet in allseitiger Weise die statistisch-theoretische Untersuchung A. Günthers über die Lebenshaltung des Mittelstandes (S. d. V. f. S. Band 146, 1920). Für die Einkommen von 3—4000 Mark, die die größere Hälfte des gesamten Materials von 80 Haushaltsrechnungen umfassen, ergibt sich nach Verbrauchseinheiten ein Schwankungsspielraum

für den *Fleischkonsum*	von	23,85	bis	90,0	kg
(bei den Einkommen unter 3000 M.	„	36,83	„	80,38	„)
für den *Fettkonsum*	„	5,64	„	38,87	„
(bei Einkommen unter 3000 M.	„	6,45	„	29,41	„)[34]).

Unter Fett wird Butter und Schmalz verstanden. Es ist sehr vielsagend, daß bei den wohlhabenderen Haushalten die untere Grenze des Fleischkonsums noch tiefer zu liegen kommt als bei den darunter liegenden Einkommen, die allerdings nicht zu den geringsten gehören, aber eben zu jenem Konsumtionskreis, in dem wir die Tendenzen zur konsumtiven Preisbegrenzung vermuten.

Die Schicht dieser Grenzkonsumenten, vorwiegend anzutreffen in der Einkommensklasse zwischen 900—3000 Mark, befand sich einem relativ stagnierenden Angebot gegenüber, das dauernd im Preise stieg. Da die Preissteigerungstendenzen auf dieser Seite von einer unerschütterlichen sozialwirtschaftlichen Notwendigkeit waren und wesentlich mit dem Mittel der Angebotsrückständigkeit durchgedrückt wurden, so geriet notwendig der Faktor der konsumtiven Preisbegrenzung in Fluß. Da die Preise sich einem stagnierenden Einkommen nicht anzupassen vermochten, und da der Konsum unter Zwang stand, so waren damit die wirksamen Voraussetzungen geschaffen, das Niveau der konsumtiven Preisbegrenzung hinaufzusetzen. Indem allerwärts höhere Einkommen sich durchsetzten, wurden zwar die Preise für viehwirtschaftliche Produkte nicht unmittelbar aktiv in die Höhe getrieben, aber die Grundlagen bereitet *für die Verwirklichung* der auf Seiten des Angebots liegenden Preissteigerungstendenzen. *Der Kleinverkauf spielt sich nicht auf einem durch die Konkurrenz der Käufer gelenkten allgemeinen Markte ab, sondern die Mengenangleichung von Angebot und Nachfrage kommt bereits in den Handelsinstanzen zum Austrag.*

Der letzte konsumtive Tauschverkehr vollzieht sich unorganisiert und dezentralisiert. Der Konsument wirkt nicht mehr aktiv preisbildend, sondern paßt sich passiv den Preisnotwendigkeiten an.

Über die allgemein bekannten Vorgänge der Einkommensteigerung, speziell in den Schichten der Grenzkonsumenten, wie sie hier verstanden wurden, bringen die Anlagen XVII und XXI einiges Material. Es ist beachtenswert, daß bereits seit Mitte der 80er Jahre bis Ende der 90er, während welcher Zeit die Preise für viehwirtschaftliche Produkte ziemlich beharrten, eine dauernde Lohnsteigerung zu verzeichnen ist. Damit wurde zunächst die wirtschaftliche Konsumtionsmöglichkeit geschaffen, den in dieser Zeit so außerordentlich vermehrten viehwirtschaftlichen Produktionsertrag unterzubringen und damit den aus physiologischen, pragmatischen und soziologischen Notwendigkeiten hochgesteigerten Bedarf bis zu einem gewissen Grade zu decken. Mit den im neuen Jahrhundert anhebenden großen Preissteigerungen beschleunigten auch die Löhne das Maß ihres Anwachsens. Die angeführten Ziffern aus Baden, das vorm Kriege hinsichtlich der wirtschaftlichen und politischen Lage der Arbeiter mit am fortgeschrittensten galt, zeigen, daß nicht nur eine Steigerung der Nominal-, sondern auch der Reallöhne stattgefunden hat [35]). Inwieweit man das für die übrigen Teile Deutschlands sagen darf, bleibt strittig [36]). Auch ist die Lohnentwicklung in den einzelnen Industrien verschieden gewesen. Die Schwerarbeiter sind am meisten aufgestiegen. Nach Lichtenfelt, dessen Lohnentwicklungstabelle in Anlage XVII wiedergegeben wurde, hat eine Reallohnsteigerung stattgefunden, die nach seinen eigenen Worten „allüberall bei vielen Entlohnten das Bestreben erweckte, von dem Notwendigsten in der Ernährung zu einer teueren Form, dem Fleisch, überzugehen" [37]). Und doch fällt diese Steigerung des Konsums nur in die 90er Jahre. Für die Folgezeit muß man angesichts des stagnierenden Angebots den am Schluß der Beobachtungsperiode getanen Äußerungen Tyszkas in den Untersuchungen über die Löhne und Lebenskosten in Westeuropa (Leipzig und München 1914, S. 289) — was das große Ganze betrifft — Recht geben: „Trotz der enormen Erhöhung seines Nominallohnes schneidet bei einem Vergleich der Bewegung der Reallöhne der deutsche Arbeiter weitaus am schlechtesten ab. Die außerordentliche Preissteigerung sämtlicher, besonders auch der wichtigsten Lebensmittel konnte selbst durch eine so starke Lohnaufbesserung wie in Deutschland im letztverflossenen Jahrzehnt, nicht wettgemacht werden." Wäre wirklich der Reallohn pro Verbrauchseinheit, was stets zu berücksichtigen ist, über die Preissteigerung der Lebenshaltung hinaus gewachsen, so wäre gewiß bei der großen Dringlichkeit des Bedarfs eine Steigerung des animalischen Konsums zu erwarten gewesen. Mit der höheren

Zahlungsfähigkeit der Grenzkonsumentenschicht wäre allein jene noch weitergehende Steigerung des Angebots zu erreichen gewesen, die wir in so vieler Hinsicht als ein Problem der landwirtschaftlichen Rentabilitätskonkurrenz und dessen was ihr zu Grunde liegt, erkennen konnten.

Anmerkungen zu Seite 208—224.

[1]) Die ähnliche Unterscheidung von natürlicher und wirtschaftlicher Konsumtion findet sich zuerst bei Patten, „The consumption of wealth", 2. Aufl. Philadelphia 1901.

[2]) Es fällt nicht in den Rahmen dieser Arbeit, die Entwicklung der einzelnen Anschauungen ausführlich zu behandeln. Sie läßt sich am besten verfolgen durch die verschiedenen Auflagen von Rubners Lehrbuch der Hygiene von 1890—1913. Desgleichen von demselben Verfasser „Wandlungen der Volksernährung" 1913. Weiteres bei Eßlen „Fleischversorgung" und bei K. Oldenberg „Die Konsumtion" im Grdr. der Soz.-Ök. 1914; dann auch Gerlach Art. „Fleischkonsum" im Hdwst. Besonders dann noch H. Lichtenfelt, „Die Geschichte der Ernährung". Berlin 1913.

[3]) St. Bauer in Heft 2 der Basler volksw. Abh. 1911, S. XIX.

[4]) „Die deutsche Landwirtschaft", Haupterg. der Reichsstat. Berlin 1913, Seite 19.

[5]) Der Wechselumlauf der Reichsbank, der zuverlässigste Index der Gewerbstätigkeit, vermehrte sich (in Mill. Mk.)

von 1897—1900:	von	M.	17529	auf M.	23304	d. i. um	32,4%
„ 1904—1907:	„	„	23201	„ „	30765	„ „	32,6%
„ 1909—1912:	„	„	29812	„ „	33868	„ „	13,6%.

[6]) Fleischenquete, S. 116 ff.: Bemerkungen des Mitglieds Engelmann von der Kommission. Auf Seite 34 erklärt Burckhardt, daß im ganzen Rheinland, Cöln, Düsseldorf, Aachen, Crefeld nach privaten und amtlichen Erhebungen an frischem Schweinefleisch nur noch das Kotelettstück verlangt wird. „Für alles übrige, erklärten mir die Herren, können wir ihnen überhaupt keinen Preis für frisches Fleisch geben, denn das wird nicht verlangt. Es kommt in die Wurst oder wird geräuchert". Dazu Koch: daß man früher den Speck nicht dick genug haben konnte, und ihn jetzt abschälen ließe. Gerlich, a. a. O. S. 152.

[7]) Betriebslehre, Seite 363.

[8]) Für den Cölner Markt wurde von F. Rothe „Die Fleischversorgung der Großstädte usw.", M.-Gladbach 1912, dieser Entwicklungsvorgang eindringlich dargestellt.

[9]) Lothar Meyer „Unsere Ernährungsmöglichkeiten vom landwirtschaftlichen und volkswirtschaftlichen Standpunkt", Berlin 1913, in „Zum Kampfe gegen die Fleischnot" (Verh. des Kongr. über d. Volksernährg.). Becker, „Der gesteigerte Fleischgenuß des deutschen Volkes eine schlimme Ernährungstorheit", Ztschr. f. Agrarpol. 1913, S. 323 (gegen Eßlen und die Voit'schen Normen gerichtet).

[10]) a. a. O. 1913 S. 83: „Wenn man aber behauptet, daß schon geringfügige Verminderungen der Fleischkost unter allen Umständen eine Ernährungsunmöglichkeit sind und den Untergang einer Nation heraufbeschwören können, so ist das eitles und unverständiges Gerede." Die Erfahrungen während des Krieges bestätigen das.

[11]) Mehnert in der Fleischenquete, S. 18: Das Publikum ist an der Heraufsetzung der Preise aufs äußerste beteiligt. Die Arbeiterfrau versteht durchwachsenes Fleisch nicht zuzubereiten." Ferner Oldenberg, „Die Konsumtion" a. a. O. S. 152/3. Anm. 11: „Noch schwerer dürfte ins Gewicht fallen, daß die städtische Arbeiterfrau aus bekannten Gründen nicht gut haushält

und kocht." „Auf 2 Milliarden schätzt der englische Nationalökonom Marshall die jährliche Warenvergeudung durch englische Hausfrauen." „Auch bei dem Vergleich von Nahrungsbudgets sollte man diesen gravierenden Einfluß der Köchin niemals aus dem Auge lassen."

12) Z. B. Fleischenquete „Anlagen II" S. 355.

13) Oldenberg, a. a. O. S. 112—117.

14) Vgl hierzu Prof. Jonas Cohn, „Der Sinn des gegenwärtigen Lebens", Leipzig 1913. Er definiert ihn als das Suchen nach Erfüllung des befreiten Geistes.

15) Oldenberg, S. 153. Der Luxuscharakter des Fleischkonsums zeigt sich auch darin, daß der Fisch kaum als Fleischersatzmittel funktioniert hat. Gerade er könnte die einzige Konkurrenz der Fleischnachfrage bilden. Aber die Nachfrage nach Fischen hat nach Prof. Silbergleit (Statistische Beiträge zur Frage der Lebensmittelversorgung, Berlin 1912) nur in ganz vereinzelten Fällen zu einer Abnahme des Fleischkonsums geführt und nirgends zu einer Verminderung der Fleischpreise. Rothe pflegt die neuerliche Gestaltung des Fleischkonsums als Massenluxuskonsum zu charakterisieren.

16) So drückte sich 1913 Lichtenfelt in seiner Geschichte der Ernährung (a. a. O. S. 361) aus und setzt den zitierten Sätzen noch die Begründung hinzu: „Es ist zu vermuten, daß das Verlangen nach besonderen Kraftäußerungen diesen Zustand bedingt." Wir können diese Auffassung akzeptieren, wenn wir außer der physiologischen noch die soziale Kraftentfaltung hereinnehmen.

17) Werdenberg, „Illustrationen zur Teuerungsfrage", Basel, 1913, S. 54.

18) Dr. med. Kaup, „Ernährung und Lebenskraft der ländlichen Bevölkerung", Berlin 1910.

19) Für Leipzig S. d. V. f. S. Bd. 140 I, S. 114: 1895 = 68,35 l pro Kopf, 1903 = 69,77, 1910 = 86,66. Für Württemberg: O. Trüdinger, ebenda IV, S. 89. Für Baden: A. Witzenhausen, ebenda V, S. 96.

20) In den von Geiger S. d. V. f. S. Bd. 140 III, S. 257 mitgeteilten Jahresberichten des milchwirtschaftlichen Vereins im Algäu heißt es z. B. 1908: „Die Ansprüche des Publikums sind höhere geworden, das Interesse für die zweite Qualität hat sich im Laufe des letzten Dezenniums stark verringert."

21) Das mit diesen Worten von Simmel in seiner „Philosophie des Geldes" formuliert wurde. Der Gedanke später auch bei Liefmann in den „Grundsätzen der Volkswirtschaftslehre".

22) Schnapper-Arndt, „Sozialstatistik" S. 290.

23) Stat. Jahrb. f. d. Preuß. Staat, 1915, S. 190.

24) Lichtenfelt, „Die Geschichte der Ernährung", Berlin 1913, S. 295: „Im Durchschnitt liegt die Ausgabe für Ernährung also bei 43% der Gesamtausgabe."

25) Brutzer, „Die Verteuerung der Lebensmittel usw." S. d. V. f. S., Bd. 139, 1912, S. 5.

26) H. Lichtenfelt, „Über die Ernährung und deren Kosten bei deutschen Arbeitern", Basler volksw. Abh. Nr. 2, Stuttgart 1911. Ihr Material besteht aus Aufzeichnungen über die Menagenverpflegung von Arbeitern und aus den vom kaiserl. stat. Amt bearbeiteten Erhebungen von Wirtschaftsrechnungen minderbemittelter Familien im Deutschen Reich (2. Sonderheft des Reichs-Arbeitsbl. 1909; ferner aus den 320 Haushaltsrechnungen von Metallarbeitern, Stuttgart 1910.

27) Lichtenfelt, Gesch. d. Ernähr. S. 297.

28) Lichtenfelt, Über die Ernährung usw. S. 19.

29) Lichtenfelt, Über die Ernährung usw. S. 8 ff. Dieselben Beobachtungen bei Waxweiler, „L'enquete de l'institut Solvay sur l'alimentation de la classe ouvrière en Belgique" Rapp. etc. 1909, S. 9.

30) Prof. Silbergleit in der Fleischenquete S. 333 ff. hält trotz aller Fehler im Ansatz die Ziffern des kaiserl. Gesundheitsamtes (Anl. XIX) für

wahrscheinlicher. Ballod dagegen glaubt sie um 10% überschätzt. (Stat. in Deutschl. II S. 614; S. 823 f. „Grundriß der Statistik" S. 125.)

[31]) E. Engel, „Die Lebenskosten belgischer Arbeiterfamilien früher und jetzt, ermittelt aus Familien- und Haushaltsrechnungen und vergleichend zusammengestellt", Dresden 1895, ging davon aus, daß der physiologische Steigerungsgrad der Konsumtion nach Alter und Geschlecht in Nahrung, Kleidung, Wohnung usw. wechselt. Wenn ein Neugeborener in seinen derartigen Bedürfnissen = 1,0 gesetzt wird, sein jährlicher Bedürfniszuwachs = 0,1, so entfallen auf den 25jährigen erwachsenen Mann 3,5 Einheiten, auf die 20jährige erwachsene Frau 3,0 Einheiten. Diesen verlieh Engel zu Ehren Quetelets den Namen „Quet". Über die sonst noch gebildeten amerikanischen, deutschen und dänischen Einheiten, die den Säugling = 100 setzten, vgl. die Schriften Lichtenfelts und St. Bauer, „Die Konsumtion nach Sozialklassen" im Hdwst. Die letzte theoretische Vertiefung aller mit den Konsumtionsberechnungen zusammenhängenden Probleme gab A. Günther in seiner Arbeit über die „Lebenshaltung des Mittelstandes" S. d. V. f. S. Bd. 146 II, München und Leipzig 1920.

[32]) Lichtenfelt, Über die Ernährung usw. S. 54 u. 61.

[33]) W. Gerloff, „Verbrauch und Verbrauchsbelastung kleiner und mittlerer Einkommen um die Wende des 19. Jahrhunderts", Conr. Jahrb. Bd. 35, 1908, S. 1 ff. u. 145 ff.; S. 30.

[34]) A. Günther, S. 85 ff. (Lebenshaltung des Mittelstandes a. a. O.).

[35]) K. Bittmann, „Arbeiterhaushalt und Teuerung", Jena 1914, S. 161 ff.

[36]) Calwer (Wirtschaftl. Correspondenz 1907; versch. Jahrgänge des „Wirtschaftsjahr") ist auf Grund seiner Tabellen der Überzeugung, daß die Löhne seit 1903 allgemein stärker gestiegen sind, als das Preisniveau der Haushaltungskosten. Ebenso Eulenburg, „Die Preissteigerung des letzten Jahrzehnts" a. a. O. S. 52: „Wir sind tatsächlich reicher geworden. Besonders für die letzten 15 Jahre ist diese Tatsache fast mit Händen zu greifen." Liest man dagegen die Ausführungen von C. Tyszka, „Löhne und Lebenskosten in Westeuropa", München und Leipzig 1914, S. 259—290, so wird der Eindruck entstehen müssen, daß das Arbeitereinkommen diesen Reichtum nicht mitgemacht hat. Allerdings ist es schwierig, festzustellen, ob nicht eine Ausdehnung des Konsums reiner Luxusgüter, wie Vergnügungen stattgefunden hat.

In den weitreichenden Untersuchungen des V. f. S. im 145. Bande der Schriften, die die Entwicklung der Kosten der Lebenshaltung in deutschen Großstädten seit den 90er Jahren darstellen, ist das Ergebnis gerade in der Frage des Reallohnes nicht einheitlich gewesen, was Eulenburg auf die Mängel der Lohnstatistik schiebt (Vorwort S. 8).

[37]) Lichtenfelt, Gesch. der Ernährung, S. 236.

Schluß.

Unsere Untersuchungen verfolgten den Zweck, an Hand der viehwirtschaftlichen Preissteigerungen einen Einblick in das Problem der landwirtschaftlichen Produktenpreissteigerungen überhaupt zu gewinnen. Zwanglos haben die Spezialuntersuchungen schließlich in die großen allgemeinen Fragen der Agrarwirtschaft eingemündet. Was an speziellen Viehverteuerungsursachen in Betracht kam, trat immer mehr vor den großen Allgemeinheiten der agrarwirtschaftlichen Preisbildung zurück. Was will es besagen, daß die deutsche Landwirtschaft in der behandelten Periode nicht in allem die optimale Verwirklichung der Viehwirtschaft erreicht hat, daß es ihr vielfach an Kapital, Leuten, Rentabilitätseinsicht,

Neigung usw. gebrach, wenn man das Ganze ins Auge faßt und die geradezu hoffnungsloseUnmöglichkeit der deutschen Agrarwirtschaft sieht, sich selbst und gleichzeitig die deutsche Industrie merkantilistisch-autarkisch zu versorgen. Von diesem Standpunkte der Bedarfsdeckung aus ist es gleichgültig, ob Deutschland alles Vieh selbst produziert und dafür gewaltige Mengen Futter einführt, oder ob es Vieh einführt und nur das durch Eigenfutterbau ernährbare selbst aufzieht. Nach Warmbold wurden von Deutschland durch das Ausland vorm Kriege mittelbar und unmittelbar bezogen [1]):

10 v. H. aller pflanzlichen Nahrungsmittel,
33 v. H. des Bedarfs an Fleisch und Fett,
50 v. H. der Milch- und Molkereierzeugnisse,
30 v. H. der Erzeugnisse der Geflügelhaltung.

Was bedeuten gegenüber solchen Abhängigkeiten versäumte Produktionsverbesserungen und -vermehrungen?

Dieser schwierige Versorgungszustand hat die privatwirtschaftliche Preisbildung der Agrarwirtschaft vor Aufgaben gestellt, denen gegenüber die Landwirtschaft sich von vornherein in einer schwachen Lage befand, da ihr wirtschaftlich überlegener Gegenspieler der Weltmarkt und die Industriewirtschaft war. Adolf Wagner hebt die größere Stärke der Angebotsseite gegenüber der Nachfrageseite im modernen Preiskampfe hervor [2]). Stellen wir die Nachfrage- und Angebotsseite beim Austausch viehwirtschaftlicher Erzeugnisse einander gegenüber, so finden wir, daß hier wie dort sehr bedeutende Schwierigkeiten herrschten. Die mangelnde Ausgestaltung des Angebots sahen wir in der Hauptsache bedingt durch den Entzug der unmittelbaren kapitalistischen Voraussetzungen der Viehwirtschaft infolge der Schwerpunktsverlagerung auf die Getreidewirtschaft und infolge der Abhängigkeit von der überwiegenden Wirtschaftsstärke der Industriewirtschaft; wir erkannten sie weiterhin und mittelbar bedingt durch die aus denselben Gründen und außerdem noch durch die widerspruchsvolle Verwirklichung kapitalistischer Tendenzen in der Landwirtschaft herbeigeführte dauernde Zerstörung einer kapitalbildenden ausreichenden Rentabilität. Die damit erforderlich gewordenen ungewöhnlichen Preissteigerungen, besonders der am meisten unter dem Gesetz zu zunehmenden Kosten betriebenen Fleischerzeugung, bereiteten der Nachfrage und ihrer Kaufkraft dauernd Hindernisse bei der Bedarfsdeckung. Speziell auf ihrer Seite mußte sich deshalb die Preisbildung im Sinne des Gravitationsgesetzes der Konkurrenzpreise auswirken, mit der Tendenz, die konsumtive Preisbegrenzung d. i. das niedrigste, noch zum Tausche gelangende nachfragende, Einkommen dauernd hinaufzurücken. Auf Seiten des Angebots dagegen, das dauernd einem unbefriedigten latenten Bedarf mit Knappheit gegenüberstand, finden wir aus diesem Grunde die wirt-

wirtschaftlich stärkere Partei. Die Verknappung daselbst schloß das Prinzip der Konkurrenzpreisbildung tendentiell aus und setzte an seine Stelle das Gravitationsgesetz der Rentenpreise, ganz in der Weise, wie es Ricardo seiner Zeit beschrieb. Die Konkurrenz der Nachfragenden — in diesem Falle ausgeübt und präoccupiert durch den Handel — bildete jene Preise, die das Maß der Ausdehnung der unzulänglich bleibenden Produktion bestimmte. Die ungünstigsten Betriebe, d. s. wesentlich die in den verschiedenen genannten Formen kapitalistisch geschwächten, gaben die Richtlinien für die Produktionsausdehnung ab und damit die untere Preisgrenze. Wegen der Allgemeinheit der Dekapitalisierungstendenzen war diese Klasse über den Charakter einer bloßen Grenzproduzentenschicht hinausgewachsen und zum Typus der gesamten Produktion geworden, während die Differentialrentenbezieher eher eine kleine bevorzugte Gruppe im Rahmen des allgemeinen ungünstigen Produzententypus bildeten.

Was also die aktive Preisauseinandersetzung betrifft, so ist es eine nicht zu bezweifelnde Tatsache, daß das dauernde subjektive Interesse des Angebots an Preissteigerungen bei der Organisiertheit der Produktion und des Absatzes und bei der Unorganisiertheit der Verbraucher sich diesen gegenüber in bevorzugter Lage befand, aber die Ausnutzung derselben hängt auf die Dauer doch davon ab, daß die Gestaltung der Nachfrage selbst die sozialwirtschaftlich notwendigen Voraussetzungen für eine Preissteigerung der von ihr nachgefragten Güter ausgebildet hat, was außer von der zureichenden Kaufkraft von einem das Angebot übergreifenden numerischen Bedarf abhängt. Aus diesem Grunde aber rückt in den Mittelpunkt das Überwiegen der Industriewirtschaft und seiner Konsumtionsansprüche, die nach Zahl und Beschaffenheit eine dauernd wachsende Belastungsprobe für die Landwirtschaft bedeuten mußten [3]). Damit bildeten sich dann die Voraussetzungen für eine Monopolstellung der Landwirtschaft. In der von uns betrachteten Periode bediente sich die landwirtschaftliche Preispolitik der künstlichen Zuspitzung ihrer natürlichen Monopolstellung, worin sich schließlich der hervorstechendste Zug der agrarischen Preisbildung überhaupt äußerlich bekundete.

Die Antriebe zu dieser Preispolitik waren zunächst Rentabilitätsnöte. Die zeitliche Verursachung derselben lag in den Wandlungen der Weltmarktskonkurrenz, die dauernden Ursachen aber gingen von den Einflüssen der Industriewirtschaft, in Verbindung mit der sich anbahnenden kapitalistischen Wirtschaftsgebahrung in der Landwirtschaft, aus. Die dabei zutage getretene Unterlegenheit der deutschen Landwirtschaft gegenüber der Industriewirtschaft kann hier in der Hauptsache nur wieder aus der individuellen Agrargeschichte Deutschlands begriffen werden. Die Folgen ihrer Traditionen, die Verquickung politischer Einflüsse mit wirtschaftlichen, die weitere Verquickung geistig ideeller Werte mit den wirtschaftlichen bei der Landgutsbewertung: sie schufen jene Konflikte, deren krisenhafte Versöhnung die ganze Zeit vor und während unseres Zeitraums ausfüllte. Das hat man mit im Auge zu behalten, wenn man internationale Vergleiche etwa mit den englischen und nordamerikanischen Verhältnissen ziehen will. Im übrigen aber mußte die internationale landwirtschaftliche Isolierung Deutschlands die Preisgegensätzlichkeit zum Weltmarkt immer weiter vertiefen, da diese Isolierung in Verbindung mit der Verknappung des inländischen Marktes zu einer unverhältnismäßigen Steigerung der Intensität der Landwirtschaft führte, der ein höheres Preisniveau zu entsprechen pflegt. Doch tritt dieser Grund der inländischen Preissteigerung gegenüber dem vorgenannten zurück, wie das Beispiel der hochintensiven, aber ungeschützten Landwirtschaft Dänemarks und der Niederlande zeigt, wogegen man aber wieder die Bevorzugung der rationellen Viehwirtschaft gegenüber dem Getreidebau in diesen Ländern mit Recht geltend machen kann, wenn man die deutschen Verhältnisse zum Vergleich nimmt.

Die Schwierigkeiten der Auseinandersetzung der deutschen Agrarwirtschaft mit der deutschen Industriewirtschaft mußten notwendig entstehen infolge des Überwiegens der reinen Wirtschaftlichkeit der letzteren im allgemeinen und infolge der eigenartigen traditionellen und irrationellen Durchsetzung der reinen Wirtschaftlichkeit der ersteren mit politischen und geistigen Werten im besonderen. Wir fassen die oben zu diesem Thema beigebrachten Tatsachen und Gesichtspunkte nochmals kurz zusammen. Wesentlich bleibt hier stets die Unterscheidung der materiellen und ideellen kapitalistischen Initiative der Industriewirtschaft, wie sie tätig sich in die Landwirtschaft einmischte, von dem Eindringen der materiellen, ideellen und organisatorischen Wirtschaftsformen des kapitalistischen geldwirtschaftlichen Rationalismus in die Landwirtschaft. Nur auf diesen beiden Grundlagen konnte sich das Wechselspiel von Kapitalentfremdung und Kapitalüberfremdung der Landwirtschaft durch die Industrie vollziehen. Es spezialisierte sich in die Mittel der Kapitalisation der landwirtschaftlichen Rentabilität in hohen Bodenpreisen, Erbabfindungen in Verbindung mit einem Verschuldungsmaximum, das bei der tendentiellen Ausspekulation der Gutswerte bis zur äußersten Grenze den Betrieb stets an das Reinertragsminimum zu drängen trachtete. In diesen Wirtschaftsformen, speziell in ihrer Übersteigerung, im vollen Gegensatz zu den traditionellen Irrationalitäten der landwirtschaftlichen Wertschätzungen, Betriebsweisen und Lebensanschauungen in Deutschland spiegelt sich das Wesen einer durch das Erwachen des geldwirtschaftlichen Geistes hervorgerufenen Krisis wieder. Die übermäßige Personal- und Kapitalabwanderung vom Lande zeigt die Landwirtschaft als den unterlegenen Teil in der kapitalistisch orientierten Konkurrenz um die Produktionselemente. Auch als Konsument hat sich der Landwirt in die volkswirtschaftliche Arbeitsteilung immer weiter eingegliedert. Die Zeiten, in denen er sich seine Kleider selbst webte, sein Brot selbst buk, seine Feuerstätte selbst anlegte, sind vorbei. Produktiv und konsumtiv ist er der schwächere Teil eines sozialwirtschaftlichen Abhängigkeitsvorganges von geschichtlicher Bedeutung gewesen.

Die Zollpolitik und die ähnlichen Mittel der Preistaktik tragen das Kennzeichen eines Korrekturversuches an sich, der die aus den genannten Gründen chronische Rentabilitätsschwächung durch die Garantieen eines feststehenden Überpreises im allgemeinen und einer künstlichen Produktionsisolierung der Fleischerzeugung durch monopolistische Marktbegrenzungen im besonderen zu heilen sucht und dabei in alle die Schwierigkeiten gerät, die durch die Isolierung einer im übrigen weltwirtschaftlich eingestellten Volkswirtschaft entstehen müssen. Auf diesem Umwege hatte sich die inländische landwirtschaftliche Preisbildung soweit von der weltwirtschaftlichen losgelöst, daß sie ein individuelles Höchstmaß der Steigerung ihrer Produktenpreise erreichte, welches eben dadurch den Zusammenhang mit dem Weltmarkt verlieren mußte. Dabei verstärkte sich dann der individuelle Gang der inländischen Produktion in der Richtung starker Intensivierung, wodurch die Kostenelemente für weitere Preissteigerungen geschaffen wurden. Doch ist es nach allen früheren Erörterungen nicht angängig, diesen Gedankengang in den Vordergrund zu schieben. Die seinerzeit von Eßlen vorgeschlagene Lösung, die der Landwirtschaft den Übergang zur überwiegenden Viehwirtschaft bei allmählichem Abbau der Getreidezölle empfahl, scheint uns nicht das Zentralproblem zu berühren. Zweifellos betrifft sie jenes Stück der landwirtschaftlichen Rentabilitätsmängel in Deutschland, welches in betriebswirtschaftlichen Irrationalitäten seinen Grund hatte; aber es ist unwahrscheinlich, daß auf diesem Wege auch jene Rentabilitätsnöte hätten beseitigt werden können, die aus der ununterbrochenen freiwilligen Abwanderung persönlicher und sachlicher Werte der Landwirtschaft in einem solchen Übermaß, daß sie in gewaltigem Umfange wieder zurückgekauft werden mußten, entsprangen. An dieser Stelle war eine Korrektur der Verhältnisse nur durch unverhältnismäßig steigende Produktenpreise möglich, deren jeder den Keim zu einer weiteren Preissteigerung infolge von zu weit gehenden Kapitalisierungen derselben zugunsten des Industriekapitals entwickelte.

Es ist das positive und das negative des Kapitalismus und seines Eindringens in die Landwirtschaft, daß er einerseits die Bindung an die Scholle löst, andrerseits den Zug zur Stadt und den dortigen reichen materiellen und ideellen Möglichkeiten der kapitalistischen Wirtschaftsordnung erzeugt, wodurch jenes immerwährende Vakuum in der Landwirtschaft entstand, in das sich die industriewirtschaftlichen kapitalistischen Interessen im größten Maßstabe ergießen konnten. Mit diesem Zug des Geistes und des Wanderns wird die Landwirtschaft dann kontinuierlich auf einen Rentabilitätsstandpunkt heruntergebracht, der erst recht wieder eine verstärkte Landflucht für Arbeit und Kapital zur Notwendigkeit macht; denn nur wenn das landwirtschaftliche Kapital auf dem Lande verbliebe, könnten auch die Landbewohner daselbst von ihm arbeiten und leben. Wandert es ab, so müssen die Menschen mit. Je mehr Menschen mit müssen, umsomehr Kapital folgt wieder nach, und so arbeitete eine Schraube ohne Ende an der Minderung der landwirtschaftlichen Rentabilität, die ihren konsequenten Ausdruck in der Verwirklichung dauernder Preissteigerungen finden mußte. Deren Maß kann aus derNatur der bloßen betriebstechnischen und betriebswirtschaftlichen Voraussetzungen des unmittelbaren landwirtschaftlichen Produktionsprozesses nicht mehr zureichend erklärt werden.

Die Fäden, die die landwirtschaftliche Produktion und Konsumtion in Deutschland mit der Industriewirtschaft verbunden haben, sind so eng und zahlreich, daß die Fragen nach Preiszusammenhängen in vielfacher Hinsicht sich stellen lassen. Der Preis für das Kapital, für viele Produktionsmittel, für die Arbeit in der Landwirtschaft ist ein Ergebnis der Industriewirtschaft, desgleichen der Preis der von der Landwirtschaft bezogenen Konsumgüter. Die Preissteigerung der industriellen Erzeugnisse stand in Verbindung mit einer seit der Mitte der 90 er Jahre andauernden, ununterbrochenen und nur durch zwei Krisen 1900 und 1907 gestörten Hochkonjunktur deren Abbild der sich stetig hebende Preisstand der industriellen Rohstoffe und Produkte war. Die Zerlegung dieser Hochkonjunktur in ihre Ursachen und deren Entwicklung würde die natürliche Fortsetzung unserer Untersuchungen bilden und eigentlich erst die restlose Klarheit über die gegenseitige Preisabhängigkeit von Landwirtschaft und Gewerbe schaffen. Die Gegenseitigkeit dieser Abhängigkeit tritt wesentlich in der industriewirtschaftlichen Konsumtion zutage, soweit sie die Produkte des Landes kauft. Sie ist Träger und Entwickler der Kaufkraftstärke, die die Preiserhöhungen zahlen muß, die der Agrarwirtschaft den Reichtum der Industrie wieder zuführen, der sich zum Teil auf Kosten der Agrarwirtschaft gebildet hat. Die Form, in der sich das reguliert, ist eine interne Angelegenheit der Einkommensverteilung in der Industriewirtschaft.

Man hat oft Berechnungen über die Belastung des Arbeitseinkommens durch die landwirtschaftlichen Zölle angestellt (Mombert, Gerloff, Neumann). Das Resultat unserer Untersuchungen berechtigt hier zu der Frage, ob der mit dem Worte „Belastung“ involvierte Ursachenzusammenhang das Problem richtig stellt. Die Auseinandersetzung zwischen Agrarwirtschaft und Industriewirtschaft lag primär nicht bei der Nachfrage nach den beiderseitigen Produkten, sondern bei der kapitalistischen Auseinandersetzung zwischen den kapitalistischen Produktionsgrundlagen beider. Alles spätere, der Produktenpreis also, ist eine Folge davon.— Der Anspruch der Konsumtion aber an die Wirtschaft ist die Bedarfsdeckung; der Anspruch der Produktion: der geldwirtschaftliche Reinertrag. Für den letzteren wird die Bedarfsdeckung zu einem Mittel. Die sozialwirtschaftliche Harmonie zwischen Angebot und Nachfrage entsteht in dem Augenblicke, wo das Interesse des Reinertrags sich mit dem Interesse des Bedarfs deckt. Sieht man sich auf dieses letzte volkswirtschaftliche Endziel hin die agrarwirtschaftliche Preisbildung und Preispolitik in der von uns betrachteten Periode an, so wird es gerade mit Rücksicht auf die Viehwirtschaft uns zu denken geben müssen, daß die Preispolitik hier durch das Mittel der monopolistischen Absperrung und künstlichen Verknappung der Bedarfsdeckung die einzige Möglichkeit fand, den Reinertrag zu erhöhen und sicherzustellen. Gewiß darf bei Beurteilung dieser Sachlage nicht übersehen werden, daß nach dem Prinzip der Rentenpreise eine solche Tendenz einzig von den überwiegend vorhandenen ungünstigsten Produktionsstätten ausging, während die übrigen — in allerdings bescheidenem Maße — eine Differentialrente bezogen. Wenn nun die Einkommen in der Industrie so beschaffen gewesen wären, daß sie ohne Zwang die von der Landwirtschaft geforderten höheren Preise hätten bewilligen können, dann wäre auch diese Preispolitik nicht nötig gewesen, vorausgesetzt, daß es auch keine ausländische Konkurrenz gegeben hätte, die die Preise hätte drücken können.

Wir stehen vor der Tatsache, daß die hypertrophische Entwicklung eines Zweiges der Sozialwirtschaft, in diesem Falle des Gewerbes, einerseits überhaupt, andrerseits insoweit sie auf Kosten des anderen Teiles, in diesem Falle der Landwirtschaft, vor sich gegangen ist, jene Art von Abhängigkeit des hypertrophischen Gebildes von dem stagnierenden begründet hat, wie wir sie sonst nur etwa in der Abhängigkeit eines Gläubigerstaates vom Schuldnerstaat beobachten. Obgleich ersterer die Initiative hat, gerät er doch in Abhängigkeit von letzterem, besonders wenn er aus dessen wirtschaftlicher Schwäche Vorteile ziehen will. Die Abhängigkeit der Agrarwirtschaft von der Industriewirtschaft, die teils auf der unkapitalistischen Betriebsweise der Landwirtschaft als solcher, teils auf der kapitalistischen Entfremdung und Überfremdung, d. i. kapitalistischen Ausnutzung der Agrarwirtschaft durch die Industrie beruhte, hatte die agrarische Versorgung der industriewirtschaftlichen Bevölkerung selbst in Schwierigkeiten gestürzt, die nicht mehr initiativ marktmäßig gelöst werden konnten, wie die zollpolitischen Verhandlungen und die Fleischenquete gezeigt haben. Die Sozialwirtschaft drängt zum

Gleichgewicht, zur Statik; und wo die Industrie auf Kosten der Agrarwirtschaft sich übermäßig ausbreitet, da entsteht die Notwendigkeit zum Ausgleich und insbesondere zur Rückerstattung jener Teile des industriewirtschaftlichen Übergewichts an die Agrarwirtschaft, die sich von der Beraubung der letzteren herschreiben.

Ein solcher Rückerstattungsprozeß aber konnte nur über den Umweg einer Produktenpreiserhöhung stattfinden, welche der einzige Kanal war, durch den industriewirtschaftliche Werte an die Agrarwirtschaft gelangen konnten, da die Agrarwirtschaft der Industriewirtschaft Kapitalwerte nicht zu entfremden vermochte. Eine so bewirkte Verteuerung der lebensnotwendigen Konsumgüter aber ist nichts anderes als eine Geldentwertung von völlig ursprünglichem und sozialwirtschaftlich notwendigem Charakter. Inwieweit auch in der Industriewirtschaft selber und in der Organisation des Geldwesens (Goldproduktion!) Tendenzen zur Entwertung des Geldes gelegen haben, das ist eine Frage, die aus dem Rahmen dieser Untersuchung fällt. Sehen wir also davon ab, so können wir dem Ergebnis unserer Betrachtungen jetzt auch die folgende Formulierung geben: Die aus der hypertrophischen Entwicklung der Industriewirtschaft und den Widerständen der Agrarwirtschaft gegen kapitalistische Betriebsweisen und aus der Kapitalüberfremdung der Agrarwirtschaft durch die Industriewirstchaft geschaffene Inkongruenz der zwei großen Zweige der Sozialwirtschaft konnte nur durch eine Entwertung des Geldes, d. i. durch das Mittel fortlaufend gesteigerter Preise eine Korrektur erfahren. Die Entwertung des Geldes bedeutet in diesem Falle nichts anderes als eine Entwertung der industriewirtschaftlich geschaffenen Werte. In dieser Weise haben die höheren Preise für die landwirtschaftlichen Produkte in doppelter Weise in der Richtung eines Ausgleichs zwischen Agrar- und Industriewirtschaft gewirkt. Einmal haben sie der Landwirtschaft das ihr entzogene Kapital wieder zugeführt, andrerseits die Kapitalwerte der Industriewirtschaft dauernd gedrückt und damit einen kontinuierlichen, krisenhaften Entwertungsprozeß der gewerblichen Produktion eingeleitet. Die industrielle Hochkonjunktur erscheint — vorbehaltlich der ursprünglichen, aus dem Erwerbsleben selbst fließenden Antriebe — somit als ein getreues Gegenstück der tendentiellen agrarischen Depression. Beide zusammen ergänzen sich als das Positiv und Negativ einer von der normalen Linie abgekommenen sozialwirtschaftlichen Entwicklung und bilden auch erst zusammen eine Krisenerscheinung. Von einer Agrarkrisis allein zu sprechen heißt nur die eine, negative Seite des gestörten volkswirtschaftlichen Gleichgewichts ins Auge fassen. Ihre positive Seite, die gewerbliche Krisis (Konjunktur) ist als ihre sozialwirtschaftliche Ergänzung stets mitzudenken. Ein abgeschlossenes Verständnis für die agrarischen Preissteigerungen kann deshalb mit den Untersuchungen, die hier angestellt wurden, nicht als gewonnen gelten, sondern dieses verlangt eine Analyse der Preisbildung der gewerblichen Produktion in gleicher Weise.

Unsere Betrachtungen haben also nur bis zu dem Punkte geführt, an dem sich das Gesetz des Kreislaufs der Gesamtwirtschaft zeigte und seine spezielle Störung sich in der nationalwirtschaftlichen Disproportionalität zwischen der landwirtschaftlichen und industriellen Produktion einerseits und zwischen dem agrarwirtschaftlichen Angebot und der industriewirtschaftlichen Nachfrage andrerseits — letztlich als eine Divergenz zwischen den Prinzipien des Gewinnstrebens und der Bedarfsdeckung darstellte. Bei der Gestaltung dieser Sachlage war die Rolle der Industriewirtschaft eine vorwiegend aktive, die der Landwirtschaft eine wesentlich reaktive. Wo und wie jene Aktivität der Industriewirtschaft aus ihr selber entsprang, das ist das noch ungelöste Problem, durch dessen Lösung unsere Untersuchungen allein zum Abschluß gebracht werden können.

Anmerkungen zu Seite 226—234.

[1]) Arbeiten auf dem Gebiete der Landwirtschaft in Sachsen, Heft 5, 1919 (Grundmann), S. 78.

[2]) Theoretische Sozialökonomik, 1909, S. 245.

[3]) K. Oldenberg, „Deutschland als Industriestaat", Göttingen 1897.

Anhang.

In betreff der ausgefallenen Anlagen vergleiche man das Vorwort.

Anlage III.

Die Viehbesetzung nach Gebietsteilen.

1907 (Band 212 der Stat. d. D. R.).

Wir zerlegen Deutschland in sechs annähernd gleiche Teile und erhalten folgende Gebiete:

I.	Süddeutschland = rechtsrhein. Bayern, Württemberg	89 (1000 qkm)
II.	Nordwestdeutschland = Schleswig-Holst., Hannover, Hansestädte, Braunschweig, Westfalen	88 „
III.	Mitteldeutschland = Brandenburg, Pr. Sachsen, Mecklenbg., Pommern: Reg.-Bez. Stralsund und Stettin	96 „
IV.	Nordostdeutschland = Ostpreußen, Westpreußen, Posen, Pommern: Reg.-Bez. Köslin	107 „
V.	Südostdeutschland = Schlesien, Kgr. und Gh. Sachsen, Thüringen, Anhalt	70 „
VI.	Südwestdeutschland = Rheinland, Hess.-Nassau, Pfalz, Hohenzollern, Baden, Hessen, Els.-Lothringen, Waldeck, Lippe	90 „
		540 (1000 qkm)

Rindvieh pro 100 ha landw. benutzter Fläche (gewogene Ziffern nach Flächeninhalt).

		nach Eßlen:	
Süddeutschland	86	Südbayern	89
Südwestdeutschland	83	Süddeutschland	84
Nordwestdeutschland	72	Südwestdeutschland	83
Südostdeutschland	65	Nordwestdeutschland	78
Reichsdurchschnitt	63	Reichsdurchschnitt	62
Nordostdeutschland	44	Mitteldeutschland	60
Mitteldeutschland	40	Nordostdeutschland	40

Schweine ebenfalls nach den Gebietsflächen gewogene Ziffern pro 100 ha.

Nordwestdeutschland ...	105
Südwestdeutschland	68
Reichsdurchschnitt	59
Mitteldeutschland	56
(75: Prov. Sachsen)	
Südostdeutschland......	53
Nordostdeutschland.....	45
Süddeutschland	40

nach Eßlen:

Nordwestdeutschland....	92
Mitteldeutschland.......	84
Südwestdeutschland.....	63
Reichsdurchschnitt......	59
Nordostdeutschland	46
Süddeutschland.........	43
Südbayern	32

(Im Südosten sind Sachsen und Thüringen überdurchschnittlich mit 65 bzw. 72 Schweinen besetzt.)

Es ist zu berücksichtigen, daß der Reichsdurchschnitt eine ungewogene Ziffer darstellt; daß er bei den Schweinen so weit hinaufrückt, hängt mit der ungleichmäßigeren Verteilung zusammen. Während die Spannung bei der Rindviehbesetzung nur 43 (83 minus 40) beträgt, so bei den Schweinen 65 (105 minus 40). Die Eßlenschen Ziffern (Fleischversorgung S. 217) bedienen sich der von der Reichsstatistik getroffenen Einteilungen, die von außerordentlich verschiedenem Umfange sind. Eßlens Durchschnitte sind ungewogen, d. h. es ist innerhalb eines jeden Gebietsteiles die Besatzziffer seiner Bezirke nicht nach der Größe der letzteren für den Durchschnitt verwertet worden. Die dadurch entstehenden Unterschiede sind sehr bedeutend, wie man sich leicht überzeugt.

III a.

Der Viehstand pro 100 ha der landwirtschaftlich benutzten Fläche nach den verschiedenen Größenklassen der Betriebe in den oben festgelegten Gebietsteilen Deutschlands im Jahre 1907 (nach Flächengrößen gewogene Durchschnitte). Der Verfasser hat die Zahlen der Reichsstatistik auf die von ihm in Tab. III vorgenommene Zerlegung des Gesamtgebietes entsprechend umgerechnet.

	Nordwestdeutschland				Südwestdeutschland				Süddeutschland			
	Rindvieh		Schweine		Rindvieh		Schweine		Rindvieh		Schweine	
	1907	1895	1907	1895	1907	1895	1907	1895	1907	1895	1907	1895
unter 2 ha	61,4	64,8	*468,6*	281,2	*86,0*	86,0	*151,9*	111,1	*89,0*	90,9	*97,3*	78,3
2—5 ha ..	*92,4*	78,2	*180,6*	111,3	*107,0*	95,0	*75,8*	60,0	*106,4*	98,5	*53,5*	46,4
5—20 ha .	*79,3*	61,2	101,0	59,9	*83,4*	69,2	55,6	42,8	89,1	77,8	36,9	32,4
20—100 ha	68,1	51,7	55,2	31,9	54,5	46,4	36,4	27,8	71,0	60,2	27,9	22,7
über 100 ha	43,4	34,6	34,2	20,9	33,6	25,8	22,8	12,9	43,8	34,1	19,8	13,7
überhaupt.	72,2	57,0	104,8	62,9	83,0	71,4	67,8	51,1	86,0	75,2	39,9	33,3
Reichs-durchschn.	62,8	52,5	59,3	41,7	62,8	52,5	59,3	41,7	62,8	52,5	59,3	41,7

	Nordostdeutschland				Südostdeutschland				Mitteldeutschland			
unter 2 ha	*125,4*	114,5	*400,2*	335,0	64,5	65,7	*174,4*	144,5	*58,7*	62,1	*403,8*	321,8
2—5 ha ..	*67,2*	57,2	*101,5*	81,3	*88,1*	80,8	*79,7*	64,2	*69,0*	61,2	*134,7*	95,7
5—20 ha .	*53,5*	43,1	*57,5*	42,5	*75,7*	65,0	*56,3*	41,3	*57,8*	48.3	*72,0*	50,4
20—100 ha	43,9	36,0	32,8	29,4	61,4	53,6	43,8	29,6	*43,3*	37,3	35,7	25,3
über 100 ha	32,6	23,4	18,9	10,4	41,8	34,8	18,6	11,8	31,2	19,1	17,3	10,9
überhaupt.	44,5	34,6	44,8	31,5	65,0	57,5	53,1	38,4	40,4	33,6	55,9	39,5
Reichs-durchschn.	62,8	52,5	59,3	41,7	62,8	52,5	59,3	41,7	62,8	52,5	59,3	41,7

Anlage VI.

Statistik über milchwirtschaftliche Erzeugnisse.

Jahr	tägl. Verzehr pro Kopf[1])	Milch		Butter		Käse	
		Mehreinf. Mill. kg M.	Preise 1 Liter Pfg.	Mehreinf. Mill. kg M.	Preise 1 dz [6]) Pfg.	Mehreinf. Mill. kg M.	Preise 1 dz [7]) Pfg.
1890		6,56	13,0[4])	1,87		7,36	
1895	0,356[2])	11,10	14,0[4])	0,23		7,14	53,5[2])
1900		7,21	14,1	14,10	102,15	15,48	55,5
1901	0,426	8,11	14,3	15,54	113,63	15,21	57,0
1902		11,22	14,8	14,29	109,15	14,49	66,0
1903	0,465	15,00	14,8	23,03	112,30	15,99	57,0
1904		18,62	15,0	33,54	114,82	16,85	66,5
1905		27,88	15,3	36,09	118,99	19,08	67,5
1906	0,411	— [3])	16,0	— [3])	120,40	20,66	73,5
1907		33,60	16,1	49,36	118,80	18,99	70,5
1908		36,94	16,4	44,94	124,20	19,18	66,5
1909	0,402	32,49	16,5	58,15	122,50	19,92	74,0
1910		30,08	17,3	64,07	124,80	20,03	80,5
1911	0,451	33,13	18,4	87,57	130,60	19,87	84,0
1912		32,26	19,3	97,24	133,30	20,62	85,0
1913	0,493	20,36	— [5])	98,31	127,00	25,54	75,0

Anlage VII.

Die Wechselbeziehungen zwischen Nutzviehrohertrag, -reinertrag, Futterbau, Futterzukauf usw.

Diese Tabelle stellt einen Versuch dar, im Durchschnitt und an typischen Stichproben einen Überblick über die Betriebsverhältnisse der Viehwirtschaft in Deutschland zu geben, ähnlich dem, wie er in oft gerühmter Vollendung für die Schweiz von Dr. Ernst Laur und unter seiner Leitung alljährlich be-

---

[1]) Zahlen für Stuttgart aus Trüdinger, „Die Milchversorgung in Württemberg", München 1914, S. 70 ff.

[2]) für 1896.

[3]) Änderung der statistischen Methode. In den früheren Zahlen ist der Rahm in der Milch mit zusammengefaßt; bei der späteren Trennung haben wir ihn der Butter zugeschlagen, da er wegen seiner Zollfreiheit in steigendem Maße die Buttereinfuhr ersetzte und im Inlande zu Butter verarbeitet wurde.

[4]) Auf Grund der von Trüdinger (Anm. 1) S. 70 ff. mitgeteilten Ziffern geschätzt. Sie betreffen den Gesamtdurchschnittspreis für ganz Württemberg.

[5]) Der Milchpreis für 1913 ist wegen Überproduktion mancherorts etwas gefallen. Vgl. Badener Landesdurchschnitt bei A. Witzenhausen „Die Milchversorgung der Stadt Mannheim", Leipzig 1914, S. 94: 1900—04 = 17 Pf.; 1905—06 = 17,1; 1907—9 = 18; 1910 = 20; 1911 = 22,7; 1912 = 23; *1913 = 21.*

[6]) Berliner Notierungen für 1 dz. Sie laufen parallel der Kemptener im Algäu, allerdings mit einem durchschnittlichen Unterschied von M. 10—25 pro dz. Vgl. Geiger, „Das Molkerei- und Käsereiwesen im bayr. Algäu", München 1915, S. 280/1. Auch die amtliche Statistik geht mit der Berliner Notiz gleich: Jahn, „Die Versorgung Berlins mit Butter", München 1915, S. 21.

[7]) Mittlerer Preis für vollfetten Hartkäse nach den Angaben des „Milchwirtschaftlichen Vereins" im Algäu. Ausgeführte Tab. bei Geiger a.a.O. Seite 253.

arbeitet wird. Diese „Untersuchungen betreffend die Rentabilität der schweizerischen Landwirtschaft" sind das methodische Vorbild für die hier aufgestellten Tabellen gewesen. In Deutschland steht an Material nur eine Reihenfolge von Erhebungen der D. L. G. zu Gebote, die sich über ganz Deutschland erstrecken. Dr. F. Waterstradt hat in seiner Wirtschaftslehre des Landbaues dieses Material in 14 Gruppen eingeteilt und die Gruppen in sich wieder 3—4 fach unter dem Gesichtspunkt der Höhe der Nutzvieheinnahme (Rohertrag) gestaffelt. Diese Aufstellung wurde benutzt und den betreffenden Gebieten die Staffelziffer in römischen Zahlen beigefügt. Diese Zahlen stellen also einen Index steigender Nutzvieheinnahme dar. Die 14 Gebiete selbst fallen mit den folgenden Arbeiten der D. L. G. zusammen:

1. „Niederrhein" Heft 185 Arb. der D. L. G., bearbeitet von W. Six
2. „Wiesbaden" „ 148 „ „ „ „ J. Fülberth
3. „Nördl. Sachsen" „ 192 „ „ „ „ B. Schöne
4. „Wetterau" „ 133 „ „ „ „ R. Franz
5. „Arnsberg" „ 164 „ „ „ „ W. Golte
6. „Dithmarschen" „ 188 „ „ „ „ P. Hinrichs
7. „Börde" „ 130 „ „ „ „ P. Gutknecht
8. „Ostholstein" „ 187 „ „ „ „ W. van der
Smissen
9. „Eifel" „ 169 „ „ „ „ L. Schmitz
10. „Witzenhausen" „ 186 „ „ „ „ R. Klein
11. „Eichsfeld" „ 183 „ „ „ „ v. Witzin-
gerode
12. „Schlesien" „ 214 „ „ „ „ Sagawe,
[Tuckermann, Waterstradt.
13. „Buchstelle der D. L. G.", Heft 180 von E. Langenbeck
14. „Märkische Brennereiwirtschaften", Heft 118 von E. Langenbeck.

Nach dem Urteil Waterstradts sind die absoluten und relativen Werte für den Nutzviehbestand usw. in den verschiedenen Gebieten als allgemein vergleichbar anzusehen (a. a. O. S. 173).

Um die für den Vergleich notwendigen Verhältniswerte herauszuarbeiten, haben wir das Material, das sich aus 50 Posten zusammensetzt, entsprechend geordnet und dabei den zahlenmäßigen Ausdruck mittels Vergleichs der Reihenfolgen nach der Größe der Werte gefunden. Wenn also untersucht werden soll, ob der anwachsende Reinertrag in gesetzmäßigem Zusammenhange mit den zugehörigen Rohertragsgrößen steht, so werden zunächst die gesamten Reinertragsziffern der verschiedenen Gruppen und Untergruppen der Größe nach geordnet. Daneben wird der zugehörige Rohertrag gesetzt, und man erkennt, ob dieser seiner Größe nach sich in genau derselben Reihenfolge gruppiert. Tut er das nicht, so gibt es einen verschieden großen Spielraum von Abweichungen. Der äußerste Fall wäre der, daß dem kleinsten Reinertrage der größte Rohertrag entspräche. Statistisch ist eine derartige Verhältnisstellung dadurch zum Ausdruck zu bringen, daß man die Roherträge ebenfalls der Größe nach geordnet neben die Reinerträge stellt. Das geschieht dann in der Weise, daß an Stelle der Rohertragsziffer nur deren Stellenziffer benutzt wird. Also in dem soeben genannten äußersten Falle würde dem niedrigsten Reinertrage jene Ziffer entgegengesetzt werden, bei der der kleinste Rohertrag bestände. Das wäre dann Nr. 50, die letzte Zahl der ganzen Reihe, der auch der höchste Reinertrag zukommt. Die Differenz zwischen Reinertrags- und Rohertragsstelle wäre dann $50 - 1 = 49$. Wenn in der Tat das Verhältnis des extremsten Gegensatzes zwischen Reinertragshöhe und Rohertragshöhe vorwaltete, so müßte die gleichsinnige Anordnung beider von den kleinsten Ziffern aufwärts die Maximalzahl der Differenzen der Stellenziffern von Reinertrag und Rohertrag ergeben: 50—1; 49—2; 48—3 . . .; 49—2; 50—1: Sa. = 50 mal $25 = 1250$.

Dieser extremste obere Fall kann sich nun in 1250 Möglichkeiten bis auf den extremsten unteren Fall = 0 abwandeln. Diese Möglichkeiten aber sagen je nachdem etwas ganz verschiedenes aus. Die Differenz 1250 bedeutet offenbar, daß der Sachzusammenhang — sagen wir anwachsender Roherträge und Reinerträge — ein gerade entgegengesetzter ist, daß steigenden Reinerträgen proportional fallende Roherträge entsprechen. Das Gegenstück bildet die Differenzziffer „0", die dann herauskommt, wenn jede anwachsende Rohertragsgröße an der Stelle steht, wo der ihr zugehörende Reinertrag steht. Das kann sie aber nur, wenn die nach dem Anwachsen geordneten Roherträge ohne Ausnahme dem Anwachsen der Reinerträge proportional sind. Der dritte Fall liegt in der Mitte zwischen den beiden Extremen, also bei der Zahl 625. Er besagt entweder, daß die beiden auseinanderstrebenden Tendenzen gleich stark sind, oder daß sie überhaupt nicht bestehen, also Regellosigkeit herrscht. Im einzelnen wird man sich die Differenzziffern stets daraufhin betrachten müssen, ob sie nicht durch einige wenige Ausnahmen (vgl. etwa bei dem Verhältnis der Nutzvieheinnahme zum Nutzviehreinertrag) über Gebühr unter das Niveau gedrückt werden.

Der leichteren Übersicht halber kann man sich nun noch des prozentualen Ausdrucks bedienen nach der Formel 1250 : 100 = jeweilige Ziffer : x. Da nun aber bei dieser Art der Vergegenwärtigung der Abweichungen vom Zusammenhang gerade die kleinsten Zusammenhänge durch die größten Ziffern — welche ja immer die Abweichung bedeuten — dargestellt werden, also der kleinste Zusammenhang (1250) durch 100 und der größte durch 0, so gibt man dem Ganzen, wenn man nicht die Abweichungsziffer, sondern die Zusammenhangsziffer bilden will, die umgekehrte Fassung durch Subtraktion von 100. Also Abweichungsziffer der etwa angenommenen Differenzensumme 304

$$= \frac{100 \cdot 304}{1250} = 24{,}3.$$

Die entsprechende Zusammenhangsziffer lautet:

$$= 100 - \frac{100 \cdot 304}{1250} = 75{,}7.$$

Der Ausdruck „Zusammenhangsziffer" ist von J. Hansen („Bodenpreise, Eigentumswechsel und Grundverschuldung in einigen Teilen Niederbayerns während der Jahre 1900—1910", S. d. V. f. S., Bd. 148, S. 369 ff.) vorgeschlagen worden. Er verwendet ihn jedoch für eine etwas anders lautende Formel: $\frac{\text{Anzahl der Ziffern (50)} \cdot 100}{\text{größte Abweichung (1250)}}$. Da diese Formel aber mit wachsender Zifferanzahl immer ausdrucksloser wird, mußten wir auf sie verzichten. Hansen konnte sie bei seinen nur etwa 10ziffrigen Reihen mit Erfolg benutzen.

Auf die Wiedergabe des Zahlenmaterials muß verzichtet werden. Es führte zu den folgenden rechnerischen Ergebnissen:

1. Das Verhältnis von Nutzviehreinertrag zu Nutzviehrohertrag zeigt eine Abweichung von 17.7
   einen Zusammenhang von 82.3
2. Das Verhältnis von Nutzviehreinertrag zu Stück Nutzvieh pro 100 ha zeigt eine Abweichung von 27.2
   einen Zusammenhang von 72.8
3. Das Verhältnis von Nutzviehreinertrag zu Eigenfutterbau zeigt eine Abweichung von 57.4
   einen Zusammenhang von 42.6
4. Das Verhältnis von Nutzviehreinertrag zu Futterankauf zeigt eine Abweichung von 37.6
   einen Zusammenhang von 62.4
5. Das Verhältnis von Stück Nutzvieh zu Rohertrag zeigt eine Abweichung von 30.0
   einen Zusammenhang von 70.0

6. Das Verhältnis von Stück Nutzvieh zu Futterbau zeigt eine Abweichung von 57.6
einen Zusammenhang von 42.4
7. Das Verhältnis von Stück Nutzvieh zu Futterankauf zeigt eine Abweichung von 44.4
einen Zusammenhang von 55.6
8. Das Verhältnis von Futterbau zu Futterankauf zeigt eine Abweichung von 53.4
einen Zusammenhang von 46.6

Anlage VIII.

Die Entwicklung des Zinsfußes für ländlichen Kredit.

Schätzt man die Belastung des deutschen Grundbesitzes mit Hypotheken auf 60 Milliarden Mark (im Jahre 1912), so sind von diesen
43 Milliarden Individualhypotheken
17 „ Hypotheken der Bodenkreditanstalten.

Die 17 Milliarden verteilen sich auf die verschiedenen Gattungen wie folgt.

Institute	Zahl	Umlauf der Schuldverschr.	in %
1. Staatl., provinzielle und städtische Institute	15	1052,1 Mill. M.	6,17
2. Renten- und Landeskulturrentenbanken	16	516,6 „ „	3,03
3. Landschaften	27	3905,0 „ „	22,90
4. Hypothekenaktienbanken	38	11410,7 „ „	66,92
5. sonstige Institute	2	167,1 „ „	0,98
	98	17051,5 Mill. M.	100,00%

(Alle diese Angaben entstammen: Schulte „Die Hypothekenbanken" S. d. V. f. S. München und Leipzig 1918, S. 26—29.)

Die Hypothekenbanken besitzen eine gewisse Freiheit in der Wahl des Nominalzinsfußes, da bei den Pfandbriefdarlehen die Kompensation im Kurse liegt. Nimmt der Darlehensnehmer einen Pfandbrief mit niedrigem Zinsfuß, so leistet er ein Äquivalent in dem Disagio, das er zur vollen Höhe tragen muß. Nimmt er al pari stehende Pfandbriefe, so hat er den höheren Zins zu zahlen. Wegen der solchermaßen verschiedenmöglichen Wünsche der Darlehensnehmer stehen die Hypothekenbanken nicht unter dem ausschließlichen Zwange, ihre Nominalzinssätze dem Marktzinsfuß anzugleichen.

Eine besondere Rolle für die Höhe des Zinssatzes spielt die Mündelsicherheit. Diese gewährt einen Schutz vor Entwertung und erlaubt niedrigere Zinssätze. Da die süddeutschen Banken einseitig diesen Schutz genossen, so konnten sie in den Jahren 1902—7 zum 3½% Pfandbrief zurückkehren (Schulte S. 305). Aber immerhin zeigen doch die Umlaufsziffern der 4½, 4, 3½% Pfandbriefe, daß die Tendenz des Marktes auf höhere Zinssätze hinauslief. Zu beachten bleibt, daß es sich im Prinzip nur um erstklassige Hypothekendeckungen handelt. (In praxi wird dieses Prinzip nicht immer verwirklicht.) Auf der folgenden Seite sind einige Ziffern des Pfandbriefumlaufs der deutschen Hypothekenbanken verteilt nach dem Zinsfuße wiedergegeben. Der Umlauf der 5% Pfandbriefe wurde nicht angegeben, da er belanglos ist. (Siehe Schulte, S. 308/9.)

Auch die Sparkassen sind stark an ländlichen Hypotheken beteiligt. Die preußischen Sparkassen z. B. hatten von ihrem gesamten zinstragend angelegten Vermögen im Jahre

1896 : 1246 Mill. M. = 25,4%
1904 : 1792 „ „ = 22,0%
1912 : 2464 „ „ = 19,0%

in Hypotheken auf ländliche Grundstücke angelegt. — Die Sparkassen sind meistens teurer als die Landschaften, die dafür auch eine bestimmte Auswahl treffen. Die Verteilung der ländlichen Hypothekendarlehen nach ihrem Zinssatze bei den Sparkassen veranschaulicht die nachfolgende Tabelle (aus der „Agrarökonomischen Rundschau" herausgegeb. v. intern. landw. Instit. 1913, Heft II, S. 51 ff.: „Die Bedeutung der preuß. Spark. für den Hyp.-Kredit und ihr Einfl. auf die Entschuldung des ländlichen Grundbesitzes", S.58):

Der Pfandbriefumlauf der deutschen Hypothekenbanken und seine Verteilung nach dem Zinssatze (in Mill. Mk.)

Jahr	zu 4½%	zu 4%	zu 3,75 %	zu 3½%
1888	61	1655		724
1889	45	1607		1042
1890	39	1713		1164
1891	38	2005		1146
1892	36	2360		1152
1893	34	2597		1193
1894	30	2701		1524
1895	22	2162		2454
1896	14	1854	2	3206
1897	12	*1733*	3	3782
1898	10	1784	4	4038
1899	8	2120	4	4083
1900	7	2420	4	3930
1901	6	2736	3	3786
1902	6	3026	3	3801
1903	5	3255	59	3960
1904	5	3558	96	4043
1905	5	3879	140	4168
1906	*4*	4163	*158*	*4192*
1907	17	4504	151	4090
1908	44	5062	149	3986
1909	43	5698	143	3866
1910	43	6288	138	3756
1911	42	6874	133	3639
1912	60	7155	128	3523
1913	86	7252	122	3421

Zinssätze der Hypoth.-Darlehen bei den Sparkassen

	1900	1905	1910
unter 3%	0,07	0,11	0,06
zw. 3—4%	18,49	15,78	6,84
4%	47,72	54,79	41,80
zw. 4—5%	32,60	28,70	50,01
5%	1,10	0,62	1,29

Das Jahr 1900 ist der Geldkrise wegen ungeschickt gewählt; aber die Entwicklung des vorwiegend geforderten Zinses von „4%" nach „zw. 4—5" tritt deutlich hervor.

Es bleibt jedoch zu beachten, daß die meisten Hypothekenbanken in Deutschland nur wenig die ländlichen Grundstücke beliehen haben. Ende

1922 betrug der gesamte Hypothekenbestand der 38 deutschen Hypothekenbanken 11 286 Mill. Mark, wovon auf ländliche Grundstücke nur 752 Mill. Mark entfielen [1]).

Im Gegensatz zu den Hypothekenbanken dienen die Landschaften nur dem ländlichen Kredit. Ihre Pfandbriefe genießen der vorzüglichen Sicherheit wegen eine fast den Staatsschuldverschreibungen gleichkommende Bewertung. In der letzten Zeit waren sie aber genötigt, vom 3½% Zinsfuß zum 4% überzugehen [2]). Für die Mitglieder kommen noch regelmäßige Beiträge und Zuschläge für die Deckung der Verwaltungskosten hinzu. Ähnliches gilt für die Zinssätze der 1896 nach landschaftlichem Vorbild gegründeten Bayrischen Landwirtschaftsbank.

Anlage IX.

Groß- und Kleinhandelspreise für Vieh und Fleisch; Großhandelspreise für Getreide vergleichsweise.

Jahr	Indexziffern für Vieh je 1884—88 = 100					Indexziffern für Getreide 100 = 1893/96, 1894/97 1892/95				
	Rindvieh	Schweine	Kälber	Schafe	Zusammen	Zusammen	Roggen	Weizen	Hafer	Gerste
1881	105	120	124	114	*116*	136	159	151	116	119
1882	104	118	125	118	116	122	126	138	107	116
1883	108	112	117	119	114	113	115	116	114	106
1884	104	100	109	105	105	115	118	128	106	110
1885	103	108	97	96	101	109	115	111	107	101
1886	99	102	100	103	101	103	107	111	97	99
1887	98	92	96	98	*96*	98	99	114	82	98
1888	96	93	99	98	*97*	108	106	121	99	106
1889	102	120	110	102	109	116	125	125	113	103
1890	117	126	119	118	120	128	136	131	123	122
1891	118	111	118	109	114	137	169	149	120	111
1892	115	120	110	99	111	119	143	124	109	102
1893	106	119	110	93	107	108	108	105	119	101
1894	116	111	115	107	112	*96*	93	92	102	97
1895	117	98	120	112	112	*97*	99	99	92	100
1896	110	94	115	105	106	103	100	105	99	107
1897	111	114	123	106	114	110	106	115	107	114
1898	111	121	127	111	118	121	121	132	114	119
1899	114	103	141	112	118	111	119	107	107	112
1900	117	104	137	115	118	109	116	105	105	106
1901	115	122	131	115	121	111	115	111	111	108
1902	119	129	139	123	126	112	116	110	118	104
1903	126	108	148	135	129	103	108	106	103	95
1904	129	106	148	130	128	106	108	115	102	98
1905	135	139	157	142	143	114	119	116	112	111
1906	145	146	178	155	*156*	121	129	119	125	111
1907	144	120	178	153	149	137	151	137	139	121
1908	136	127	173	144	145	134	148	140	125	125
1909	129	145	175	144	148	136	139	154	133	117
1910	142	143	200	151	159	121	122	139	119	106
1911	150	124	195	154	156	*144*	136	135	132	132
1912	163	160	211	170	176	134	149	143	148	137
1913	169	159	226	186	*185*	125	133	134	126	106

[1]) Deutscher Ökonomist vom 27. Sept. 1913, S. 630.

[2]) Näheres in d. Agrarök. Rundschau 1914, V. Heft 2, S. 65 ff. „Die

Kleinhandelspreise von 1881—1913.
1 kg in Mark.

Jahr	Rindfleisch		Schweinefleisch		Spannung zwischen d. Berliner Kl.-Handels- und Viehpreisen	
	Berlin[1]	Preußen[2]	Berlin[3]	Preußen[2]	(Rind)	(Schwein)
1881		1,14		1,28		
1882		1,16		1,28		
1883		1,20		1,28		
1884		1,20		1,20		
1885		1,19		1,20		
1886		1,17		1,19		
1887		1,13		1,15		
1888		1,12		1,14		
1889		1,17		1,28		
1890		1,26		1,39		
1891	1,41	1,28	1,54	1,30	20,7	51,8
1892	1,41	1,26	1,55	1,31	23,9	45,0
1893	1,36	1,21	1,54	1,32	28,0	45,0
1894	1,37	1,24	1,53	1,31	18,1	51,2
1895	1,39	1,26	1,50	1,26	20,0	59,9
1896	1,38	1,24	1,48	1,20	25,8	61,8
1897	1,39	1,24	1,54	1,28	25,9	49,0
1898	1,41	1,26	1,61	1,36	27,7	49,7
1899	1,42	1,26	1,55	1,32	26,1	60,2
1900	1,41	1,26	1,51	1,29	21,9	55,5
1901	1,43	1,27	1,59	1,38	25,7	47,0
1902	1,51	1,31	1,70	1,48	29,6	51,2
1903	1,54	1,33	1,66	1,38	25,0	66,3
1904	1,54	1,34	1,58	1,31	22,5	60,0
1905	1,64	1,43	1,77	1,54	26,5	48,9
1906	1,76	1,52	2,00	1,66	28,3	66,2
1907	1,78	1,53	1,80	1,48	31,4	69,7
1908	1,78	1,49	1,82	1,49	39,0	65,7
1909	1,78	1,53	1,92	1,60	46,4	58,8
1910	1,84	1,59	1,93	1,62	39,0	61,1
1911	1,98	1,66	1,88	1,49	44,8	73,8
1912	2,04	1,79	1,99	1,67	37,8	51,6
1913	2,05	1,81	2,08	1,73	32,5	61,7

Anlage X.

Die Entwicklung des Gesamtpreisniveaus seit 1890.

Entscheidend für das statistische Hervortreten einer Preissteigerung ist die Wahl des Ausgangspunktes. Um den Zufälligkeiten eines einzelnen Jahres zu entgehen, hat man vielfach, wie z. B. das englische Handelsamt, das amerikanische Arbeitsamt und auch die Reichsstatistik, den Durchschnitt eines

neuere Entwicklung der Bodenkreditinstitute für den ländl. Grundbesitz", S. 67.

1) Nach den Stat. Jahrb. der Stadt Berlin, Monatsmittel aus niedrigsten und höchsten Wochenpreisen für Keule, Oberschale, Schwanzstück.

2) Stat. Jahrb. für den preußischen Staat, 1915, S. 170.

3) Wie Anm. 1; Zahlen für Rücken und Rippespeer, welche 40% des lebenden Schweinegewichtes ausmachen.

bestimmten Jahrzehnts (etwa 1890/99) zur Grundlage für das Fortschreiben der Indexziffern genommen. Es unterliegt gar keinem Zweifel, daß dieses Verfahren große Vorzüge besitzt, besonders eben den, von den Spezialitäten eines bestimmten Jahres frei zu sein. Das Bild einer allgemeinen Teuerungskurve fällt naturgemäß anders aus, je nachdem man zum Ausgang ein Jahr mit hohen oder mit niedrigen Preisen nimmt. Das gilt besonders für eine Warenvielheit, deren Gesamtpreisentwicklung man von einem bestimmten Zeitpunkt aus darstellen will. In diesem Zeitpunkt kann die eine Ware tatsächlich einen reellen Tiefpunkt ihres Preises besitzen, andere brauchen es nicht. Das wird bei einem Jahrzehntdurchschnitt vermieden. — Mit dieser Methode sind nun aber einige Mißstände verknüpft, die geeignet sind, das Bild der Preissteigerung nicht in dem Maße hervortreten zu lassen, wie das wünschenswert ist. Es besteht nämlich die unvermeidliche Gefahr bei einem so weit gespannten Durchschnitt, wie ihn ein Jahrzehnt darstellt, daß der Tiefpunkt der Preissteigerung (als Index = 100) im ganzen zu hoch angesetzt wird. Fällt die Preiskurve etwa seit 1890—95 fortlaufend und steigt sie gleichmäßig wieder bis 1900, so wäre der richtige Grundindex das Jahr 1895. Der Durchschnitt des ganzen Jahrzehnts liegt zu hoch und absorbiert bereits einen Teil der Steigerung.

Will man dies vermeiden, so hat man für jede Preiskurve ihre individuelle Indexgrundlage zu suchen. Die Wahl eines solchen individuellen Tiefpunktes für jede Ware hat aber zur wahrscheinlichen Folge, daß die Ausgangspunkte der verschiedenen Preiskurven zeitlich auseinanderfallen. Das aber scheint nun dem Ideale zu widersprechen, die Hebung des Gesamtpreisniveaus von einem bestimmten Zeitpunkt aus zu verfolgen. Dieser „bestimmte Zeitpunkt" ist jedoch genau so eine Fiktion, wie die jeweilige Zahlungsbilanz zwischen zwei Ländern. Das Wirtschaftsleben steht im Fluß, und ein fiktiver Einschnitt in ihn bringt es in Wirklichkeit nicht zum Stehen. Die Vergleichung von Warenpreisen und ihren Änderungen, wie sie das wirtschaftende Subjekt von sich aus anstellt, bewirkt bei den Fluktuationen der Augenblickspreise erst nach und nach, innerhalb von Jahren das Bewußtsein einer wirklichen Niveauänderung. Die im Augenblick gezogene Bilanz des Preisstandes ist fiktiv und hat nicht jene zukünftige Bedeutung, wie das in einem gewissen zeitlichen Spielraum überschauend wahrgenommene allgemeine Preisbewegungsniveau, in dem die verschiedenen Preise zu verschiedenen Zeiten dieselbe Bewegung antreten.

Aus diesem Gesichtspunkt heraus ist in den nachfolgenden Tabellen für die Wahl der individuellen Indexgrundlage jeder einzelnen Ware zwar auch der Zeitraum 1890—99 als äußerste Grenze angenommen worden, aber innerhalb desselben wurde für jede Ware ihr individueller Tiefpunkt ermittelt, wobei auch nicht einmal auf eine zusammenhängende Folge von Jahren Gewicht gelegt worden ist. Es wurde bei der Wahl des Tiefpunktes so verfahren, daß nicht notwendig nur ein einziges Jahr zur Ausgangsgrundlage diente, sondern meistens mindestens 2 oder 3 Jahre. Welche Jahre jeweils gewählt wurden, konnte nur die Gesamtbetrachtung der individuellen Preiskurve lehren. Ein durch ungewöhnliche Tiefe herausfallendes Jahr kann unter Umständen fälschend wirken, wenn die Rechnung von ihm aus eine unverhältnismäßige Hebung des Niveaus nach sich zieht, ohne daß in den übrigen Gliedern der Preiskurve eine entsprechend starke Entwicklung der formalen Kontinuität der Steigerung bestanden hätte. Diese formale Kontinuität des Preisbewegungsverlaufs mußte für die Wahl der Indexgrundlage überhaupt von wesentlichem Belang sein, während die Erwägung von Ursachen völlig in Wegfall kam. Es kann nicht geltend gemacht werden, man könne einen Preis, der zufällig aus irgendeiner temporären Ursache heraus sehr niedrig sei, nicht als Ausgang benutzen und mit seinem ganzen oder wesentlichen Gewicht das gesamte Bild der übrigen Preise zeichnen lassen. Demgegenüber ist auf das Prinzip der Teuerungstheorie zu verweisen, vor der alle Ursachen, ob temporär oder permanent, gleich sind. Bei der bloßen Darstellung der Teuerung aber haben nur die Tatsachen zu sprechen ohne Rücksicht auf Erklärungsgründe. Wenn wir bei uneinheitlichen Preiskurven nicht den niedrigsten Preis zur Grundlage nehmen, so geschieht das nicht, weil er ursächlich zufällig ist, sondern weil er nicht in den Zusammenhang einer formal kontinuierlichen Preissteigerungsbewegung eingeht.

Der Versuch, für jede Preisbewegung ihren Tiefpunkt zu ermitteln, stößt nur dann auf keine Schwierigkeiten, wenn die Preiskurve eine einheitliche Tendenz aufweist. Nun aber zeigen nicht alle Preiskurven diesen idealen Zug lückenloser Kontinuität, sondern es gibt Unterbrechungen derselben, ein Auf und Ab, ja bisweilen ein regelloses Durcheinander. Es geht natürlich in solchen Fällen nicht an, an irgendeiner Stelle einfach den niedrigsten Preis herauszusuchen und von ihm die Indexziffern fortzuschreiben. Es bietet sich in solchen Fällen gestörter Preiskontinuitäten als einzig sinnvolle Möglichkeit das Verfahren einer mittleren Durchschnittsberechnung aus mehreren Jahren, wobei allerdings individualisiert werden muß. So kann man, wenn sich der Tiefpunkt, durchbrochen von einzelnen Haussetendenzen, auf mehrere Jahre verteilt, diese im Durchschnitt zusammenziehen unter Ausschaltung der Haussepreise. Oder man faßt in anderen Fällen etwa 2, 3, 4 Jahre, die zusammenliegen und im Gesamtzusammenhang der Kurve etwa ihren Tiefpunkt darstellen, zusammen. Nur in dem einzigen Falle einer völligen Regellosigkeit der Kurve müßte auf den Jahrzehntdurchschnitt 1890—99 zurückgegriffen werden.

Wird nun aber eine im Preise sich senkende Kurve angetroffen, da wird man naturgemäß nicht den innerhalb der 90er Jahre relativ tiefsten Punkt zur Indexgrundlage machen, sondern ihrer Tendenz entsprechend den Höhepunkt daselbst. Denn hier tritt der sonstigen Preissteigerungstendenz eine Preisminderungstendenz gegenüber, die mit demselben mathematischen Optimum zur Geltung gebracht werden muß.

In dieser Weise ist das Prinzip der Indexziffern der folgenden Tabellen eine individuelle Differenzierung der verschiedenen Warenpreise nach dem jeweiligen Charakter ihrer Gesamtkurve gewesen, jedoch im Rahmen der zehnjährigen Zeitspanne von 1890—99, auf deren Gesamtdurchschnitt sonst die allgemeine Indexgrundlage für das Gesamtniveau nivelliert zu werden pflegt. Das zu erwartende Ergebnis dieses Rechnungsverfahrens mußte ein um einige Einheiten steilerer Verlauf der Generalindexkurve werden, als bei dem sonst üblichen Ausgangspunkt.

Die einzelnen Warenpreisfolgen können hier nicht wiedergegeben werden. Nur das Ergebnis sei aufgeführt.

Verwiesen sei des weiteren auf die Diagramme von F. Eulenburg: „Die Preissteigerung des letzten Jahrzehnts", Leipzig 1912, S. 21, die das Gesamtpreisniveau der Ver. Staaten, Deutschlands und Englands wiedergeben.

Durchschnittsziffern der fünf Warengruppen und Totalindexziffer.

Jahr	I. tierische Erzeugnisse	II. Getreide usw.	III. landw. Nebenprodukte	IV. Metalle u. Kohle	V. Kleidung usw.	Totalindexziffer
1890	119	115	128	140	133	127,0
1891	117	133	128	123	115	123,2
1892	114	120	117	114	116	116,2
1893	116	111	115	105	123	114,0
1894	108	103	106	101	113	106,2

Jahr	I. tierische Erzeugnisse	II. Getreide usw.	III. landw. Nebenprodukte	IV. Metalle u. Kohle	V. Kleidung usw.	Total-indexziffer
1895	113	102	99	101	108	104,6
1896	106	102	99	105	112	104,8
1897	111	108	105	111	107	108,4
1898	114	116	118	118	104	114,0
1899	120	111	120	146	113	122,0
1900	125	113	126	162	132	131,6
1901	124	113	122	135	123	123,4
1902	130	111	113	128	121	120,6
1903	130	109	119	130	133	124,2
1904	124	114	123	130	138	125,8
1905	135	123	114	140	135	129,4
1906	151	125	110	160	156	140,4
1907	143	141	120	158	167	145,8
1908	138	139	114	142	141	134,8
1909	151	136	110	138	140	135,0
1910	158	124	122	143	153	140,0
1911	152	138	141	150	159	148,0
1912	*169*	*153*	*150*	169	160	*160,2*
1913	*179*	132	139	*171*	*176*	159,4

Anlage XI.

Das Viehangebot.

Jahr	Schweineauftrieb in 10 000 Stück		Großviehauftrieb in 10 000 Stück	
	Berlin	München	Berlin	München
1881		7,4		5,4
1882		8,0		7,1
1883		9,0		5,9
1884		9,8		5,3
1885		10,4		5,0
1886		10,7		7,5
1887		12,5		5,4
1888		14,8		5,4
1889		12,8		6,4
1890		12,8		6,4
1891		16,9		6,5
1892		16,5		6,1
1893		16,5		7,2
1894		16,8		9,1
1895	77,9	20,4	19,4	7,1
1896	88,8	25,0	20,2	8,0
1897	90,0	23,4	21,4	8,6
1898	81,5	21,4	22,2	9,6
1899	89,0	24,5	22,4	10,4
1900	99,6	28,6	25,7	10,2

Jahr	Schweineauftrieb in 10000 Stück Berlin	München	Großviehauftrieb in 10000 Stück Berlin	München
1901	95,2	24,9	26,0	11,2
1902	88,7	22,6	22,8	12,6
1903	117,5	26,9	21,0	12,3
1904	122,0	30,5	22,8	10,7
1905	117,5	24,1	23,5	11,2
1906	115,8	22,3	24,8	10,3
1907	142,0	34,2	24,8	9,9
1908	135,8	32,6	24,5	10,0
1909	128,5	29,2	26,6	10,9
1910	133,4	30,5	24,3	10,1
1911	148,7	43,2	22,6	7,3
1912	148,9	39,3	20,5	7,9
1913	141,2	34,3	19,6	9,2

Die Auftriebsziffern für München aus Lechner, „Die Fleischversorgung Münchens", München 1914, S. 15.

Der Münchner Kälberauftrieb stagnierte seit 1897 absolut. Er ist in den obigen Zahlen nicht mit enthalten.

Anlage XII.

Aufzuchtkosten für Rinder und Schweine; Produktionskosten der Milch.

a)

Die Verteilung der tägl. Unterhaltskosten für ein Stück Vieh 1905—1908 nach E. Langenbeck, „Buchführungsergebnisse aus der Buchstelle der D. L. G." Arb. der D. L. G., Heft 180, Berlin 1911, S. 27/9.

in Pfg. für:	Verwaltung und Vers.	Gebäude	Masch. Geräte	Pflege	Kraftfutter	Futter überh.	marktl. Erzeugnis	Gesamtkosten
I. für ein Stück Nutzrindvieh (im Durchschn. v. 22 Gütern in Deutschl.)								
Durchschnitt	9	2,6	1,4	15	27	80	53	108
Höchste Zahlen .	18	7	3	27	60	111	90	143
Niedrigste Zahlen	4	1	1	7	11	49	22	81
Kostenspannung .	14	6	2	20	49	62	68	62
II. für 10 St. Schweine (im Durchschn. v. 15 Betrieben in Deutschl.)								
Durchschnitt	12	17	4	27	111	225	114	285
Höchste Zahlen .	33	86	20	54	230	365	270	452
Niedrigste Zahlen	4	3	0,1	13	44	141	46	175
Kostenspannung .	29	83	19,9	41	186	224	224	277
III. für 100 St. Schafe (im Durchschn. v. 10 Betrieben).								
Durchschnitt	40	50	2	110	240	790	550	992
Höchste Zahlen .	80	180	10	190	1030	1340	910	1540
Niedrigste Zahlen	20	10	1	80	60	520	250	641
Kostenspannung .	60	170	9	110	970	820	660	899

b)

Die folgenden Ziffern nach Dr. Strebel, Württembergisches Wochenblatt für Landwirtschaft, 1912 Nr. 18/19.

Aufzuchtkosten für ein Rind durch 3 Jahre in 6 Betriebsstätten:

	1. Jahr M.	2. Jahr M.	3. Jahr M.
I. Hohenheim			
Wert des Kalb. bei d. Geb.	30.—		
Futter und Streu	242.58	166.81	216.72
Arbeit	27.30	25.34	33.88
Zins (Stall-Vieh-Kap-) u. Versicherung	34.10	61.87	89.60
Sonstiges	11.—	20.—	29.50
Ausgaben insgesamt	344.98	274.02	369.70
Einnahmen aus Dünger	36.42	55.—	74.10
Kosten demnach im Jahr	308.56	219.02	295.60
Kosten nach 2 Jahren		527.58	
„ „ 3 „			823.18
Gewicht des Rindes	318 kg	475 kg	634 kg
Kosten pro kg	0.97	1.11	1.30
II. Weinsberg	0.91	1.09	1.16
III. Ellwangen	0.90	0.95	1.14
IV. Ochsenhausen	1.17	1.40	1.39
V. Plieningen	0.98	1.43	1.46
VI. Echterdingen	0.95	1.17	1.25

III. Produktionskosten der Milch in

	Buoch 1910/11 M.	Heimerdingen M.	Hohenheim M.
Bestand (Viehkapital)	950,—	19285,—	13957,14
Futter inkl. Einstreu	656,—	8869,39	6876,53
Arbeit	250,—	1200,—	829,26
Zins + Risikoprämie..........	232,—	1704,71	1183,98
Wirtschaftskosten	179,60	375,—	732,41
Ausgaben insgesamt	2267,60	31434,10	23579,32
Einnahme: Dünger	191,80	(gegen Streu aufger.)	1756,83
Kälberverkauf ..	170,—	1663,— (Wertverl. der Kühe	4342,05 (inkl. verk. Vieh)
Arbeit d. Kühe..	250,—	2077,—)	
Prod.-Kosten f. 1 Lit. Milch...	Pf. 16,69	16,98	17,23

Anlage XIV.

Grenzsperren, Einfuhrerschwerungen und Viehzolltarife seit 1879/80. Die Zollsätze.

Zollobjekte	Zollt. v. 1879 Stückzölle	von 1885 Stückz.	von 1892 Stückz.	Vertragst. v. 1906 Gewichtz. f. 1 dz
	M.	M.	M.	M.
Ochsen	20	30	25,50	8
Stiere u. Kühe	6	9	9	8
Jungvieh	4	6	5	8
Schweine	2,50	6	5	9
Schafe	1	1	1	8
Frischfleisch ...	(pro dz)	(pro dz)	(pro dz)	
auch gefroren .	12	20	15	35
do. ungefroren	12	20	15	27
Schinken	—	—	17 (Schw.fl)	35
Würste	—	—	20 (Speck)	40
Schmalz	10	10	10	10

Der Vertragstarif von 1906 sah Ermäßigungen vor für 1. Zuchtvieh, 2. Milchvieh für Milchkuranstalten, 3. die Einfuhr von Grenzgebieten.

Die Entwicklung der Vorschriften über die Einfuhr (im Abriß).

1880/1 Reichsgesetz zur Abwehr und Unterdrückung von Viehseuchen, dessen § 7 eine allgemeine Sperrmöglichkeit gegen das Ausland vorsah. Dieses Gesetz bildete die Grundlage aller Einfuhrerschwerungen bis 1912, wo es auf Grund des neuen Viehseuchengesetzes von 1909 weiter verschärft wurde.

1883 Einfuhrverbot von Schweinen, Schweinefleisch, Speck und Würsten gegen Amerika; Rindvieheinf. aus Italien durch 30 tägige Quarantäne erschwert.

1885 Grenzsperren gegen Öst.-Ungarn und Rußland für Schafe.

1887 Einfuhrverb. für Schweine, Schweinefleisch, Würste usw. gegen ganz Skandinavien.

1889 desgl. für Schweine aus Österreich-Ungarn, dem Balkan, Italien und Rußland.

1891 Einfuhrerleichterungen gegen Italien, Österr.-Ungarn, Rußland, Ver. Staaten, Skandinavien.

1893 Rückkehr zum Agrarschutz. Einfuhrverb. gegen Österreich-Ungarn und Italien.

1894 Sperre gegen Großbritannien und Irland, Frankreich, Belgien und die Niederlande für Rindvieh, Schafe und Ziegen; ferner gegen Amerika für Rindvieh und Rindfleisch.

1895 Für Schweine gegen Österreich-Ungarn und Italien; für alle von den Bestimmungen noch nicht betroffenen Länder Einfuhrerschwerung durch 4 wöchentliche Quarantäne.

1896 Für Schweine und Schweinefleisch gegen Rußland.

1899 Gegen Belgien für Rindfleisch, gegen die Schweiz für Schweine und Schafe.

1900 Gegen Rumänien und Serbien.
Der Zustand der allseitig verwirklichten Grenzsperren und Einfuhrerschwerungen ist nahezu vollendet. Den Schlußstein des vollkommenen Agrar-Schutzes auf diesem Gebiete bildete nun das Gesetz vom 3. Juni 1900: „betreffend die Schlachtvieh- und Fleischbeschau", durch welches der steigenden Fleischeinfuhr, die in den 90er Jahren an die Stelle der fortlaufend zurückgedrängten Vieheinfuhr getreten war (siehe Anlage XIII.),

ebenfalls Grenzen gesteckt werden sollten. Zunächst gesundheitspolizeilich gedacht, wurden durch den politischen Druck der Interessenten die Kontrolle der Hausschlachtungen aufgehoben (die anfänglich im Entwurf vorgesehen war) und das Einfuhrverbot von aller Art Büchsenfleisch und Würsten hereingenommen. Gleichzeitig enthielt das Gesetz die Bestimmung, daß Frischfleisch nur in ganzen Körpern und im Zusammenhange mit gewissen unverwertbaren Organen des Tierkörpers eingeführt werden durfte. Eine Maßregel, die einem Einfuhrverbot an Wirkung gleichkam. (Vgl. die Kritik bei Eßlen, „Fleischversorgung“ S. 111 ff.; die politische Seite der Entwicklung zu diesem Zustande bei W. Lotz, „Die Handelspolitik des Deutschen Reiches unter Graf Caprivi und Fürst Hohenlohe“ S. d. V. f. S. Band 92 III, Leipzig 1901)

1906 Zulassung bestimmter Kontingente aus Österreich-Ungarn für Bayern und Kgr. Sachsen; aus Rußland für Schlesien.

1910 ff. Vorübergehende Grenzöffnungen aus Gründen der Fleischnot, aber stets unter erschwerenden Bedingungen, wie Quarantäne, hohen Zoll, Kontingentierung, so daß das, was an Einfuhrmöglichkeiten bestand, nicht praktisch werden konnte. Die Gestattung der Rindvieheinfuhr aus der Schweiz war belanglos, da diese nichts abzugeben hatte. Gegen Amerika aber bestand das Verbot von 1894 fort, und die Schweineeinfuhr von da stand unter Quarantäne. Im übrigen war in den Ver.-St. auch die Vieheinfuhr zuletzt nötig geworden.

Anlage XV.

Die Entwicklung des Genossenschaftswesen in Deutschland.

(Nach den Jahrbüchern des R. V. D. landw. Gen.)

Der Bestand an landwirtschaftlichen, dem Genossenschaftsgesetz unterstellten Genossenschaften in Deutschland.

Jahr	insgesamt	davon Kreditgen.	Molkereien
1883	1050		
1890	3006	1729	639
1892	4374	2647	869
1895	7170	4872	1222
1897	10669	7612	1574
1899	12736	9208	1764
1901	15034	10487	2245
1903	17162	11750	2542
1905	19323	13181	2832
1907	20973	14096	3055
1908	22024	14709	3146
1909	22964	15158	3279
1910	23845	15517	3333
1911	24724	15990	3415
1912	26026	16774	3475
1913	27192	17256	3528

Dazu kommen aber noch zahlreiche „Molkereivereine“ auf anderer Rechtsgrundlage, die namentlich in Württemberg, Bayern, Schleswig-Holstein und Oldenburg verbreitet sind. Ihre Zahl wird auf etwa 800 geschätzt. (Jahrb. d. Reichsverb. deutsch. landw. Gen. 1913, S. 112).

Anlage XVII.

Steigerung der Arbeitslöhne.

Ortsübliche Tagelöhne erwachsener männlicher Arbeiter in drei badischen Städten.

Jahr	Karlsruhe		Freiburg		Pforzheim	
	1884/9 = 100	1893/7 = 100	1884/9 = 100	1893/7 = 100	1884/9 = 100	1893/7 = 100
1884/9	100	87	100	78	100	87
1890/2	125	108	128	100	114	100
1893/7	115	100	128	100	114	100
1898/01 ...	115	100	128	100	114	100
1902/6	130	113	139	108	131	115
1907/11 ..	150	130	167	130	154	135
1912	180	157	189	148	183	160

Lohnentwicklung in verschiedenen Berufen auf Grund der Berichte der Berufsgenossenschaften (nach Lichtenfelt, „Geschichte der Ernährung". Berlin 1913, S. 235).

Berufsart	Tageslohn		Zunahme in %
	1886	1910	
Sächs. Textil	M. 1,01	M. 1,89	65,1
Leinenindustrie...........	„ 1,26	„ 2,25	81,0
Nordd. Holz- u. Bautischl.	„ 1,40	„ 2,16	54,3
Bergl. Beuthen	„ 1,44	„ 3,04	111,0
Nordd. Textil	„ 1,51	„ 2,32	53,8
Papiermacher	„ 1,54	„ 2,48	61,0
Nordd. Holzbearb.	„ 1,73	„ 2,96	71,0
Papierverarbeitung	„ 1,70	„ 2,62	54,0
Bergl. Waldbg.	„ 1,74	„ 2,99	71,8
Rhein.-Westf. Textil......	„ 1,74	„ 2,52	66,6
Bergl. Claust............	„ 1,83	„ 3,34	82,5
Bergl. Bonn	„ 1,98	„ 3,60	81,8
Sächs.-Thür. Eisen	„ 2,07	„ 3,24	65,5
Bergl. Halle	„ 2,09	„ 3,39	61,2
Bergl. Zwickau	„ 2,09	„ 3,53	69,0
Südwestd. Eisen	„ 2,14	„ 3,40	59,0
Chem. Industrie..........	„ 2,16	„ 3,25	55,0
Straßenkleinbahnen.......	„ 2,16	„ 3,57	68,0
Lederindustrie	„ 2,17	„ 3,02	39,9
Südd. Eisen u. Stahl.....	„ 2,20	„ 3,10	41,0
Nordwestd. Eisen	„ 2,21	„ 3,32	50,0
Bergl. München..........	„ 2,25	„ 3,37	49,8
Maschinen- u. Kl.-Eisen ..	„ 2,26	„ 3,40	64,7
Feinmechaniker	„ 2,27	„ 3,75	65,0
Bergl. Bochum...........	„ 2,28	„ 4,17	82,1
Buchdrucker	„ 2,62	„ 3,18	21,3
Rhein.-Westf. Hütten- und Walzwerk	„ 2,67	„ 4,29	60,7

Anhang XVIII.

Die Entwicklung des Viehstandes im Reich und in Preußen.

a) Nach der Reichsstatistik ergaben die Viehzählungen für das ganze Reich:

Jahr	Rindvieh in 1000	Schweine in 1000	Schafe in 1000	Rindvieh auf 100 Einw.	Schweine auf 100 Einw.	Schafe auf 100 Einw.	Zu- und Abnahmedifferenz
1883	15787	9206	19190	34,5	20,1	42,0	
				+ 3,0	+12,0	—15,1	= — 0,1[1]
1892	17556	12174	13590	34,8	24,1	26,9	
				— 4,0	+ 7,2	— 6,7	= — 3,5
1897	18491	14275	10867	34,4	26,5	20,2	
				— 8,0	+ 9,9	— 3,0	= — 1,1
1900	18940	16807	9693	33,6	29,8	17,2	
				—13,0	+ 5,4	— 4,0	= —11,6
1904	19332	18921	7907	32,3	31,6	13,2	
				+ 7,0	+11,4	— 0,9	= +17,5
1907	20631	22147	7704	33,0	35,4	12,3	
				—27,0	— 7,5	— 3,6	= —38,1
1912	20182	21924	5803	30,3	32,9	8,7	
				+ 7,0	+15,3	— 0,5	= +21,8
1913	20944	25659	5521	31,0	38,0	8,2	
							Sa. = —15,1

b) für Preußen:

Jahr	Rindvieh in 1000	Schweine in 1000	Schafe in 1000	Rindvieh auf 100 Einw.	Schweine auf 100 Einw.	Schafe auf 100 Einw.	Zu- und Abnahmedifferenz
1883	8738	5819	14752	31,3	20,9	52,8	
				+ 9,0	+12,9	—22,1	= — 0,2
1892	9872	7726	10110	32,2	25,2	32,9	
				+ 0,0	+ 9,9	— 9,0	= + 0,9
1897	10553	9390	7859	32,2	28,5	23,9	
				— 6,0	+ 9,9	— 3,6	= + 0,3
1900	10877	10967	7002	31,6	31,8	20,3	
				—24,0	+12,0	— 3,7	= —15,7
1902	10406	12750	5918	29,2	35,8	16,6	
				+12,0	— 4,8	— 1,2	= + 6,0
1904	11156	12564	5661	30,4	34,2	15,4	
				+ 4,0	+19,2	— 1,1	= +22,1
1906	11647	15356	5435	30,8	40,6	14,3	
				+ 6,0	— 3,9	— 0,2	= + 1,9
1907	12012	15096	5409	31,4	39,3	14,1	
				— 4,0	—14,7	— 0,6	= —19,3
1908	12089	13422	5260	31,0	34,4	13,5	
				—14,0	+ 4,2	— 1,0	= —10,8
1909	11763	14162	4976	29,6	35,8	12,5	
				— 8,0	+15,9	— 1,0	= + 6,9
1910	11593	16492	4632	28,8	41,1	11,5	
				— 1,0	+ 4,2	— 0,8	= + 2,4
1911	11682	17245	4373	28,7	42,5	10,7	
				— 0,0	—15,0	— 0,8	= —15,8
1912	11866	15476	4112	28,7	37,5	9,9	
				+ 4,0	+17,1	— 0,8	= +20,3
1913	12301	18071	3833	29,1	43,2	9,1	
							Sa. = —1,0

[1]) In diesen Spannungszahlen sind Großvieh und Schweine als ein Vielfaches von Schafen gerechnet, und zwar: ein Schwein = 5 Schafe; ein Rind

c) Die Entwicklung der Kuhhaltung im Deutschen Reich.

Jahr	Rindvieh überh. in Mill.	Ausgew. Rindv. ohne Jungv. u. Kälber in Mill.	Kühe über 2 Jahre in Mill.	Kühe in % des Rindviehs überhaupt	Kühe in % d. ausgew. Rindv.	Kühe in % der Bevölk.	Mehreinfuhr v. Kühen Mill.
1883	15,8	10,7	9,1	57,6	85,0	—	0,02
1892	17,6	11,5	9,9	56,2	86,0	20,1	0,13
1897	18,5	—	10,4	56,2	—	19,5	0,07
1900	18,9	11,9	10,5	56,6	88,3	18,8	0,07
1904	19,3	11,9	10,5	54,4	88,3	17,5	0,11
1907	20,6	12,4	11,0	53,3	88,7	17,5	0,07
1912	20,2	12,2	10,9	54,0	89,4	16,3	0,08
1913	20,9	12,9	11,3	53,6	88,8	16,7	0,11

Anlage XIX.

Die Entwicklung des Fleischkonsums.

Erläuterungen zu der nachstehenden Tabelle.

1. Die Fleichverbrauchsziffer (Fv) ist eine unter Konsumtionsrücksichten gewogene Zahl. Es wurden 10% von der Bevölkerung als nicht fleischessend abgezogen, speziell die Kinder unter 4 Jahren. Die Bevölkerung unter 5 Jahren nimmt 1890—1900 etwa 130 vom Tausend ein (Hdwst. Art. Altersgliederung der Bevölkerung). Ferner steht ein Teil der Bevölkerung aus Krankheit und Weltanschauungsgründen dem Fleischgenuß fern.

2. Es ist bekannt, daß nur ein geringer Teil der Bevölkerung Pferde- und Ziegenfleisch verzehrt. Man kann deshalb diese Konsumtion nur unter der Bedingung in die Gesamtkonsumtionsziffer mit einreihen, daß man gleichzeitig ihr Gegenstück, den Verbrauch an Wildbret und Geflügel in Ansatz bringt.

3. Beachtenswert bleibt die Einfuhr. Das lebend eingeführte Vieh wird bereits in den Ziffern der Schlachtbeschau mit erfaßt. Jedoch ist das geschlachtet eingeführte Vieh voll in Rechnung zu stellen; desgleichen die Mehreinfuhr an Geflügel, das besonders in Gestalt von Gänsen in großen Mengen eingeht. Für jede Gans haben wir 3 kg Durchschnittsgewicht berechnet (nach der Schätzung von Weiß, „Grundfragen unserer Fleischversorgung" 1913, S. 14).

4. Es geht nicht an, das mehr eingeführte Schweineschmalz von der Konsumziffer auszuschließen, wie es Eßlen tut. Das wäre unfolgerichtig, da das inländische Schweineschmalz in der Schweineschlachtgewichtsziffer mit berücksichtigt wird.

5. Die Gewichtsziffern wurden von Eßlen übernommen. In dieser Weise ist die unter dem Zeichen Fv nachgewiesene Fleichverbrauchsziffer entstanden. Bei den einzelnen Tiergattungen enthält sie jeweils die prozentuale Umrechnung der Fleischerzeugungsziffer auf eine um 10% herabgesetzte Bevölkerungsziffer. Um aber den jährlichen Gewichtsschwankungen in etwas Rechnung zu tragen, haben wir an fünf Stellen ein „+ x" oder „— x" hinzugefügt, wo nach Lage der Dinge eine Gewichtsmehrung oder -minderung als gewiß gelten konnte.

= 10 Schafen. Diese Multiplikation ist von Ökonomierat Herter, Friedenau, angewandt worden in der Schrift: „Was lehren die preußischen Viehzählungen", Mitteilg. der D. L. G. 20. Jahrg., 35. Stück vom 2./9. 1905. In obiger Statistik sind diese Verhältniswerte in alle Differenzen, die zwischen den auf die Bevölkerung bezogenen Stückzahlen gezogen wurden, gleich mit eingerechnet worden. Das Summarische eines solchen Verfahrens fällt nicht aus dem Rahmen des rohen Schematismus der Stichtag-Statistiken überhaupt.

6. Die Schlachtverluste bedürfen der Schätzung. Wir nehmen sie mit Weiß, a. a. O. S. 13 in der Höhe von 30 Mill. kg pro Jahr an. Das entspräche dem Dreifachen der von Eßlen (a. a. O. S. 248) eingesetzten Summe, die deswegen zu gering erscheint, da sie nur das bei der Beschau als zum Genusse untauglich befundene Fleisch berücksichtigt, nicht aber das sonst noch auf dem langen Wege vom Schlachthof zum Verbraucher verderbende.

Der Fleischverbrauch der fleischessenden Bevölkerung.

Jahr	1 Rindfleisch pro Kopf kg Fe[1])	2 Rindfleisch pro Kopf kg Fv[1])	3 Rindviehpreise I.-Z.[2])	4 Kalbfleisch pro Kopf kg Fe	5 Kalbfleisch pro Kopf kg Fv	6 Schweinefleisch pro Kopf kg Fe	7 Schweinefleisch pro Kopf kg Fv	8 Schweinepreise I.-Z.[2])	9 Schaffleisch pro Kopf kg Fe	10 Schaffleisch pro Kopf kg Fv
1892	12,1	13,5	104	1,6	1,8	16,6	18,5	125	2,2	2,4
1900	16,1	17,9	106	1,8	2,0	24,0	26,6	108	1,5	1,7
1904	14,6	16,2	117	3,1	3,5	27,2	30,8	111	1,4	1,6
1905	14,9	16,6	122	3,0	3,3	23,2	25,8	140	1,1	1,2
1906	14,8	16,4	132	2,8	3,1	23,0	25,6	152	1,0	1,1
1907	14,1	15,6	131	2,8	3,1	28,3	31,5	125	1,0	1,1
1908	14,7	16,3	124	3,3	3,7	26,0	28,9	132	1,0	1,1
1909	15,8	17,6	127	3,3	3,7	24,2	26,9	151	1,1	1,2
1910	15,0	16,7	129	3,0	3,3	25,0	27,8	150	1,0	1,1
1911	14,0	15,5	137	2,8	3,1	29,6	32,9	130	0,9	1,0
1912	13,3	14,8	148	2,7	3,0	28,4	31,6	167	0,9	1,0
1913	12,7	14,1	154	2,5	2,8	27,6	30,7	166	0,8	0,9

Jahr	11 Ziegen Pferde Wild Geflügel Fv	12 M. Einf. von Fleisch und Schmalz Fv	13 Gesamtkonsum-Ziffer des Reichs Fv	14 Amtl.[4]) Ziffern f. d. Gesamt-Bevölk	15 Eßlens Ziffern[5])	16 Sächsische Ziffern[6])	17 dergl. für Halle[7])	18 dergl. für München[8])	19 dergl. für Cöln[9])
1892	4,6	2,3	*42,6*					75,9	
1900	4,6	3,6	*55,9*					77,9	
1904	4,6	2,9	*59,1*—x	52,05	47,7	47,27	59,2	68,7	
1905	4,7	3,9	*55,0*	51,47	43,0	44,22	56,2	64,8	61,7
1906	4,7	3,5[3])	*53,9*+x	50,52	41,4	43,01	54,2	62,1	60,1
1907	4,6	2,9	*58,3*	52,93	47,2	46,80	58,1	66,4	62,4
1908	4,6	3,0	*57,1*+x	53,28	45,9	47,10	57,6	77,1	63,5
1909	4,7	2,7	*56,3*	52,94	45,6	46,59	58,5	76,3	63,5
1910	4,5	2,8	*55,7*	51,94	44,9	46,98	58,1	74,4	60,1
1911	4,6	2,8	*59,4*—x	53,70	48,5	49,57	62,8	77,5	63,7
1912	4,6	3,5	*58,0*—x		48,2[10])	48,46		75,0	
1913	4,6	3,3	*55,9*		46,8	47,36		67,9	

[1]) „Fe" = Fleischerzeugung pro Kopf der Gesamtbevölkerung in kg; „Fv" = Fleischverbrauch pro Kopf der fleischessenden Bevölkerung in kg.

[2]) Diese Indexziffern sind der Anlage X entnommen.

[3]) Die Spezialhandelszahlen vor 1906 sind wegen Änderung des Erhebungsgebietes mit den späteren nicht vergleichbar, aber bei den großen Verhältnissen der Tabelle spielen die Unterschiede keine Rolle.

[4]) Schätzungen des Kaiserl. Gesundheitsamtes. „Die Ergebnisse der Schlachtvieh- und Fleischbeschau im Deutschen Reich im Jahre 1906", Berlin 1910; dasselbe „im Jahre 1910", Berlin 1912.

Anlage XXI.

Die Einkommensgliederung in Preußen.

(Stat. Jahrb. f. d. Preuß. Staat.)

Es bezogen ein Einkommen in Millionen Personen:

Im Jahre	Unter 900 M. einschl. Angehörige	Unter 900 M. ausschl. Angehörige	Von 900—3000 M. einschl. Angehörige	Von 900—3000 M. ausschl. Angehörige	Über 900 M. überhaupt einschl. Angehörige	Über 900 M. überhaupt ausschl. Angehörige
1892/6	21,09	8,55	8,85	2,39	9,41	2,71
1897/01	21,01	8,78	10,59	3,02	11,91	3,41
1902/6	20,52	8,81	13,52	4,01	15,15	4,50
1907/11	17,53	8,31	18,98	5,85	21,08	6,50
1912	16,00	8,16	21,68	6,76	24,23	7,54
1913	15,55	8,09	22,52	7,10	25,21	7,93

Anlage XXIII.

Die Entwicklung der Milchergiebigkeit der Kühe.

(Nach J. Hansen, „Die Milchviehkontrolle in der Rindviehzucht des Deutschen Reichs", Arb. d. D. L. G. Heft 286, Berlin 1916.)

I. Die Rindviehkontrolle (S. 15)

Jahr	Zahl der Kontrollvereine	Zahl der kontroll. Kühe
Ende 1908	207	88 296
„ 1911	471	200 330
2. 12. 1912	545	256 517
1. 5. 1914	792	351 857

II. Die Zahl der Kühe im Kontrollverein Winsen (Hann.) betrug mit

	1905	1910
mehr als 4000 kg Milch	24,4%	56,0%!
„ „ 5000 „ „	4,8%	23,7%!
„ „ 6000 „ „	0,8%	3,0%!

---

[5]) Conrads Jahrbücher 1912, I. Bd. S. 705 ff.

[6]) Stat. Jahrb. für das Kgr. Sachsen 1914/15 S. 208.

[7]) Franz Thieme, „Die Entwicklung der Preise und ihre Bedeutung für die wirtschaftliche Lage der Bevölkerung in der Stadt Halle", S. d. V. f. S. 145. Band, I, 1914, S. 93.

[8]) Joh. Lechner, „Die Fleischversorgung Münchens", München 1914, S. 51. Die Höhe der Ziffern ist durch den Fremdenverkehr zu erklären.

[9]) F. Rothe, „Die Fleischversorgung der Großstädte usw." M.-Gladbach, 1912, S. 66. Ihre Höhe wird durch den Reichtum der Stadt erklärt.

[10]) Die Zahlen für 1912 und 1913 wurden ergänzt von Ballod, „Die Volksernährung in Krieg und Frieden", Schmollers Jahrb. 1915, S. 93 ff.

		1905	1910
mehr als 125 kg Fett		22,4%	50,5%!
„ „ 150 „ „		10,6%	29,2%!
„ „ 175 „ „		2,0%	9,7%!
„ „ 200 „ „		0,4%	2,7%!

des Gesamtbestandes (S. 154).

III. Rheinprovinz (S. 181). Es betrug in kg:

Kontrollverein in	Lebendgewicht		Milchmenge		Fettmenge	
	1905	1910	1905	1910	1905	1910
Appeldorn	521	549	4163	4304	136,5	140,4
Bislich	533	574	4002	5189	127,4	176,2
Grüthausen	502	532	3664	4191	144,4	134,8
Haffen-Mehr	540	560	4249	4307	147,4	139,9
Haldern	514	552	3945	4258	117,1	138,4
Huthum-Borghees ..	515	592	3919	4327	130,1	144,2
Reeserward	530	573	4449	4705	147,9	155,5
Durchschnitt	522	562	4056	4469	135,8	147,1

Bisweilen stellen sich nicht Erfolge ein. Von 53 Herden in Oldenburg (S. 217), welche 1913 auf eine fünfjährige Kontrolle zurückblicken konnten, haben nur 30 eine Erhöhung des Milch- und Buttenertrages aufzuweisen, aber 23 eine Verringerung trotz steigenden Futteraufwandes. Die Zahl der kontrollierten Kühe mit den negativen Erträgen ist aber so gering (261—329 St.), daß hier nichts verallgemeinert werden kann. Außerdem ist Oldenburg ein in der Viehwirtschaft so hoch entwickeltes Land, daß die Kontrollvereine daselbst weniger ausrichten können. Nur Unerfahrene werden sich ihrer in der Hauptsache bedienen.

Anlage XXIV.

Die Entwicklung der Futterkosten für Milch und Butter

(nach J. Hansen, „Die Milchviehkontrolle in der Rindviehzucht des Deutschen Reichs", Arbeiten der D. L. G. Heft 286, Berlin 1916).

Sachsen-Altenburg, S. 222. Im Mittel der jeweiligen Vereine stellte sich die durchschnittliche Leistung einer Kuh bei 100 Futtereinheitengaben auf:

	1907/8	1908/9	1909/10	1910/1	1911/2	1912/3	1907/12	1907/13
Milch in kg	94	104	111	107	118	108	+ 24	+ 14
Butter in kg	3,79	4,42	4,47	4,36	4,74	4,34	+ 1,95	+ 0,55

Anlage XXV.

Die Entwicklung der Kaufpreise für Landgüter und Grundstücke in Preußen und Bayern.

I. Die Steigerung der Kaufpreise in Preußen in den verschiedenen Grundst.-Reinertragsklassen und nach Besitzgrößen geordnet in Prozenten: (W. Rothkegel, „Die Kaufpreise für ländliche Besitzungen im Kgr. Preußen von 1895 bis 1906" Leipzig 1910; fortgesetzt unter dem Titel: „Die Bewegung der Kaufpreise für ländliche Besitzungen und die Entwicklung der Getreidepreise von 1895—1909" von W. Rothkegel, Schmoll. Jahrb. 1910, S. 1689 ff.)

Größen-Klasse	I. unter 2 Taler 1895/7 bis 1901/3	I. 1901/3 bis 1907/9	I. Diff. der Steig.	II. 2—5 Taler 1895/7 bis 1901/3	II. 1901/3 bis 1907/9	II. Diff. der Steig.	III. 5—10 Taler 1895/97 bis 1901/3	III. 1901/3 bis 1907/9	III. Diff. der Steig.
unter 2 ha	31%	39%	8%	22%	37%	15%	7%	16%	9%
2—5 „	24	34	10	20	29	9	8	16	8
5—20 „	25	40	15	17	33	16	9	16	7
20—100 „	23	54	31	15	38	23	7	24	17
100 u. darüb.	23	65	42	15	45	30	10	48	38
Landgüter zusammen	25	42	17	18	34	16	8	18	10
	67 %			*52* %			*26* %		
Stückländereien	20	37	17	15	22	7	8	17	9
	57 %			*37* %			*25* %		

Größen Klasse	IV. 10—20 Taler 1895/7 bis 1901/3	IV. 1901/3 bis 1907/9	IV. Diff. der Steig.	V. üb. 20 Taler 1895/7 bis 1907/9	Alle fünf Stuf. zus. 1895/7 bis 1901/3	1901/3 bis 1907/9	Mehrsteig. seit 1901/3 (Diff.)
unter 2 ha	19%	9%	10%		21%	33%	12%
2—5 „	8	8	0	zu	18	27	11
5—20 „	7	14	7	wenig	18	31	13
20—100 „	5	22	17	Preise	14	37	23
100 u. darüb.	4	11	7		16	51	35
Landgüter zusammen	7	15	8		17	33	16
	22 %			*18* %	*50* %		
Stückländereien	1	11	10		10	21	11
	12 %			*5* %	*31* %		

Die Gesamtpreissteigerung der Landgüter in Preußen von 1895—1912.

Unter Annahme von, der unmittelbaren Vorzeit entsprechenden, Weitersteigerungen der Landgüter in Preußen (siehe F. Aereboe, „Die Beurteilung von Landgütern und Grundstücken“ (Taxationslehre, 2. Aufl.), Berlin 1919 im Anhang)[1]) berechnen wir die folgende Gesamtpreissteigerung von 1895—1912:

[1]) Die Untersuchungen Rothkegels reichen nur bis zum Jahre 1910. Für die Folgezeit bis zum Schlusse unserer Periode sind wir auf jene interessante Schätzung angewiesen, die Aereboe in seiner Beurteilungslehre vorgenommen hat. Im Anhang hat er deren Ergebnis in einer an die Rothkegelschen Arbeiten sich anschließenden Tabellensammlung niedergelegt. Diese Tabellen sind auf Grund eines Analogieschlusses entstanden („Beurteilungslehre S. 345). In der ersten Auflage des Werkes von 1910 war es ein Versuch, die künftige Preisentwicklung vorauszuberechnen: „Nimmt man also an, daß die Steigerung der Bodenwerte in der Zeit von 1905—1912 in gleicher Weise fortgeschritten ist, wie in der Periode von 1901—1905, so kann es sich nur um Fehler handeln, welche nach unten gerichtet sind“. Zweifellos, da die Preissteigerungstendenzen um 1906 die entscheidenden Verstärkungen erfuhren. Die nachträglichen Veröffentlichungen der Kaufpreissammlungen in Preußen haben die seinerzeit von Aereboe ohne diese Unterlagen errechneten Kaufpreisbewegungen bestätigt. „Allerdings ist in vielen Gegenden die wirkliche Steigerung der Kaufpreise eher größer, denn kleiner gewesen.... Im Westen sind die sich ergebenden Unterschiede geringer als im Osten und im Osten wieder beim Kleinbetriebe geringer als im Großbetriebe“. (2. Auflage S. 532.)

für Güter unter	2 ha	71%
2—5	„	59%
5—20	„	65%
20—100	„	70%
üb. 100	„	93%
Landg. zusammen		67%

Diese Prozentzahlen sind aber etwas zu niedrig, da sie nicht auf die einheitliche Ausgangsgrundlage 1895/7 für die Steigerungsberechnung von 1907/9 bis 1910/2 bezogen worden sind, sondern auf die schon erhöhte Preisebene von 1901/3—1907/9.

II. Die Steigerung der Kaufpreise in Bayern (nach S. d. V. f. S. Bd. 148, 1914).

Nach M. Horlacher, „Feststellung und Erklärung der landwirtschaftlichen Bodenpreissteigerung im Gebiet der niederbayerischen Bezirksämter Griesbach, Pfarrkirchen und Eggenfelden 1900—1910" S. d. V. f. S. Bd. 148, S. 46 f. ist die nachstehende Tabelle zusammengestellt. Sie gibt nur die Bewegung der Nichthändlerpreise wieder. Doch „ein Vergleich der Nichthändlerpreise mit den Händlerpreisen zeigt keine wesentlichen Verschiedenheiten, wie man es vielleicht erwarten könnte" S. 50. Die Händler machen ihren Gewinn durch die Zertrümmerung (S. 51).

Güter-Größe	1900/2	1903	1904	1905	1906	1907	1908	1909	1910	Steigerung von 1900/2 bis 1907/9
0,5— 2 ha	100	90	109	109	121	128	138	136	146	39%
2— 5 „	100	110	109	117	127	127	144	155	142	37%
5—20 „	100	112	117	128	137	153	149	148	171	44%

Nach Fr. Hörenz, „Die Preisbewegung landwirtschaftlicher Güter im nördlichen Teil Oberbayerns 1900—1909" ebenda S. 247, berechnen wir nach drei Bonitätsklassen folgende Werte

Größe	1900/2	1903/5	1906	1907/9	1910	Steigerung von 1900—1905	Steigerung von 1900/3—1907/9	
Klasse: mäßig								
2— 5 ha	100	117	*135*	164	175	17%	56%	
5—20 „	100	108	*118*	132	136	8%	31%	
üb. 20 „	100	118	*132*	146	—	18%	39%	
						14%	42%	Landg.zus.
Klasse: gut								
2— 5 ha	100	105	*115*	139	157	5%	37%	
5—20 „	100	110	*120*	136	139	10%	35%	
üb. 20 „	100	131	*156*	171	—	31%	62%	
						15%	45%	Landg.zus.
Klasse: vorzüglich								
2— 5 ha	100	112	*121*	138	—	12%	34%	
5—20 „	100	114	—	125	125	14%	22%	
						13%	28%	**Landg.zus.**

Die Bonitätsklassen zusammengefaßt, betrug die Steigerung in den

Größenklassen von:	2—5 ha	5—20 ha	üb. 20 ha	überhaupt
	42%	29%	51%	42%

Die folgende Tabelle fußt auf den Untersuchungen von J. Hansen, „Bodenpreise, Eigentumswechsel und Grundverschuldung in einigen Teilen Niederbayerns während der Jahre 1900—1910" ebenda S. 418 f. Es handelt sich um

Indexziffern für gewogene Durchschnittspreise, soweit sie Kauf, Handelskauf und -verkauf von Landgütern der Ebene (d. h. keine solchen der Waldbezirke) betreffen.

Größe ha	1900/1	1902	1903	1904	1905	1906	1907	1908	1909	1910	1901/3 bis 1907/9
0,1—0,5	100	106	90	100	*132*	*142*	127	145	169	143	46%
0,5—2	100	107	100	96	98	*128*	114	120	136	142	21%
2—5	100	112	112	111	108	*135*	126	130	138	156	24%
5—10	100	103	93	89	*121*	*118*	124	128	128	146	26%
10—20	100	115	114	108	*124*	*135*	135	153	128	147	29%
2—50	100	104	95	102	108	*127*	153	131	145	131	43%
üb. 50	100	99	114	92	*123*	*149*	140	150	136	164	30%

Preissteigerung der Landgüter zusammen:
von 1900 — 1905 = 15%
1900/1—1907/9 = 36%.

Kolibri 360 GmbH
Ferdinand-Jühlke-Straße 7
99095 Erfurt, Deutschland
produktsicherheit@kolibri360.de